図解
コンプライアンス経営 第5版

弁護士・青山学院大学法学部教授
浜辺陽一郎

東洋経済新報社

はじめに

コンプライアンスが日本の企業社会に現れて三〇年以上が経過した。さまざまな局面でコンプライアンスが叫ばれ、多くの企業では積極的な取り組みが進み、世界の一流企業、多国籍企業のコンプライアンスは相当に高度なレベルに達している。グループ企業の行動規範や社内規程等を整備し、さまざまな研修を行い、内部通報窓口等を構築・運用するのは、上場企業レベルにおいては当然のことになっている。また、コンプライアンスを必要とするのは、企業だけではない。公共団体や非営利組織も含めて、あらゆる組織でコンプライアンスが求められる時代となった。このため、近時、コンプライアンスに関する情報は、ネット上やさまざまなセミナー・講演等でも広く提供されている。

しかし、コンプライアンスの意義を的確に把握して、現場の展開に結びつけるためには、表面的・皮相的な理解や断片的な知識では限界がある。時には、商材の売り込みのために偏った内容や実務との矛盾をはらんでいることもあり、今なお多くの誤解が混乱をもたらしているのも事実である。一部では「コンプライアンス疲れ」や、その形骸化・空洞化の弊害が指摘されている。まだまだ基本的な誤解も多く、実際にはあまり機能していないような企業も少なくない。往々にしてコンプライアンスは形式に堕しやすく、危機管理もマニュアル通りでコントロールできるとは限らない。

広範に潜んでいる各種のリスクに対しては十分に敏感になる必要がある。相変わらず深刻な企業不祥事は、国内外を問わず後を絶たず、コンプライアンスのあり方に対してもさまざまな意見や厳しい批判がある。加えて、世界秩序の大転換を契機として、グローバルに発達してきたコンプライアンスを総括して、今後の新たな展開に備える必要がある。

こうした状況で、コンプライアンス・プログラムをいかに現実的に機能させるかは、多くの組織で喫緊の課題であろう。本当に求められているコンプライアンス経営とは一体どういうものなのか、またその実践のためには何が必要であり、どのような手法があるのかが問われている。

そこで、本書第5版では、コンプライアンスの根本的意義を再検証し、現代企業に要請されるコンプライアンスのあるべき課題を整理しなおしてみた。近時の動向を体系的に理解してもらい、コンプライアンスの本質に立脚した実践を可能とする方向性と処方箋を提示するべく、最新の実務動向や研究等も踏まえて大幅に加筆修正した。企業コンプライアンスを中心にしながらも、他の種類のさまざまな団体組織でも応用・準用できる内容を盛り込んだ。

コンプライアンス経営は、企業のトップが最も理解すべきものではあるが、それだけでは十分ではない。その精神は、各従業員にまで十分に理解される必要がある。本書には、コンプライアンスについて知っておくべき基礎から実践ノウハウまで幅広く盛り込まれている。これからのわが国の社会が健全に発展していくためにも、多くの方々に是非前向きに役立てていただければ幸いである。

二〇二二年一二月

浜辺　陽一郎

第3章 実行編

第4章 ノウハウ編

第5章 各法分野における注目ポイント——各論編

第6章 それぞれにとってのコンプライアンスの意義

第 **1** 章

Outline of Compliance Management

基礎編

1

コンプライアンスとは何か

「法令」プラスαと「遵守」プラスαの組織的取り組み

「法令」「遵守」だけではない

コンプライアンスとは、会社等の組織が法令、企業倫理などの企業社会における規範と調和しながら、適正かつ健全な事業活動をしていくための組織としての仕組み、ないし「しかけ」を総称するものだ。左図の「法令」プラスα、「遵守」プラスαの「α」の部分がより重要である。

コンプライアンスの対象は、法令に限られず、企業倫理などの企業社会における規範も含まれる。表面的に法令違反の発覚を阻止・回避して、ルール違反が表に発覚していないというのは、法令遵守にさえならない。法令違反が起きてから後手の対応に回るのではなく、法令違反を防止するための積極的な取り組みが重要だ。

また、あらかじめ決められたルールをただ遵守するだけの話でもない。事業組織におけるルールの策定から、その適切な運用から情報開示のあり方までが、広く守備範囲となる。「遵守」というだけでは、個人に向けられてしまうが、コンプライアンスの中心にあるのは、組織的な対応だ。情報開示の場面で企業が果たすべき説明責任が全うされ、市場に正しく理解されて良好な評価を受けるところまでが、コンプライアンスの課題に含まれる。開示段階で不正や不祥事が起きては、元も子もない。コンプライアンスは、組織的な対応の話なので、個人的な課題とか、精神論だけの問題ではない。

「コンプライアンス」の語源

コンプライアンス（compliance）の語源は、その動詞形「従う」

を意味するcomplyから来ている。これは「完全、完成する」を意味するcompleteと「提供・供給する」という意味のsupplyの合体した言葉で、従うことによって完全なものを提供する、あるいは完全なものになる、といったニュアンスが含まれよう。

欧米企業におけるコンプライアンスでも、より重要なのは企業が健全で適正な活動をしていくために企業倫理にも目を向けている点だ。さらに、業務上のさまざまなリスクを回避するために守るべき各種の業務マニュアル、守秘義務、その他の社内ルール、さらにはコミュニティとの関係のような行動指針などが、コンプライアンス・プログラムの重要な部分を構成する。

広義のコンプライアンス

本書でいう「コンプライアンス経営」は、すでに日本で強く叫ばれている「法令遵守」を含みつつも、それだけにとどまらず、欧米企業等で発達してきた広義

コンプライアンスとは何か

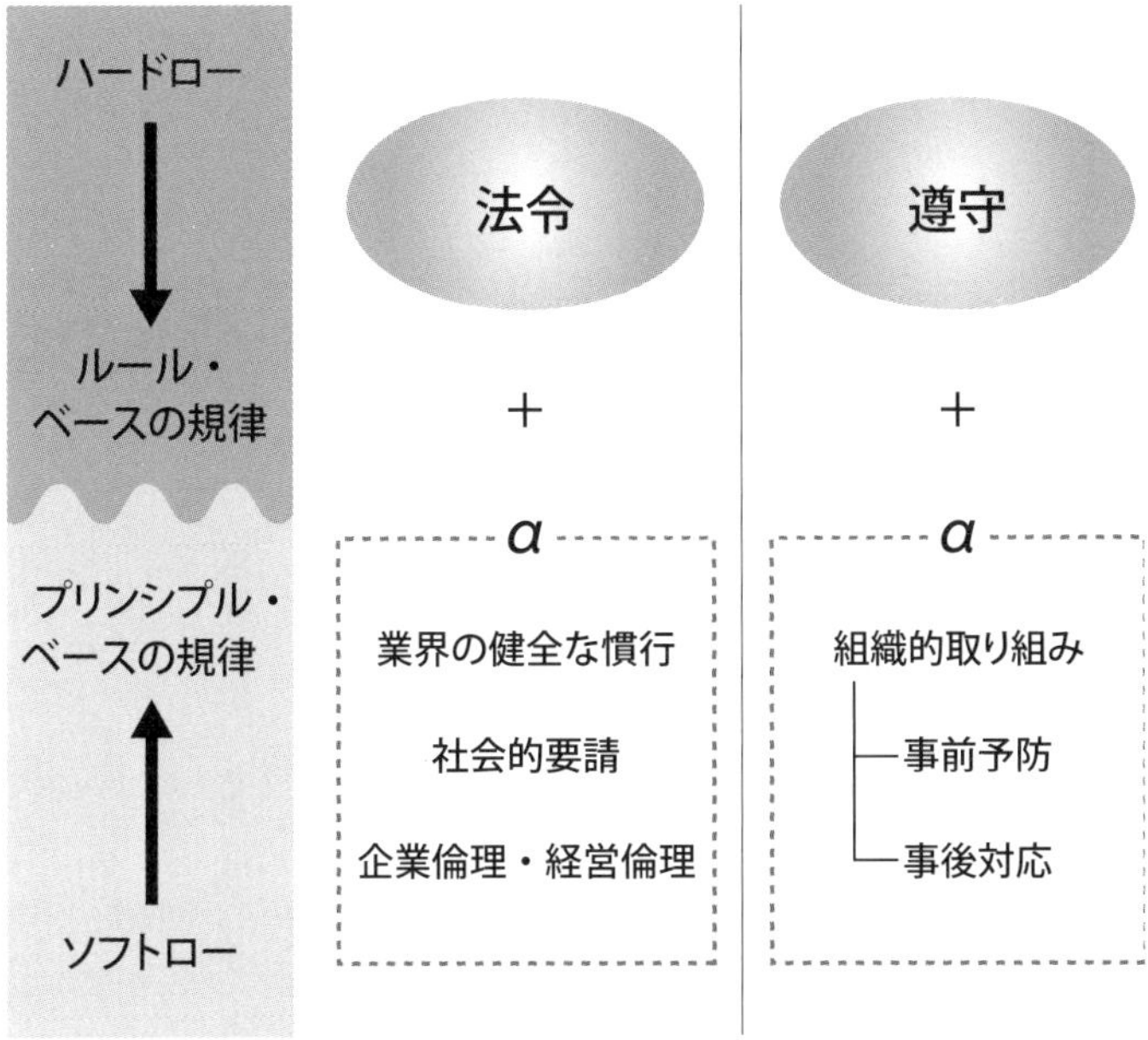

のコンプライアンス経営の中身をも組み込んだ企業経営を意味する。既に多くの日本の上場企業において採用されているコンプライアンスの基本的な考え方も、企業倫理から社会的要請を広くカバーしようとしている。

経済産業省「**コーポレート・ガバナンス・システムに関する実務指針**」（以下「**CGSガイドライン**」という）の二〇一九年版でも、「コンプライアンス」は「非常に広い概念であり、（中略）訴訟や法律問題でなくても、レピュテーションに大きなダメージを受ける問題はやはりコンプライアンス問題であり、法律的な線引きと企業がダメージを受ける線引きはずれてきている」との指摘があったという。

加えて、現代の法規制は、**ルール・ベース**と**プリンシプル・ベース**の規律を組み合わせるものとなっている。ルールは比較的イメージしやすいが、プリンシプル・ベースの規律は基本的な考え方や原則を示すだけなので、各組織で具体化する作業が必要だ。その際、法の趣旨や社会的要請、業界の健全な慣行等の「**ソフトロー**」と呼ばれる規範も十分に踏まえる必要がある。すなわち、「**ハードロー**」と呼ばれるルール・ベースの規律だけではなく、ルールとしてはまだ明確になっていない課題に対しても目を向けることが重要だ。

三つの法領域

コンプライアンス経営の検討対象となるのは、法規範、倫理規範、社内規範の三つに分けられるところ、その中核となるのが法規範（法令）である。このハードローの領域は、次のような三つに分けて整理できる。

第一に、刑罰法規
第二に、行政取締法規
第三に、民事法規

コンプライアンス経営では、このいずれの法規範にも目を配る必要がある。不正な行為はこの全部に抵触する結果となることも多い（❼参照）。

ただ、刑罰法規や行政取締法規が十分に整備されていなくても、他人の権利を侵害することは民法上の不法行為にもなりうるし、不法行為は社会的にも厳しい指弾の対象にもなる。

倫理度外視では法令遵守も危ない

米国連邦量刑ガイドライン

企業倫理はどう定まるか

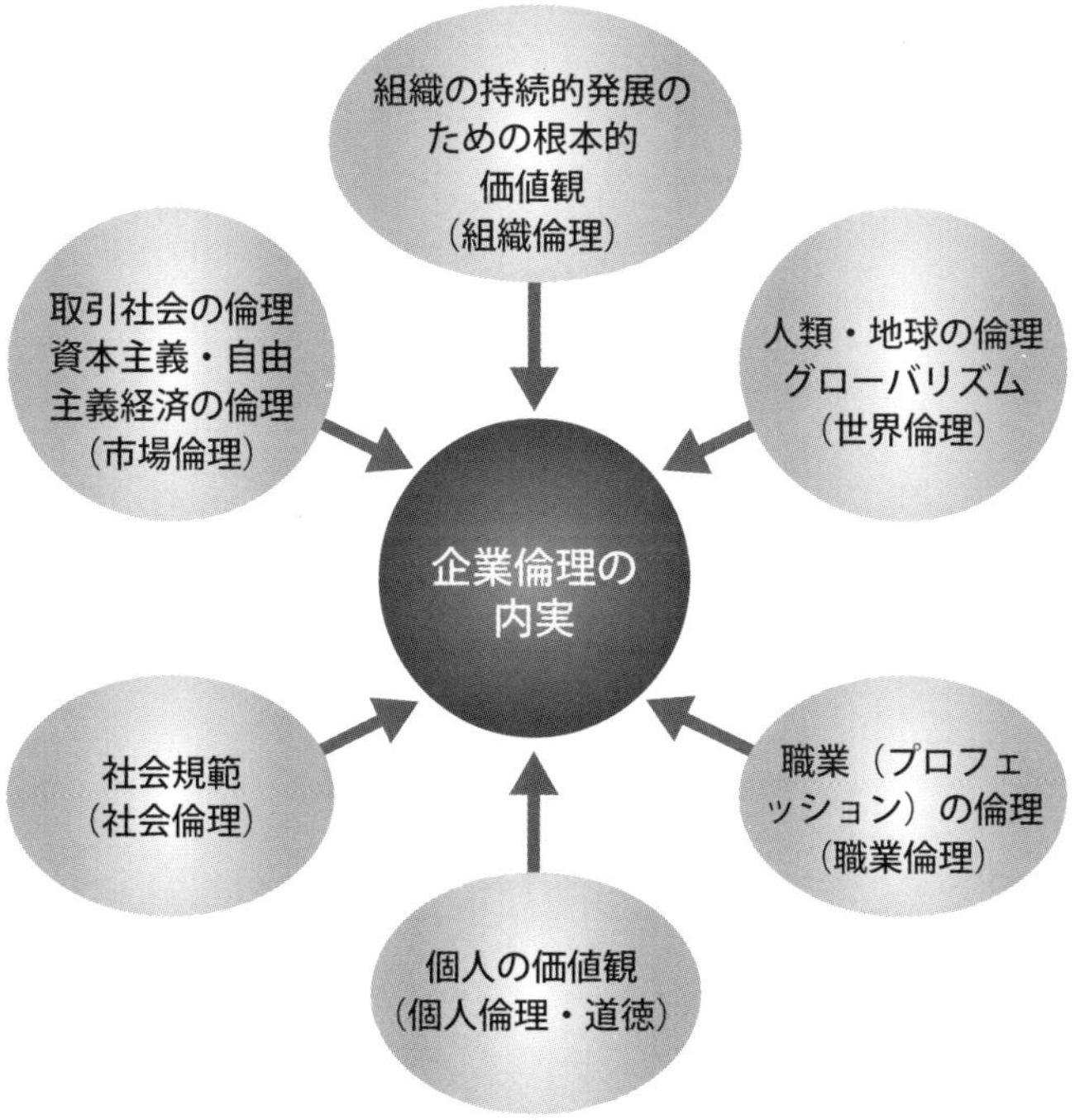

（❾参照）でも、コンプライアンス倫理プログラムが奨励されている。これは、経営倫理を無視した法令遵守はありえないとの認識によるものだ。日本の経済団体の取り組みにおいても、日本経団連が企業行動憲章を掲げ、その実行の手引きを公表し、毎年一〇月を企業倫理月間と定め、随時「企業倫理徹底のお願い」を出している。

これらの領域では、先に触れた各種のソフトローやプリンシプル・ベースの規律が、経営倫理の内実を示すものとして重要だ。企業は社会からの信頼に支えられて初めて存続できる存在である以上、経営者は高い倫理観をもって社会的責任を果たしていく必要がある。コンプライアンスを法令遵守とするだけでは、社会的な要請に対応できず、企業倫理の軽視につながる危険さえある。

企業倫理の内容に関しては、上図のように、さまざまな観点から考えていくことが必要だ。

2

コーポレート・ガバナンスにおけるコンプライアンス

ガバナンス・コードも「持続可能性」がキーワード

パフォーマンスとコンプライアンス

　コーポレート・ガバナンスでは、その経済的な効率性や業績（パフォーマンス）の向上と、健全かつ適正な業務の運営（コンプライアンス）をともに追求することが必要だ。両者の機能は、相互補完の関係にある。その一方でも十分に機能しなければ、企業の持続的成長は望むべくもない。コンプライアンスは、ガバナンスの目的ともいえよう。

　企業倫理や広義のコンプライアンスを推進するべく、経済界も**企業の社会的責任**（Corporate Social Responsibility=CSR）への取り組みを奨励してきた。短期的・近視眼的な経営姿勢では、持続的な発展・成長は期待できない。

経済団体の積極的働きかけ

　CSRは、社会、地球環境のみならず、企業自身の**持続可能性（サステナビリティ）**を確保するためにも重要な課題となっている。そこで、日本経団連の社会的責任経営部会（企業行動委員会と社会貢献推進委員会の合同部会）ワーキンググループは、企業が自主的にCSRを推進する上で役立つCSR推進ツールを作成した。これを手がかりにCSRに取り組み、それぞれの企業の特性に応じた活動を展開していくこともできよう。

金融庁主導でコードの策定

　日本では、ガバナンスの向上を目指して、二〇一五年六月から「**コーポレートガバナンス・コード**」（以下「CGコード」という）が上場企業に適用され、二〇二一年六月の改訂では、「中

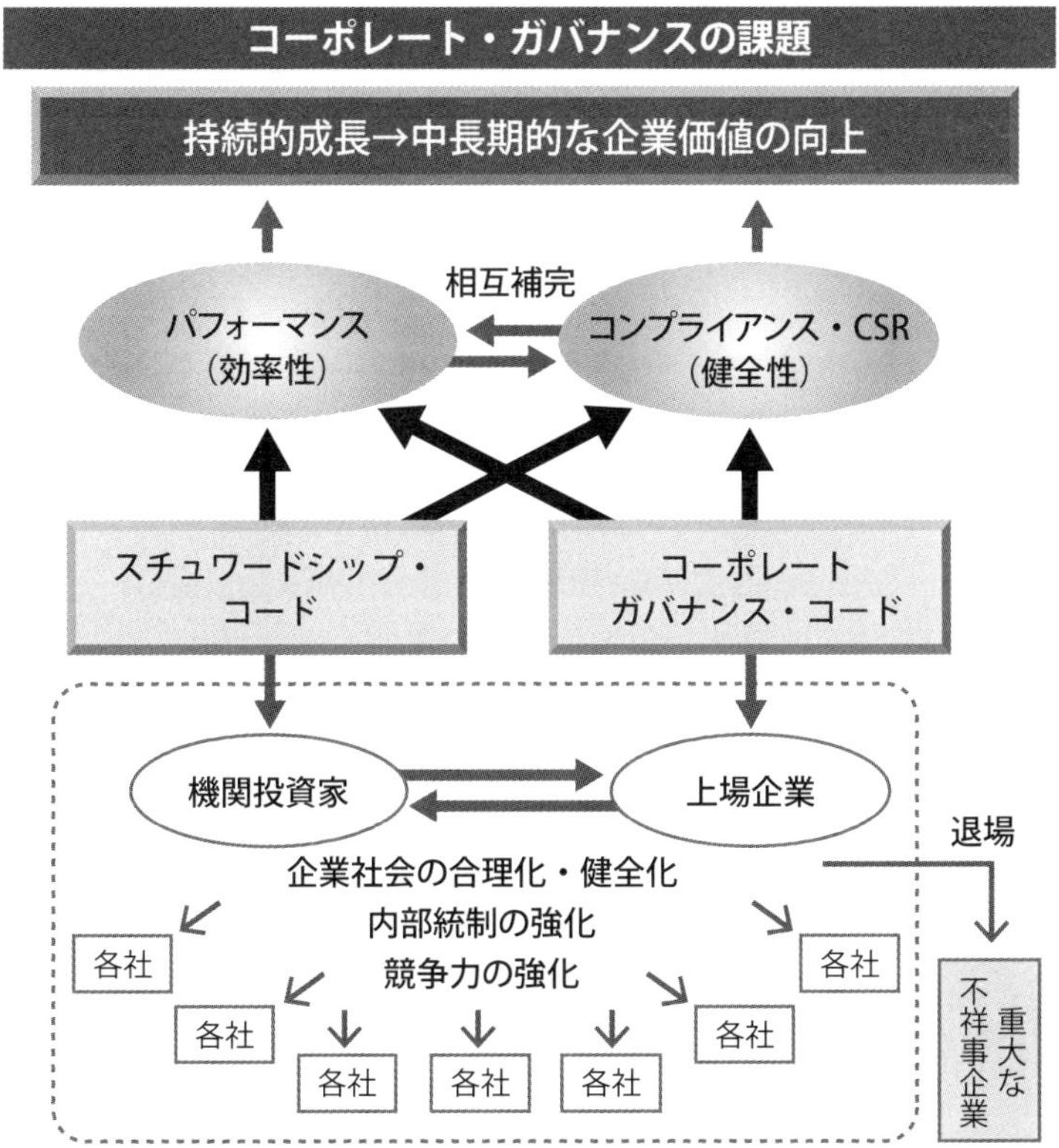

核人材における多様性の確保」や「サステナビリティ（ＥＳＧ要素を含む中長期的な持続可能性）を巡る課題への取組み」が追加された。もとより、ＥＳＧ（Environment（環境）、Social（社会）、Governance（ガバナンス））を推進する企業に対して積極的な投資をする**ESG投資**への対応も大きな課題となっている。

ＣＧコード自体は法令ではなく、プリンシプル・ベースの規律だが、原則を遵守しなければ、その理由の説明を必要とする**Comply or explain**の手法が取られている。その概要は次頁の通りだが、二〇二二年四月からの市場区分改革に伴い、特にプライム市場の上場企業には独立社外取締役に三分の一以上の選任を求める等、他よりも高い水準のガバナンスを求めている。

近時のガバナンスの議論では、取締役会や経営陣のモニタリングや説明責任だけでなく、価値

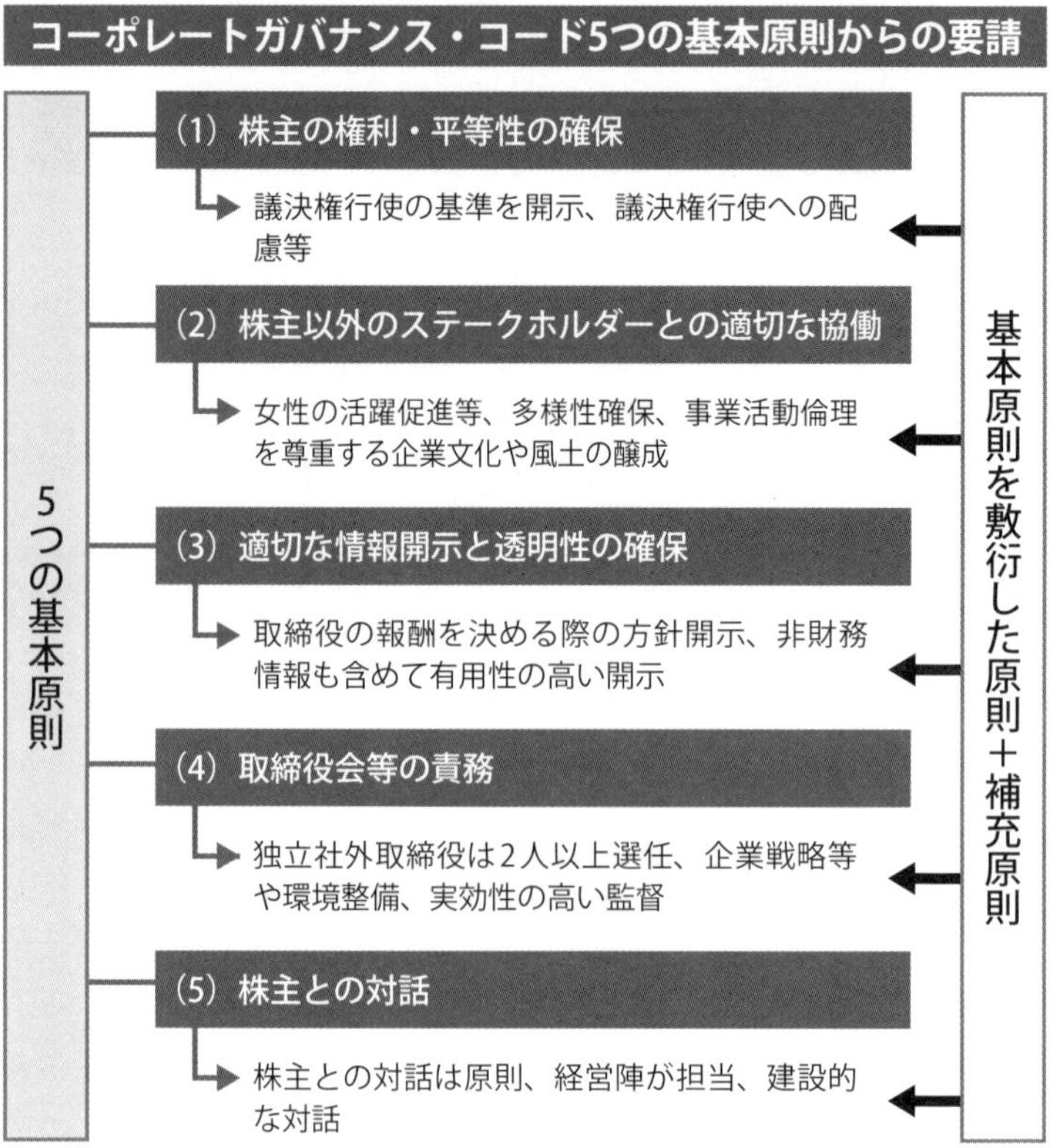

観や企業風土、戦略や方針、人材育成、倫理的行動の重要性等がより強調され、これに伴ってコンプライアンスの課題も拡大してきている。ＣＧコードの「ガバナンスに関する適切な規律」も、企業の業績の向上と併せて、経営の健全性、すなわち広い意味でのコンプライアンスないしＣＳＲを求めるものとして理解でき、経営者が自社の経営に関して十分な説明責任を果たすことが期待される。

　こうした改革を後押しするため、**CGSガイドライン**も二〇二二年七月に改訂され、各原則の趣旨・精神の上に、さまざまな工夫を自律的に行い、ステークホルダーへの積極的な説明を求め、社外取締役の職務として、任意に設置されたコンプライアンス委員会に出席し、役職員へのレクチャーを行う等、コンプライアンス向上の活動に関与することを提唱している。

会社は誰のものか〜ステークホルダー理論〜

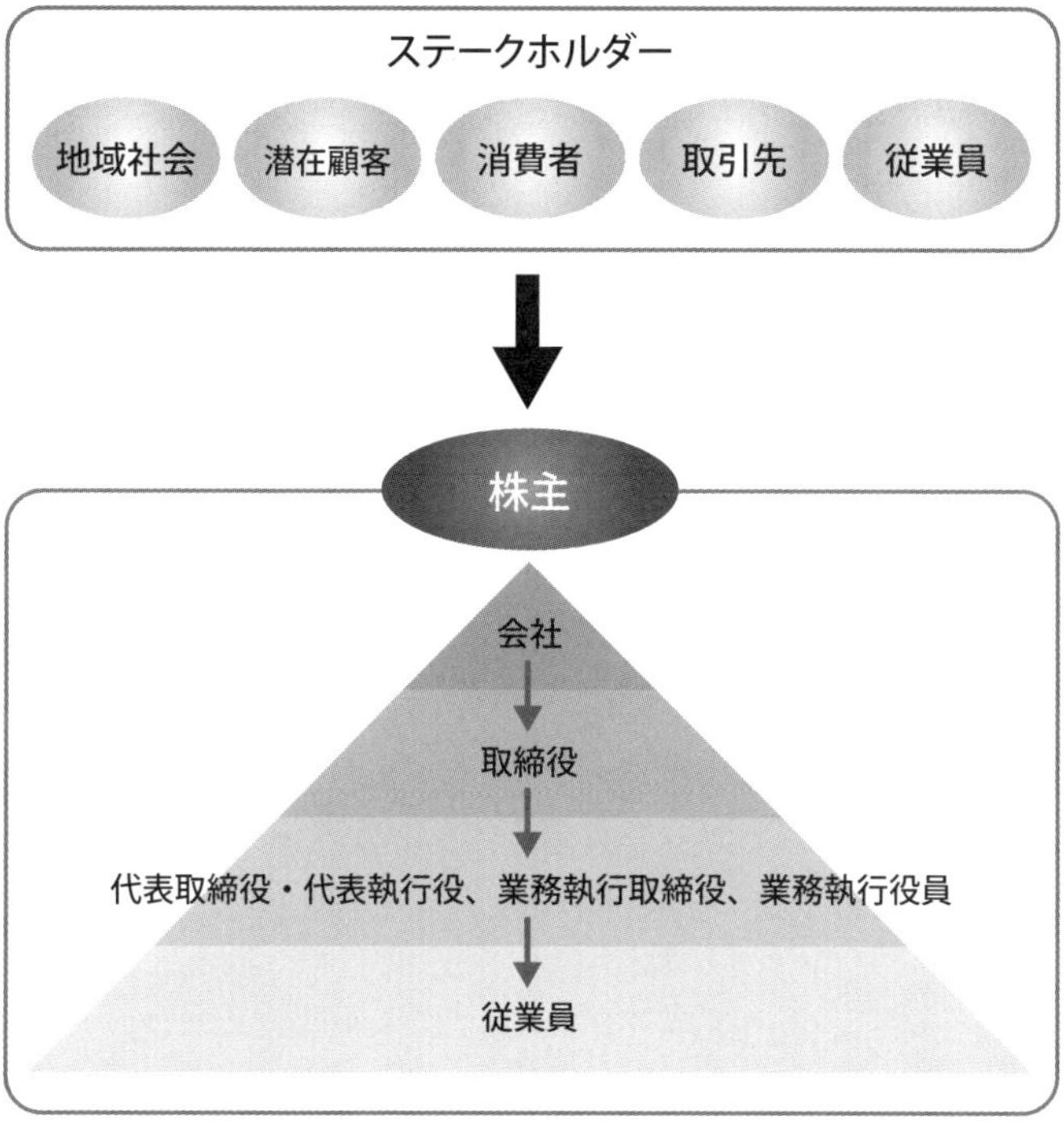

ステークホルダー理論

CGコードには、「会社の持続的な成長と中長期的な企業価値の向上のために」との副題がついている。CGコードでは、しばしば「攻めの経営」が強調される。しかし、これが「株主に対する受託者責任」だけではなく、**ステークホルダー理論**を踏まえている以上、企業倫理や企業の社会的責任（ＣＳＲ）を求めていることは明らかだ。ステークホルダー理論とは、消費者、顧客、従業員、取引先、地域社会その他の幅広い関係者に配慮した経営を求めるものだ。

　事業目的を実現するためには、さまざまなステークホルダーに対する配慮を欠かすことができない。日本の裁判例にも、ステークホルダー理論に言及するものが見られる。

　ステークホルダーからの共感を得ることは、事業活動の合理性の確認や従業員のモチベーションアップと相まって、最終的には自社の利益につながるものと位置づけるべきものだ。

もっとも、多元的ステークホルダー主義に対しては、相互の調整が難しく、その選択や優先の度合いが恣意的な経営判断に流れる懸念も指摘されている。多様なステークホルダーのニーズには差異もあり、社会性と経済性には緊張関係もあるから、相互にコンフリクトを生じる可能性もある。説明責任も踏まえて、優先度の適切な配分を考慮した運用が重要だろう。

中長期的な展望

ＣＧコードでは、「市場における短期主義的な投資行動の強まりを懸念する声が聞かれる中、中長期の投資を促す効果」が期待され、着実に企業が社会的な信頼と信用を勝ち取るため、「健全な企業家精神」を求める。「経営の意思決定過程の合理性」は、特に重要だ。

企業価値の向上は、**スチュワードシップ・コード**に基づく機関投資家と会社との間の建設的な「目的を持った対話」によっても、さらなる充実が求められる。二〇二〇年改訂の同コードでも、機関投資家は、運用戦略に応じたサステナビリティの考慮に基づく建設的な目的を持った対話**（エンゲージメント）**等を通じて、企業価値の向上や持続的成長を促し、中長期的な投資リターンの拡大等を求めている。

ＥＳＧ投資の本当の効果は今後の動向を注視すべきだが、理論的には運用資産全体の長期的なリターン向上につながる期待があり、これからも運用手法の改善を図っていくべきものだろう。ＣＧコードは、スチュワードシップ・コードとともに車の両輪となって、実効的なコーポレート・ガバナンスの実現を目指す。ただ、その実質は、企業の倫理的な姿勢次第である。

非財務情報の開示の要請

ＥＳＧ投資で考慮されるＥＳＧ課題とＳＤＧｓの目標は共通点も多く、ＥＳＧ投資がＳＤＧｓ達成に大きく貢献し、持続可能な経済社会が実現するものと理解されている。このため、ＥＳＧ関連の課題については、その実態とともに、開示の要請への対応も、コンプライアンスの重要な課題である。それらの社会的・公的課題のテーマは、法令よりも各種のガイドライン等のソフトローで規律され、開示の要請も含めて一部法制化される方向にあるため、コンプライアンス問題として把握する必要がある。

コンプライアンスを要請する市場環境

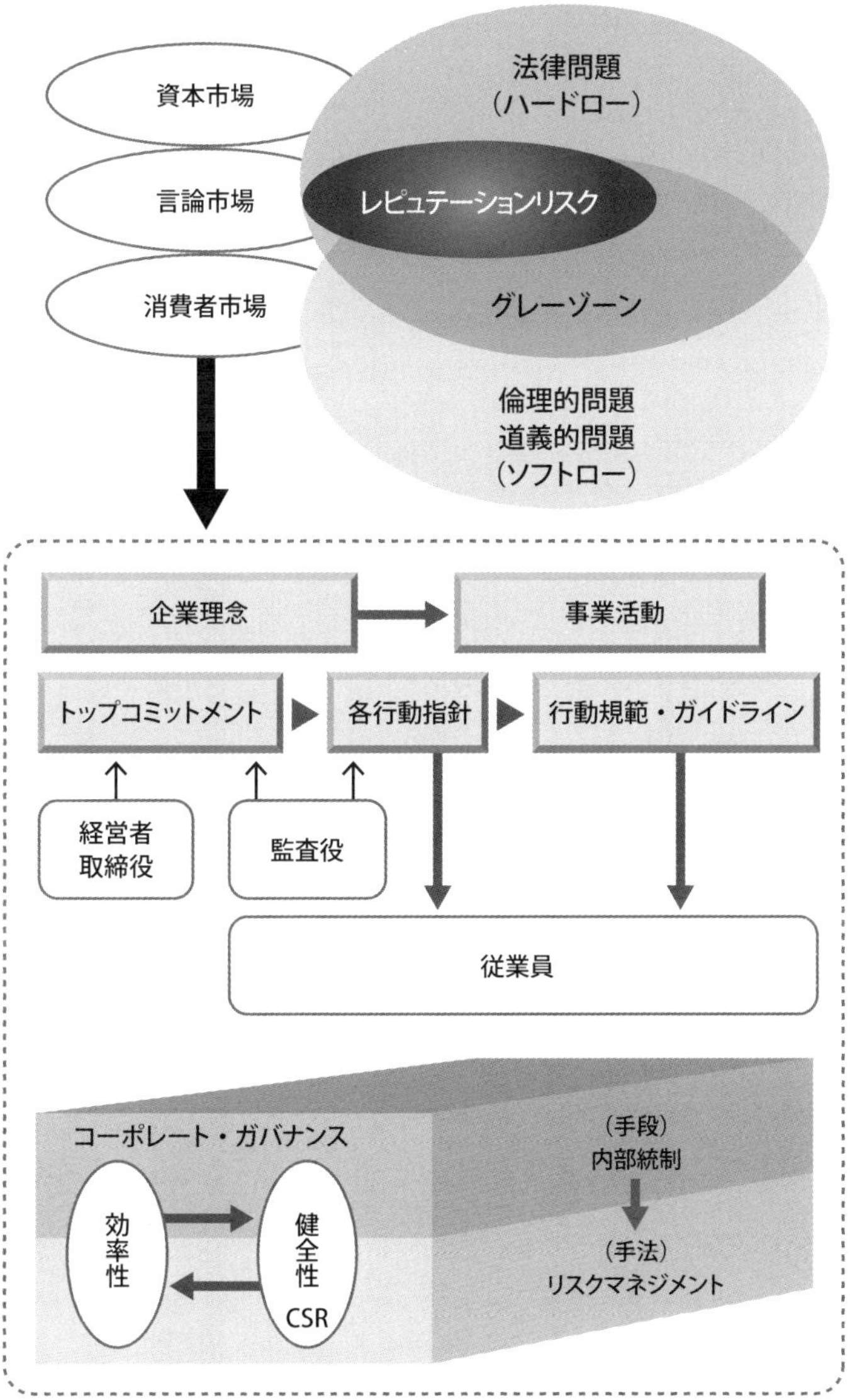

3

ソフトローとプリンシプル・ベースの規律

モラルを喪失した企業は市場からの退出を余儀なくされる

経営倫理なくしてコンプライアンスなし

不祥事が起きた際に「法令違反はない」「ルールに反していない」というだけでは不十分だ。法律やルールは常に不完全である。解釈で補うとか、見直す必要がある。むしろ、規制緩和が進めば、自律的な倫理によるコントロールの必要性が高まり、自主的・自律的規制の必要性も高まる。

もとより法令にはグレーゾーンがある。企業倫理の問題と法律問題の限界線も極めて曖昧だ。高度で複雑にからみあった利害関係を克服していく処方箋が必要だ。倫理に反する行為は法律問題に発展するリスクも高くなる。そこで、経営倫理を実践するため、法令の行間（規制緩和の残した課題）やソフトローの重要性に目を向ける必要がある。

ソフトローには、業界の自主規制や行政庁のガイドライン等の規範が含まれる。そして、その規範は多様な価値観から導かれることを踏まえて検討する必要がある。さまざまなガイドライン等は、ソフトローとして規範の一種であり、各種の国際的な基準等と併せて、コンプライアンスにおける比重は、ますます大きくなっている。

市場経済がグローバル化して競争が激化し、メディアや消費者の企業に対する見方も年々厳しくなっている。企業に対する信用・社会的評価の下落リスク（**レピュテーションリスク**）にも十分に配慮しなければならない。重大な不祥事が発生すると、企業社会全体に対する信頼が失墜し、世論に押されて厳罰化や規制の強化がもたらされるリスクも高まる。

コンプライアンスのレベル

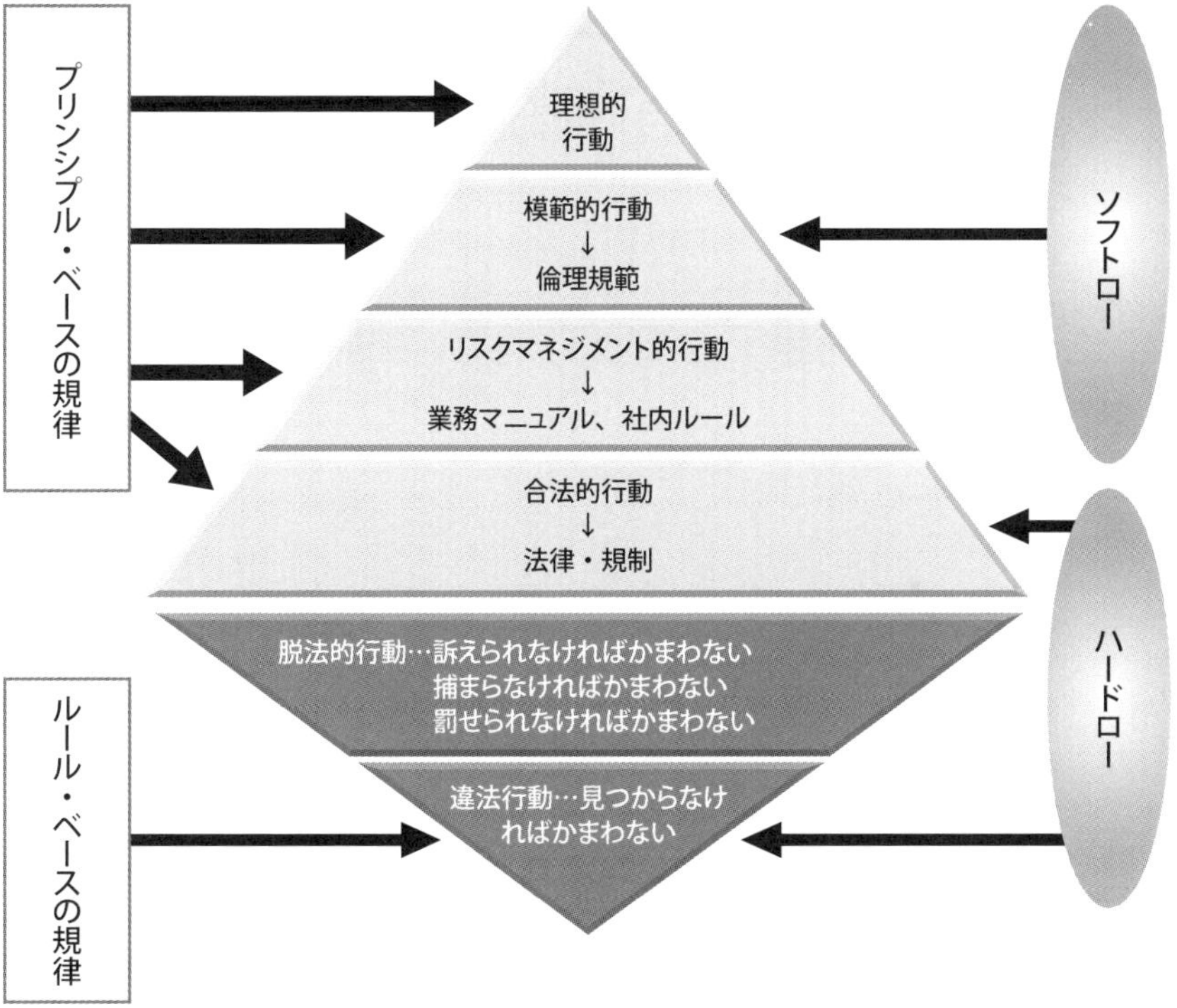

こうした経営環境の中で、社会の大きな期待や信頼に応えて、その経営理念や倫理的な規範の実現をも含んだコンプライアンス・プログラムが必要とされる。

合理性が求められる

「過剰に倫理も法令も遵守すべきだと意識すると組織に閉塞感をもたらす」等という見解もある。しかし、正しく企業倫理を徹底して組織が閉塞するという主張は、倫理の捉え方に問題がある。多少の倫理違反ならば「誠実な企業活動」と認められるわけでもない。

経営倫理やＣＳＲは、決して「リスク回避的な方向」を促すものでもない。むしろ果断な意思決定を躊躇して問題を先送りすること等は、経営倫理にもとるものでさえある。組織行動のあり方には、理想的な行動から違法行為まで、さまざまな水準が想定できる。その健全性を確保するため、どう行動することが組織として合理的なのかが問題だ。

　持続的に健全な発展を目指すならば、リスクマネジメントを踏まえ、さらには経営倫理を踏まえた信頼を獲得していくことこそが、組織にとってプラスとなることは過去の経験からも実証されている。

コンプライアンスと企業倫理

　いまだに一部には、コンプライアンスを「法令遵守」と狭く捉え、倫理やモラルと切り離そうとする向きもある。しかし、企業倫理から外れた活動をしていては、法令遵守さえもままならない。一般的な社会通念に照らしてさまざまな注意義務を尽くす必要がある以上、妥当性を度外視した経営判断は法的にも危険性が高い。

　理屈の上では、法令が倫理に反するとか、倫理が法令に反する場合もありえようが、求められるのは企業社会における倫理であって、個人的・主観的な信条とは異なる。法令に定めがないとの理由による企業倫理に悖る行動は、「法律の不備による抜け穴」を突く脱法行為でしかない。社会的要請に反した行動で信用を失い、市場から排除され、せっかくの新しいビジネスも頓挫するのではもったいない。

　企業倫理は一般市民の道徳や社会常識と異なることさえある。例えば、利益を仲間で山分けしようと仲良く話し合うのは、子供の世界ならば道徳的かもしれないが、市場経済では独占禁止法（独禁法）違反の犯罪であるとともに、自由競争を阻害する極めて悪質な反倫理的な所業だ。

　また、先輩や義理のある上司の顔を立てることは一般的には良いだろうが、そのために遠慮して言うべきことを言わないようでは、ガバナンスの機能不全を来し、取締役としての職責を果たしえない。

　企業社会のルールは多岐にわたり、複雑な面もある。利害の調整にはバランスを図り、社会的な要請に配慮することが求められよう。何が法令違反であるかについても、常に謙虚な姿勢が求められ、法的ルールや社会的要請を知らなかったという弁

倫理と実践と現実

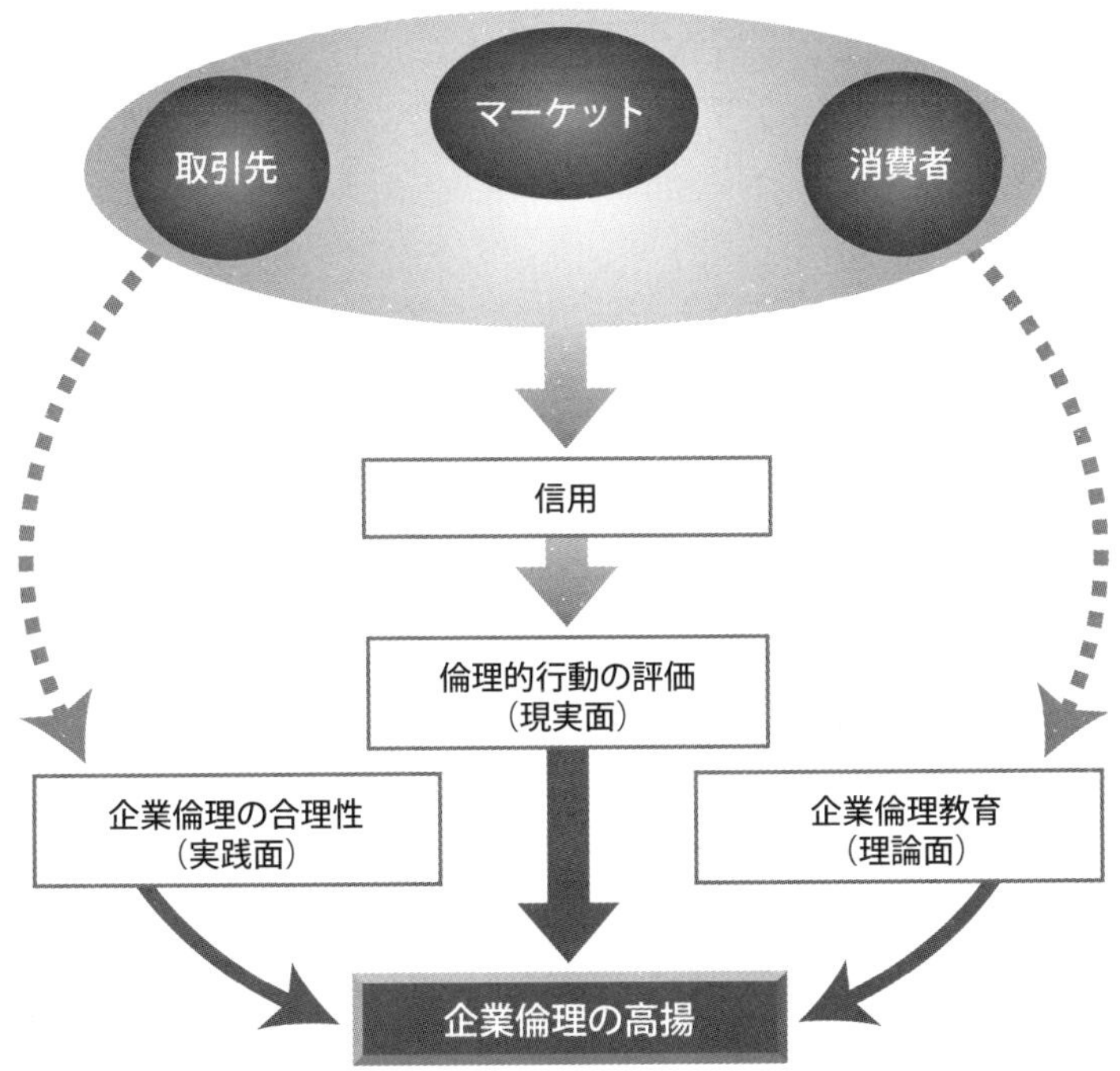

明だけで、その責任を免れることはできない。

そこで、企業倫理の内容を探り、研修・教育を意識的、積極的に行い、その組織において求められる職務倫理規範を明確に定めていくことが必要となる。

経営倫理はどうやって定まるか

もっとも、経営倫理の内容は、必ずしも明確ではない。だからこそ、法律にはまだなっていないという面があり、法令で一律に規制できない部分をもカバーするものなのである。

経営倫理が難しいのは、法律と似たところがある反面、対立する利害をどのように調整するのかが必ずしも明らかではない点だ。

経営倫理は、単なる抽象的な理念にとどまらず、市場、取引先、消費者等のステークホルダーとの関係で客観的に示せる成果を伴う形で、具体的な行動・実践をしていく必要がある。

4

内部統制の制度化によるコンプライアンス推進

コンプライアンス推進のための法的アプローチ

目的と手段の関係

　コンプライアンスの目的を実現するための手段として内部統制がある。わが国は、実質的なコンプライアンス態勢を直接に規律するのではなく、その手段として内部統制を制度化した。

　日本には、すべての株式会社に適用される会社法と、主として上場企業等を対象とする金融商品取引法（金商法）に一般的な定めがあり、各種の事業法でも具体的な展開が求められている。その他の特殊な法人に関しても類似の規律が見られ、善管注意義務に基づき、事業や組織の実態に即した内部統制が求められよう。

内部統制システム構築義務

　会社法は、取締役に遵法義務・監督義務を負わせるのみならず、内部統制システムの構築を求め、コンプライアンスの推進を図っている。内部統制システムの構築は、取締役会のある会社では、取締役会の専決事項とされる。また、この決議の概要や運用の状況は事業報告にも記載しなければならない。

　さらに、大会社や委員会型の会社では、その機関設計や公開・非公開にかかわらず、内部統制システムの整備（取締役の職務の執行が業務の適正を確保するために必要な体制）が義務づけられる。

　内部統制システムの決定のために各項目について考える機会が設けられることには大きな意味がある。取締役会の場が、否が応でも各企業のコンプライアンス体制のあり方を見直す契機となろう。また、こうした内部統制システムの整備や運用は、監査の対象にもなる。監査役（会）や監査（等）委員会の監査報告では、もし取締役会が決議した内部統制システムが不相当なものであれば、その旨と理由を記載する必要がある。監査役等は内部統制システムが相当なものであるかを十分に吟味する。

内部統制に関する法制度の対照表

	会社法	金融商品取引法
対象企業	基本的な善管注意義務に基づく内部統制は、すべての株式会社に要請される すべての大会社と委員会型の会社には、全体的な内部統制システム構築決定を義務化	上場会社（金商法24条1項の規定による有価証券報告書を提出しなければならない会社（同法23条の3第4項の規定により当該有価証券報告書を提出した会社を含む）のうち、同法24条1項1号に掲げる有価証券の発行者である会社その他の政令で定めるもの）
目的	・業務の有効性及び効率性 ・財務報告の信頼性 ・事業活動に関わる法令等の遵守 ・資産の保全	・財務報告の信頼性
方法	事業報告の記載内容等を監査役が監査した上で評価	経営者が有効性を自己評価した内部統制報告を監査人が監査
義務	取締役会設置会社では、取締役会の専決事項 →大会社等に決議義務（構築義務） →しかし、経営陣が評価する義務は定めなし	経営者の責任 →構築義務は定められていない 何かの決議義務も特にない →しかし評価し、報告する義務
監査	内部統制は、監査役が監査。監査役は会計監査人の監査の相当性を評価	内部統制は公認会計士又は監査法人が監査。外部監査人が、監査役監査を統制環境の一環として評価
開示	事業報告に記載、監査報告書で言及	内部統制報告書とともに内部統制監査報告書を提出
民事責任	不備による損害発生の場合には、会社・第三者責任（会社法429条1項、2項）が生じうる	有価証券を取得した者に対する責任 会社の責任 役員等の第三者に対する責任（金商法24条の4の6）
刑事責任		虚偽記載罪（金商法197条の2） 個人　5年以下の懲役・500万円以下の罰金 法人　5億円以下の罰金（同207条）
行政責任	虚偽記載・記録には100万円以下の過料（会社法976条7号）	訂正報告書の提出命令 課徴金の納付命令　等

さらに、各種事業法の規律等も踏まえて、会社の規模や事業の性質等に応じて適切な内部統制システムを構築・運用することは、取締役等の**善管注意義務・監督義務**からも求められる。そのため、内部統制システムに不備がある場合には、取締役等の役員に善管注意義務違反が生ずる恐れがある。取締役等の役員にとっても、実質的な態勢整備に向けられた取り組みが重要である（54参照）。

内部統制の開示

平成二六年会社法改正で、内部統制システムの整備に関する概要に加え、その運用状況の概要も事業報告の記載事項となった。運用状況の概要とは、客観的な運用状況を意味する。後に不祥事が発覚する等した場合に、その評価の誤りが問題となる記載は避けるべきだろう。

運用状況に関しては、内部統制に係るイベントや委員会等の開催状況の記載が考えられる。これが事業報告に毎年記載されることに伴い、内部統制システムの整備に関する基本方針を定期的に見直し、必要に応じて改定することが求められよう。

内部統制の制度的沿革

米国では、一九七〇年代頃から内部統制が制度化され、不正な財務報告に関する国家委員会（通称「トレッドウェイ委員会」）を支援する組織であるトレッドウェイ委員会支援組織委員会（The Committee of Sponsoring Organizations of the Treadway Commission＝通称COSO）が提示した一連の考え方が「COSOフレームワーク」として、世界各国の会計・監査における事実上の基準として大きな影響を及ぼした。そこでの内部統制とは、①業務の有効性及び効率性、②財務報告の信頼性、③関連法規の遵守といった三つの目的の達成に関して合理的な保証を提供することを意図した事業体の取締役会、経営者及びその他の構成員によって遂行されるプロセスだとされた。この内部統制の五つの構成要素、①統制環境（control environment）、②リスクの評価と対応（risk assessment）、③統制活動（control activities）、④情報と伝達（information and communication）、⑤モニタリング（監視活動）（monitoring activities）が経営管理の仕組みに組み込まれて一体となって機能することを求めた。

COSOは当初フレームワークを廃止し、二〇一三年の新フレームワークを使うことを求め、内部統制の目的の一つである「財務報告の信頼性」を「報告の信頼性」に改め、非財務的な情報を内部統制監査の対象とした。財務報告の代表例として年次財務報告等が、非財務報告の代表例として内部統制報告のほか、CSRやサステナビリティに関する報告等が考えられる。

さらに、COSOは、二〇一七年、**全社的リスクマネジメント―統合フレームワーク（Enterprise Risk Management―Integrated Framework）**を策定し、全社最適・継続的改善に力点をおいた組織全体のリスク管理の仕組みによって経営・事業目的達成を促している。

さまざまなリスクの度合いに応じて、それぞれの部署における対応も異なる。例えば、比較的リスクが低い領域では、共通

コンプライアンスと金商法の内部統制報告制度

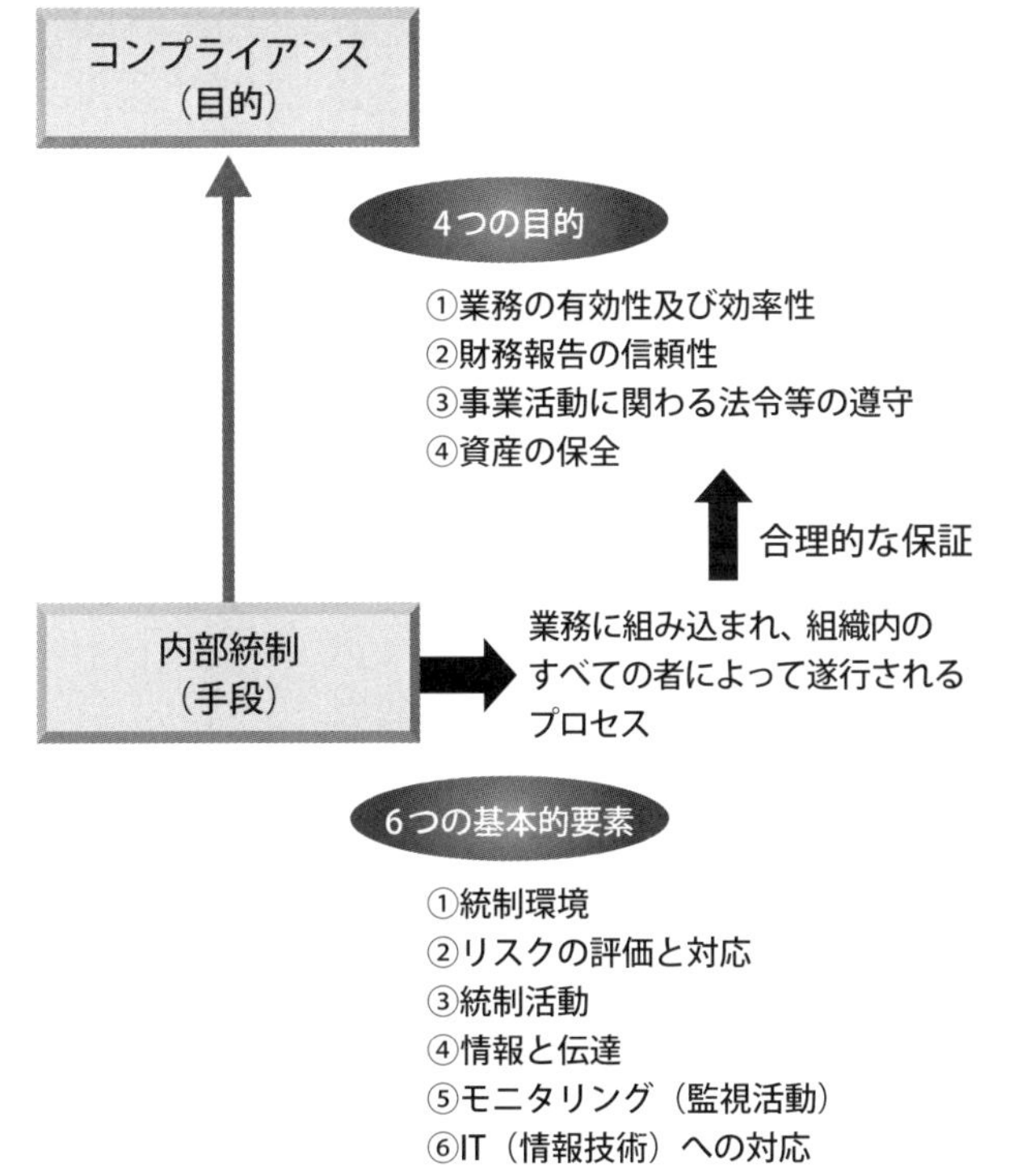

の業務ガイドラインを導入する等の対応で足りるが、何らかの特別なリスクが想定されるのであれば、コンプライアンス専門部署との連携・相談、定期的協議等を行う。さらにリスクが高い領域では、コンプライアンス担当が積極的に関与する体制を整備し、最もリスクが高い課題については専門の社外弁護士も交えて対応していくこと等が考えられる。

金融商品取引法（日本版ＳＯＸ法）による内部統制報告制度

日本の上場企業等は、二〇〇九年三月決算期以降から有価証券報告書と併せて、財務報告に関する書類その他の情報の適正性を確保するために必要な体制について評価した「内部統制報告書」を提出する義務が課され、公認会計士または監査法人の監査証明を受ける必要がある。この制度は、米国の企業改革法**（サーベンス・オクスリー法：ＳＯＸ法）**をモデルとしたもので、**日本版ＳＯＸ法（ＪＳＯＸ法）**とも呼ばれるが、米国ＳＯＸ法とは異なる。

この施行当初は、一部の現場で過度に保守的な対応が見られた。文書化優先に走り回り、優先順位を誤った対応で混乱したというのが、その典型例だ。

企業会計審議会が策定した実施基準では、ＣＯＳＯの三つの目的に「資産の保全」を加え、ＣＯＳＯの五つの構成要素に「ＩＴへの対応」を加えた六つの基本的要素を検討することを促す等、日本企業の体質改善に向けた課題等が提示されている。

内部統制報告制度は、効率性と有効性のバランスをとって整備することが重要であり、これまで隠されていた不正をあぶり出したケースが散見されたほか、上場会社の内部統制ないしコンプライアンスの向上に一定の効果があったものと評価できる。

しかし、金融庁は、企業等が過度のコスト負担をかけないように周知を図ってきたものの、施行後一五年以上が経過しても十分に効果があったとは言い難い面もあるため、見直しの議論がある。特に、ハードローであるのに、内部統制に不備があっても事後的に訂正報告書を出すことで事実上許されてきた運用が問題視されており、今後の動向に注目する必要がある。

5 コンプライアンス経営の必要性と重要性

グローバルな厳しい競争社会で要請される基本

企業改革を求める流れ

昨今のあらゆる変化の流れがコンプライアンスを要請している。従前まで「法のタテマエと現実のギャップ」で説明されていたものが、それではすまされなくなった。特に、コンプライアンスを推進する内部統制が制度化される前から、次のような基本的な潮流があった。

法的責任追及が強まる

第一に、「法化社会」への変化とも呼ばれる社会の価値観の変化がある。「事前規制」型から「事後規制」型の規制が増え、法的な責任追及を強める傾向が強まった。司法制度改革から各種の消費者保護法制（㊾参照）に至るまで、法的責任追及をしやすい一連の改革が進んでいる。

こうした環境の中で、物事を法的に解決すべきであるとする要請も高まっている。そこで、企業としては、不安な法律問題は必ず弁護士に相談するような配慮も必要になる。「法の不知は罰する」という法格言もあるから、事業活動をしている企業は一般市民以上に、法律問題について必要な情報をしっかりと押さえて活動することが求められる。

不勉強な者ほど救われるというほど甘くはない。ルールを知らないと損をするという冷徹な現実を、まず直視しなければならない。それは不当だと思う人もいるかもしれない。しかし、知らない者が損をするようにしないと、無知を競うことになりかねない。「知りませんでした」と言えば許されるのでは困る。

こうした法的なチェックの強まりは、企業にとってもコンプライアンス経営のための体制を整備することを要請している。

企業生き残りのために

第二に挙げられるのは企業間の競争の激化だ。かつての護送船団行政の下においては、何か問題があった場合にも、企業に都合の良い方法で解決する方法を所轄官庁と相談しながら、何とか切り抜けてきた。しかし、公正な競争が強調され、行政のパターナリスティックな保護が弱まり、能力のない企業は市場から退場すべきだといった考え方が強まると、コンプライアンスは企業存続の前提条件となる。

第三に、ＩＴ環境の劇的な変化によって、事業活動のデジタル化が進み、これらを活用するとともに、ＩＴ化に伴うリスクに対しても適切な対処が求められる。ハッカーによるサイバー・テロ等をはじめとして、企業の情報（個人情報を含む）をいかに保護し、管理していくべきか、課題も多い。企業活動に問題がある場合には、その批判・攻撃がネットを通じて行われることもある。

他方、企業はＩＴによって新しい管理も可能なので、企業の実情に応じてシステムを導入した管理の必要性も高まる。例えば、インサイダー取引を規制するための不正監視システムや従業員のモニタリング・システムも利用されている。フォレンジックによるデータの復元も可能となった。人工知能（ＡＩ）がディープラーニングによって不正発見の機能をさらに高めることも予想され、ＲＰＡ（ロボティック・プロセス・オートメーション）、ビッグデータ、クラウド等のテクノロジーの高度化に積極的に対応する必要がある。

ＤＸ時代の到来により、内部統制の実効性を確保するため、それらの技術を駆使した自動的な制御・検知システムをどこまで導入するかは、企業の本気度を測る尺度ともなりつつある。自動的・機械的にチェックできたほうが、人為的ミスの防止だけでなく、効率化にも資する。それができるのに、あえて人の手を介した管理をさせているようでは、ＩＴへの対応が不十分であるとの批判を免れない。

「組織の論理」の弱体化

第四に、雇用の流動化が進み、

コンプライアンス経営への基本的な潮流

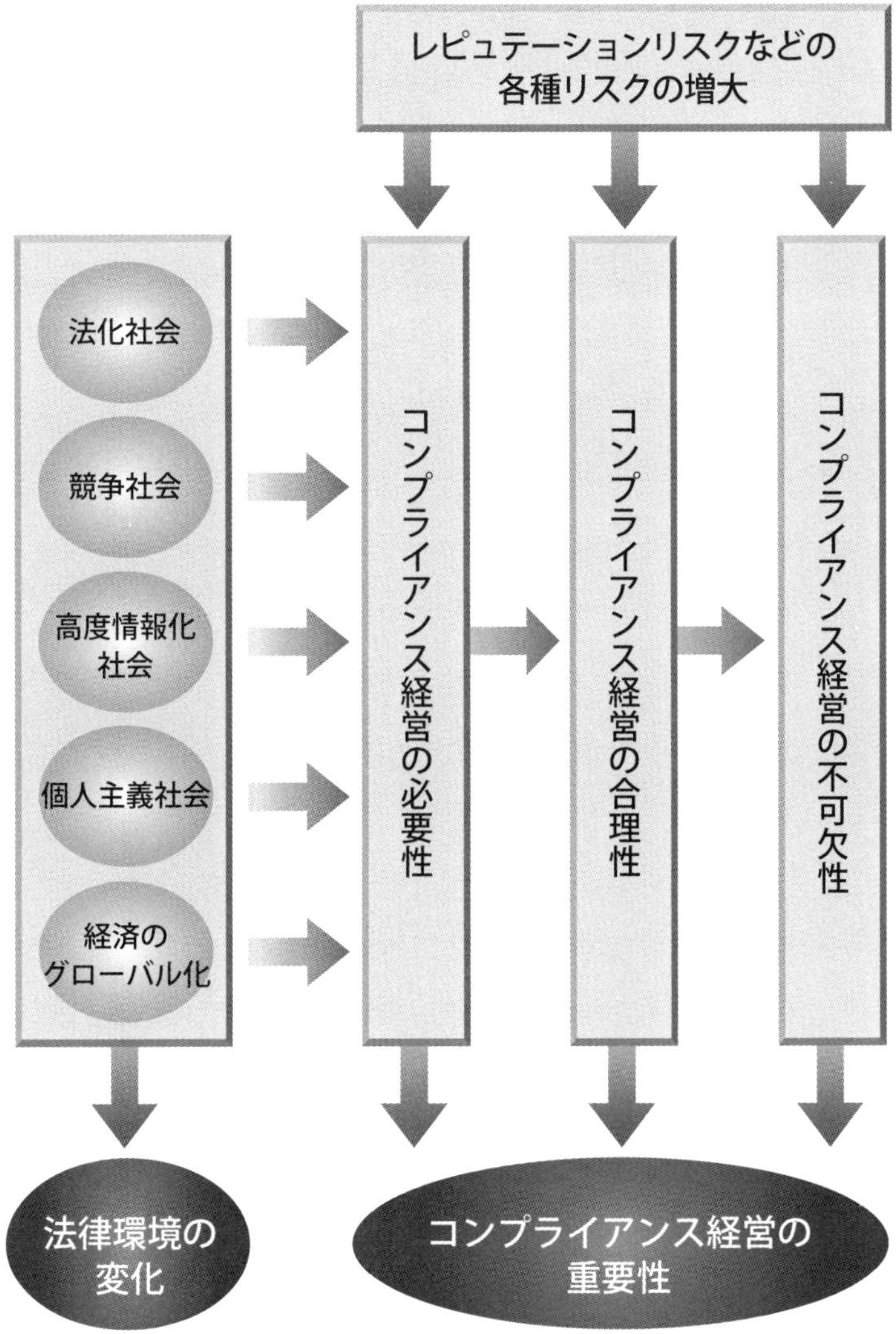

内部告発も行われやすくなっている。雇用の流動化は不正を発覚させやすくもする。企業も個人も、健全な判断基準や倫理観を身につけることが期待される。このような経営環境において、

組織ぐるみの違法な行為が外部に漏れないままに継続するのは難しい。

経済のグローバル化

第五に、経済のグローバル化の中で、日本企業に欧米企業と同レベルのコンプライアンス体制の整備が求められている。

特にグローバル経済の下では経済活動が複雑化、高度化し、遵守すべきルールも難しいものになる。外国との取引が関われば、諸外国の法令も問題になるし、業界の異なる分野との取引においては異なったルールがあるかもしれない。国際法の分野はソフトローも多く、企業の姿勢や経営倫理が問われるが、その規律内容は必ずしも明確ではなく、法令やルールの把握が難しい状況でも、正しい活動を合理的に選択していく必要がある。

不合理で説明責任の尽くされない経営は、取引社会でも信用を失い、最悪の場合、マーケットからの退場を余儀なくされる。

コンプライアンス経営のメリット

一方、コンプライアンス経営のメリットは多岐にわたるが、ここでは基本的な三つの視点を整理しておこう。

第一に、コンプライアンス経営は、社会のニーズに応える側面がある。多くの新しい法令も社会のニーズに応じて作られるから、これに応じることで、企業価値・イメージの維持・向上、さらには、消費者、潜在的従業員との関係を良好にしていくことが期待できよう。

第二に、コンプライアンス経営によって、企業が将来巻き込まれるかもしれないトラブルや不祥事に巻き込まれるリスクを低減できる。

第三に、経営を合理的なものにすることが可能である。従前の不合理な経営を改めるきっかけにもなりえ、不合理な業界慣習からの脱却を図ることも模索するべきであろう。そのことが、経営環境の変化にいち早く対応することにもつながる。

例えば、談合、不適切なリベートを業界の慣習として違法なこともやむをえないこととして受け入れてしまうのでは、将来が危うい。コンプライアンス経営は、品質・価格重視の健全な競争のための原動力ともなるのである。

コンプライアンス経営のメリット

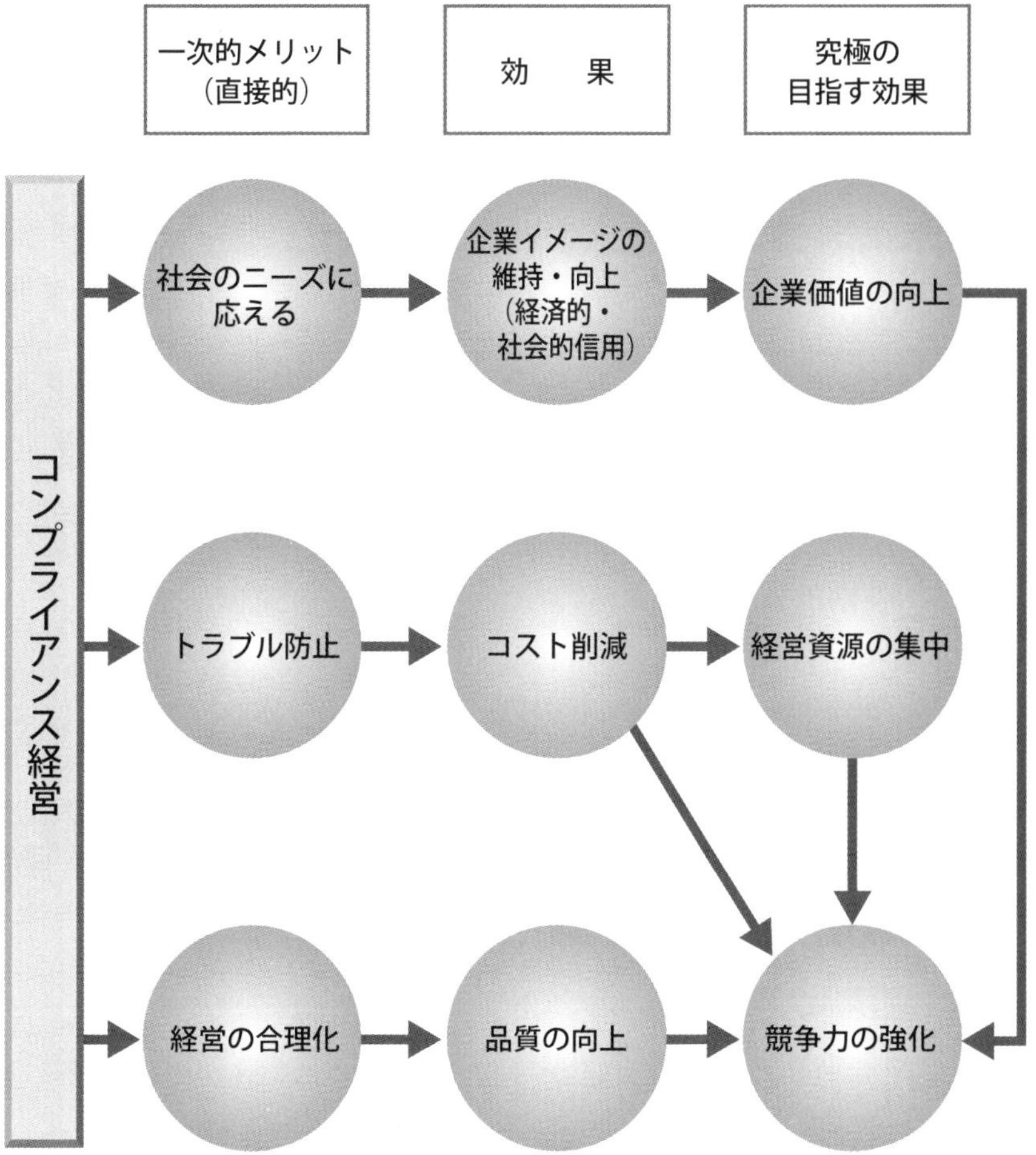

6 コンプライアンス経営と業績・効率性

キレイごとではなく、合理的・効率的経営の視点からも

違法・脱法のコスト・リスク計算

経営全体の立場から、コンプライアンス経営は採算が合うのか、という問題もある。

違法行為をしないことによって確保できる利益（これをLegalからLと置く）の方が違法行為によって得られる利益（IllegalからIと置く）よりも大きければ、あえて違法行為をする必要はない。そうであればそんなバカなことはしないのが合理的だ。

次に、コンプライアンス経営の考え方として、「LよりもIが大きいが、それ以上に違法行為によって失う損失・損害（これをDamageからDと置く）の方が大きければ、その場合も違法行為はしない」のが合理的だ。

問題は、LよりIが大きく、かつDよりIが大きいという場合がどうかという問題だ。こうした場合、利益至上主義に陥ると、違法行為をする恐れが高まり、それゆえに利益至上主義が批判されてきたともいえよう。

しかし、不正が発覚した場合には、刑事罰等を受け、得られた利益を吐き出させられるだけでなく、さまざまな社会的な制裁も含めて、支払う代償は極めて大きくなる傾向にある。次項でもさらに検討するとおり、ネット環境を含むＩＴの劇的な変化に伴って、悪事を隠し通すことは極めて難しくなった。

フォレンジック調査により消去したデジタルデータも復元が可能となっており、内部告発もしやすい環境となっている。

このため、不正が発覚した場合の損失・損害も、計り知れない。例えば、一億円のワイロや談合などで二億円の収益が確保

コンプライアンスの損得勘定

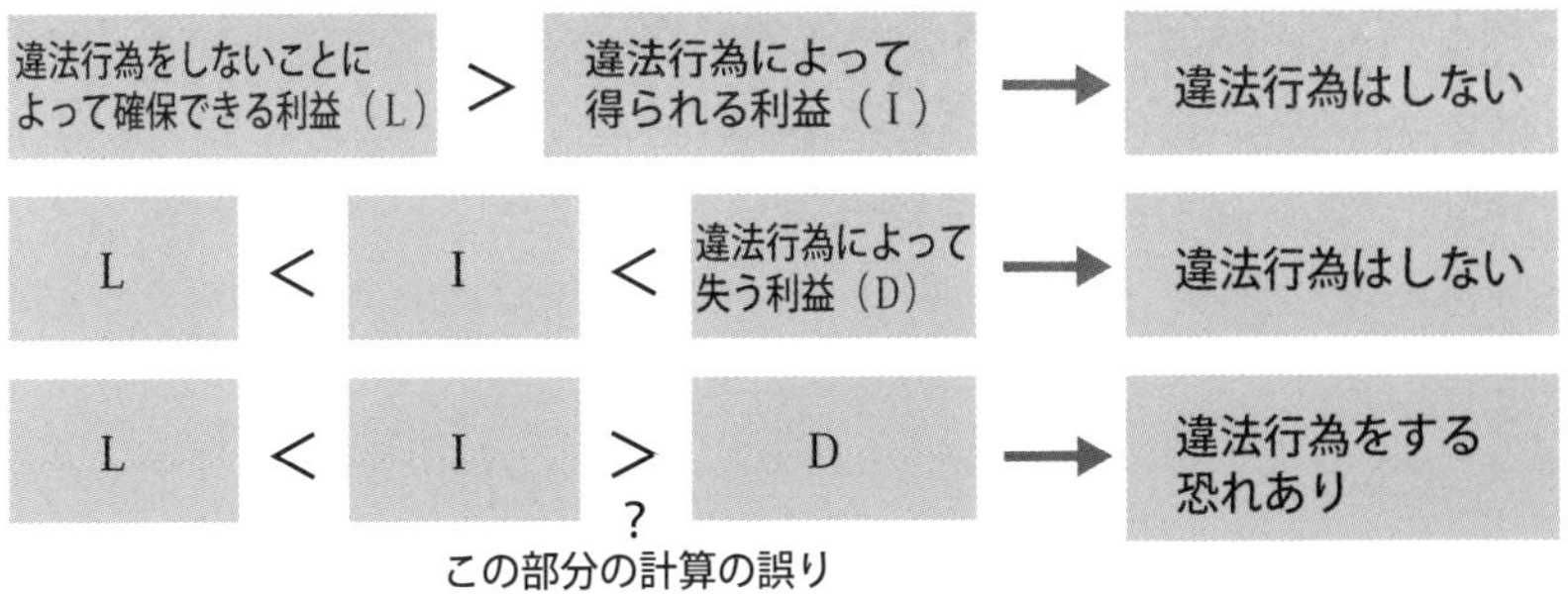

できるといった計算ができる場合、従前は単純にその範囲で企業にとって利益だという判断をしていたかもしれない。しかし、これが発覚した場合、罰金、追徴金や課徴金、民事訴訟の賠償金、さらにはこれらに関する調査・対応費用、企業イメージの失墜やそれによる取引減少、取引停止等も含めると、収支はマイナスになるだろう。

コンプライアンス経営の効果

　コンプライアンス経営のコストとしては、一般管理費（人件費、文書作成費用等）や研修費用、さらには弁護士費用その他のコンサル費用や外部ベンダーのＩＴコスト等の負担も生じる。人材の奪い合いの昨今、ＩＴ等のツールを使いこなし、有能な人材に十分な処遇をするためのコストは上昇傾向にある。

　これに対して、プラス面としては、万一トラブルとか訴訟問題になった場合に比べて遥かに低いコストで問題が処理できるだけでなく、そうした問題が起きることによって会社が失う無形の損害を回避できる。

　また、日常的なコンプライアンス経営によって、リーガルリスクを低減し、そもそも問題が起きにくい体質、企業風土の確立、企業文化の刷新、従業員の意識改革にも資する。さらには、企業価値の上昇、効率性の向上、長期的な収益性の向上といったものも評価されて良い。企業のコンプライアンス体制を役員賠償損害保険の査定の対象とする保険会社もあり、それが保険料

違法・遵法のコスト・ベネフィット

コスト	ベネフィット
一般管理費	企業価値（のれん）
人件費	企業イメージの上昇
通信費	企業文化の刷新
文書作成費用	従業員の意識改革
研修費用	トラブルの回避・防止
情報収集費用	効率性の向上
弁護士費用	合理的な経営
その他コンサルタント費用	収益性の向上
▲トラブル解決費用	
▲賠償金	保険料の節約
▲企業利益の喪失（機会の損失）	

に反映されることもあるという。

もっともコンプライアンスによって企業価値（のれん）がどれくらい上昇したかを全部、客観的に計測できるわけではない。トラブル解決費用（弁護士費用等）や賠償金を抑制できることは大きな利益だが、最悪の場合と比較するのは難しい。結果として何も起こらなければ、それが当たり前のようにも思われるからだ。しかし、実際はそうとも限らない。何もしなければ最悪の事態も生じ得たところ、コンプライアンス・プログラムによって損失・損害を最小限度にとどめることも、企業経営においては重要な課題となろう。

利益至上主義からの脱却

利益のためなら手段を選ばずといった利益至上主義は、さまざまな弊害を生み出し、重大な企業不祥事の原因となってきた。それは時として社内の派閥抗争

利益至上主義からコンプライアンス経営へ

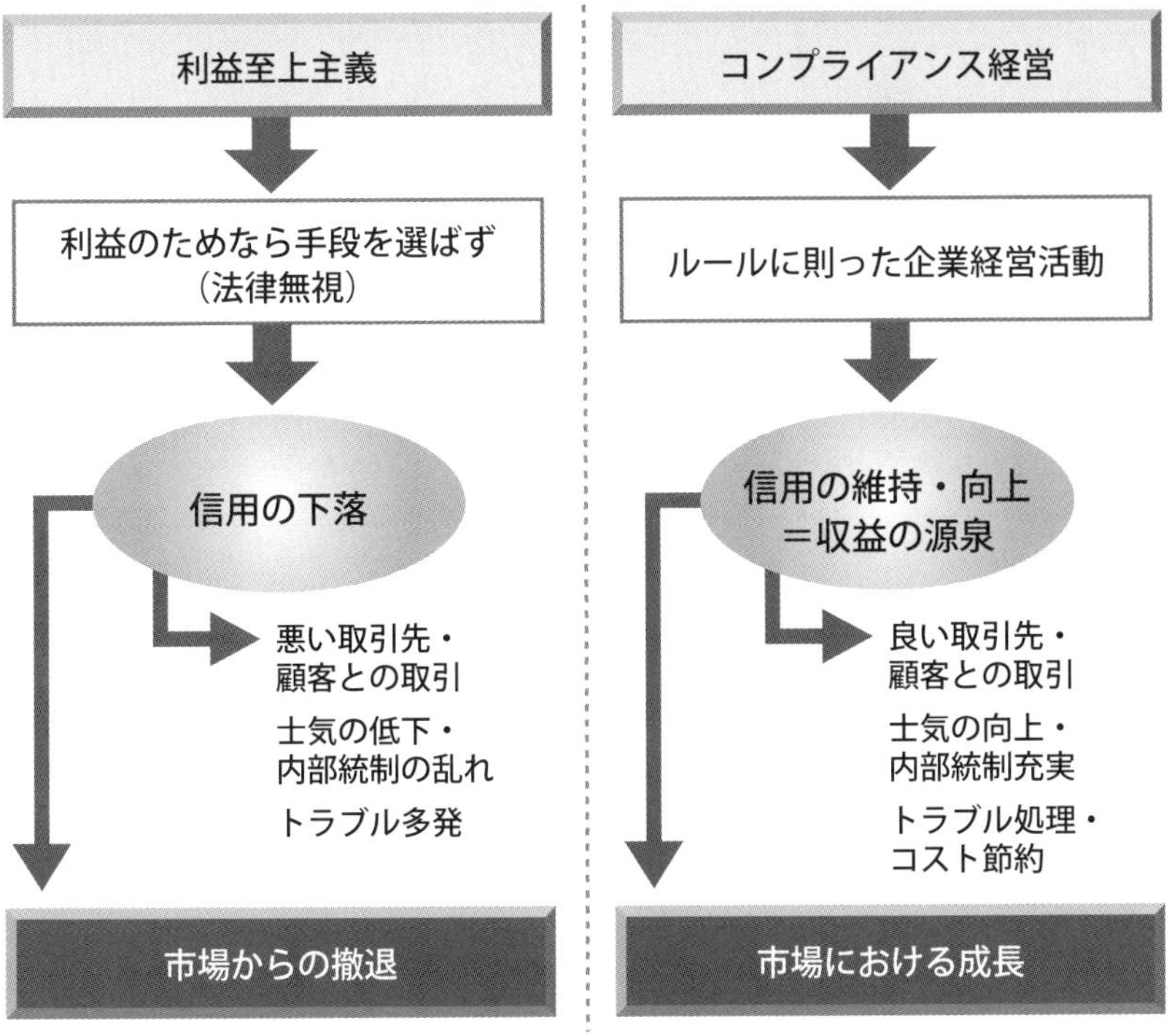

とも絡んでガバナンスの機能不全をもたらす。かつては、違法スレスレの行動を賛美するような経営者さえいた。しかし、成熟した社会で、そのようなスタイルはもはや通用しない。企業には、ルールにのっとった経営活動が求められ、積極的なコンプライアンスによって信用の維持・向上を図ることこそが、収益の源泉である。

　逆にそれができなければ、信用が下落し、悪い取引先や顧客との取引が増えていくことになりかねない。そんな状況に陥り、最悪の場合には倒産に至ることのないように、実効性のあるコンプライアンス経営を実践していくことが、企業自身のみならず、経営者や全従業員の利益を守ることになるのだ。

コンプライアンス違反による倒産件数

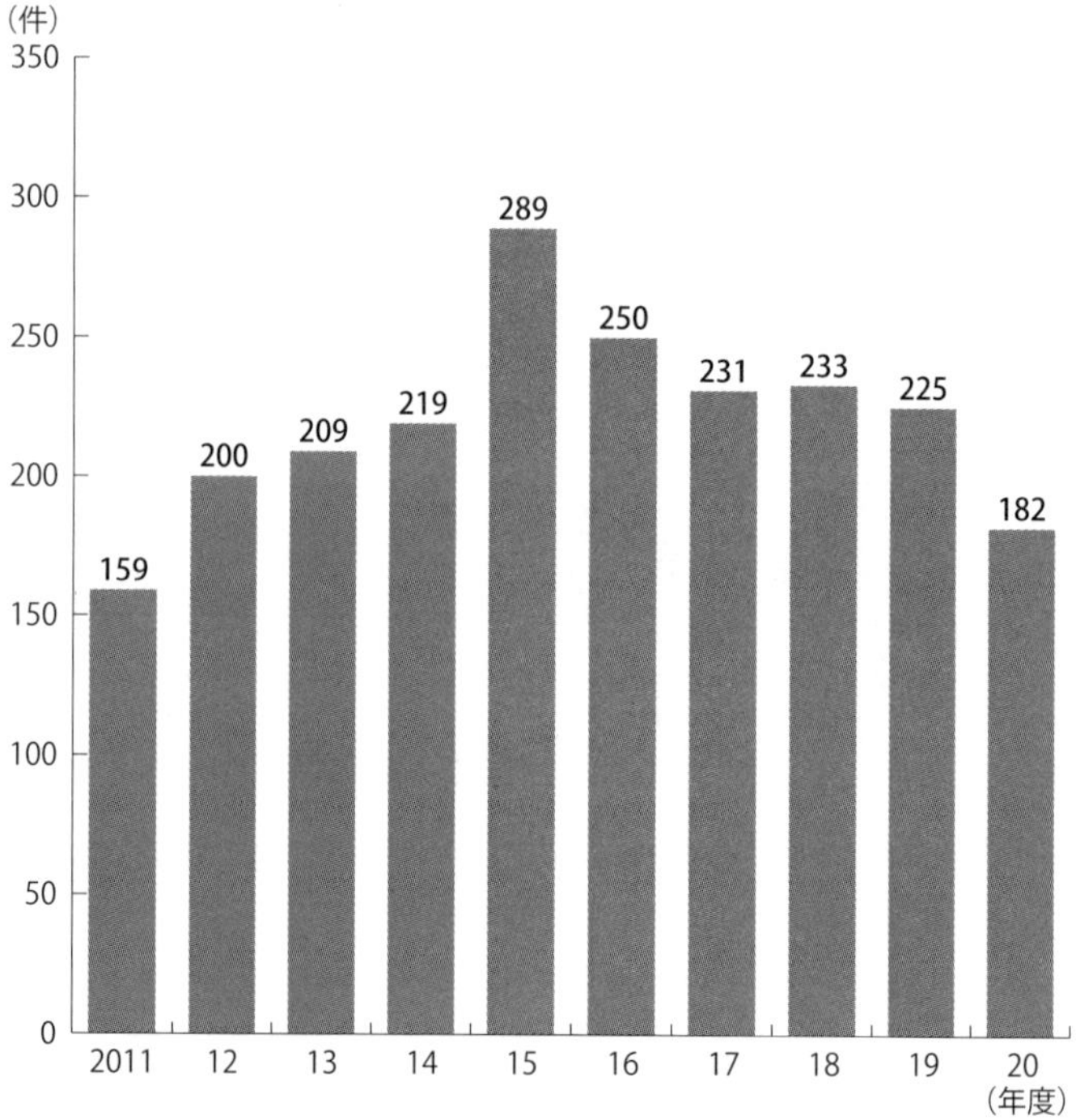

出所：帝国データバンク

不祥事予防がはるかに効率的

不祥事が起きた後の損失やその後の対応コストよりも、不祥事を予防するコストの方が、レピュテーション上の損失も含めて考えればはるかに少なくて済む点で、効率的であり、合理的に企業価値を守ることができる。不正隠蔽のために悪知恵を凝らして多くの従業員を不幸に巻き込むような愚かな経営などは論外だ。

　日本取引所の「上場会社における不祥事予防のプリンシプル～企業価値の毀損を防ぐために」（二〇一八年三月）は、①実態把握の仕組み、②使命感に裏付けられた職責全う、③労使双方向のコミュニケーションの充実、④不正の芽の察知と機敏な対処、⑤グループ全体を貫く経営管理、⑥サプライチェーンを展望した責任感等の原則を提示しているが、これらは上場会社だけでなく、他の会社でも参考にすべきだろう。

7

発覚必至の経営環境

最初の小さな問題が、いつしか大問題になる

なぜ発覚必至となるか

　事業活動のデジタル化が進み、企業活動の痕跡は検証・照合が可能となり、一層容易になりつつある。このため、かつては闇から闇に葬り去られていた不正も、動かぬ証拠とともに白日の下にさらされやすくなった。高度情報化社会では、一瞬にして情報が全世界を駆け巡り、不正情報の記録を消すことも難しい。効率的・効果的な取り締まりに向けたＡＩを含む各種ＩＴシステムの活用も進んでいる。

　加えて、制度環境も大きく変化し、リニエンシー制度や司法取引等、摘発率を高める新たな手法が世界的に活用され、雇用市場では、雇用形態の多様化に伴って働く人々の意識も変化し、内部通報も増加している。新しい制度が周知されるに従って、それらの利用が広まり、さらに摘発の可能性は高まっていく。

　これらの事情から、現代は、不正を隠し通すことのできない環境となった。発覚時期がいつになるかは予想できない。早晩、確実に不正は露見すると覚悟する必要がある。この現実から目をそらすこと自体が、経済的にも決して得策ではなく、極めて非効率で、倫理的にも下劣かつ愚かな挑戦にしかならないのだ。

なりゆき任せ

　コンプライアンスなどはどこ吹く風といった感じで、特に何の対策も取らず、「結果オーライ」で、もし問題が起きたとしても「出たとこ勝負」で処理しようという考え方の経営者がいる。

　さらに、今までの惰性に流されて、なりゆきでズルズルと違

コンプライアンス違反の原因と背景

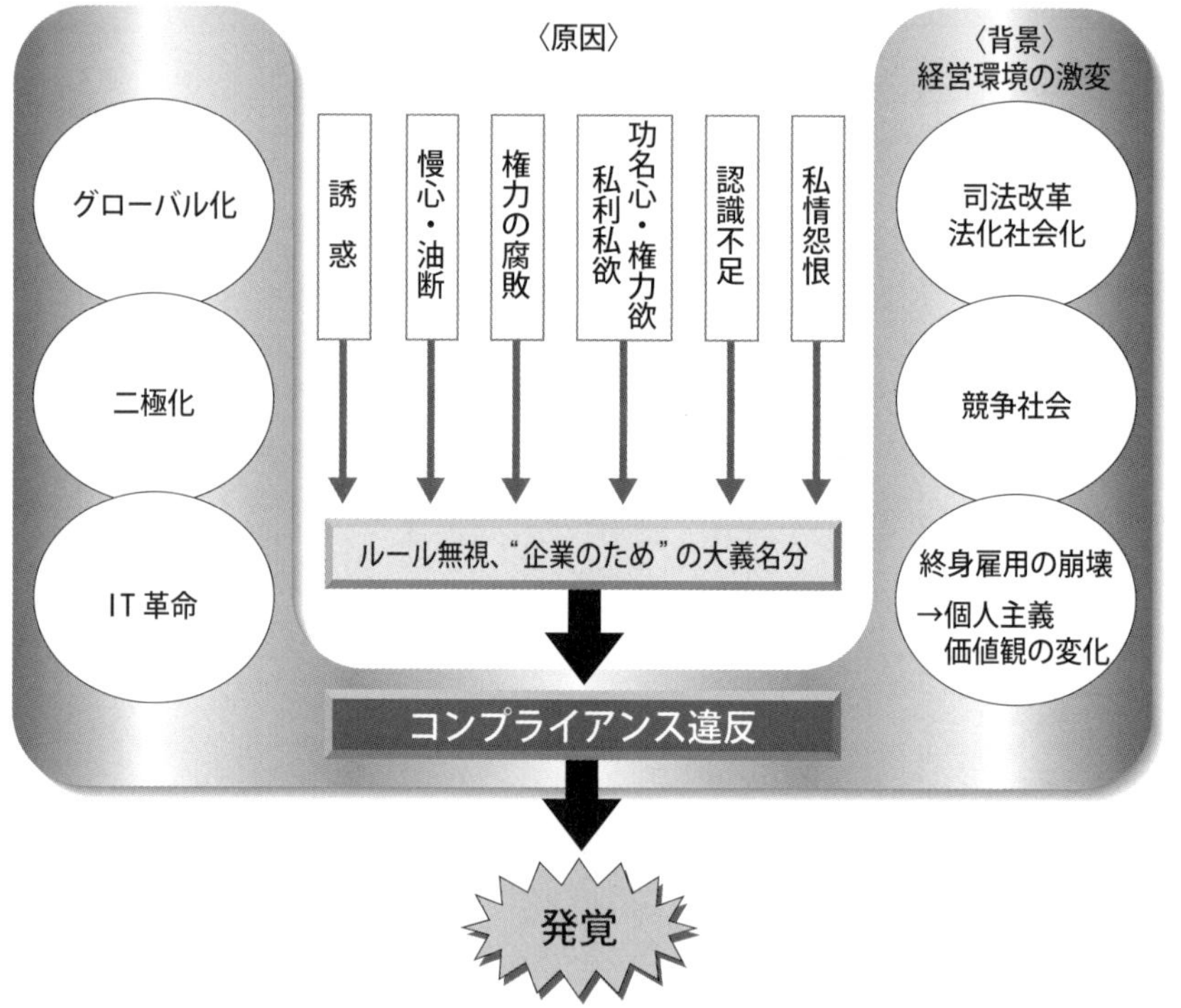

法行為を分かっていながら積み重ねるといった組織もある。

無知・無関心、意識の欠如

なりゆき任せに似ているが、それ以前のレベルで何も知らないのではもっと困る。問題意識がないのか、他人事だと思っているのか、無知であることを恥とも思わないといった経営者が、最終的には哀れな末路をたどったケースがしばしば新聞沙汰になっている。優秀な経営者は、さまざまなことをよく知っているために尊敬もされるが、それは当たり前のことだろう。

リスクさえ分かれば、何らかの手を打ったのだろうが、後で問題となるようなリスクを見落とす原因としては、経営における慢心や油断がある。トップになって周囲から耳の痛い話が入ってこなくなり、またそういった話はあまり聞きたがらず、煙たがるといった態度であると、企業としては何の対策も取れない状態に陥ってしまう。

誘惑への屈服

企業の中には、悪いと分かっていながら目先の利益の誘惑に屈して違法行為に手を染めてしまうとか、顧客や取引先の利益を害するような不適切なことをしてしまう者もいる。時に個人的な私利私欲のためとか、利益至上主義に陥った企業のため等の理由がありえ、企業のためという裏には組織人としての功名心も混ざっており、いずれにしても弁解は通用しない。

これは時に確信犯もいて、いざ発覚して表沙汰となった場合には、より強い社会的非難と制裁を覚悟しなければならない。

また、業績が低迷する企業では、「貧すれば鈍する」といったケースも見られ、日常的に健全な財務状態を保持することの重要性も強調されるべきだろう。

コンプライアンス経営の見地からすると、そうした誘惑に屈しない健全な企業風土を定着させることが望まれる。

コンプライアンス違反の末路

コンプライアンス経営ができないために、法的なトラブルに巻き込まれ、企業の信用を落とすような事件になり、さらにスキャンダル性を帯びてくると、企業にはさまざまな弊害が現れる。それは最悪の場合、企業崩壊、倒産、廃業につながる。

そうした最悪の事態に陥るまでには、紆余曲折があり、一つの法律違反があっただけで最後まで行くことはきわめて稀で、さまざまな弊害がじわじわと現れながら企業を蝕んでいくことが多い。チリも積もれば山となるように、日常的な対応のあり方が企業文化を形作っていく。

その意味でも、大事なことは、何かの違反があった場合に適切な対処をすることだ。だからこそ、コンプライアンス経営では、問題が起きた時の対応を重視している。この対応を誤ると、事態はますます悪化していく。

最近の企業社会においては、情報化社会の進展に伴って大きな不祥事が発覚した企業の信用失墜によるマーケットの圧力が

コンプライアンス違反による病理現象

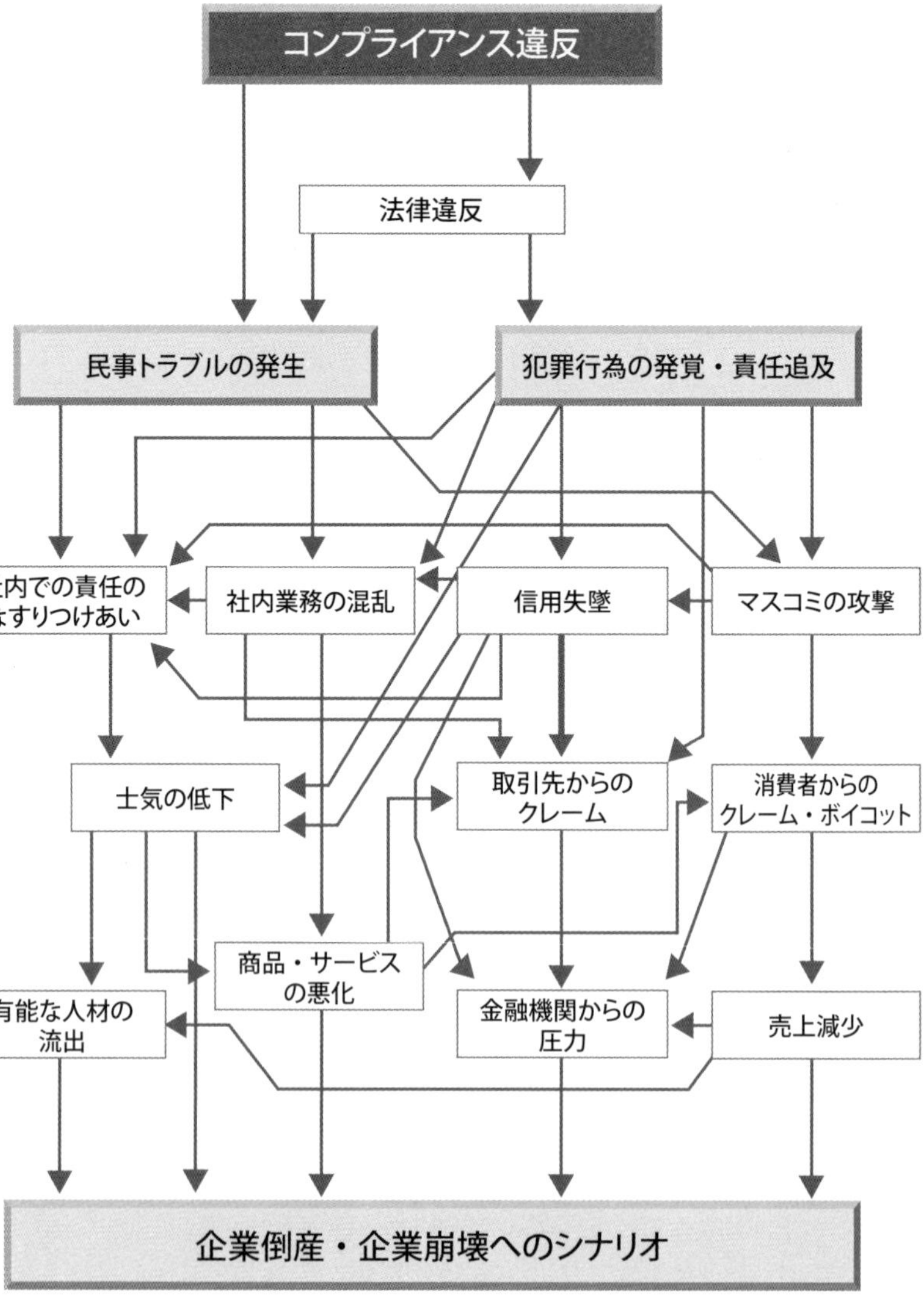

強まりつつある。たとえ企業の廃業やマーケットからの退場を強いられなくとも、株価が低迷したり、市場での資金調達が困難になるなど、事業活動に与える打撃も大きい。

ルールは責任によって裏づけられる

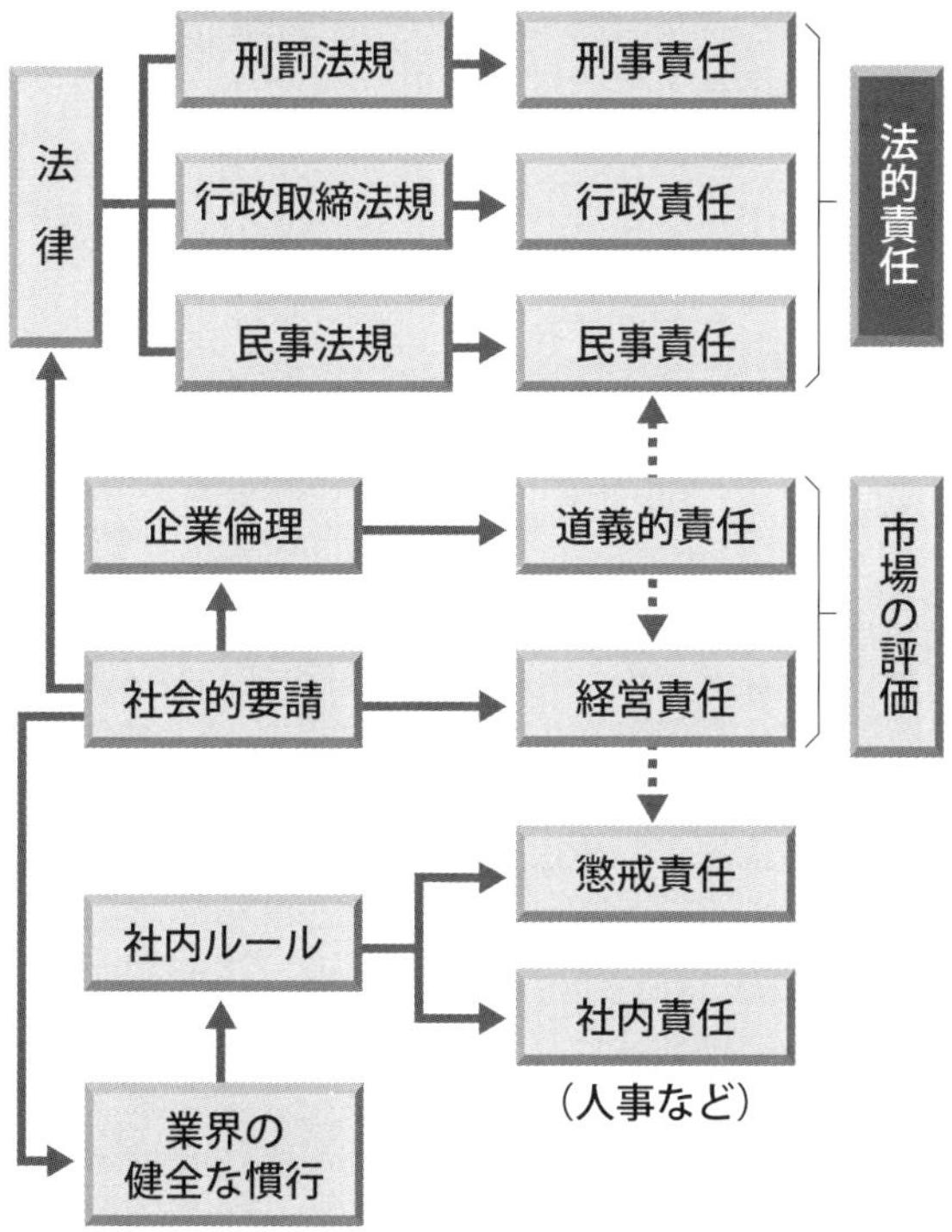

ルールは各種の責任によって裏づけられる

法令は、刑罰法規、行政取締法規、民事法規に分けられるが、それぞれのレベルの責任が生じ、全部の責任が追及されることもある。刑罰法規違反は刑事責任、行政取締法規違反は行政上の責任、そして民事法規違反は民事責任を生ぜしめる。これらの法的責任は最後まで争えば裁判で決着がつけられることになる。

このほか、社会的要請に裏づけられた企業倫理の問題によっては社会的・道義的責任を問われることもある。さらに、社内ルール違反として経営責任や個人の懲戒責任が問題となることもあり、社内人事の問題（㊵参照）にも当然に影響してくることになる。今や不正を犯した従業員を雇用し続けることに対する世間の目は厳しい。厳正な処分は、企業のコンプライアンスに対する姿勢の試金石とも見られるようになっている。

8

コンプライアンスの限界と外延

現実を踏まえた概念の再構成・再定義の必要性

規範の抵触

欧米と中ロ対立の深刻化に伴って、経済制裁は、制裁を受ける側の対抗立法がされることにより、いずれの規範も遵守することは困難な状況が生じる。この場合、何らかの規範にあえて違反する選択をせざるをえず、コンプライアンスに反するように見える。しかし、その際にも、コンプライアンスの本質から考えれば、その企業にとって正しい選択として理解できることがある。

未決着の論争的事象も、業種によっては納得の行くまで闘うことが有意義であることもある。

そもそもコンプライアンスで問題となる倫理的な規範自体が、欧米の民主主義・自由主義の価値観に立脚しており、それとは相容れない価値観から導かれる規範との対立も免れない。

もっとも、地球環境等のグローバルな課題については、国際社会が形成してきたソフトローの規律に背を向けることはできない。しかし、「法の支配」ではなく、単なる「法律による支配」で地球規模の利益を破壊する国家による「法令」に対しては、どう対峙するかを合理的に考えるほかない。

契約違反はどうか

それでは、ルールの問題ならば、法令及び倫理等に照らして行動することが求められるのかといえば、必ずしもそうではないものもある。

例えば、契約違反等の取引紛争になる行為は、企業倫理違反、コンプライアンス問題なのであろうか。コンプライアンスの本

コンプライアンスの外延

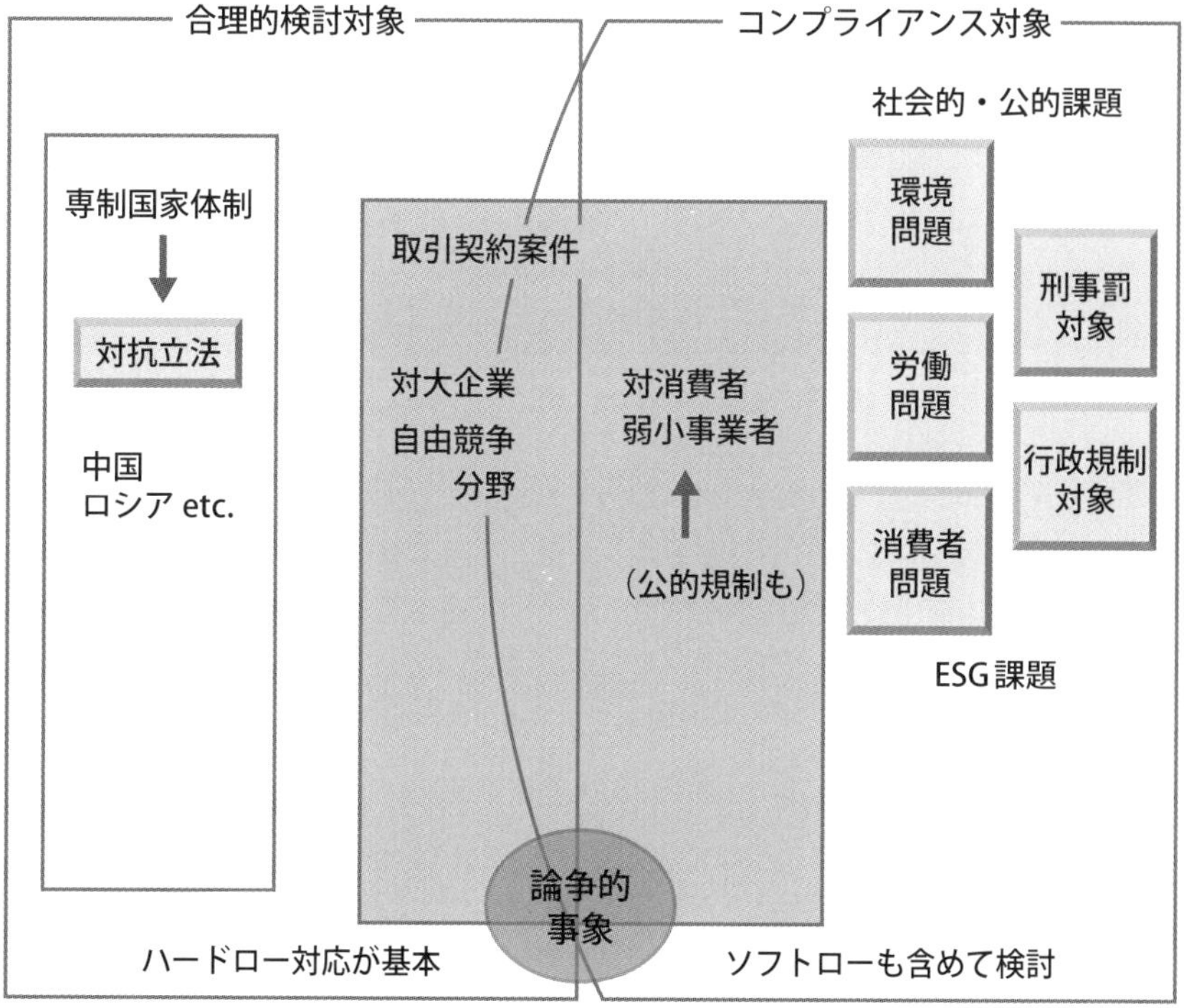

質に照らせば、自由競争の範囲内で、合理的な対応は必ずしも非倫理的ではなく、その相手方との関係次第であり、契約違反の選択が実質的なコンプライアンス違反の問題となるわけではない。すなわち、対等もしくは強者に対する経済合理的な対応は多くの場合、コンプライアンス・企業倫理の問題ではなく、自由競争の枠内での行為であり、例えば、違約金を払って、契約を遵守しないという選択肢も含めて合理的に検討することが健全な事業活動には必要だ。

　これに対して、例えば、企業自身の利益のために、広く消費者、労働者、下請先との契約を反故にするのは、倫理的な問題でもあり、恣意的に契約取引の問題とだけ捉えるべきではない。

C O L U M N

「体制」と「態勢」

本書で「体制」と「態勢」という二種類の言葉が使われていることに疑問を持たれた読者もいるかもしれない。体制も態勢も同じ「タイセイ」という発音で、実に紛らわしいが、この二つの言葉は使い分けられている。

大辞林（三省堂）によると、「体制」とは、「ある基本原理・方針によって秩序づけられている、国家、社会、組織」などとある。これに対して、「態勢」とは、「物事に対処する、前もっての身構えや態度。事態に対応するための準備ができている状態」であるとして、用例として「万全の態勢で臨む」とか「態勢を整える」といったものが挙げられている。

こうした言葉の違いから、本書においてもコンプライアンス経営に関する「体制」と「態勢」を区別して、意識して使い分けている。

そこで、例えば、「コンプライアンス体制」といえば、コンプライアンスの基本原理・方針によって秩序づけられた組織や制度的なしくみのことを意味することになる。会社法で内部統制システムとして大会社や委員会型の会社が決定することを義務づけられているのは、各種の「体制」であって、どちらかといえば形式的なものにすぎない。そこで、本書の第2章では主として「コンプライアンス体制」について取り扱う。

それに対して、「コンプライアンス態勢」といえば、コンプライアンスに対する身構え、ないし会社の構えというべきものであり、対処すべき事態に対応するための状態をも意味するものと解される。すなわち、コンプライアンス体制を整えるだけでは足りず、十分な態勢を整えて健全な企業文化や組織風土を定着させることが本質的な目的であり、重要な課題なのだ。そこで、第3章では、主として「コンプライアンス態勢」に関して検討することになる。

もっとも、態勢には、体制作りに向けての努力も含まれているから、態勢だけでもダメで、体制を整備した上で、態勢をしっかりと立て直す必要がある。コンプライアンス・プログラムで求められているのは実質的に機能させるための役職員の善管注意義務であり、形式的なものにとどまるものではない。

企業としては、形式的な体制の整備にとどまるのでなく、万全のコンプライアンス態勢となることを目指して臨むべきであり、不祥事を起こしたような会社は、コンプライアンス態勢を真剣に立て直す必要がある。

第 2 章

Outline of Compliance Management

組織編

9

コンプライアンス経営の全体像

積極的に取り組まなければならない目標はこれだ

米国の連邦量刑ガイドライン

　刑罰法規は、最低レベルのルール違反を規律するものだから、法令遵守は当然である。それに違反した場合の刑の量定について、日本では個々の裁判で決められ、特に統一的な指針があるわけではない。

　しかし、米国には、連邦犯罪の量刑について「**連邦量刑ガイドライン**」という基準・指針がある。それがコンプライアンス経営のインセンティブになっている。この基本的な考え方は、コンプライアンス・プログラムを導入していれば刑罰を軽くするが、コンプライアンスを無視している会社には厳罰で臨むというものだ。これによれば、企業がまじめにコンプライアンス・プログラムに取り組めば、企業や経営者に科される刑罰も軽くなるから、いざという場合に備えてこのようなプログラムを企業経営に組み入れることが奨励された。現に、こうしたガイドラインの存在を背景に、世界中の企業でコンプライアンス・プログラムが広まった。

　しかし、形式的にコンプライアンス・プログラムを導入するだけで、役員が責任逃れをするためのアリバイにしかならないのでは意味がない。そこで、効果的なプログラムであるかどうかが重要なポイントとなるので、数次にわたる改正を経て、そのガイドライン・マニュアルも毎年のように更新され、実効性の確保が図られている。これにより、違法行為を防止・発見するために十分な調査を行い、倫理的行動を促し、法令を遵守する組織文化の醸成を目的として、

米国連邦量刑ガイドラインの要請

実効的なコンプライアンス倫理プログラム
＝合理的に設計・実施され、違法行為を効果的に防止・調査できること
　倫理的な行動や法令遵守に対するコミットメントを奨励する組織文化の促進

(1) 犯罪行為を防止・発見するための基準及び手続の確立

(2) プログラムの履行と実効性に関する合理的な監督
組織体制の整備＝コンプライアンス倫理プログラムの総責任者の選任
運用責任者への授権と報告システムの整備

(3) 適切な人事

(4) 効果的な研修その他の手段による情報提供
定期的かつ実践的な周知徹底を図る合理的な方策

(5) 違法行為の発見のための監視・監査を含むプログラム遵守確保の措置
コンプライアンス倫理プログラムの効果についての定期的な評価
適切な内部通報制度の整備と周知

(6) コンプライアンス倫理プログラムに従う適切なインセンティブ
違法行為への関与、違法行為の防止・探知の懈怠に対する適切な懲戒処分

(7) 違法行為が探知された場合の適切な対応措置と再発防止措置
違法行為のリスクの定期的検証と、違法行為リスク低減に向けた措置の設計・施行・修正の適切な措置

概ね上図に掲げた事項を含む効果的な**コンプライアンス倫理プログラム**（COMPLIANCE AND ETHICS PROGRAM）が奨励されている（その基本的な考え方は拙著『コンプライアンスの考え方』（中公新書）等参照）。

個別領域のコンプライアンス・プログラム

日本でも政府が一定の内容を備えたコンプライアンス・プログラムのあり方を明らかにしているものがある。

例えば、経済産業省は、かなり前から、各企業が輸出や技術提供に関連する一連の手続等を規定することで、外国為替及び外国貿易法（外為法）等の関係法令を遵守し、法令違反や懸念のある調達活動に巻き込まれる

こと等を未然に防ぐための内部規程等の整備等を「輸出管理内部規程のコンプライアンス・プログラム」として奨励してきた。

また、公正取引委員会も一九九〇年代以降、独占禁止法のコンプライアンスの向上に対する支援を重要な施策の一つとして推進している。その内容は、当初は米国連邦量刑ガイドラインを参考にしたものだが、日本企業の取り組み状況を随時調査しながら、その定着と実質化を進めている。

コンプライアンス・プログラムは、各種の領域で展開され、これを総合的に組織全体で取り組む潮流が強まっている。

コンプライアンス経営の流れ

そこで、日米にも共通するコンプライアンス経営をまとめると、概ね次のような流れになるだろう（左頁の図参照）。

まず、最初の出発点は、基本的なルールを確立することに始まる。これを全従業員に伝え、その実施を徹底するために注意を喚起する。また、人間はすぐに忘れてしまうものなので、定期的に、継続的な研修や教育を施すことが必要になる。それぞれの企業でコンプライアンスについて周知徹底することによって、一応のコンプライアンス体制の基本ができる。

しかし、人間はルールを教えられただけで、その通りに動けるとは限らない。さまざまな要因から、新たな問題も発生する。また、会社の内外にはさまざまな人間がおり、トラブルが発生しうることは避けられない。

そこで、トラブルが発生した場合には、どのように対応するかが問題となる。これを解決するためのトラブル対応体制を整備することが必要になる。単に形を作るだけでなく、それを現実に正しく運用し、トラブルを適切に処理するものでなければならない。トラブル対応の過程において、それまでの企業の体制にどこに問題があったかを検討し直し、同じような問題を繰り返さないような反省も必要になる。さらに、従前のルールや運用のあり方をもう一度見直して、改善を図っていく。

一方、監督権限の明確化を図り、監督権限を実効あらしめるための苦情処理機関や監査スタッフの整備など、事後的なチェック体制を充実させる。これらをサポートする部署として、それぞれの関連機関（法務部、総務部、人事・労務部、検査部といった管理部門）が適切に位置づけられるとともに、それぞれの機能の充実・強化、相互の連携を図ることが大切だ。

コンプライアンス完全モデル

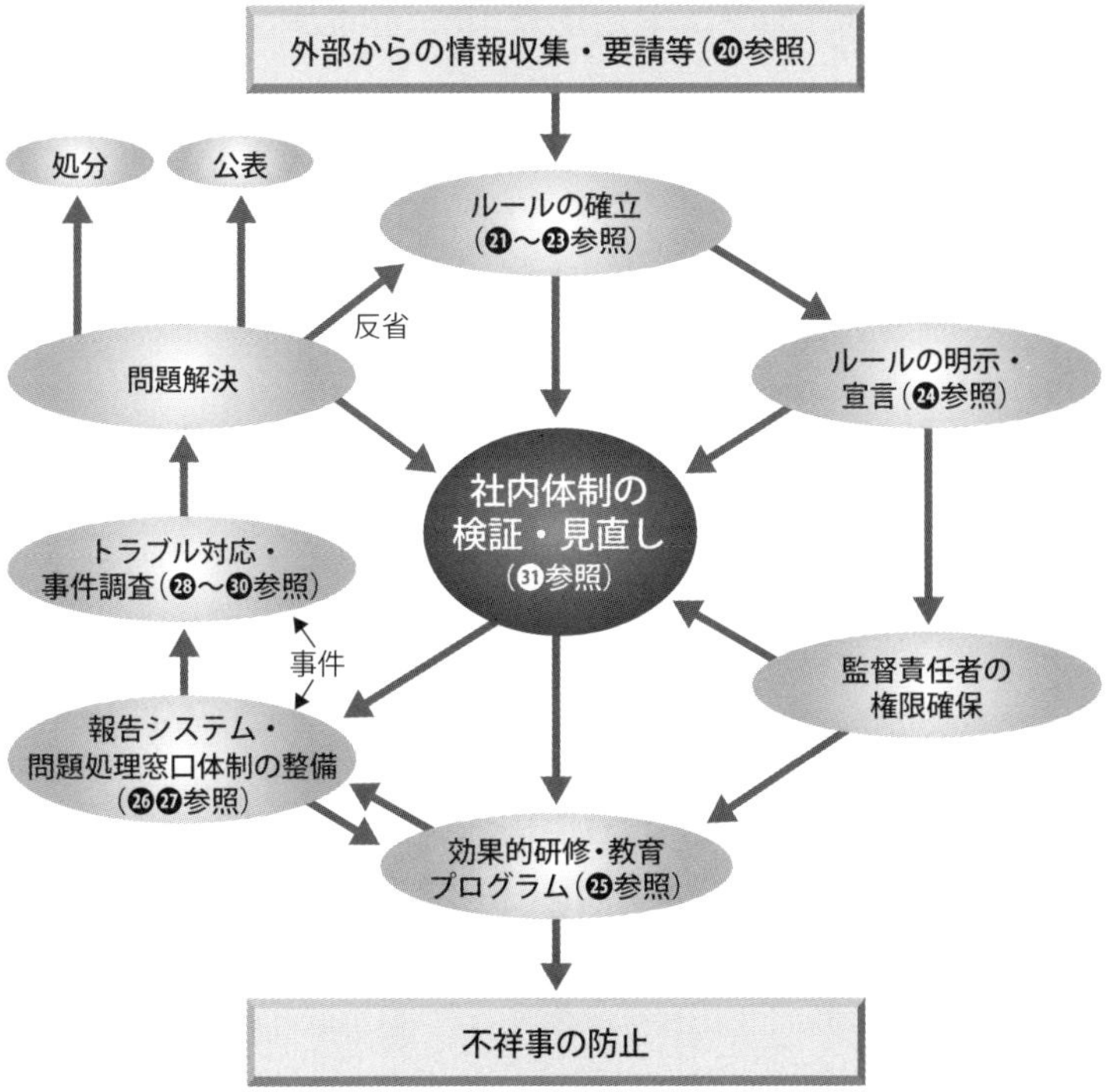

ＩＴとＡＩの活用

情報処理技術の進歩もコンプライアンスに活用する時代となっており、不正防止や事後チェックを容易にするプログラムの開発・導入も進みつつある。企業活動がデジタルによって記録・管理されると、データをタイムリーに分析できる能力を獲得し、新しい経営環境に対応するため、さまざまなリスクについて継続的にコントロールして評価もできる。ＡＩを活用してリスクの評価を自動的かつ高頻度に行う継続的な監査・モニタリングの手法が採用できれば、監査を定期的な取引サンプルチェックで行うのではなく、進行中の全取引を対象にでき、その精度が格段に高まる。

人間のチェックだけでは、表面的なものにとどまってしまうことがあり、例えば、誠実そうで礼儀正しく見える従業員が不正に手を染めている場合、監査人の懐疑心が弱まり、その発覚が遅れるといったことも起きがちだ。ＩＴやＡＩの活用へのシフトは、不可避の方向性であり、コンプライアンスの本気度を示すバロメーターとなるだろう。

もっとも、ＡＩの活用に関しては、その設計において社会的認知に影響を及ぼす人間的・システム的な社会的偏向が生じるリスクもある。そこで、その正確性、信頼性、堅牢性、回復力、安全性等を確保するため、説明ないし解釈の可能性、プライバシー、安全性、偏向の管理等にも十分に配慮して、公正な説明責任を果たしうることも課題である。特に個人情報保護法との抵触には留意し、今後の議論の動向を注視する必要もある。

コンプライアンス経営の成否

次頁の図に示したように、コンプライアンス経営の成功要因と失敗要因にはいろいろなものが考えられる。できる限り成功要因が重なるようにして、失敗要因は排除するようにしたい。

準備段階から実施段階に至るまで、多くのポイントがあるが、何よりも大切なのはトップが積極的に取り組むか、形式的に取り組むだけなのかの違いだ。

コンプライアンスの取り組みは、単に社内ルールを作り、守るべき規範を教えて守ってもらうというだけでは不十分だ。なるべく不正やミスが起きにくいような仕組みを作る必要もある。

ISO26000

あらゆる組織を対象とする社会的責任（ＳＲ）に関する世界初の国際規格として、ＩＳＯ２６０００が有名だ。これは、認証を目的とした品質管理に関するＩＳＯ９０００や環境マネジメントに関するＩＳＯ１４０００と異なり、ガイダンス文書（手引書）として活用するためのものだ。要求事項の適合性評価を行うものではなく、それぞれの組織が規格の内容を参考に、自主的に社会的責任に取り組むことが想定されている。これをコンプライアンス経営と融合して検証の材料としていくことは、世界経済が安定的に成長し、企業が持続的に発展していくためにも有用だろう。

コンプライアンス経営の成功要因と失敗要因

	成功要因	失敗要因
準備段階	●トップの積極的取り組み ●オープンな議論 ●シナリオあり ●現実的・具体的目標	●トップの形式的取り組み ●一部担当者の議論 ●シナリオなし ●抽象的・理念的目標
組織	●コンプライアンス・オフィサーに副社長レベル ●権限・責任の分担 ●組織への信頼感 ●重要ポイントに検査	●責任者なし、もしくは弱い体制（現場権限なし） ●権限・責任の集中（聖域の存在） ●責任転嫁となすりつけ合い（無責任体制） ●リスク・ポイントの曖昧さ
実施段階	●メリハリのきいた検査・監督 ●実質的な処理・運用 ●議論とコンセンサス ●チェックと見なおし、検証と改善 ●ていねい・個別具体的な対応 ●論理的・客観的状況分析と検証 ●適切にカスタマイズされたITやAIの活用 ●徹底的問題分析と解決 ●明確な成果	●冗長なルール ●形式主義、帳尻あわせ ●放談と口先介入 ●放置・放任主義、反省放棄 ●ずさん・前例踏襲 ●おざなりな処理・感覚的処理 ●人手に頼った非効率な管理 ●浅薄で行き当たりばったりの判断 ●曖昧な効果

ISO26000の活用

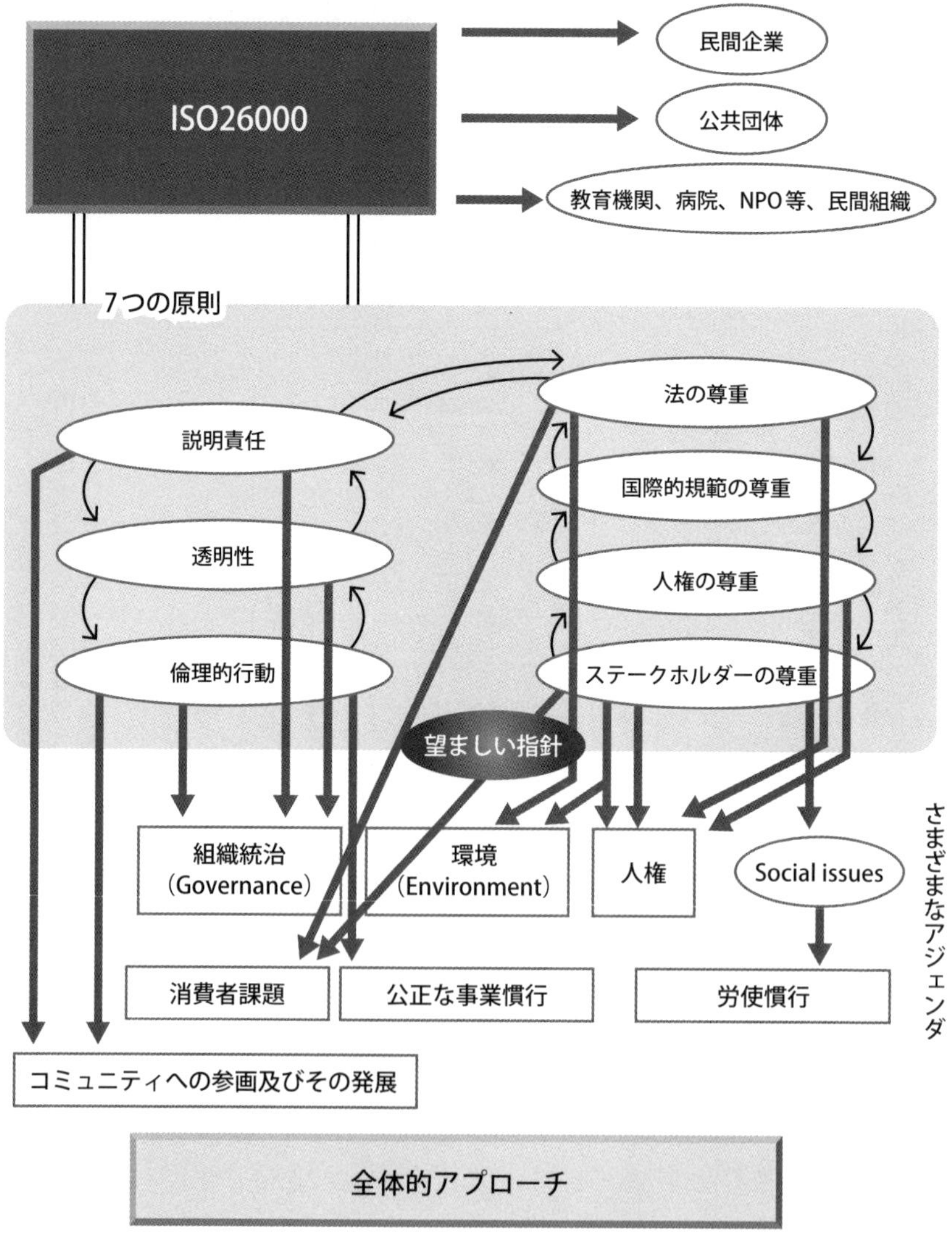

10 できるところからやるコンプライアンス経営

コンプライアンス体制のできない会社はない

ポリシーの確立

どんな企業でも、経営理念を示すことは経営者の責務だ。その意味では、コンプライアンスを経営理念の一つに掲げるか、少なくともコンプライアンスを前提にした企業理念が求められているといえよう（⑲参照）。

そうした企業としてのポリシーを確立することが経営者の見識として問われており、それをどう実践するかが重要な課題であり、経営者の手腕である。

そのため、コンプライアンス経営は、大企業だけではなく、あらゆる企業に求められる。中小企業でもリスクマネジメントの見地から、業務マニュアル等を使うことによって、さまざまなビジネス・リスクを回避する仕組みもできる。

何が重要なリスクか

企業ごとにまず検討すべきなのは、何が自分の会社において問題となりうるかという点だ。それぞれの抱えるリスクに応じて、重要な項目から対策を講じていく必要がある。

コンプライアンス完全モデルのような形を全部実行するのが実態にそぐわない場合でも、ＰＤＣＡサイクルとして整理できる程度のコンプライアンス体制が考えられよう。すなわち、Ｐ（プラン＝計画を立て）、Ｄ（実行し）、Ｃ（チェックし）、Ａ（アクション＝是正措置を取る）という流れをコンプライアンスの仕組みとして応用するものだ。少なくとも、次頁に示すようなコンプライアンス態勢に向けられた体制を組むことが望ましい。

まずは基本的な情報を収集し、

コンプライアンス基本モデル

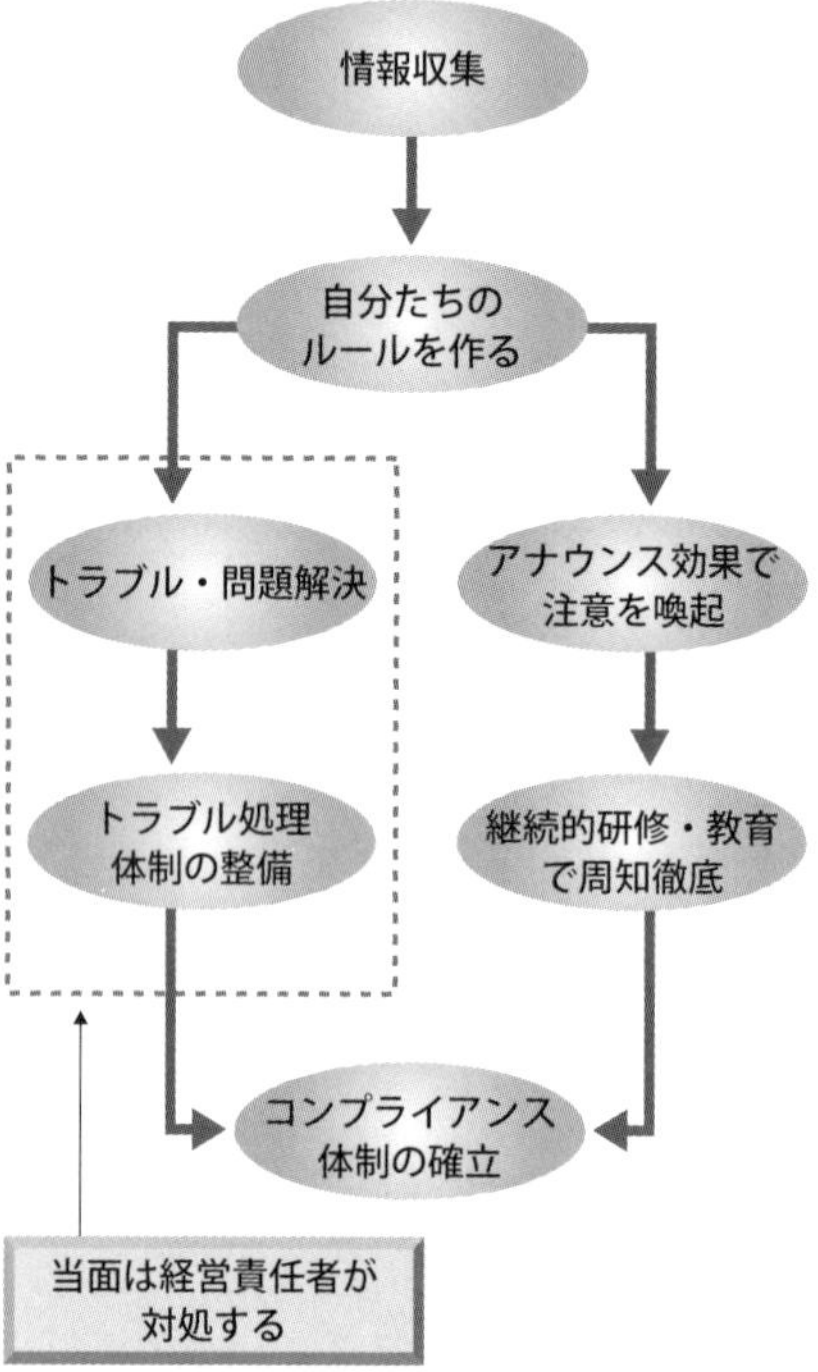

自分たちの守るべきルールが何かを明確化する。それについてアナウンスすれば一定の効果が期待でき、従業員も注意を喚起されるだろう。できれば、継続的研修・教育の機会を与えて周知・徹底したいところだ。中小企業向けの研修プログラムもあるので、役に立つ良いものを選べば、これも従業員のコンプライアンス意識の向上に有益だろう。

　トラブルが起きた場合にどうするかの基本的な対応方法も、最低限度のものは用意しておき、対応できるようにしておくことが、コンプライアンス態勢のためにも望ましい。

　苦情処理体制については、法務部とか特別の機関を設ける余裕がなくとも、その責任担当者を決めておくことが必要だ。また、顧問弁護士の助力を借りるという方法もある。最終的には、経営者の責任で、解決されていくことになる。

企業規模、業界の特性に応じて厳格さには違いも

　業界や企業の規模等によって、求められるコンプライアンス態勢の水準も異なる。大企業はそれなりのしっかりとした体制、態勢が必要だ。それに対して、小規模で、社長や管理者の目が十分に届く企業の管理の負担は比較的軽くできる。

　ただ、中小企業でも、当然に守らなければならない規範はあるし、何も問題がない企業もな

い。各企業の規模、公的規制の強度、業界の特性・慣行の強弱、ビジネスの複雑さ、消費者・取引先の性格などによって異なることを踏まえてコンプライアンス態勢のあり方を検討すべきだ。

絶対的に完璧な体制はない

51頁に示したコンプライアンス完全モデルでも、「一つの体制を作ったらそれで完全に何も違法なことが起こらなくなる」ということは、最初から予定されていない。トラブルやミスも起きうることを前提に、どこまでができるのか、また違法行為が起きた場合にどのように対応して、よりよい態勢を目指すのがコンプライアンス経営の考え方だ。

したがって、健全性や完全性の程度が問われることはあっても、完全に違法行為がなくなるわけではない。その意味で絶対的に完璧なコンプライアンス体制は存在しえない。

しかし、だからといって、「どうせ何をしても同じだ」ということには全くならない。違法行為が起きるにしても、良い体制であれば、確率も低くなり、ダメージも比較的軽くすむ。それに対して、悪い体制では違法行為の起きる確率も高くなり、企業の損害・損失も大きくなりがちで、最悪の場合には企業の倒産・消滅に至る。コンプライアンス経営が十分にできないことを企業規模のせいにすることなく、必要なリスク管理の一環として取り組むことが重要だ。

適切なコンプライアンス態勢を

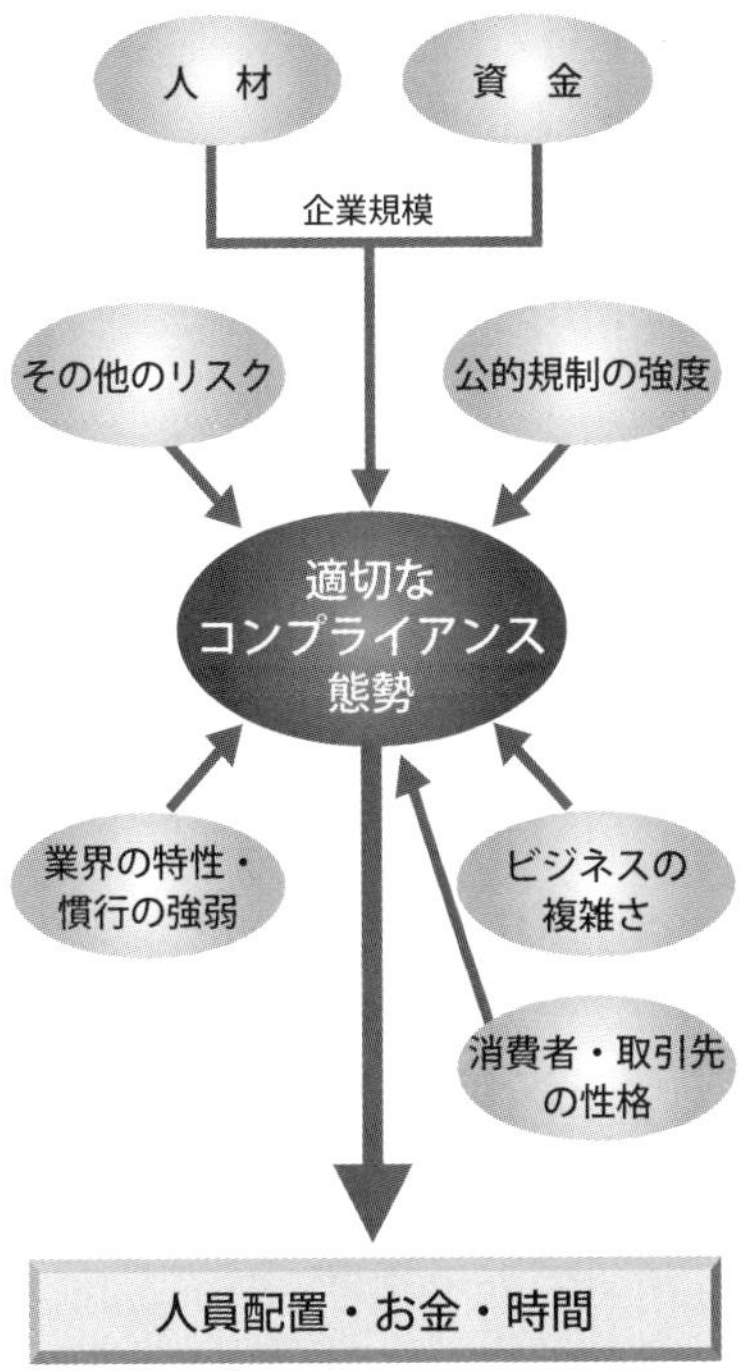

11

コンプライアンスの基本的体制整備

職務権限、事前と事後のチェック体制を整える

社内体制のあり方

社内体制においては、職務権限の明確化を図り、適切な役割分担によって、権限が一部に集中したり管理の死角が生じたりしない配慮が必要だ。ただし、近視眼的な思考で課題を狭く設定する等して、**視野狭窄（イシューマイオピア）**の落とし穴にはまらないように、広い視野をもって社会的な要請に対応した健全な事業運営を目指すような企業風土の醸成が大前提となる。

コンプライアンス体制は、①職務権限の分担（基礎的な業務体制）、②事前のチェック体制、および③事後のチェック体制の三本柱から構築すべきだ（左頁の図）。その三本柱を活かすため、経営トップが健全な企業風土や組織文化を醸成していく。

職務権限の見直しとチェック

業務体制のチェックにおいて押さえるべき基本的なポイントの一つが、一人の人間に不必要に広い権限を与えていないか、またノーチェックで異様な取引が行えるような仕組みになっていないか、という点だ。この中には、社長の権限で行う取引も含まれるべきであり、恣意的なプロセスで判断させてはならない。鶴の一声や社長の肝煎りで強行するのは危険だ。どの程度のリスクがあるかを適切に判断することで、リスク対応に差を設け、事前または事後のチェック体制を整備することが重要だ。

適切な権限・責任の分担を図ることで、権限・責任が集中しないようにすることも大切だ。

メリハリのきいた検査・監督のため、重要ポイントはていね

いに調べる必要がある。事前のチェック体制としては、共同管理するような方式や担当部署を随時入れ替える方法等がある。ただ、リスクの度合いに応じて合理的な制度にすべきで、何重にも面倒な手続を設けるのは逆効果ともなる。

　一般に、金銭を直接に取り扱う部門はリスクが高い。そこで、金融機関などでフロントオフィスとバックオフィスを分離する手法は、他の業種にも応用できる手法だろう。フロントオフィスは、顧客と接触したり、融資案件を取りまとめたりする機能を担い、バックオフィスでは、金銭の出し入れの勘定処理、必要なデータ入力などの機能を担う。その場合に、それを同一人物がやると、そこに不正が起きる危険性が生じる。いくらコストをかけても、肝心の現場で横領事件や背任事件が生じては何にもならない。社内の業務体制や個々の担当者の権限については社内規程によって規律することもある。

　これに対して、リスクが限られた領域であれば、職務権限を限定するような体制を取るよりも、従業員を信頼してなるべく多くの業務を任せる方法もあり

コンプライアンス社内システムの三本柱

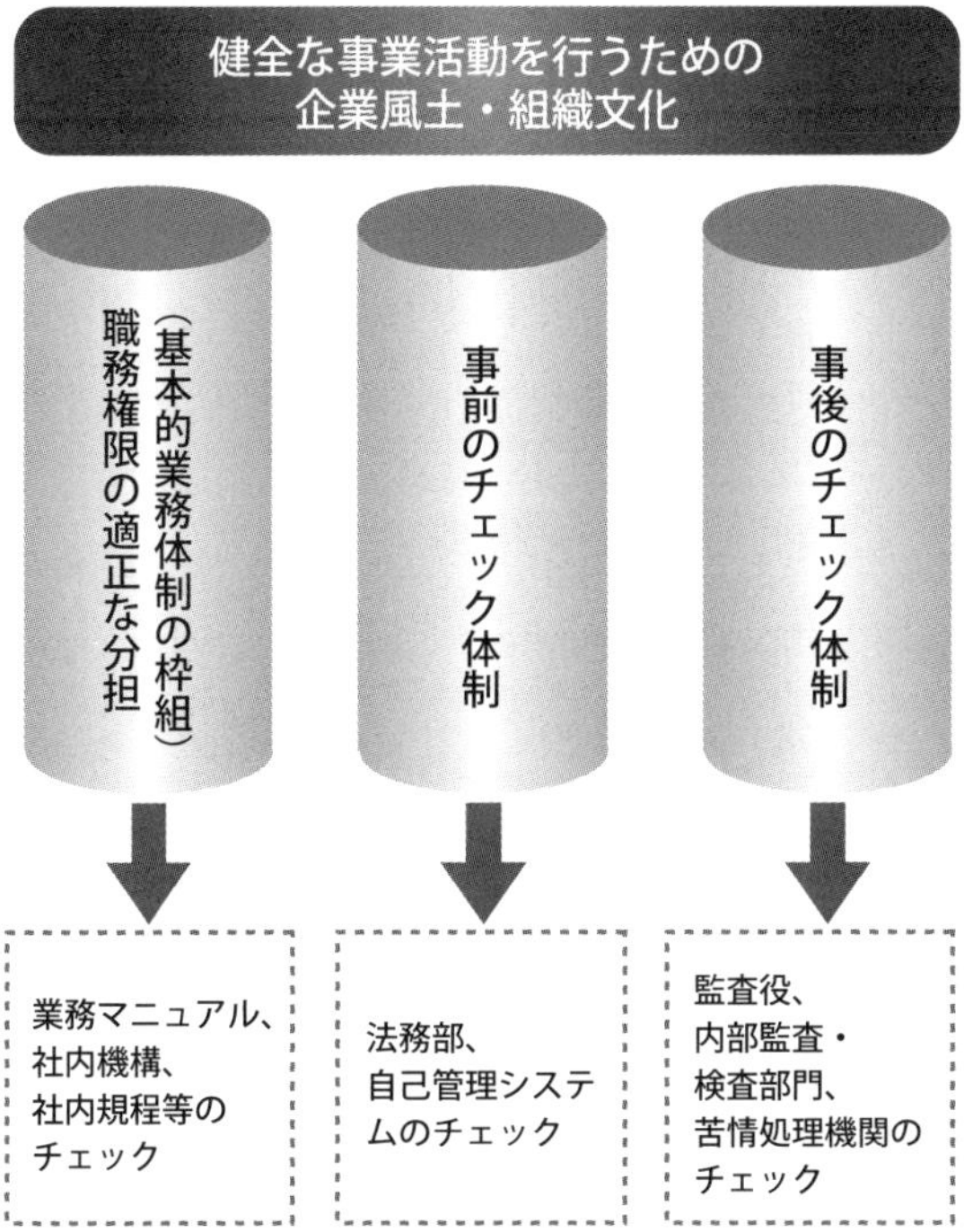

うる。ビジネスの内容や事業の規模等によっては、かなりの権限委譲が望ましい。また、人員削減の要請もある。企業によっては、先のフロントオフィスとバックオフィスの分離も難しく、むしろ合体するといった合理化も見られるが、その場合にはITを駆使する等して不正防止をカバーすべきだろう。

内部統制システムの基本

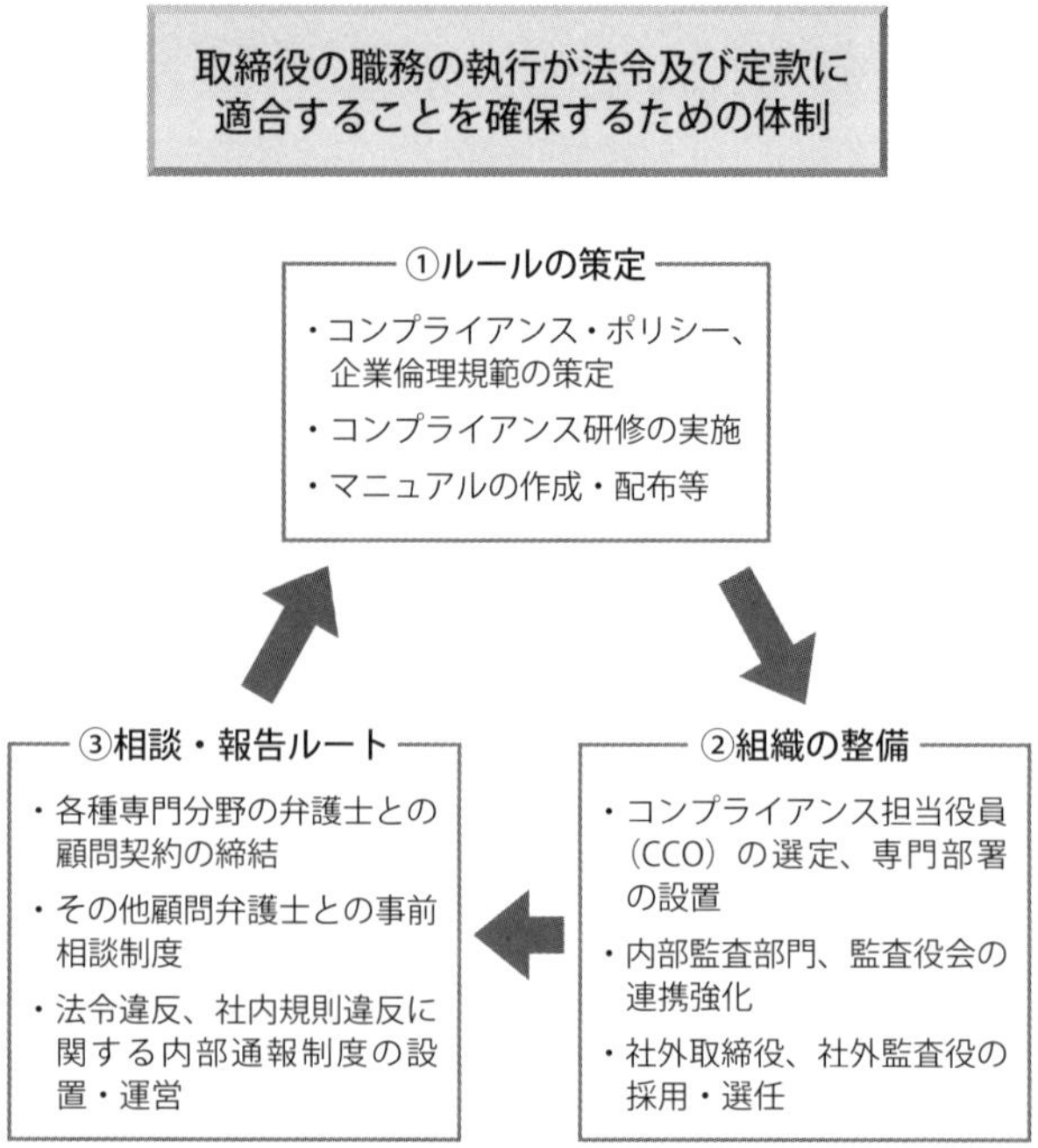

重要項目は、責任の所在を明確化し、ルールが放置されない管理体制が必要だ。単に指示命令系統を定めるだけでは、不正防止にはあまり役立たない。組織管理における責任の所在の明確化に重点を置くべきだろう。

監督体制の見直しとチェック

大幅な権限委譲や一つの部署にかなりの業務を任せる場合には、それなりの報告義務や事後監査をしっかりと行うようなフォローが必要だろう。その意味で、権限委譲イコール「ノーチェック体制」となるわけではない。

人が不正行為に手を染めるのは「機会」「動機」「正当化」の三つの要因が揃った時だという犯罪学者ドナルド・R・クレッシーによる**不正のトライアング**

不正のトライアングルとダイヤモンド

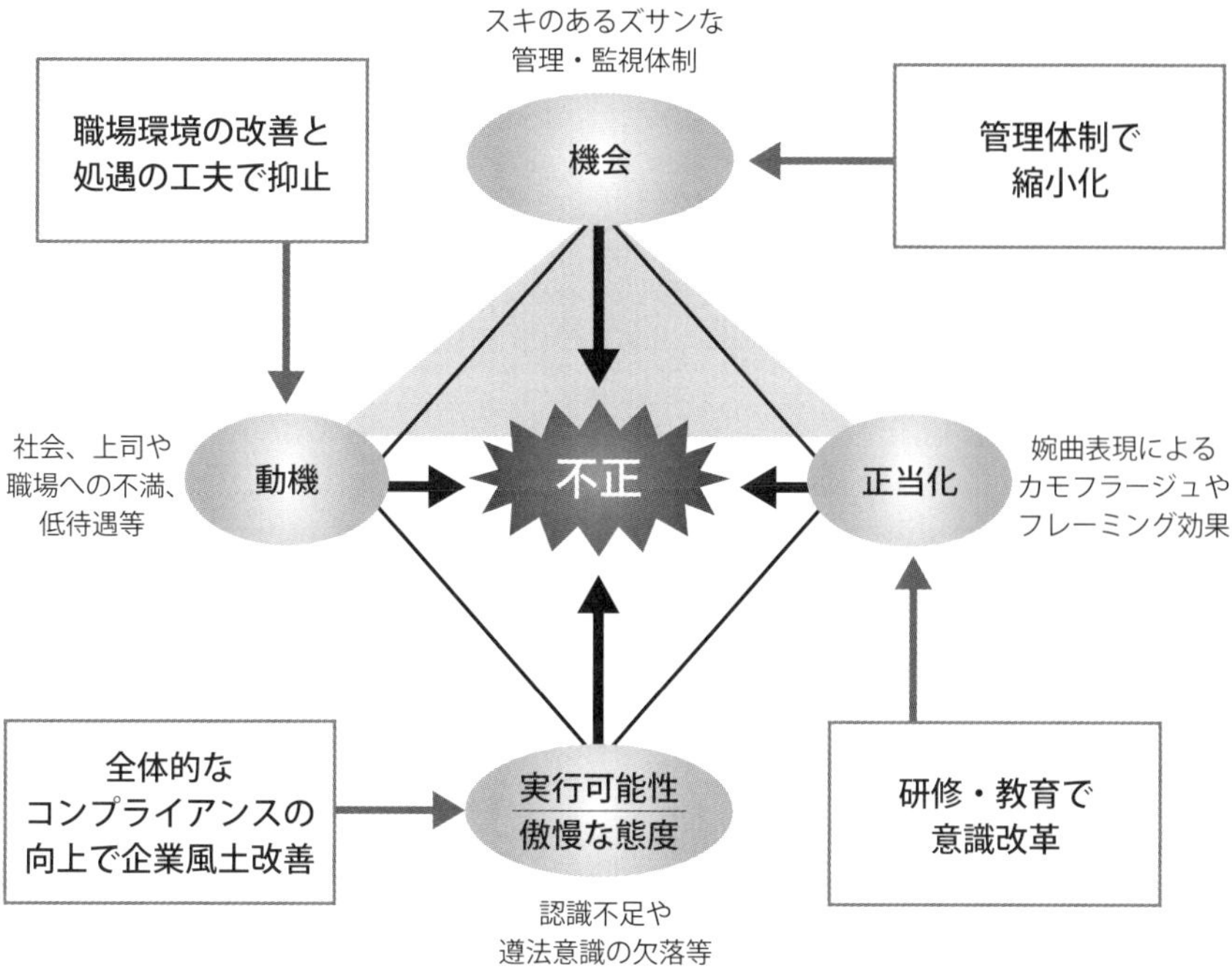

ルの理論がある。その三つに「実行可能性」や「傲慢な態度」等を加えて**不正のダイヤモンド**と呼ぶ学説もあるが、いずれにせよ、それらの要因を除去する方策がコンプライアンスの内容を考えていくヒントになる。

特に「機会」や「正当化」は、職場の監視体制が大きく関係する。現に、不正が発覚するとか、監視されていると思われている環境では、不正自体が大幅に減少することが確認されている。逆に、不正が発覚しない環境であると、不正が増える。

その意味で、検査、監査ないし監督は、職務権限に基づいて、しっかりと厳しく行い、その頻度もなるべく多くする必要があり、できるだけ第三者的な立場にある者を入れるべきだろう。

12

コンプライアンスを推進する組織作り

責任の所在を明確化して信頼される体制を

全社的な組織の見直し

コンプライアンス・プログラムの実効性を高めるためにも、全社的な組織体制を見直し、その推進を図る取り組みは、定期的に行うべきだろう。

まずはトップが健全な事業活動のためにコンプライアンスを経営の中核に据えることが出発点となる。経営陣からコンプライアンス担当役員（⓯参照）が選定され、コンプライアンス統括部門（⓰参照）を指揮することが必要だろう。

リスク管理部門との連携・統合

欧米の**三線ディフェンス**の考え方によると、第一線の事業部門では事業や地域ごとに監視し合い、第二線のコーポレート部門で検査・管理・監視等を行い、現場を軌道修正する役割を担い、第三線の内部監査部門が独立した立場からチェックするという。この三つの線が相互に牽制しあって、ガバナンスやリスク管理、内部統制環境を構築する。

第二線のうち、コンプライアンス部門が、現場を効率よく管理できるように、組織内でリスク管理を含む内部統制を統合的・一元的に管理・運営することは、合理的な手法だ。コンプライアンス部門が、リスク管理部門との連携を越えて、統合に及ぶこともある。コンプライアンス推進とリスク管理は、密接不可分の関係にあり、表裏一体の関係でもある。さらに、コンプライアンス委員会（⓲参照）や第三者委員会（㉚参照）等の事務局を担当させることもある。

複数の部署が関わる場合、委員会や統括部門の役割・権限を

コンプライアンスを念頭においた全社的組織体制（通常の株式会社の場合）

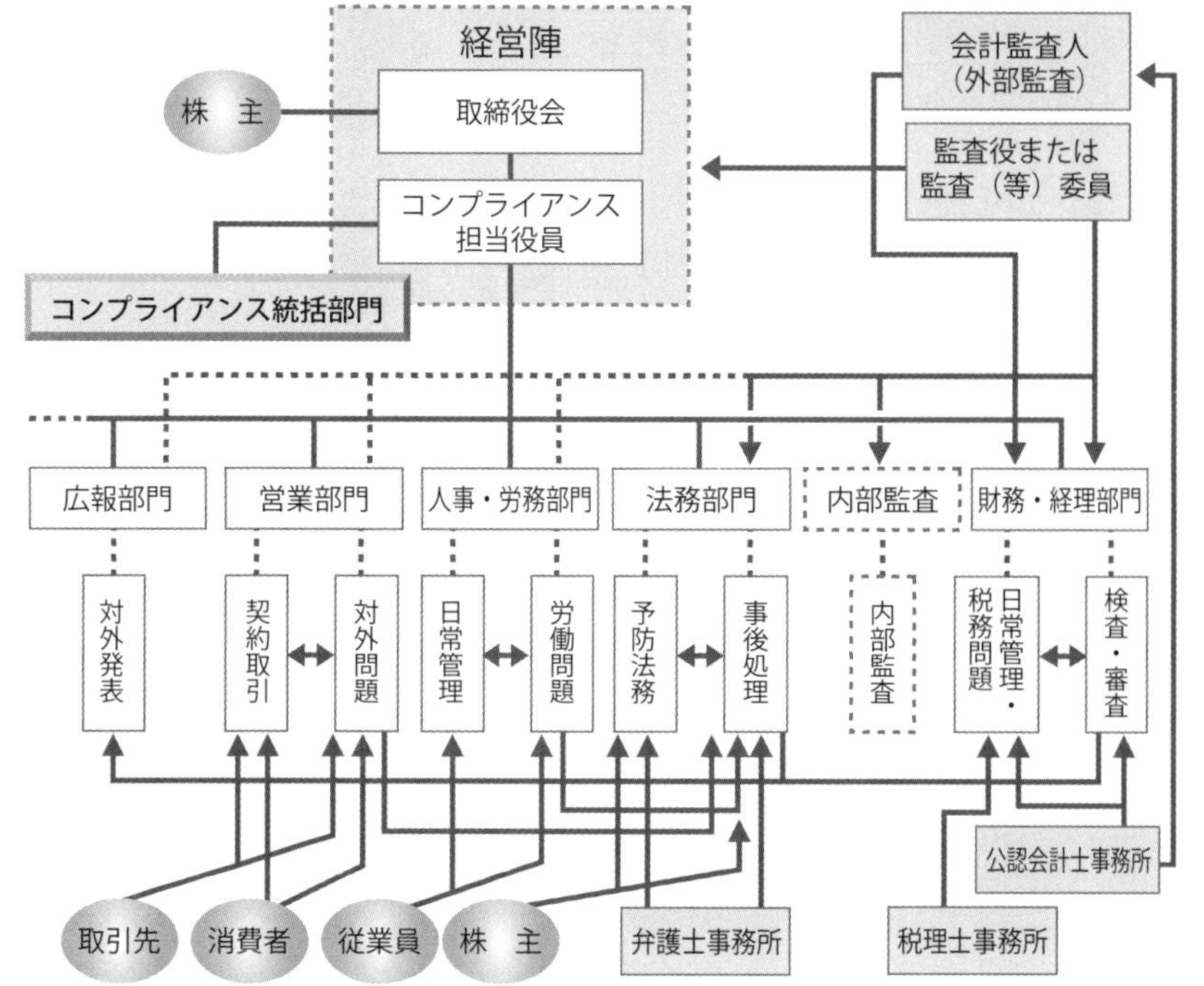

明確に定め、その活動を着実に推進させる必要がある。コンプライアンスに必要な情報を共有し、関連する部署が連携を取る。そうした連携を調整する役割としてコンプライアンス統括部門を位置づけることができる。

　それぞれの業務や規律に関する事項の責任の所在は、明確にする必要がある。それが曖昧・不明確であるとか、疑念が生じた場合に調整・整理するのが、統括部門の役割となろう。

アウトソーシングと内部スタッフ

　さらに、組織の充実とともに実効性のある効率的なコンプライアンスのためには、外部の弁護士事務所や公認会計士事務所との適切な連携も不可欠だ。

　自分たちで対応できる部分は

いい。しかし、中には難しい問題や第三者に解決を委ねた方が妥当な場合もある。コストはかかっても、適切に外部を利用することが必要だ（㉞、㉟、㊱参照）。

もっとも、コンプライアンスに要する業務で外部に発注できる領域は一部であり、基本的には組織の運営に精通し、常時対応できる内部スタッフが不可欠だ。

コンプライアンス推進を外部コンサルタントだけに頼っていては、いつまでたっても自律的に健全に運営できない。内部スタッフがコンプライアンス・プログラムの実施・運用に関する業務に精通し、内部統制を機能させる必要がある。

相互のモニタリングの重要性

それぞれの現場における業務体制としては、監督責任者が業務責任者や補助者を適切に指示・監督し、相互の連携を図ることも大事だ。

ただ、現場にいる業務責任者だけに全部を任せてしまうことは望ましくないし、非効率的だ。業務担当者は、上司に適宜、報告、連絡、相談することによって、コンプライアンスの状況がチェックできるようにすべきだ。

監督責任者の監督は、適宜、補助的な事務を担当する者にも及ぶことが必要な場合があるかもしれない。時宜に応じてモニタリングをすることによって、不正を抑制することが求められる。究極的には、各部署の監督責任者を統括するコンプライアンスの統括責任者が全社的なコントロールをすることになる。

従業員の仕事をモニタリングする

近時のＩＴ環境では、従業員が仕事をするふりをしながら、実際には私的な交信やＳＮＳ、ネットにかまけているといった事態が問題となりうる。こうした勤務態度を防ぐために、通信状況をモニタリングする企業がある。これは、ＩＴを利用した不正の防止にもつながる。

モニタリングは、従業員のプライバシーとの関係で、事前の注意喚起をしっかりと行うとともに、時として上司等がモニタリングすることがあることは周知する必要がある。また、会社としてそれを行う根拠規定が就業規則にあることを確認しておくべきだ。この点は、諸外国の企業のように単にモニタリング・

現場における業務体制

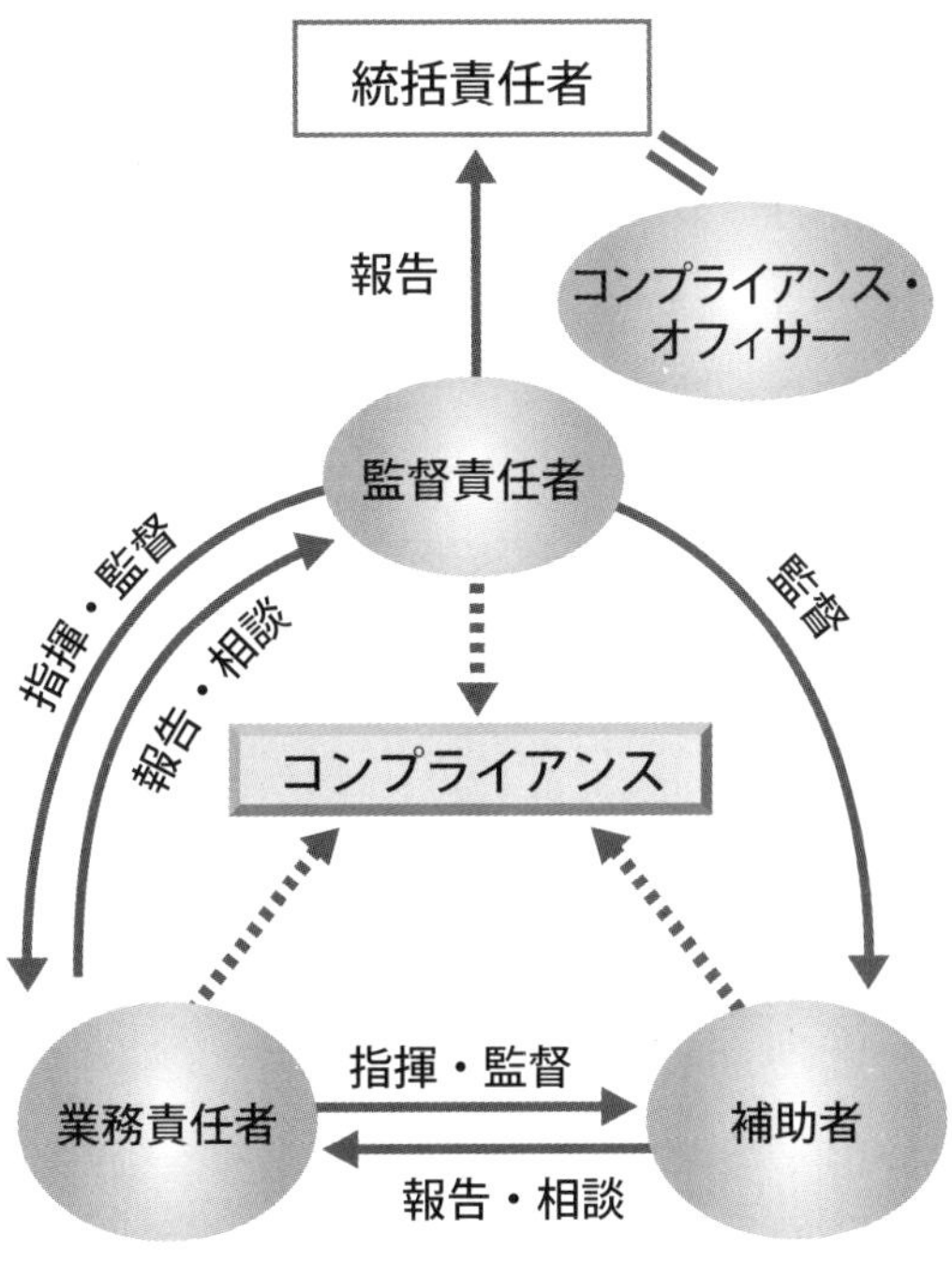

ポリシーを作っておくだけでは、必ずしも十分ではない。

　このほか、定期的な検査のために強制的に一定期間休暇を取らせ、その間に不正などをしていないかをチェックする制度もある。業務の内容によっては、そうした制度も導入すべきだ。

風通しの良い企業風土

　企業不祥事を防ぐためには、企業文化・風土が重要であり、その雰囲気作りが重要だ。利益至上主義や不正に目をつぶったり、目先の利益のために不当な行為を容認したりするような組織は、早晩問題が顕在化する。

　できるだけ全社員がコンプライアンスに参加しつつ、適宜、報告、連絡、相談することができるような体制と雰囲気（企業風土）を作ることが期待される。そうしたことはチームワークの考え方でもある。

　欧米は個人主義社会で、とかくチームワークは弱いように誤解する向きもあるが、組織の力はチームワーク次第であり、大企業では一人に権限が集中するようなことは避けるべきだろう。欧米の金融機関では、一定の長期休暇をとらせることまで、監査の観点から考えられている。その休暇期間中に監査を入れるというわけだ。

13

機関設計に応じたコンプライアンス体制

経営者の自覚によるところの大きいコンプライアンス

機関設計の柔軟化

　会社法では、機関設計の選択によって、監査役（会）設置会社、監査等委員会設置会社、指名委員会等設置会社などの区別に応じた規制がある（拙著『図解　新会社法のしくみ（第４版）』（東洋経済新報社）参照）。その機関設計に応じて内部統制に関する会社法施行規則の適用法条も違うが、その基本的な考え方は同じだ。

　その規律も踏まえて、コンプライアンスを確保する観点からも、各組織の実態に応じて最も適切な機関設計を選択することが求められる。

経営陣が率先する

　企業を動かすのは経営陣であり、経営者次第で企業風土は変わる。経営者はコンプライアンスの見地から経営を監督するとともに、経営環境に応じて必要な改革を行わなければならない。

　株式会社の場合、その経営監督のシステムは権力分立の考え方にならってチェック・アンド・バランスの仕組みが取り入れられている。しかし、現実にそれぞれの機関や構成員が、その職務を全うしないと、コンプライアンスも成り立たない。

　ＣＧコードは、いずれの機関設計を採用する場合にも、取締役会ないし経営陣の役割・責務は、等しく適切に果たされるべきものとしている。その点で、コンプライアンスの取り組みに対する必要性・重要性に変わりはなく、その監査・監督が組織的かつ効率的に行われるべきである点にも、本質的な差はない。

　ただ、監査役設置会社の場合

監査役会設置会社、監査等委員会設置会社、指名委員会等設置会社の比較・検討

	監査役会設置会社	監査等委員会設置会社（新）	指名委員会等設置会社
モデル	取締役会の業務執行決定権限広範	モニタリング・モデル	
取締役会が委任可能な職務範囲	362条4項の規制範囲内	362条4項の事項も委任可能（執行役員への権限委譲拡大）	重要な一部事項（416条4項但書）を除き、執行役に広く委任可能
監査・監督の監視の対象	取締役等の職務執行	取締役等の職務執行	執行役及び取締役の職務執行
監査役・監査（等）委員の任期	4年	2年	1年
その他の一般取締役の任期	2年以下（⇒1年にして会社法459条の規律も可能）	1年	1年
監査・監督の独立的調査権限（独任制の有無）	あり（381条）	なし（新399条の3第1項～4項）	なし（405条）
選解任等への意見陳述権	監査役についてのみ意見陳述権あり	監査等委員になる取締役及び他の取締役の選解任、報酬等に関して、意見陳述権あり	なし
解任・辞任後の意見陳述権	あり（345条4項）	あり	なし
報酬規制	定款又は株主総会決議による	他の取締役とは別に定款又は株主総会決議による	報酬委員会による
423条の推定規定	必ず適用	監査等委員会の事前承認で任務懈怠の推定規定が不適用	必ず適用
会計監査人の選解任議案	監査役会が決定	監査等委員会が決定（新399条の2第3項2号）	監査委員会が決定
会計監査人の報酬	監査役会の同意（399条1項）	監査等委員会の同意（新399条3項）	監査委員会の同意（新399条4項）
特別取締役の設置	可能	可能（但し、362条4項の権限委譲をしたら不可）	不可（新373条）
選解任種類株式の発行	可能	可能	不可（新108条）

（条文は会社法の条項）

には、重要な業務執行の決定を取締役会で行う必要がある点で、業務執行権限の大幅委譲には限界もある。監査役に独任制が認められる点で監査権限が強い面もあることを踏まえて、十分な工夫が求められよう。

それに対して、モニタリングモデルの場合には、業務執行権限の大幅委譲が可能なので、各種オフィサーに横断的な権限を付与する等、アメリカ型の経営スタイルを導入しやすい。

内部統制システムの整備・運用

いずれの機関設計においても、基本方針を踏まえた内部統制システムの実際の整備・運用は、経営陣の職責だ。具体的にいかなる内部統制システムを整備・構築すべきかは、会社の規模、事業リスク、組織体制等によって異なる。各社の事情に応じた経営判断が求められる。会社法施行規則は、取締役会設置会社の場合に、左表に掲げられた体制を整備することを求めている。

左表の各項目は、会社の実情に応じて検討する必要がある。内部統制システムは、ＩＴ等の技術の進展や法令改正を含む経営環境の変化に伴って、各会社の規模や事業に応じて改善を続けることが重要だ。

監査役と他のコンプライアンス専門部署の連携

監査役設置会社で、取締役会のコントロール下にある本来のコンプライアンス部門と、これから独立した監査役との関係は、協力、相互補完の関係にあるべきものだ。コンプライアンス部門は、監査役の指揮下にはないが、必要に応じて情報を相互に交換し、問題が生じた場合の対応については協議等の連携を強化して、監査の実効性を上げる必要がある。また、常勤監査役は実査、立ち会い、確認、質問、視察、閲覧、証憑・帳簿・計算の突き合わせ、勘定分析、分析的手続等を駆使して、実効性のある監査を実現する必要がある。

現実に機能する監査体制を

監査役は、本来、経営陣から独立して役員らの業務執行を調査・監査する権限を有し、取締役会への出席義務と意見陳述義務がある。監査役は、いつでも取締役や支配人その他の従業員に対して事業の報告を求め、ま

取締役会設置会社における内部統制で整備すべき体制
（会社法施行規則第100条1項より）

一　当該株式会社の取締役の職務の執行に係る情報の保存及び管理に関する体制
二　当該株式会社の損失の危険の管理に関する規程その他の体制
三　当該株式会社の取締役の職務の執行が効率的に行われることを確保するための体制
四　当該株式会社の使用人の職務の執行が法令及び定款に適合することを確保するための体制
五　次に掲げる体制その他の当該株式会社並びにその親会社及び子会社から成る企業集団における業務の適正を確保するための体制
　イ　当該株式会社の子会社の取締役、執行役、業務を執行する社員、法第五百九十八条第一項の職務の執行を行うべき者その他これらの者に相当する者（ハ及びニにおいて「取締役等」という。）の職務の執行に係る事項の当該株式会社への報告に関する体制
　ロ　当該株式会社の子会社の損失の危険の管理に関する規程その他の体制
　ハ　当該株式会社の子会社の取締役等の職務の執行が効率的に行われることを確保するための体制
　ニ　当該株式会社の子会社の取締役等及び使用人の職務の執行が法令及び定款に適合することを確保するための体制

たは会社の業務や財産の状況を調査できる。逆に、取締役や従業員は、これに応ずる義務がある。こうした監査役の監査は、「適法性監査」だけにとどまらず、著しく不当なものについては監査役の監査が及ぶから、その範囲を広く考えれば、そのカバーする領域はもっと広くなる。

　近時、事後監査よりも事前監査、摘発監査よりも予防監査の重要性が高まっており、妥当性に踏み込んだ積極的な活動が期待される。そのためには、監査役事務局を設置したり、監査スタッフを増員したり、監査役の専門的能力の充実・補完のための十分な予算をつける等の方策が必要だ。平成二六年会社法改正では監査役監査の実効性を担保する規律が強化された。

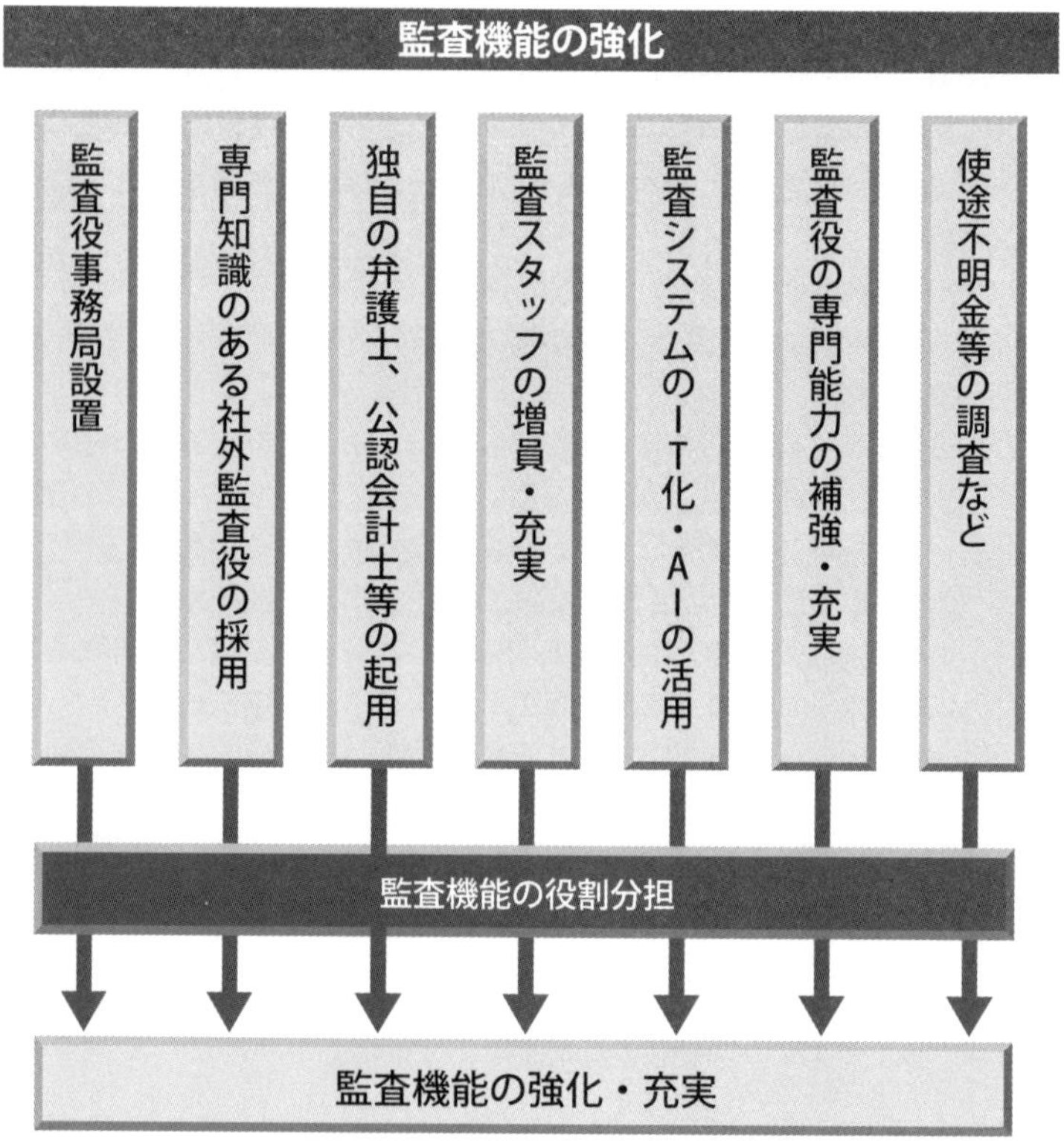

しかし、従前の企業不祥事では、監査役も監査（等）委員（本書では、併せて「監査役等」という）も、業務執行を監査またはモニタリングする重要な役割が必ずしも十分に機能していないことが問題視されてきた。その原因としては、監査が飾りものや形式的なものに堕し、経営トップの不正を見抜けないようなシステムの不備等が考えられる。不正な取引が秘密裏に行われるとか、悪い情報が伝達されることなく、組織的な隠蔽工作が行われる等、十分な監査ができないケースもあった。取締役は監査役よりも偉いと勘違いしているとか、監査役が積極的な監査をすることを嫌がるような態度を示すようなことはなくす必要がある。

監査・監督権限をしっかりと行使できるか

コンプライアンス経営の見地から、監査役等には、精神的に

三様監査のあらまし

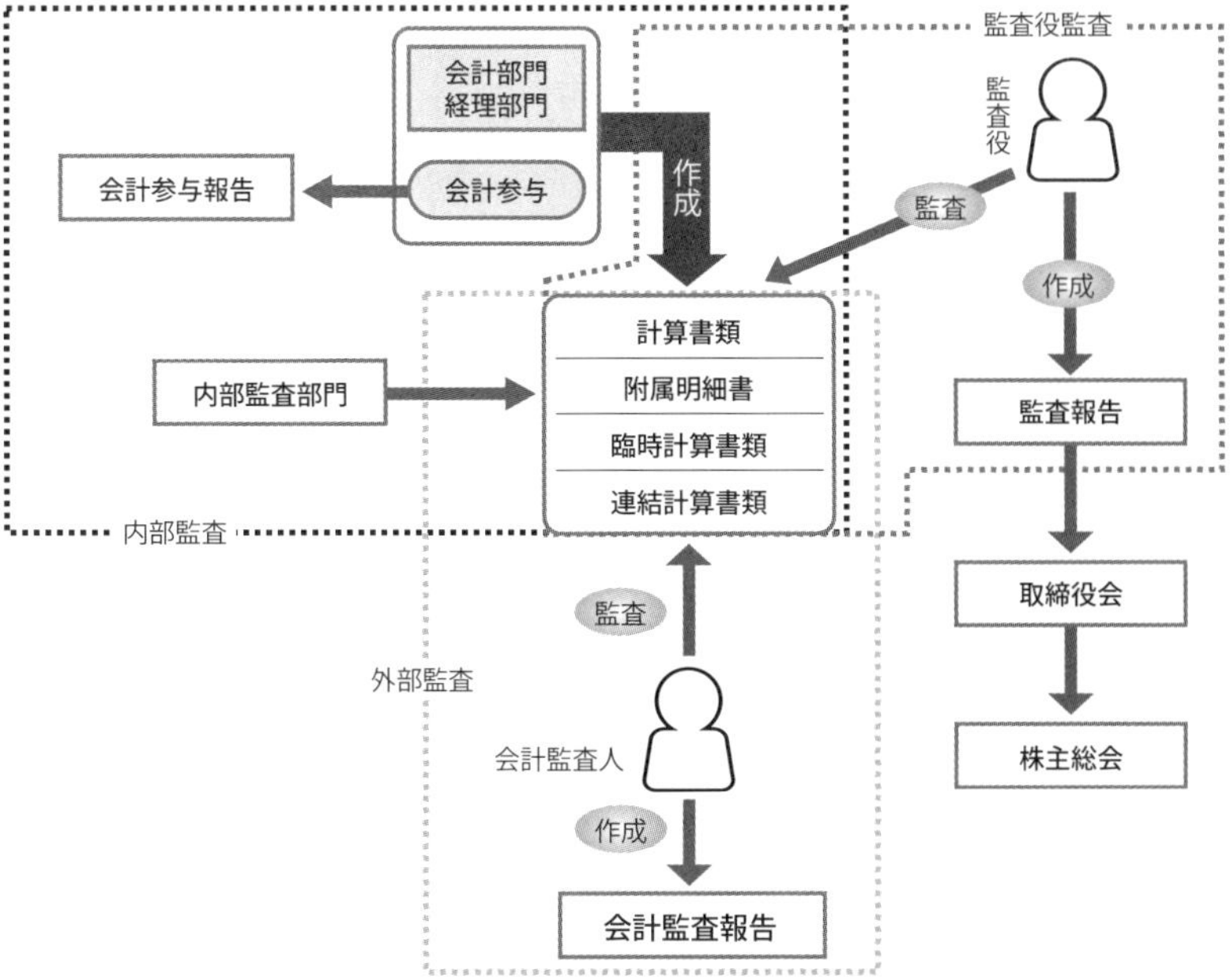

監査役と会計監査人・内部監査部門との連携状況

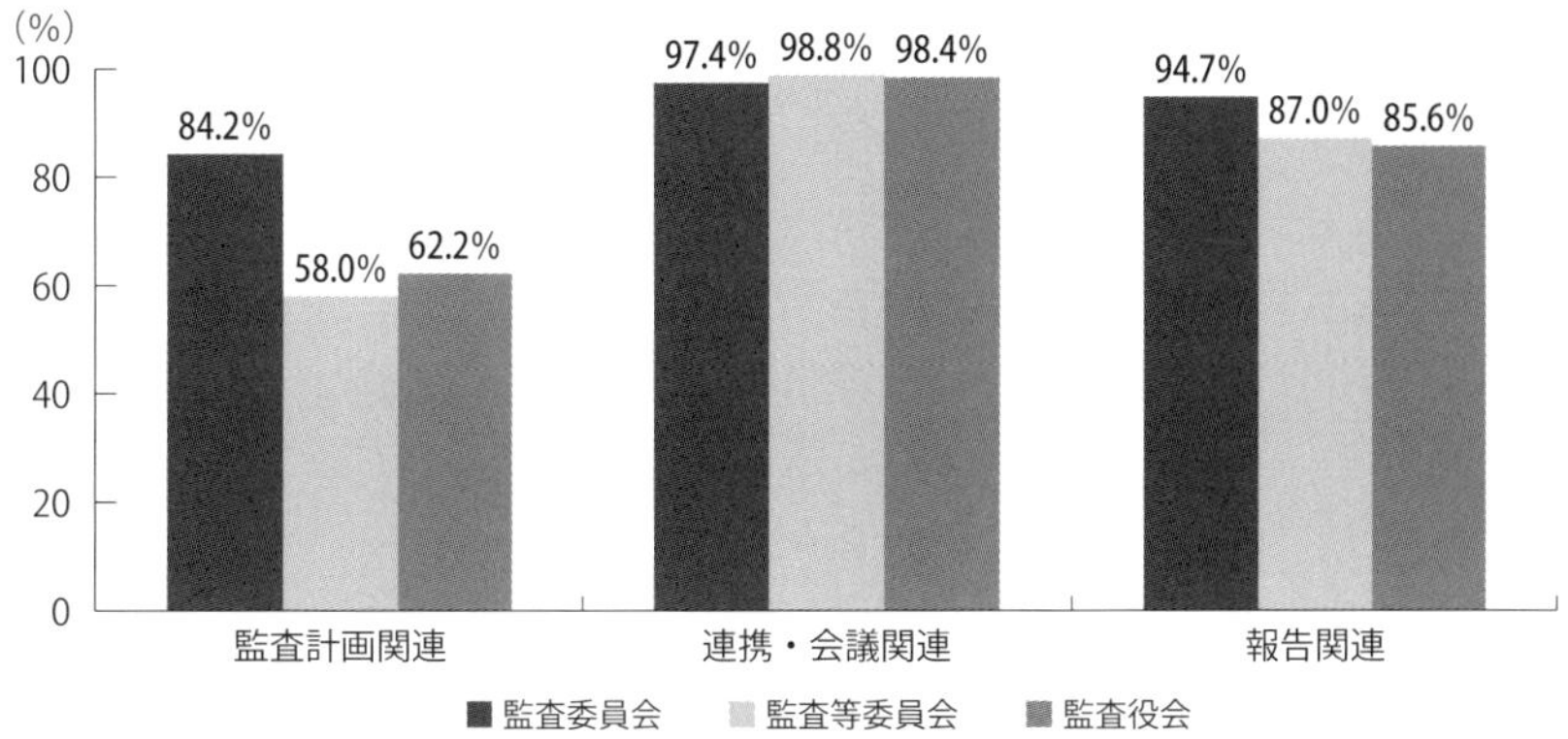

出所：東京証券取引所『東証上場会社 コーポレート・ガバナンス白書2021』

も独立した適切な人材を確保することも大切だ。政権交代で前政権の不正が発覚するように、民間企業でも経営者交代で不正が発覚することがあるが、その逆もある。現に、専務以上レベルの重役が常勤監査役となって、自己の不正を社外監査役等から隠す防波堤となっていた事件もあった。常勤監査役等が必要な情報を十分に社外取締役と共有できるような、監査役等の独立性が確保できる人事が不可欠だ。

　監査役等に著名な弁護士などを招聘する例もあるが、忙しくて監査役会等にあまり出られないとか、経営チェック機能の向上にはつながっていない、高齢化が著しい等の批判を受けるようでは問題がある。資格や名声のみならず、現実にも職務を遂行できる能力のある適切な人材を据える必要がある。少なくとも定例取締役会には確実に出席して的確な助言・勧告ができることが期待される。

　さらに、監査役等がその職務を全うするために必要なサポート体制も充実させ、監査・監督に必要な情報を十分に得られるような執務体制を整備することも重要だ。

監査手続のあり方

　監査役等が、しかるべき監査基準に従って、しっかりと職業的懐疑心をもって、本来の職務を全うすることが、コンプライアンス経営の重要な一要素となる。

　日本監査役協会は、会社法やＣＧコード（❷参照）等を踏まえた「監査役監査基準」や「内部統制システムに係る監査の実施基準」等を公表しており、監査役等が尽くすべき善管注意義務の内容が具体的に示されている。社外取締役や社外監査役は取締役会で積極的に助言・勧告することが期待され、社外役員に十分な情報が提供できるように、社内規程で情報収集権限を明記するとともに、実際にも十分な情報提供がされるような人的組織を整備する必要がある。

　今後も、日本監査役協会の監査基準や実務指針等も参考に実務の改善を図るべきだ。金商法上の監査人の監査報告書では監査上の主要な検討事項（ＫＡＭ）の記載も義務付けられた。外部監査人と監査役等との連携の強化により、さらなるレベルアップが期待される。

監査役の権限と義務

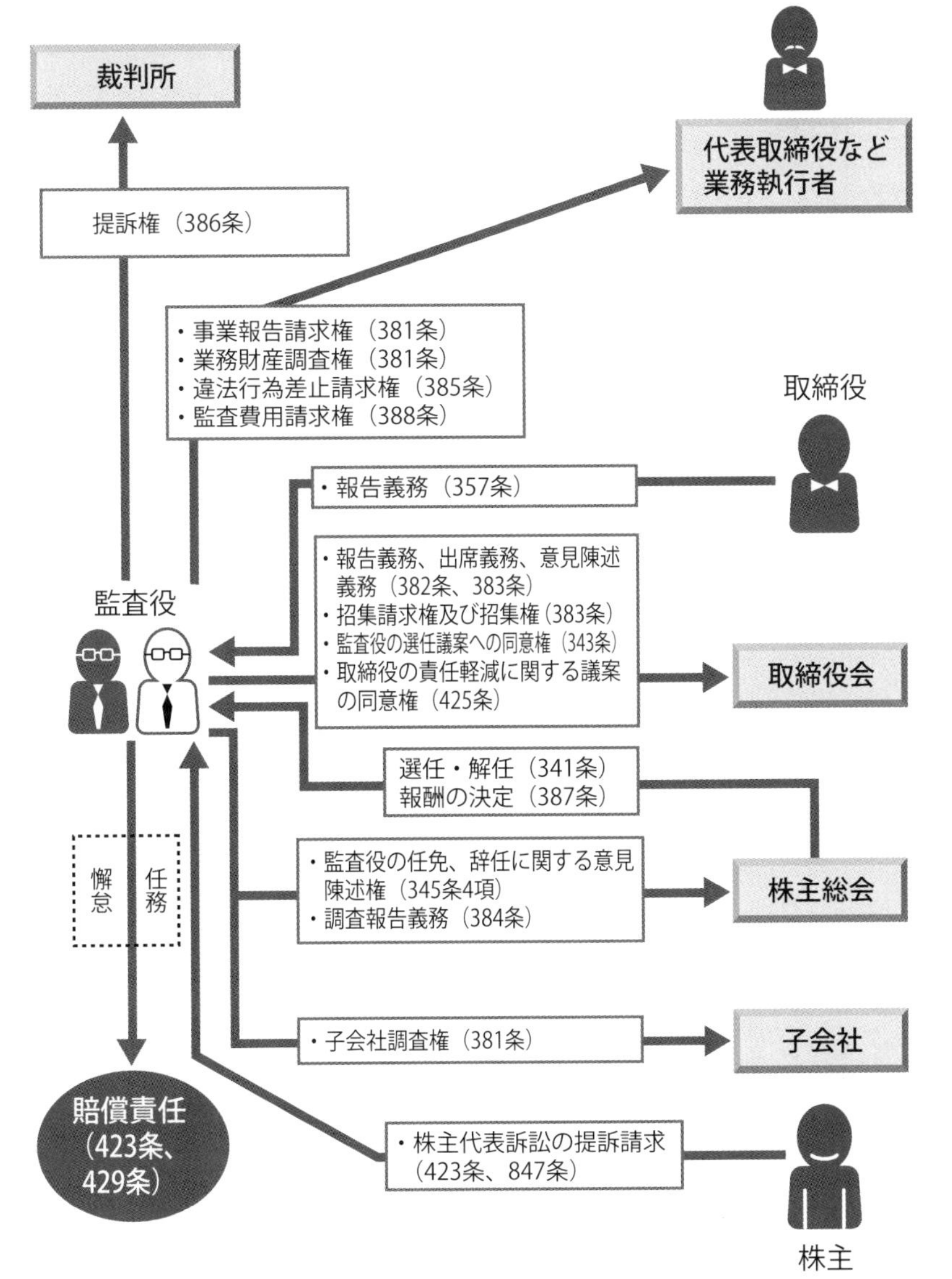
裁判所
提訴権（386条）
代表取締役など
業務執行者
・事業報告請求権（381条）
・業務財産調査権（381条）
・違法行為差止請求権（385条）
・監査費用請求権（388条）
取締役
・報告義務（357条）
監査役
・報告義務、出席義務、意見陳述義務（382条、383条）
・招集請求権及び招集権（383条）
・監査役の選任議案への同意権（343条）
・取締役の責任軽減に関する議案の同意権（425条）
取締役会
選任・解任（341条）
報酬の決定（387条）
懈怠
任務
・監査役の任免、辞任に関する意見陳述権（345条4項）
・調査報告義務（384条）
株主総会
・子会社調査権（381条）
子会社
賠償責任
（423条、
429条）
・株主代表訴訟の提訴請求
（423条、847条）
株主

14

企業集団の内部統制——グループ経営の重要性

グループ企業等のコンプライアンス水準が問われる

制度化の進展

平成二六年会社法改正により、企業集団の内部統制が会社法本体に明記されたほか、金商法における内部統制報告制度においても連結ベースで規律されていること(4参照)等からしても、企業集団としての内部統制のレベルアップは喫緊の課題だ。

特に、グローバルな事業展開を進める企業集団においては、コンプライアンスの推進もグローバルなレベルで行う必要に迫られている。

個別企業の対応だけでは不十分

深刻な企業不祥事は、子会社を含むグループ企業全体のイメージダウンだけでなく、同業者全体の信用と評判を落とすことにもつながる。このため、コンプライアンスは個別の企業がバラバラに取り組むだけでは不十分だ。業界全体の信頼確保に向けたコンプライアンスの取り組みを図る必要がある。さらにCSRの要請から取引業者まで巻き込んだ取り組みを及ぼすことも考えられよう(60参照)。

時にはグループ企業として、さまざまな連携が求められる。子会社等資本関係がなくても、関連企業、取引業者や下請業者等で偽装行為や不正があった場合には、その管理責任が問われるからだ。

グループ経営でも、リスクマネジメント、内部監査等がバラバラで対応しては、部分最適の形式的作業に陥り、内部統制の実効性が乏しくなる。相互の連携を重視した全体の内部統制を実効的に運用するには、グループ全体でリスクマネジメントを

企業集団の内部統制

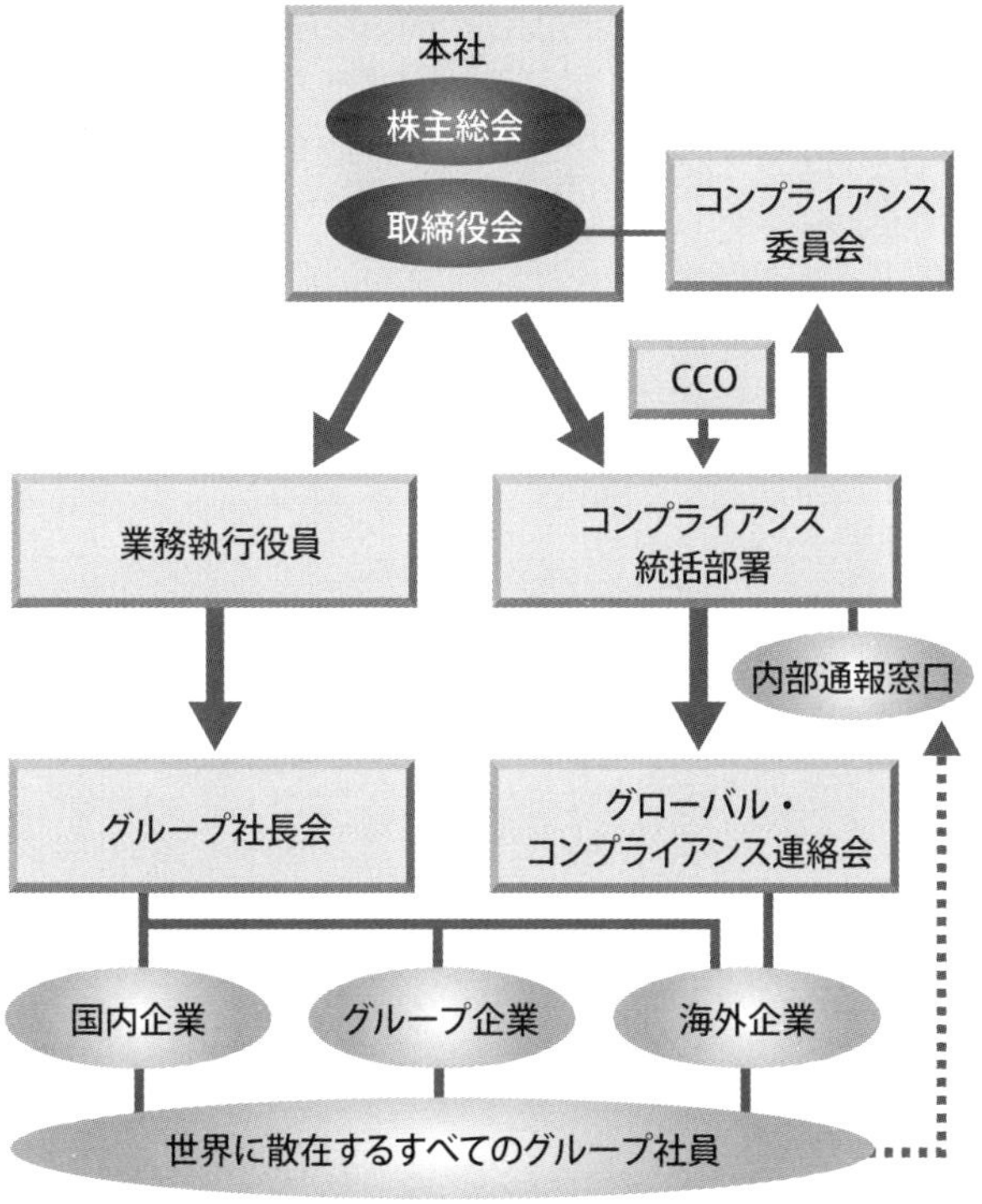

設計し、製造や営業等の現場レベルまで、目的を浸透させる取り組みが重要だ。社内規程の整備、業務フローの確立、トレーサビリティのためのＩＴインフラ等のハード面の整備に加え、経営理念等に基づく現場へのコンプライアンス意識の浸透を図る企業風土の改善も重要だ。

海外の事業所においては、日本とは異なる制度環境・経済環境がある上に、現地で働く人々の教育水準や人種等の多様性、人口動態等を十分に踏まえた事業計画が必要なので、親会社における子会社管理規定の整備・運用を充実させる必要性が高い。

ブランド価値を共有するための責務

具体的にはグループ企業全体としての企業行動規範等を策定して、そのグループ全体のブランド価値にふさわしいコンプライアンスの理念を共有し、グループ全体での組織的な取り組みを展開する必要がある。特に、多数の子会社や孫会社を擁する企業グループでは、コンプライアンス部門や内部通報窓口等を個別に設けることは非効率だ。むしろ親会社が中心となって全体をチェックできる体制を整備した方が、相互に牽制機能も働き、必要な情報を共有して質の高い業務が可能となる。

子会社が親会社にいつも忠実かつ正直であるとは限らない。子会社トップとの意思疎通や牽制が不十分であると子会社ぐるみで不祥事の隠蔽工作が行われ、何も親会社に報告されない等、親会社による発見が困難になってしまう。

そこで、親会社が子会社の不正を早期に発見し、企業グループの社会的責任を果たすには、親会社が指導力を発揮して、緊密な連携を図る必要がある。業務プロセスでも、子会社管理規程を設けて重要事項を親会社へ報告させる仕組みを構築すべきだろう。その事業内容・規模に応じてコーポレート部門の業務を適切に支援し、子会社の役員等が効率的に職務執行できる体制を構築し、重要案件については合理的な決裁・報告体制を通じて、各社の経営状況を把握し、業務の適正を確保するリスク管理の徹底が望まれる。

中央集権型か分散型か

海外に多数の拠点を有する場合は、グローバルなコンプライアンス・プログラムが有意義だ。各国で準拠法は異なるので、それぞれの法域に応じたきめ細かな対応が必要となる。

ただ、中央集権的に本社のコントロールを十分に及ぼすか、いくつかの主要な拠点に権限を分散するかは、会社の沿革や事業の性質等によって異なる。地域ごとの拠点に法務スタッフを多めに配置して、各法域の課題に適切に対応できるような体制も十分にありえよう。

グローバルな内部通報制度（㉖参照）も整備しないと、子会社の不正が親会社に隠される恐れがある。子会社社長や現地の取引先等がつるみ、予算不足等の理由から調査や対処が遅れがちとなるリスクが高い。

時として、不祥事を発端として企業再編が行われるケースもある。もっとも、事業の性質によっては子会社の自主性を尊重すべき場合もある。訴訟対応や内部調査等も含めて各国の規制に順応し、その文化や歴史等にも配慮しながら、多様な人材を活用して適切な対応を模索していくしかない。

中央集権型と分散型

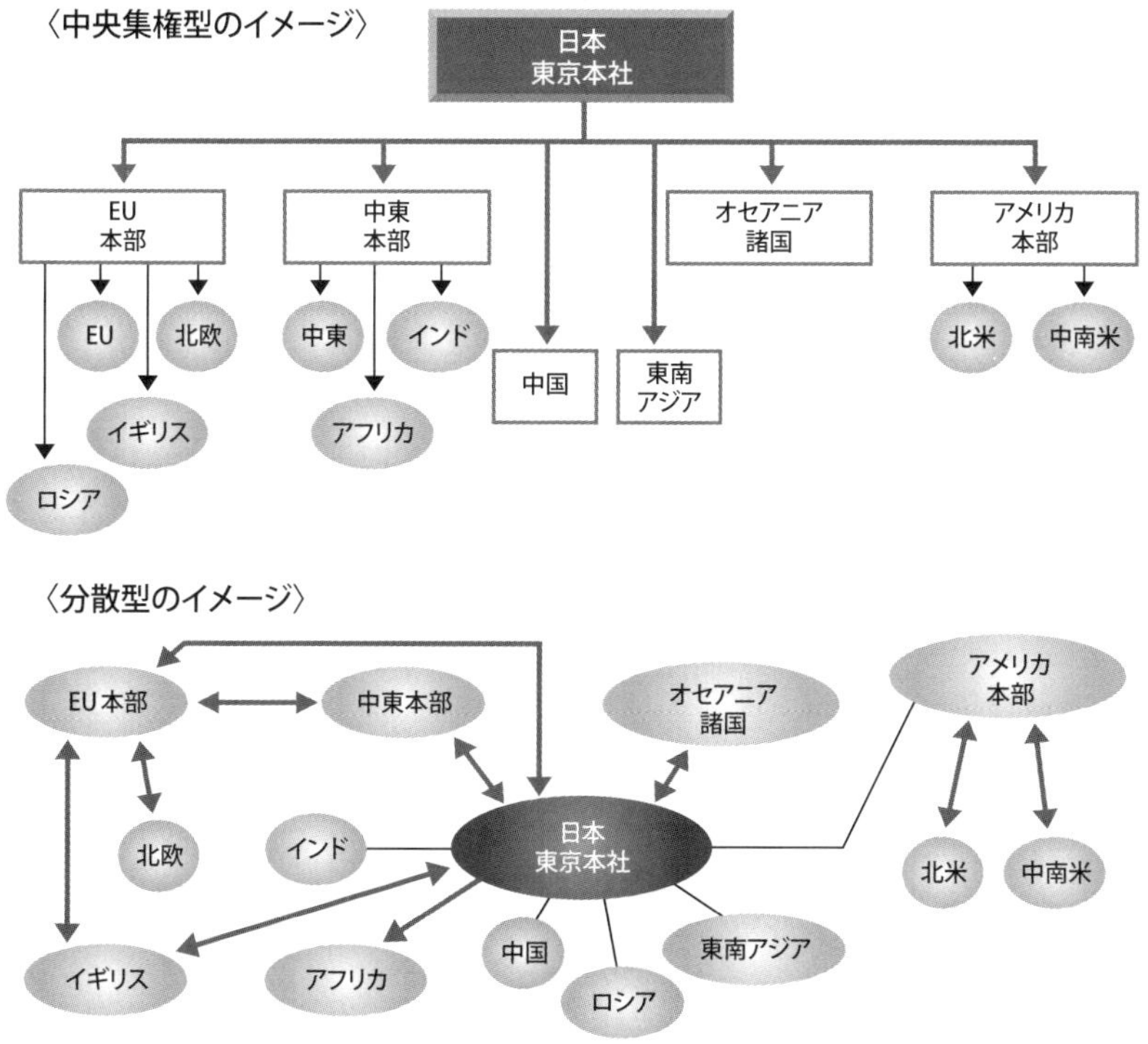

海外スタッフとの協働

グローバルなレベルで、コンプライアンス教育・モニタリング等の年度計画・実施結果を確認・承認するプロセスを盛り込む企業も増えつつある。グローバルな行動規範を策定した場合、各国・地域で働く関係者にも浸透できるように、各地域の言語に翻訳し、海外のグループ企業と認識を共有するための研修活動も重要だ。それによって、海外のスタッフとも円滑なコミュニケーションを取って全体のレベルアップが図られる。

ただ、それぞれの法環境や文化の違い等から、その趣旨が簡単に伝わるとは限らない。地道な努力の継続が必要なこともあるだろう。

15

コンプライアンス担当役員——CCO

経営陣・経営幹部の経営姿勢が事業活動に反映される

チーフ・コンプライアンス・オフィサー

コンプライアンス担当役員(Chief Compliance Officer=CCO）とは、最高コンプライアンス責任者、コンプライアンス担当執行役員等のことだ。

ＣＣＯは、取締役会メンバーのコンプライアンス担当取締役であることもあるが、執行役員であることもある。組織内のコンプライアンス・プログラムの実施・運用に関して責任と権限を持ち、その態勢充実に向けた戦略的役割を担う。上場企業を中心に、多くの企業でＣＣＯが設置されつつある。

ＣＣＯは、コンプライアンスと事業運営の連携を緊密に行う。確保すべき利益に優先順位をつけ、事業の健全性を確保しながら事業目的を追求する必要がある。経営の不正に甘く対応するとか、粉飾や不正に手を貸すことは厳禁だ。

コンプライアンスに抵触する報告があった場合、誠実に対応することが重要だ。経営者には、広汎な権限と重い義務・責任があり、リスクに萎縮しての不作為も、忠実義務・善管注意義務違反となる恐れがある。単なる先送りは、責任を回避するだけだと評価され、賢明な対応とはいえない。

ＣＣＯには経営陣に対して定期的または必要に応じてコンプライアンス・プログラムの実効性について直接に報告し、運用面での責任を果たすために適切な権限を付与されるべきだ。問題が起きた現場では何も決める権限がないというのでは、心もとない。

CCOの役割と機能

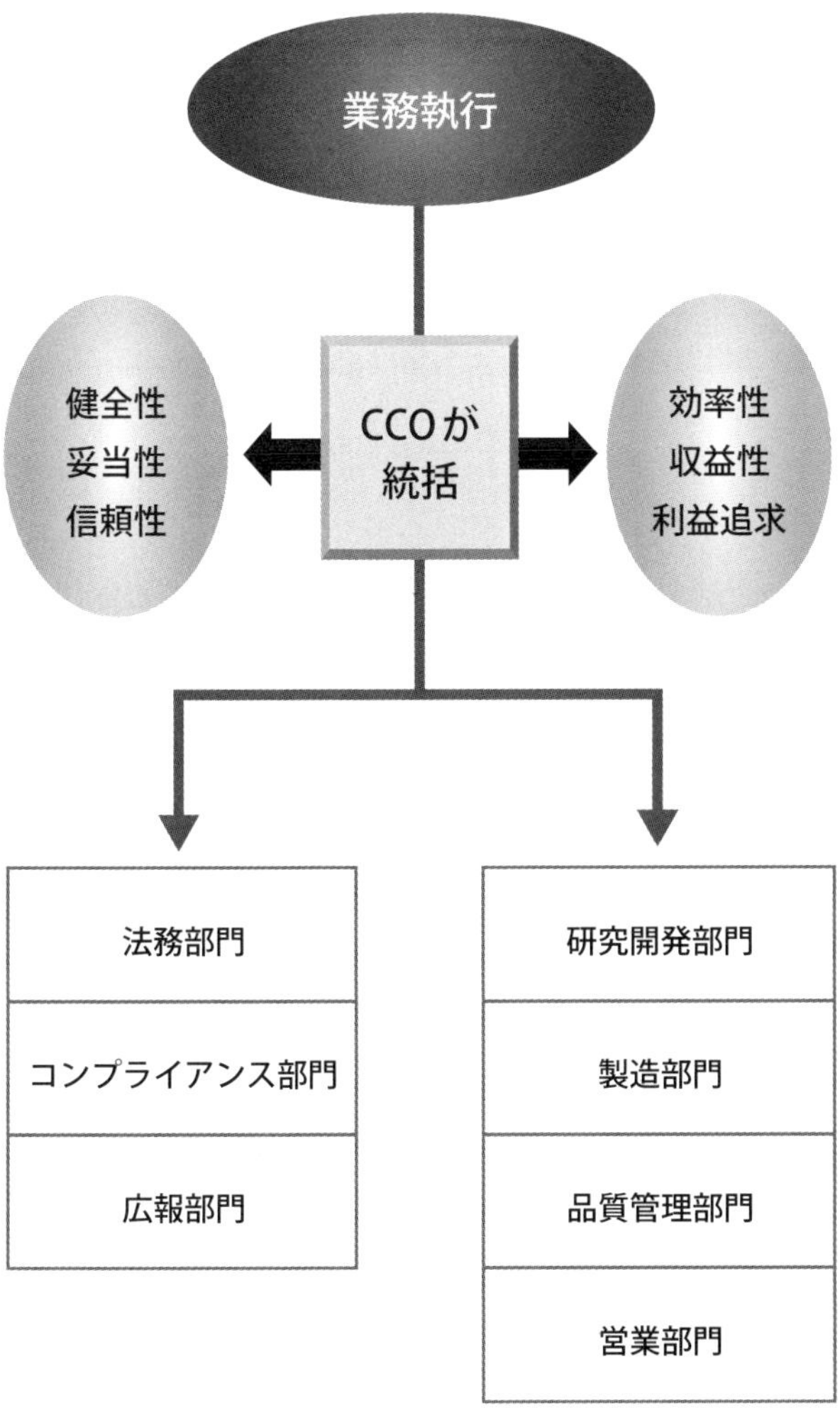

万一、ＣＣＯがコンプライアンスの精神に反する行動を取った場合は、それ自体が内部統制の重大な不備と評価されよう。ＣＣＯは、コンプライアンス態勢を促進する必要があり、それを裏切るような行動は許されない。実務に精通しているだけでなく、高度な倫理観が求められる。コンプライアンスの意義や機能を深く理解し、推進、啓蒙していく役割を果たし、トップマネジメント層に対しても十分な存在感を示す必要がある。

なお、ＣＣＯとは別に、法務

部門を率いるCLO（Chief Legal Officer＝最高法務責任者）を設けることがある。両者は別なので兼務は望ましくないという考え方もあるが、コンプライアンスを担当する部署として、法務部、内部監査組織との連携も重要だ。全体としての企業の倫理的な規律を統合させ、法務とコンプライアンスの価値観を共有するのであれば、両者を兼務することもありえよう。

現場のコンプライアンス・オフィサーとの関係

いわゆる「コンプライアンス・オフィサー」には二つのレベルがあり、一つは役員レベルの統括責任者であり、もう一つは、各部署や各営業所のコンプライアンスをチェックするためのオフィサーで、必ずしも役員レベルとは限らない。各部署、営業所においてコンプライアンスを指導・チェックするコンプライアンス・オフィサーは、その統括部門と連携して、コンプライアンス担当役員の指揮監督の下に置かれることもある（⓫参照）。

各コンプライアンス・オフィサーは本社のコンプライアンス・プログラムの策定にも関与して、全社的な統一を図り、問題意識を共有するような仕組みを設けることも有用だ。

CCOの目は会社全体に及んでいる必要があり、CCOの権限が及ばない「聖域」「例外」を認めるべきではない。過去の破綻企業が周囲の目の届かない部署で損失を大きくしたケースもある。特に財テク、不良債権処理など、センシティブな領域こそ、特に注意深くチェックすることが重要だ。

高い見識を持ったトップレベルのCCOがコンプライアンスを推進、強化またはチェックする体制を採用することは、企業のコンプライアンスを向上させるための姿勢を示すためにも不可欠だ。

ただし、CCOがいるからといって、他の役員がコンプライアンスに対する責任を免れるわけではなく、その義務を軽減されるわけでもない。CCOは、全役員の先頭に立って各人がコンプライアンスを実行できるようにリードする役割を負っている。その意味で、取締役は全員がコンプライアンスを実践する責任を負うことに変わりはない。

コンプライアンス専任役員の下におけるサポート体制

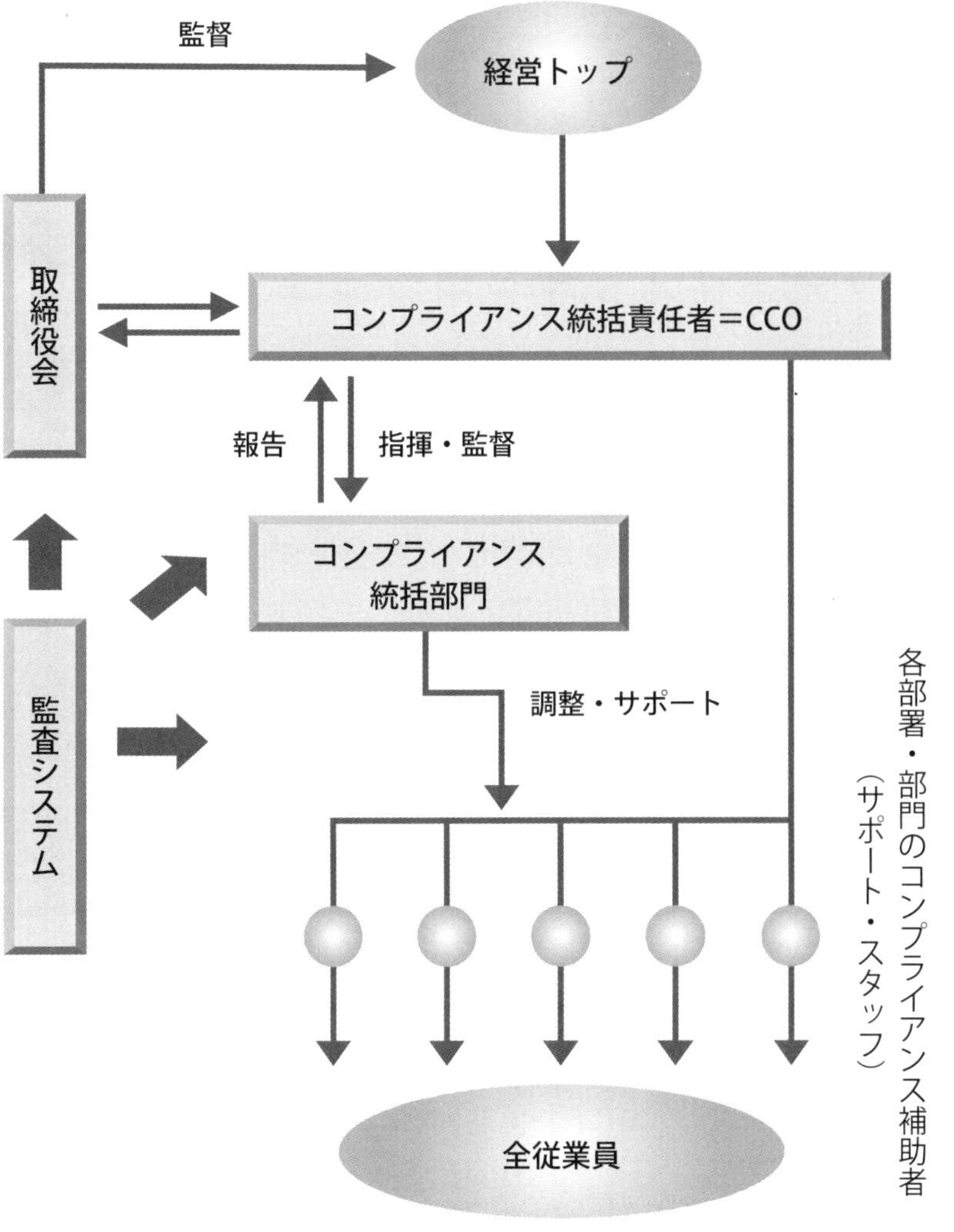

16 コンプライアンス統括部門の役割

コンプライアンスを推進・調整する部署を

コンプライアンス統括部門の必要性

コンプライアンスを推進または調整する実務的な機能を果たす責任部署の必要性・重要性が高まっている。そうした責任部署がないと、各部門の活動がバラバラになり、仕事に重複・無駄が生じ、コストが余計にかかり、相互の調整がスムーズにいかなくなる恐れがある。

そこで、ＣＣＯの指揮と権限委譲の下に、コンプライアンス統括部門が会社全体に必要とされる課題の対応を行いつつ、日常的な問題の整理と現場における諸問題の解決支援をサポートする機能を担うことが考えられる。この部門が情報収集・管理をつかさどり、会社全体のコンプライアンスを推進する。

コンプライアンス統括部門は、社内外の弁護士等の専門家とも連携して、組織内規程等の一貫性・整合性、取引や業務の適法性を検証する役割も担う。さまざまな部署に散在する法令等に関する情報を一元的に収集、管理、分析し、適時に周知徹底し、適切な措置・方策を講じる。

取締役会はコンプライアンス統括部門の適切な役割・機能を発揮させる態勢を整備する必要がある。その業務を遂行するために必要な知識と経験を有する人材を適切な規模で配置すべきだ。内部監査部門が法令違反やその恐れのある行為を発見した場合、速やかにコンプライアンス統括部門に報告させ、問題点等を的確に指摘し、随時取締役会や現場の責任者に通知する等の職務権限も付与する。

コンプライアンス統括部門は、取締役の指揮下にありつつも、独立性が求められ、十分な牽制機能が発揮できるように、営業部門等からの干渉を受けないようにする必要もある。

コンプライアンス統括部門のあり方

コンプライアンス統括部門は、企業や事業所の規模、性格等に応じて、その体制も異なる。ただ、日常的な業務を恒常的にチェックし、業務を合理的かつ健全に行うために、必要に応じて関係

法務・コンプライアンス担当部署の設置状況・体制

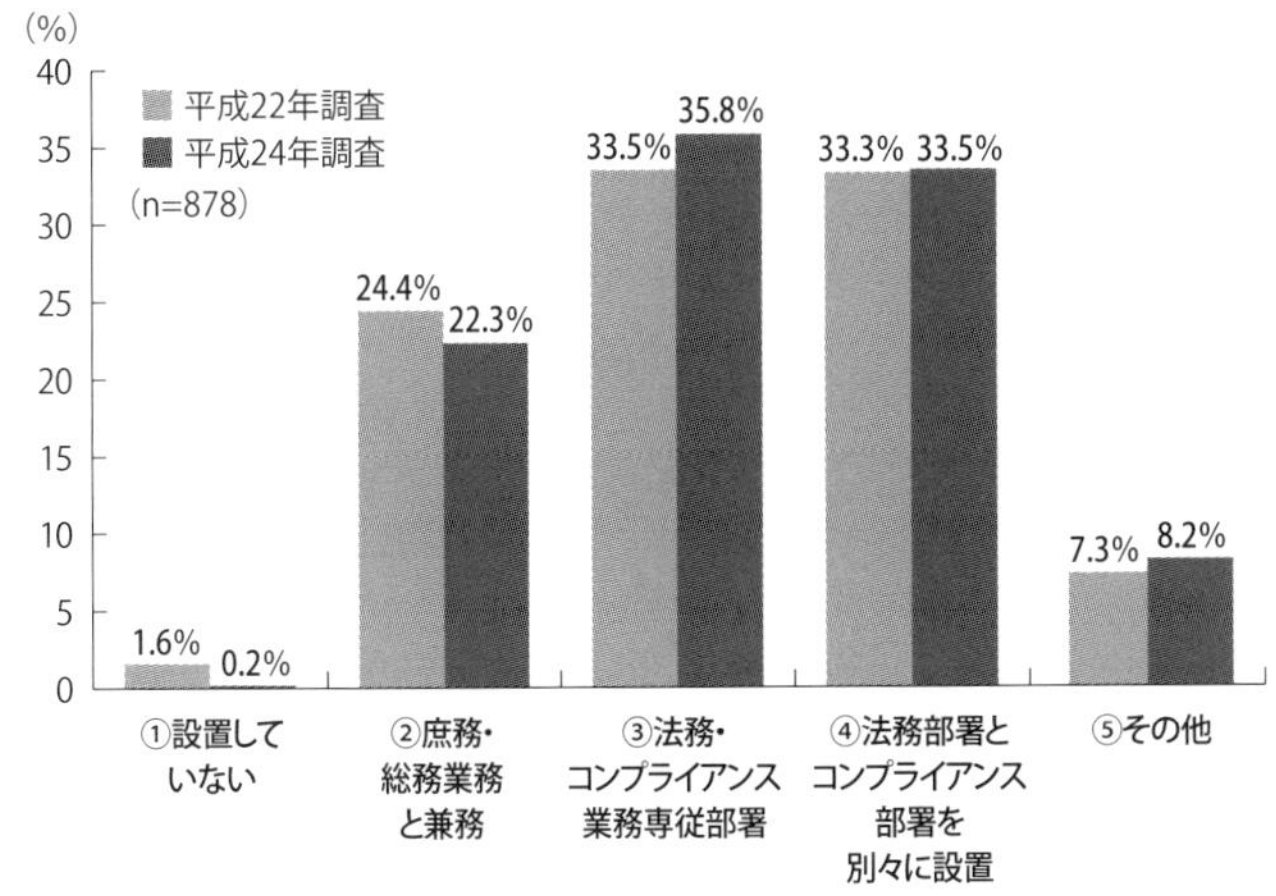

問　法務・コンプライアンス業務

貴社では、法務・コンプライアンス担当部署（名称にかかわらず、社員が法令違反等に関与することを防止するための業務（法令違反等を把握するための取組や実際に問題が生じた場合の対処を含みます）を行っている部署をいいます。いわゆる法務担当部署や法務・コンプライアンス担当部署が存在しない場合でも、例えば総務担当部署がその役割を担っている場合は、当該総務担当部署がこれに該当します。）を設置していますか。一つだけお選びください。

①法務・コンプライアンス担当部署を設置していない。
②設置している（庶務業務等のいわゆる総務業務も併せて担当している）。
③設置している（法務・コンプライアンス業務のみを担当している）。
④設置している（契約・訴訟その他会社の業務に伴う具体的な法的事項を取り扱う部署（例えば法務部等）及びコンプライアンスの意識を高めるための普及・啓発又はそれに関連する事項を取り扱う部署（例えばコンプライアンス推進部等）を別々に設置している）。
⑤その他（担当部署名及びその部署の性格について具体的に記入してください）。

出所：公正取引委員会「企業における独占禁止法コンプライアンスに関する取組状況について」（平成24年11月）

部署と連携を取ってリスクに対応できる必要がある。

　コンプライアンス統括部門に対しては、CCOや役員レベルの責任者が指揮監督することが不可欠だ。必要に応じて取締役会にコンプライアンスの問題を上程できるようにすべきだ。

　こうした統括部門は、その企業におけるコンプライアンス・プログラムの全体をどのようにするか、すなわち、その組織体制、各部署における業務、実行の手順、方法や業務の分担を適宜検討し、必要に応じて見直しを提言する機能も担うべきだ。

　法務担当部門との関係、役割分担をどうするかについてはいくつかの考え方がありうる。

　一つは、既存の法務部門をコンプライアンスの統括部門とする方法や両者を統合することが考えられる。その場合、法務部門は、本来の法律関係の仕事のみならず、企業倫理などのより幅の広いルール遵守のための仕事をする必要がある（⑰参照）。

　それに対して、コンプライアンス部門を法務部門以外の部署として設ける場合には、その両者を調整・統合する部門ないし統括責任者が必要だろう。

　上場企業はコンプライアンス統括部門を設けて、体制の整備・強化を図っている。「コンプライアンス統括部」「コンプライアンス推進室」、または「コンプライアンス室」といった統括部門を中心に、倫理行動規準の策定、法令遵守マニュアルやコンプライアンス・プログラムの作成や運用、チェック等の業務を行わせている企業が多くある。こうした部門が、全社的なコンプライアンス風土を醸成し、経営ビジョンとしての「信頼される企業グループ」の確立を目指すための先頭に立つものと位置づけられよう。

　コンプライアンス担当部署は、法令に関する専門的な知見がそれほど求められていないといった説明もあるが、法務部と同様に高度なリスクマネジメントが求められ、各種の規律を含めた業務の実態に精通していないと十分な説明はできない。このため、法令の理解のレベルにおいて、法務部と大差はない。ただ、役割分担の設定次第では、取り扱い領域の棲み分けによる専門分野の違いはありえよう。

コンプライアンス統括部門のあり方

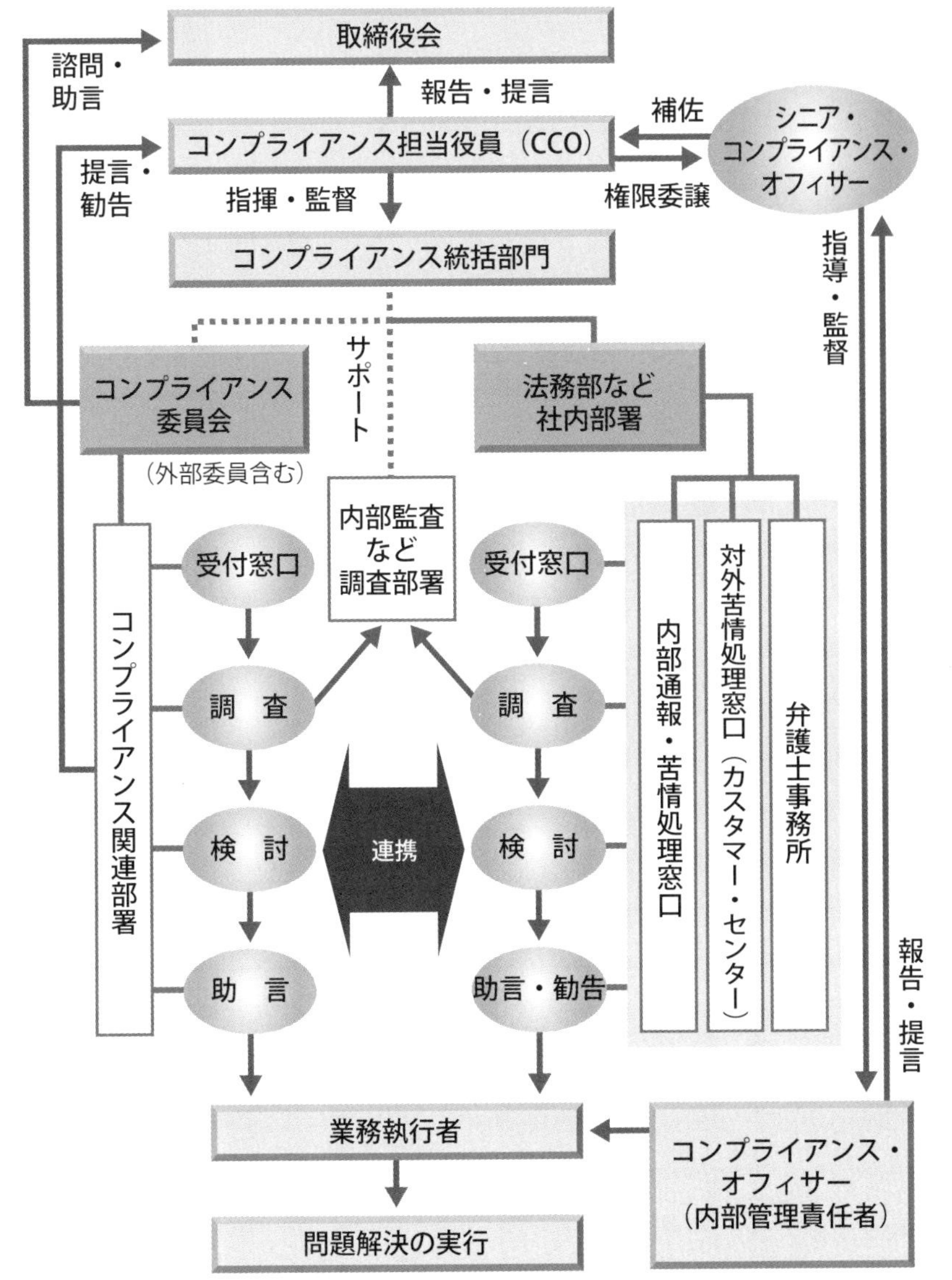

17

法務部門の充実・強化——付加価値アップに向けて

予防法務など、広範な職務を遂行できるスペシャリストを

法務部の必要性

中小企業のように、法律問題が少ない会社では、総務や経理と兼ねて法律的な問題を処理し、顧問弁護士を使うなどの対応で何とかやっていかざるをえない。

しかし、大企業では、日常的に処理すべき法律問題を数多く抱えており、法務部門を置くことが多くなっている。コンプライアンス経営において、各種の法律問題に的確に対応するためには、法務部門の設置は必須のものでさえある。

取引案件も多くなれば、それだけ取引リスクも高まる。多くの人々との関係があるから、それだけ利害対立やトラブルが生じることも多くなる。昨今は、一般に取引も高度化、複雑化し、さらに海外との関係もあるので、法的な問題をクリアーしなければならない場面も多い。何か不安な法律問題は、法務部、その他の専門部署や顧問弁護士に相談できる体制が必須だ。

ある程度規模の大きな企業で、法律問題を処理し、コンプライアンス体制を整備するには、法務部門の設置やその機能強化から手をつけることが現実的だ。

コンプライアンス統括部門との関係

もっともコンプライアンス統括部門（⑯参照）を法務部にするのがよいかどうかは別問題だ。会社によっては、法務部が社内においてあまり影響力をもっていないこともある。あまり社内での力がなければ、法務部が中心となってコンプライアンスを推進するにも限界があるから、そのような場合には、別途、ト

コンプライアンスに関する職務内容

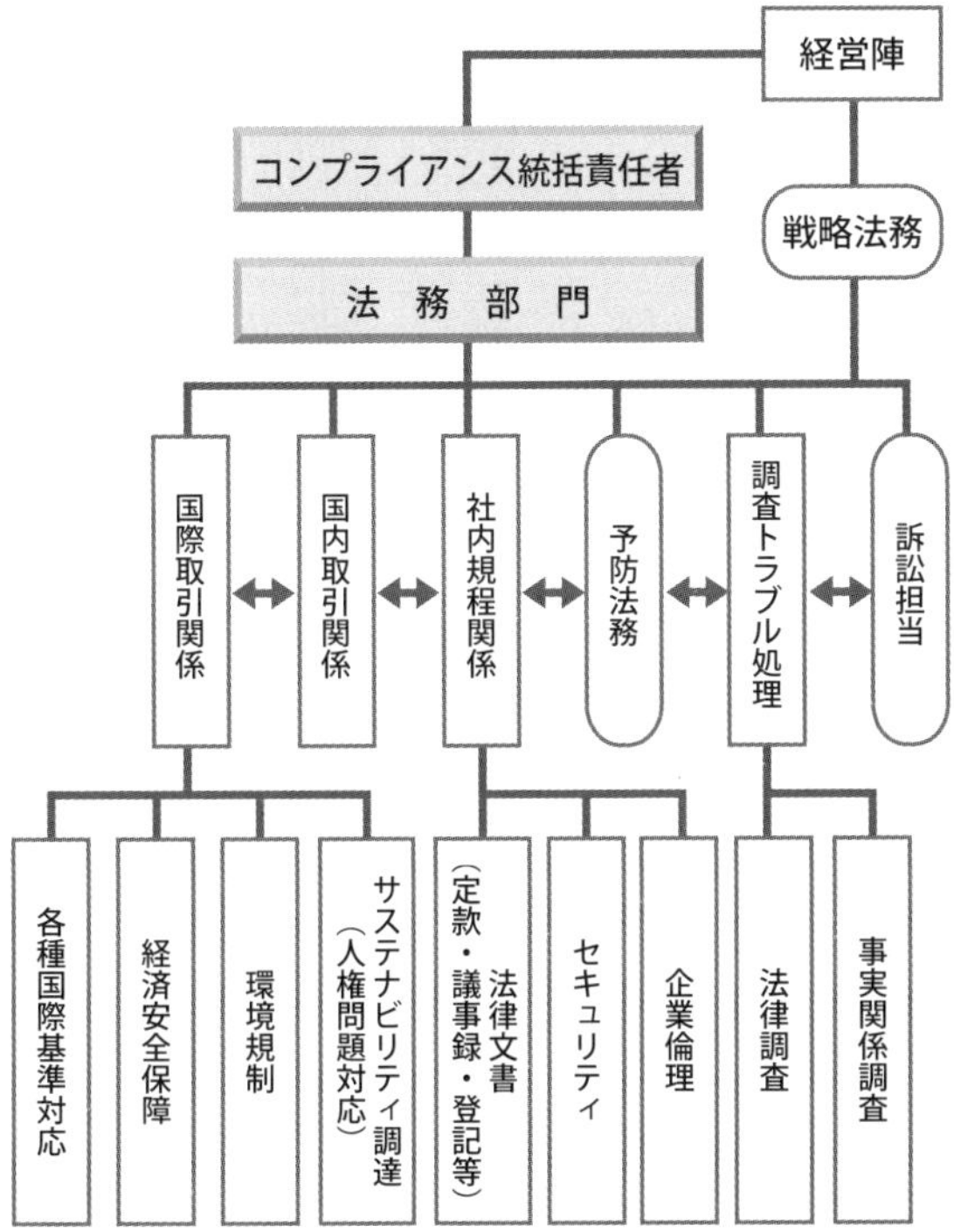

ップ直属で、十分に社内的影響力のあるコンプライアンス統括部門を創設するべきだろう。

法務部門はコンプライアンス統括部門と密接な連携をとる必要がある。この点は一つの正解があるわけではないが、基本的に、法務部は戦略法務をも扱う性格上、経営陣、すなわち取締役会の直轄とされるべきであろう。

法務部において、コンプライアンスに関する事務を行うことを想定した職務内容は、相互に関係しているので、緊密に連携し、関連情報を十分に共有できるようにすべきだ。そのためには、法務部門の全体会議を定期的に開くなどして、問題意識を共有し、必要に応じて、共同して対処することなどが考えられよう。

さらに、法務部がコンプライアンス経営の担い手となる以上は、そのカバーする領域は、単に法規範だけではなくなる。89頁の図に示すように、企業倫理を広く考えるならば、法規範はコンプライアンスの対象の一部とも考えられる。

予防法務に重点を置いた活動

法務部の担当する問題は多岐にわたるが、その中でも特に重

予防法務の概要

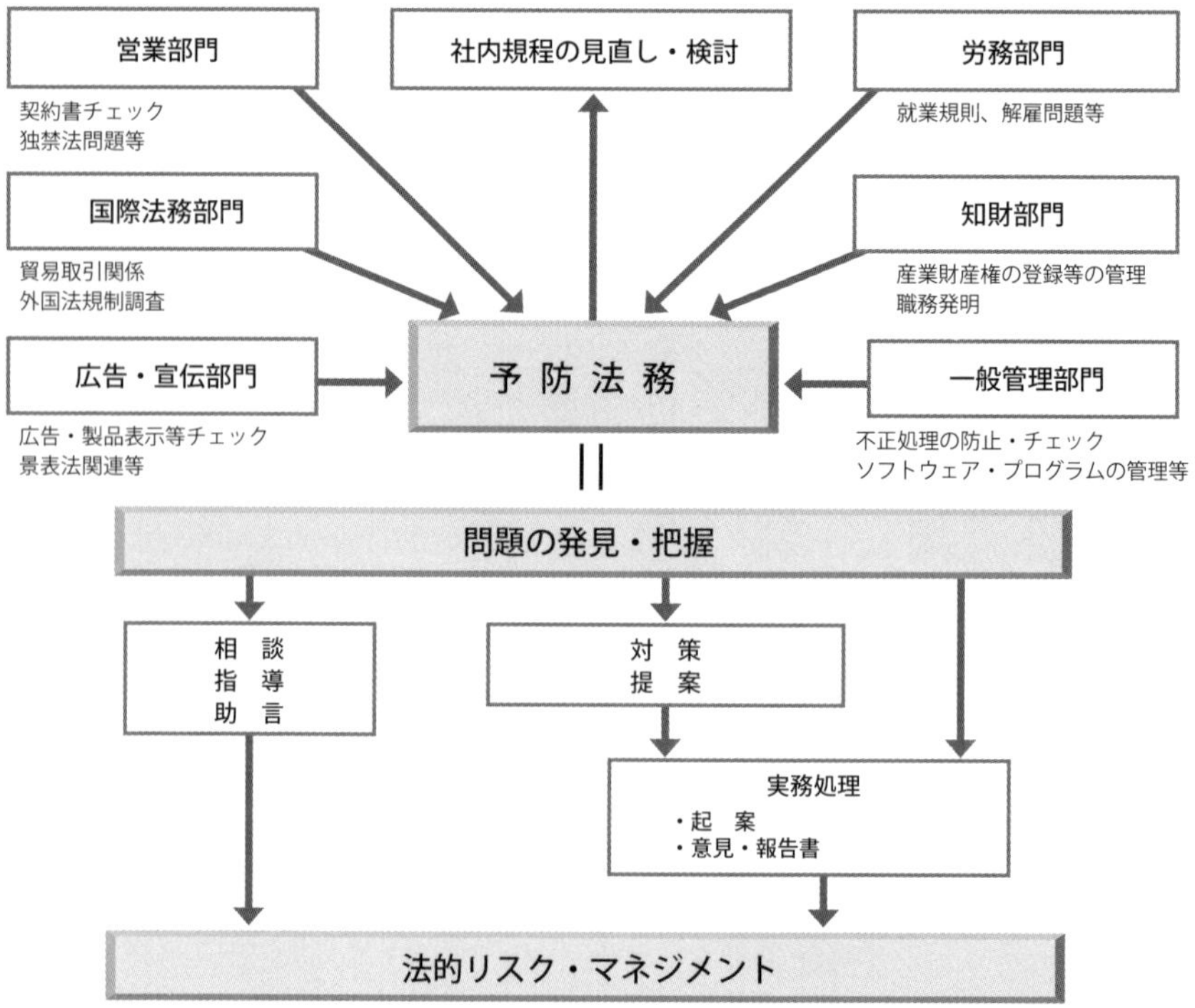

要なのが、予防法務の領域だ。

予防法務こそ、コンプライアンス経営の中心的な課題といえ、これが機能していれば、企業が深刻なトラブルに巻き込まれる可能性も少なくなる。法務部は、関連部署と緊密に連携し、事業活動に密着して的確・迅速な処理をすることが期待されている。

ただ、現実問題としては、やるべきことは理想として理解できても、それを実行できる人材が不足することがある。そのため、法律問題については外部の弁護士などの助力が必要になる。

増える社内弁護士

近時、社内弁護士を雇う企業も急速に増えつつある（日本組織内弁護士協会の統計参照）。日本の企業内弁護士は、大手の商社や金融機関等を中心に普及してきたが、他業種にも裾野が広がりつつある。

　外部の弁護士の場合は、どうしても多くの依頼者を相手にしており、また必ずしもそれぞれの組織内部の事情まで含めて事業内容に精通しているとは限らない。社内弁護士の場合には、それぞれの企業の実情を踏まえ、また徐々に当該ビジネスの関連法務にも精通できることから、専門的な知識・経験を貯えられよう。

法務部門のカバーすべき領域

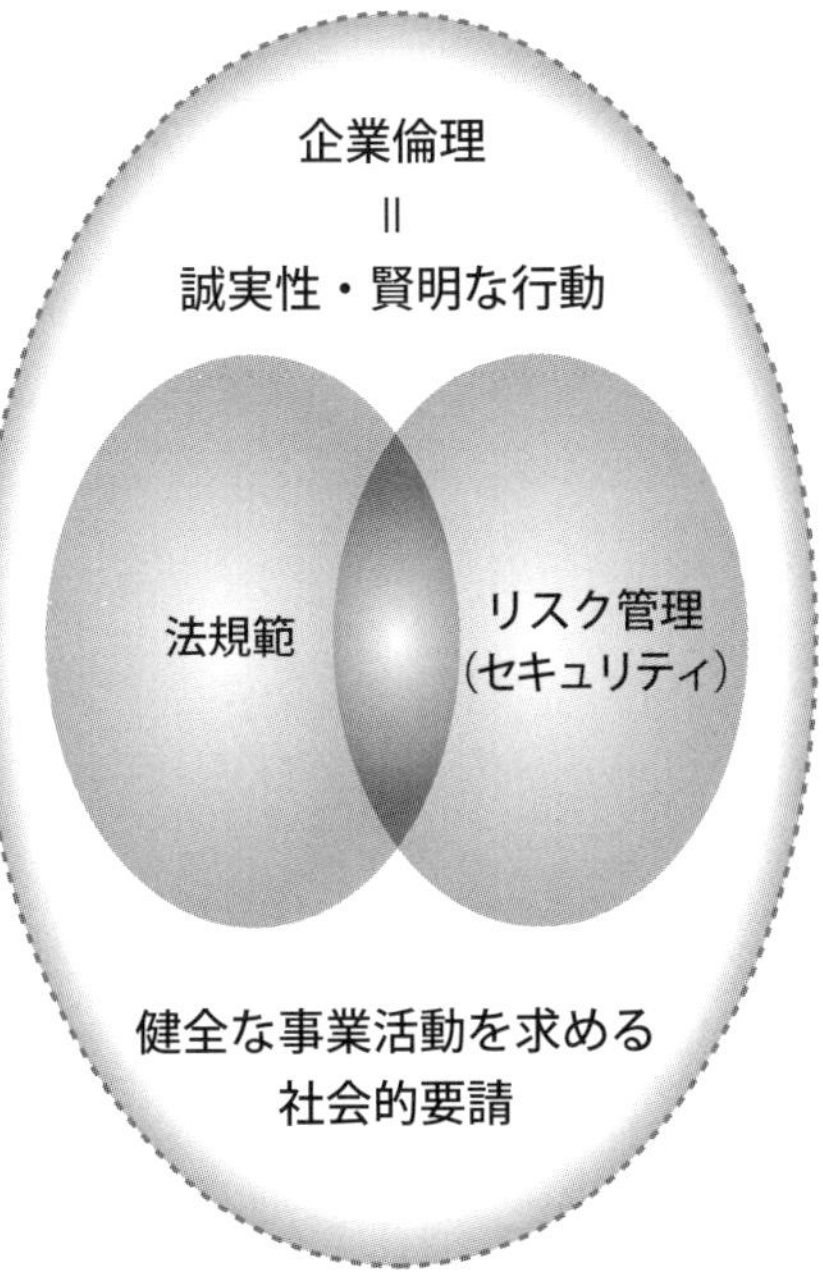

　そうしたことから、日本の法律実務全体に通じた専門家として、日本の弁護士資格を持った社内弁護士を雇えればいいが、適切な弁護士がみつからなければ、次善の策としてアメリカなどの外国の資格のある弁護士を雇うことも考えられる。海外留学・研修を通じて欧米企業の法務についての知識・経験を有する弁護士も増えつつある。

　いずれの場合も、当該候補となった弁護士がその企業にふさわしいかどうかについては慎重な考慮が必要であり、その評価を誤ってはコンプライアンス経営にも影響する。

　それぞれの企業が有能な法務人材を育成できるかどうかは、将来のコンプライアンスの基盤を左右する。法務部門がコンプライアンスへの取り組みも含めて重要な機能を果たせるかどうかも、その人材次第であることを踏まえて人事戦略を考える必要がある。

18

コンプライアンス委員会——その役割の多様性

コンプライアンスの徹底・強化に向けて助言・提言を行う

コンプライアンス委員会の役割

コンプライアンス委員会にもさまざまな形がある。取締役会からの諮問に対応し、基本的な方針の推進に向けて大所高所から監督し、助言・勧告をする形から、かなり具体的な作業に取り組む形までさまざまである。

具体的作業にも及ぶ場合は、①コンプライアンス研修計画の策定のほか、②事業活動における潜在的なリスクの把握と予防策の立案、③顕在化した問題への対応、④組織体制の見直し等、実践的な役割を果たす。

コンプライアンス委員会は、常時動いているコンプライアンス統括部門（⓰参照）や法務部門（⓱参照）とは異なって、一般的な方針、具体的なコンプライアンス・プログラムの策定、緊急の場合の対応策について勧告等を検討するケースもある。

コンプライアンス委員会は、子会社を含む企業集団全体のコンプライアンスに関する状況にも目を向けるべきだろう。

いずれの場合も、コンプライアンスの徹底・強化に向けて集中的に検討・議論する場として、こうした委員会を活用することが効率的で効果的だろう。

構成メンバー

コンプライアンス委員会のメンバーについて、取締役、執行役員等、会社の業務に精通した委員を中心にした内部委員会とするか、社外有識者等、外部の委員を中心とする外部委員会とするか、その折衷的な陣容とするかは、どのような役割を担わせるかによって異なる。

コンプライアンス委員会を複

数の弁護士と、副社長レベルの役員等で構成し、違法行為の緊急停止措置や役員の解任勧告などをなしうる強力な権限を有するようにしたケースもある。コンプライアンス委員会の地位を確保するために、当局に提出する書類にも記載して、その委員会を容易には廃止しにくいよう

コンプライアンス委員会の役割と責任

（目標）コンプライアンス・マネジメント・システムの推進

●コンプライアンスの基準と手続が確立していることのチェック
⇔コンプライアンスやリスク管理に関する基本的方針の策定確認

●コンプライアンスの取り組み状況の監視・検証
⇔十分な活動が実効的に運用・展開されているかの確認

●管理体制が十分で、不備がないかのチェック
⇔日常業務遂行の上で、問題が起こり得る可能性を想定
問題予防のための方策を確立
組織の行動規範の策定確認

●教育・情報伝達システムが機能しているかのチェック
⇔法令、企業倫理遵守等の考え方が共有徹底され、
風通しの良い組織風土が醸成されていることの確認

●モニタリング・監査・報告システムが機能しているかのチェック
⇔コンプライアンス部門の取り組み状況の報告を受け、助言・勧告

●問題が生じた場合に、適切な対応が行われているかのチェック
⇔トラブル・不祥事等が顕在化した場合に迅速に対応し得る組織体制の構築
内部通報制度の充実強化に向けた検証・助言

●問題に対する組織的な再発防止対策
問題点をさらに早期に把握できる環境の整備化

にし、委員を解任する時には取締役会決議のみならず、監査役全員の同意を要するものとする制度設計も参考になろう。

　コンプライアンス委員会が、企業の現実に引きずられすぎることを避け、また社外の意見を取り入れ、できる限り客観的水準を維持するため、ある程度外部の委員を入れるのが望ましい。

法で規律されていない委員会

　コンプライアンス委員会の代わりに、経営倫理委員会や内部統制委員会を設けることや、それらを併存させるケースもある。コンプライアンス委員会が社外委員中心で大所高所の助言・監督をするのとは別に、より実務的な役割を担うコンプライアンス推進委員会を内部スタッフ中心に構成する企業もある。

　コンプライアンス委員会とは別に、サステナビリティ委員会、経営倫理委員会やＣＳＲ委員会等が設けられる場合、その役割分担も整理する必要がある。

　一般的には、経営倫理委員会は、経営倫理の課題に絞って倫理的な問題を深く討議する必要がある場合に設置する意義がある。例えば、医療関係の事業において医療倫理や生命倫理に関する検討をする必要があるケース等が考えられる。

　ＣＳＲ委員会は、グローバルなＣＳＲ活動やＣＳＲ報告書等を出している企業で特にＣＳＲの課題を取り扱う。

　内部統制委員会は、会社法や金商法に基づく内部統制の報告に関して、特に企業集団が多い場合に詳細な内部統制のあり方を検討する委員会として特別に設けるケースのほか、何らかの内部統制上の問題が発覚した場合に対応する役割を担う。

　サステナビリティ委員会は、持続可能性に関する重要課題や方針を議論し、目標の策定、実践体制の構築・整備に取り組むほか、ＥＳＧウォッシュの監視やＩＳＯ１４００１（環境マネジメントシステムの国際規格）の管理体制のモニタリングを行うケースもある。

　コンプライアンス委員会は、それらの委員会では取り扱われない、広義のコンプライアンスに関する一切の課題を取り扱う。

　いずれも会社法等に定めはない。社内または外部の有識者等を招く任意の取り組みだ。

コンプライアンス関連の各種委員会

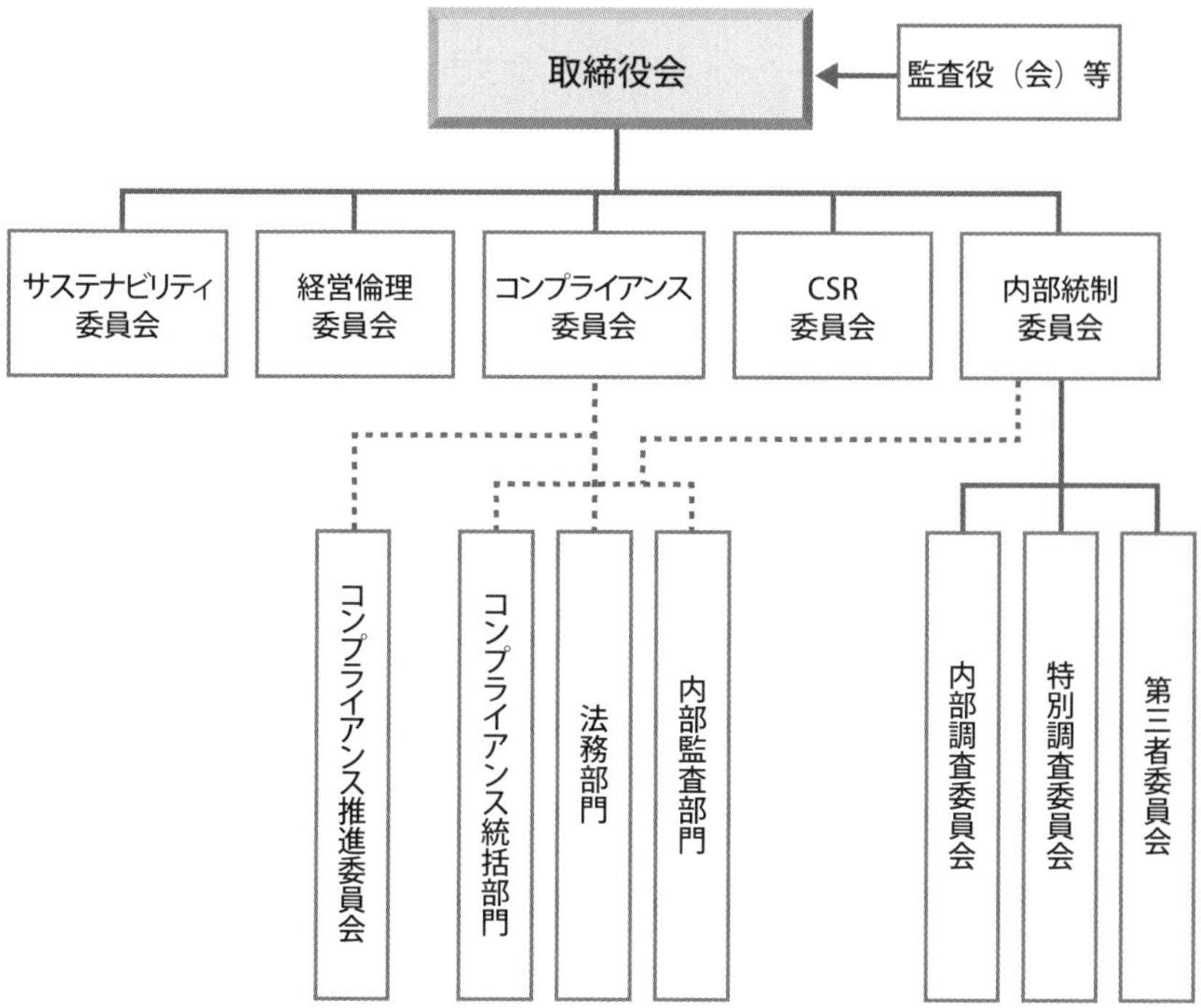

外部委員を招聘した場合、組織内部の実態に即した活動ができるように、取締役会・執行役員との協働が必要だ。外部の目を入れることで、判断の微妙な事例や問題への対応で公正さを担保できる。法に規律されていないといっても、その透明性の確保や説明責任のあり方について、積極的に取り組むことが期待されよう。

コンプライアンス委員会は平時において設けられる点で、不祥事が起きた時に設けられる第三者委員会（㉚参照）とは異なる。ただ、第三者委員会を立ち上げるには至らない程度の調査の委嘱を受けることもあるほか、別途、第三者委員会が設けられる場合における委員の人選や運営に対して助言・勧告が求められることもある。

COLUMN

CSR、ESG、サステナビリティ、SDGs等もコンプライアンスか？

本書では、法令遵守に限らず、さまざまなソフトローに関連して、随所でCSR、ESG、サステナビリティ、SDGs等にまで言及している。しかし、それらはコンプライアンスとは別物ではないかと疑問に思う読者もいるかもしれない。本書の書名である「コンプライアンス経営」と同様に、CSR経営、ESG経営、サステナビリティ経営等といったものも提唱されており、それらとどう違うのか、あるいは棲み分けでもあるのかについて、ここで本書の立場を説明しておきたい。

一つには、ソフトローも社会的な規範であり、ハードローである法令とソフトローが相互に補完し合いながら、人々を規律するものであり、企業はこれに対応していかなければならない。企業法務の領域でも、近時、ソフトローの重要性が高まっており、ソフトローが現行のハードローの解釈運用にも影響を及ぼし、リーガルリスクマネジメントの観点からも注目されている。

また、コンプライアンスの議論では、組織における実効性をいかに確保するかに着目する点に大きな特徴がある。すなわち、理想論を語るとか、どのようにしたら収益を上げることができるかというアプローチではなく、法を強制するのと同様に、いかにソフトローを含む規律を実現するかという課題に向けた組織的な取り組みが、コンプライアンスである。CSR、ESG、サステナビリティ、SDGsの理念が絵に描いた餅に終わらないように、企業を統治する切り口として、コンプライアンスが位置づけられる。

現実には、コンプライアンスに逆行するような事象も多々起きているが、欧米の企業倫理が、自由主義陣営の価値観の延長線上にあるものである以上、さまざまな社会悪や不正との大きな闘いにおいては、常に実効性の確保に向けた仕組みを考える必要がある。

コンプライアンス自体も、法令遵守だけを目指していては、その目的さえ果たせない。その目的が企業の健全な発展のためである以上、コンプライアンス経営を実質的に機能させ、魂を吹き込むためにも、企業のパーパス等から始まり、CSR、ESG、サステナビリティ、SDGs等の提言や目標、手法等も取り込み、企業全体として幅広く展開していくことが不可欠となっているのだ。

これらの事情から、企業の健全性確保のためのコンプライアンスを、本当に意義あるものとするために、CSR、ESG、サステナビリティ、SDGs等は、もはやコンプライアンスに不可欠の要素となっているといって間違いない。

第 3 章

Outline of Compliance Management

実行編

19

企業コンプライアンスの出発点

コンプライアンスの方向性を決定づける基礎

パーパスとミッションから考える

会社は、「収益を上げることが目的だ」といった素朴な考え方だけでは、もはや収益を上げ続けるのも難しい時代だ。会社は、何のために、どこに向かって、どのように事業活動をしようとしているのか。そうした問いに対する答えを、事業目的との関係から明らかにすることは、何のためのコンプライアンスであるかを押さえる大前提となる。

近時、さまざまな角度から、企業理念等が表現されるが、どういう切り口で整理するかについては、さまざまな用語があり、その定義・用法も論者によって差があり、それらを統一的に説明することは難しい。主な用語を左表のように整理したが、その包含関係もまちまちである。

中でも、比較的、新しく注目されている**パーパス**は、社会との関係で企業が何のために事業を展開するのかとの存在意義を重視する概念で、現在のあるべき姿を強調する。パーパスは、ブランディングやマーケティング戦略とも結びつける動きもあるが、実態の伴わない**パーパス・ウォッシュ**に警戒を要する。

一方、**ミッション**は、企業の義務的な側面を強調し、使命感の強さに深く訴える。パーパスのほうが、ミッションよりも強く社会との関連性を意識しているとの指摘もあるが、ミッションの遂行による社会への貢献を重視する点に変わりはなく、社会的な課題への対応を鋭く問う点にも特徴がある。

また、将来的な目標や理想像に光を当てる観点から、**ビジョン**という切り口も今なお健在で

企業理念等をめぐる概念

	問い	訳例	説明	特徴
パーパス	WHY（なぜ社会に存在するか）	存在意義、企業目的、「志」経営理念、義務・目標	社会とのつながりを強く意識し、社会における企業の存在意義を明確に宣言	将来目指したい姿ではなく、現在のあるべき姿を目指す傾向。パーパスに基づいて社会課題に向きあい続ける。
ミッション	WHAT（何を行うべきか）	使命、任務、義務	企業が日々果たすべき使命	崇高な目標を掲げて、その実現を徹底的に追求する。
ビジョン	WHERE（どこを目指すか）	展望、理想像、将来像、目標・ゴール	企業がなりたい未来、将来像を定義	目標・ゴールを具体化し、企業が実現を目指す未来を示す。
バリュー（コアバリュー）、カルチャー	HOW（どのように実現するか）	価値、価値観、企業文化	重要な価値基準、大切にする企業文化、組織の価値観を体現する。	ミッションやビジョンを実現するために大切な価値観、日々の行動指針となる。
スピリット（spirit）／クレド（credo）	WHO（何者か）	スピリットは「魂」「精神」、クレドは「信条」	従業員が共有すべき価値観や身につけるべき信条と定義	インテグリティや人格を重視する。

ある。企業理念を示す際に、自社の目指す姿を明らかにするに際して、社会から応援され、影響力を及ぼす存在を目指す視点を示そうとするものである。

バリューないし**コアバリュー**は、価値創造に着眼し、ミッションやビジョンを実現するために必要な企業や従業員のあるべき姿、理想的価値観を具現化し、人材像やハイパフォーマーの条件として、顧客やマーケットに対する提供価値に着眼する。

これらの企業の原点や指針等は、経営者のメッセージとして内外に発信され、企業理念を社是や社訓、基本綱領等の形としてコンプライアンスの対象ともなり、中長期の事業計画やビジネスモデルとも連動して推進されることになろう。

20

コンプライアンスに必要な情報収集

自社に必要なリスク情報の見極めが重要

会社によって異なる中身

コンプライアンス・プログラムは、各会社の事業活動の内容や実態に応じて異なる。このため、必要とされる情報も、会社によって異なる。ありきたりのパッケージを取り寄せれば全部揃うといった性質のものではない。

コンプライアンスのために必要な情報は、①自社に関するもの、②規範・ルールに関するもの、③ＩＴ技術に関するもの、④人材に関するもの、⑤その他、に整理できよう。

まず、業界内で置かれている自社の状況を客観的に位置づけ、各職場における弱点を分析し、課題となる重要なリスクを洗い出し、その傾向と対策を整理する作業が必要である。規範・ルールに合わせてビジネスをするのではなく、現実のビジネスが先にあり、その実態における問題を、どのように規範・ルールと調整させるのかが問題なので、自社のニーズや事業リスクを十分に理解することが先決だ。

この点では、業界の規律に関する情報や法令、特に自社の事業活動に関わる新たな法令の動向はもちろん、ガイドライン等のソフトローにも目を配るべきだ。とはいえ、あらゆる規範を渉猟できないので、自社の活動との関連性で絞り込む。業界や職場によって、起きやすい不正や悪い慣行は異なるから、掘り下げの度合いも変わる。想定しない不正は防止できない以上、どんな不正がありうるかを十分に検討することが鍵となる。

システムを使いこなすのは人材

さらに、ＩＴ化を推進するた

自社特有の情報収集

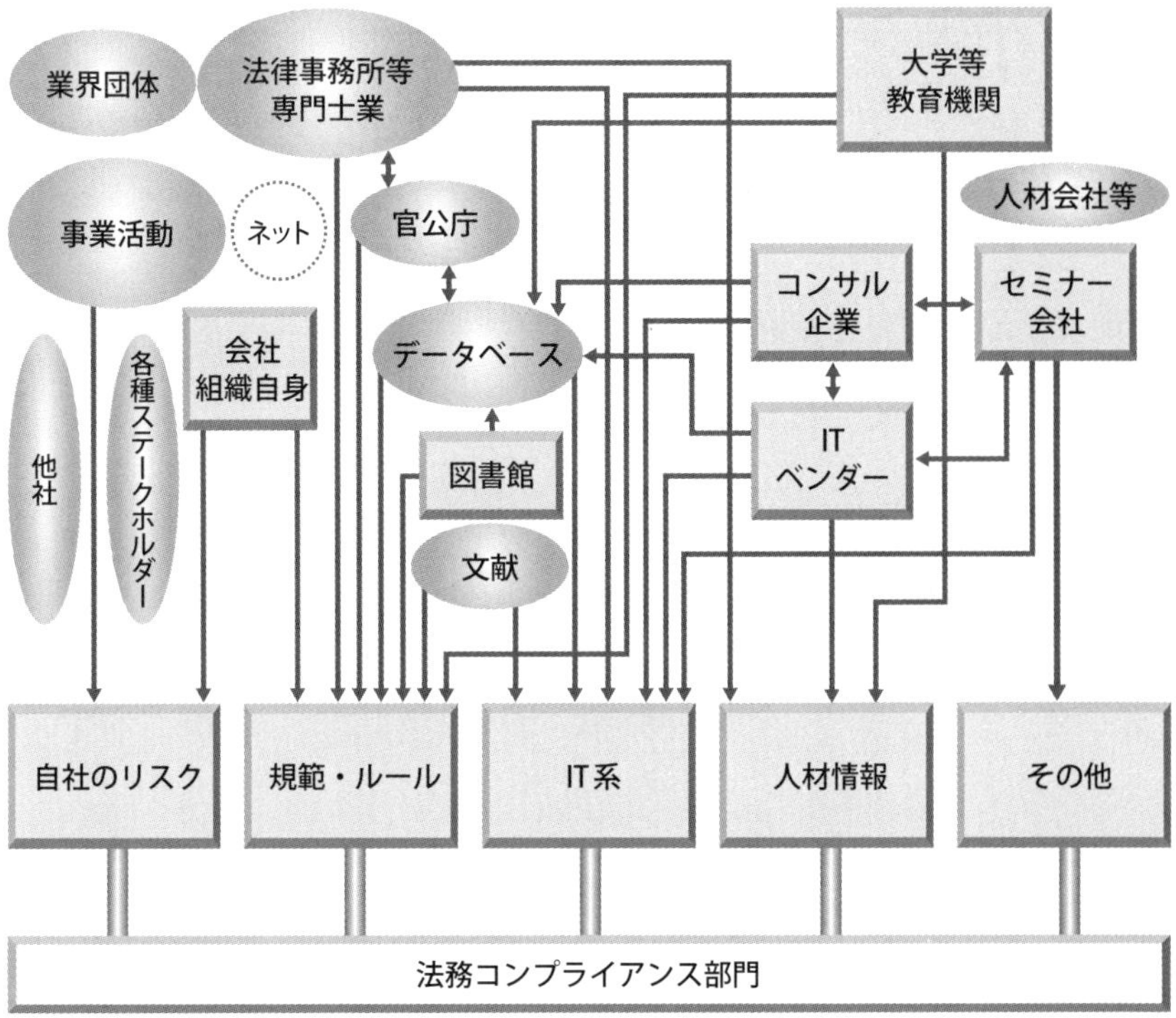

めの情報を集める必要がある。システムを導入する際、自社の実情をベンダーにきちんと説明できないと、十分にカスタマイズできない。もっとも、汎用的なシステムでも、それなりに使ったほうが、ないよりはマシかもしれない。ただ、現実とのギャップが判明したら、適宜、軌道修正できないと、無駄や有害無益になる恐れもある。

　システムや制度を運用できるように、どういう人材が世の中にいて、どうやって採用するかに関する人材情報の収集も重要だ。ルールもシステムも、結局のところ、それを動かす人がいなければ、うまく使いこなせない。最終的には、経営層を含めて、人材をめぐる競争が組織の命運を制することになる。

21

自社に応じた適切なルールを作る

基本方針の策定がコンプライアンスのための第一歩

自社に適合したルールの必要性

どんな会社にもある程度の社内ルールはすでにある。定款がない会社はないし、従業員が一〇人以上いれば就業規則も届け出ているはずだ（労働基準法第八九条）。しかし、それだけでは足りない。会社を規律するためのルール作りが、コンプライアンス体制作りの出発点となる。

法規範は自社で何かをルール化しなくとも守らなければならないのは当然なので、社内規程が何もなくとも遵守すべきだ。ただ、それを社内規程として確認することは有用だ。法規範を他人のものとしてではなく、自分たちのルールとしてもしっかりと位置づけ、具体化することが、コンプライアンス態勢に向けた企業行動につながる。

法令は一般的に適用される抽象的なものであるため、それだけでは各組織で各人がどのように行動すべきかが必ずしも明確ではない。また、企業によって適用状況も異なる。そこで、会社ごとに具体的な行動規範となる社内ルールを定め、現実に機能する形にする点に意義がある。

社内ルールに法規範を取り込んだ場合、その違反は、法違反であるだけでなく、当該企業のルール違反ともなる。

どのような形にするか

その形式や方式に規制はないので、社内ルールの形にはさまざまなスタイルがありうる。企業としての指針、方針あるいはルールを作れば、それが社内ルールとなる。

就業規則や企業倫理規程のようなオフィシャルな社内規程もあれば、事実上のガイドライン

社内ルールのスタイルと拘束力

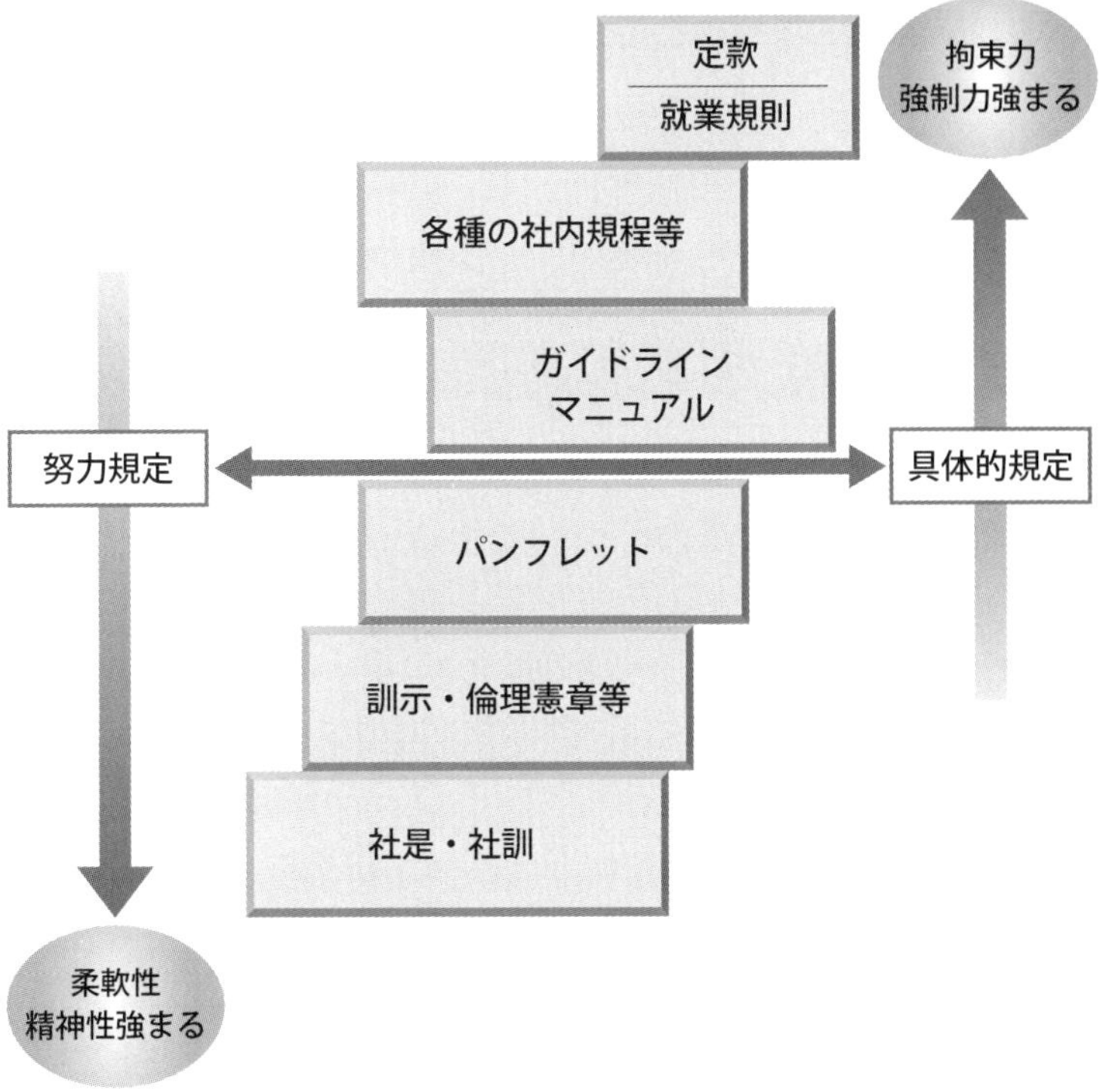

やパンフレットのような冊子、あるいは社長訓示など、さまざまな形がある。

　コンプライアンス関連のファイルを分厚く作るだけでは、棚上げされて「そんなものあったっけ？」となる。研修等でも適宜使う等、必要な部分は一緒に読む機会を設けるべきだ。条文形式は時にわかりにくく、頭に入らないという者がいることも考え、どういう形にするかを考える必要がある。

　どのような形にするかは、そのルールの重要性や内容による。大手企業であれば、オフィシャルな規程が比較的多くなるであろうが、中小企業においてそうした規程を数多く作ることは事実上困難でもあろうし、そこまでの必要性も低いだろう。そのルールに関わる人数も違うので、そうした差異が生じることは当然でもある。

目標を定める

社内ルールを作る場合は、それを作る目的をはっきりさせる必要がある。

その目標は、他社と同じとは限らない。コンプライアンスの取り組みは、それぞれの企業の状況によって異なる。他社の規程類を引き写しただけで完成するものではない。参考情報として収集するのは重要ではあるが、どのように活用するかを自社で検討することは不可欠だ。

その際には、自分の会社で問題なのは何か、何を改善しなければならないのかを的確につかむ必要がある。数多くある法令の中でも特に企業として注意して遵守しなければならない領域、業務上のリスクや課題を明らかにして、それに対して、どのような方針で臨むかを明確にしていくことが大切だ。

いくつものテーマがある場合は、当然のことながら、重要な課題や緊急を要する課題から優先して順次カバーしていかなければならない。社内規程を作るには、それなりの手間やコストもかかるので、あまり非効率的な作業をしていてはダメだ。

重点項目を掲げる

社内ルールのテーマを選択する場合には、当然のことながら、法律、業界自主規制等の内容を調査することが必要だ。その内容を十分に分析、検討し、必要な項目をピックアップしていく。

数多くの問題を全部列挙しても消化不良を起こしてしまう。そこで特に、間違いやすい項目、よくありがちな問題、実務的にも問題とされやすいリスクの高い項目などに絞って、重点項目を掲げることが必要だろう。

また、見逃しがちな重要なポイントを落とさないように、専門家の意見や同業他社などの外部の取り扱い、経験あるいは知見なども参考にすべきだろう。

さらに経営者のポリシーや現場の問題意識なども、その重点項目に反映すべきことがある。もちろん、経営者のポリシーはコンプライアンス経営の趣旨に合致する必要があり、見解の相違があれば、克服していくための調整作業が求められる。

社内ルール作りのための情報収集

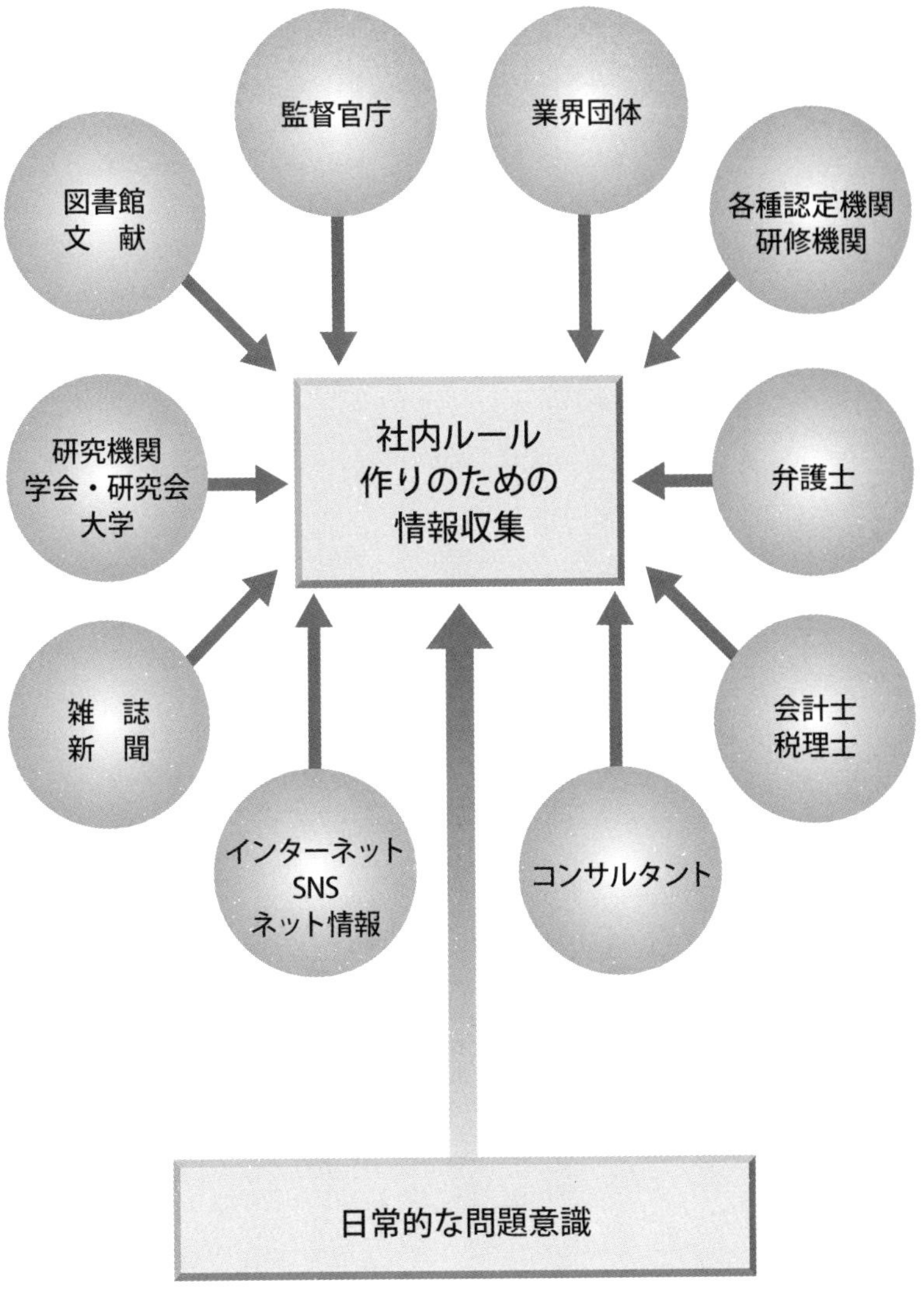

22

社内規程の作り方――自分たちを規律するルール

正しい手順で、分かりやすく、明確に規定する

社内規程策定の手順

社内規程の策定のためのオーソドックスな手順は、左頁の図に示したようなものだ。法律で規制されているものについては、さらに修正が必要なものもある。例えば、就業規則については、労働基準法第九〇条所定の代表者等の意見を聞くなどの手続を経る必要がある。

一般的には、まず特定の社内規程を制定することについて基本方針を決めることから始まる。参考資料・関連情報を収集し、項目を選定して、担当者が起案する。それを叩き台にして、検討を進め、法律専門家や関連部署の意見を聴取する。

特に、ルールを形にするに際しては、ルールを守るべき従業員が具体的にどうすべきかを理解できることを確認するプロセスが重要だ。必要に応じて、その会社の従業員を念頭において自社向けに表現して提示することが考えられる。会社でよくありがちな具体的な例を示したりしながら、そのルールを明確にすることができれば、遵守しやすい。ルールの中身や目的がうまく伝わらず、十分に守られないという結果を惹起しないように、現場の従業員が理解できる内容となっている必要がある。現場の意見に応じて修正をしたり、練り直したりすることもありえよう。

コンプライアンス経営の問題は全社的な問題であり、いったん会社としての方針が定まれば、オープンな議論に適する面がある。一部担当者の議論だけに終わらせてはならない。

会社の実情に応じて、現実

的・具体的な目標を設定することが必要だ。重要な問題について徹底的に議論をしてコンセンサスを作ることが重要で、問題提起だけにとどまって、放談と口先の議論だけで、抽象的・理

社内規程の策定手順

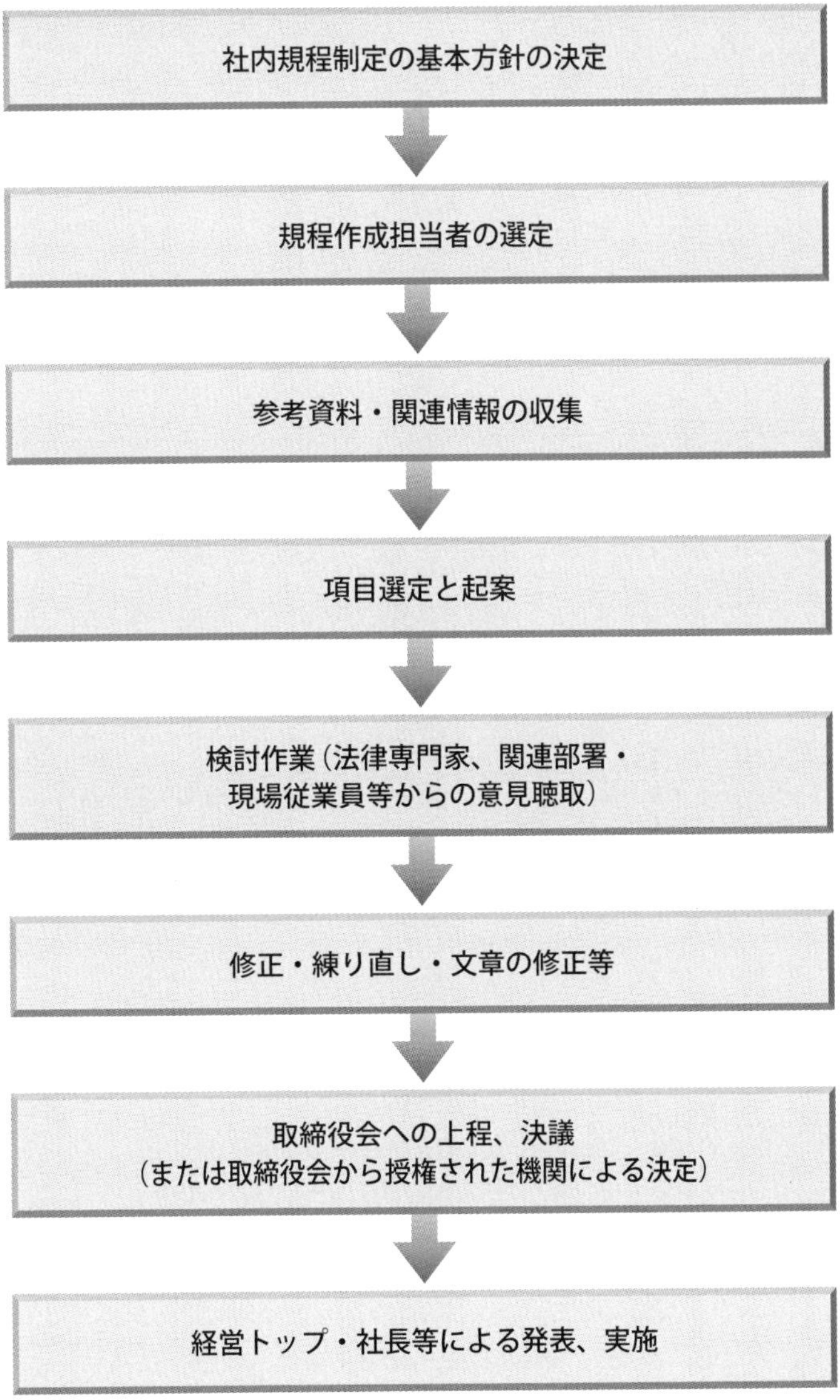

社内規程制定の基本方針の決定

↓

規程作成担当者の選定

↓

参考資料・関連情報の収集

↓

項目選定と起案

↓

検討作業（法律専門家、関連部署・現場従業員等からの意見聴取）

↓

修正・練り直し・文章の修正等

↓

取締役会への上程、決議（または取締役会から授権された機関による決定）

↓

経営トップ・社長等による発表、実施

念的なものに終わって、右往左往するのでは何の意味もない。難しい問題についても、経営陣がどう対応するかの経営判断を下さなければならない。

これらの作業を経て、取締役会に上程し、取締役会決議（または取締役会から授権された機関による決定）をもって正式決定され、代表取締役等によって発表され、実施される。

分かりやすく、明確に

ルールが細かすぎて、内容が分かりにくいと、理解に時間がかかり、面倒に思う従業員が多くなり、結局無視されるようになってしまう。社内規程を作成する場合には、その適用範囲を明らかにして、なるべく分かりやすく明確に定める必要がある。

難しい用語はなるべく平易な表現にするとか、やむをえず法律用語を使う場合には、解説するとか、定義を明らかにする等して、意味が分かるようにする必要がある。

さらに、それぞれの規程においては、どういう場合に、どういう結論になるのかを想定して定めるべきだろう。法令において「要件」と「効果」を明確にするように、社内規程の場合も同じような定め方が基本となる。どういう場合に何が良いのか、悪いのか、また違反したらどうなるのかをできるだけ明記する。

規程整理のポイント

社内規程は、関係部署ごとに、課題ごとに提示できるように整理すべきだろう。リスク・アプローチの考え方が重要であり、規程の数が多すぎると分からなくなる。重要度に応じた注意喚起が必要だ。

決めることができる部分と決められない部分を判別し、あまり細かく定めすぎないことが良いケースもある。例えば、トラブル対応のマニュアルなどは初動体制を定めるにとどめ、柔軟に対応できるようにすべきだろう。広い裁量が合理的に認められる場合も同様だ。

それに対して、想定範囲が狭いもの、簡単な動作は、可能な限り具体的に定める必要がある。通知・報告するか否か、記録を取るか否か等の基本動作は、明確なルールにすべきだ。

ルール明確化のために押さえる四要素

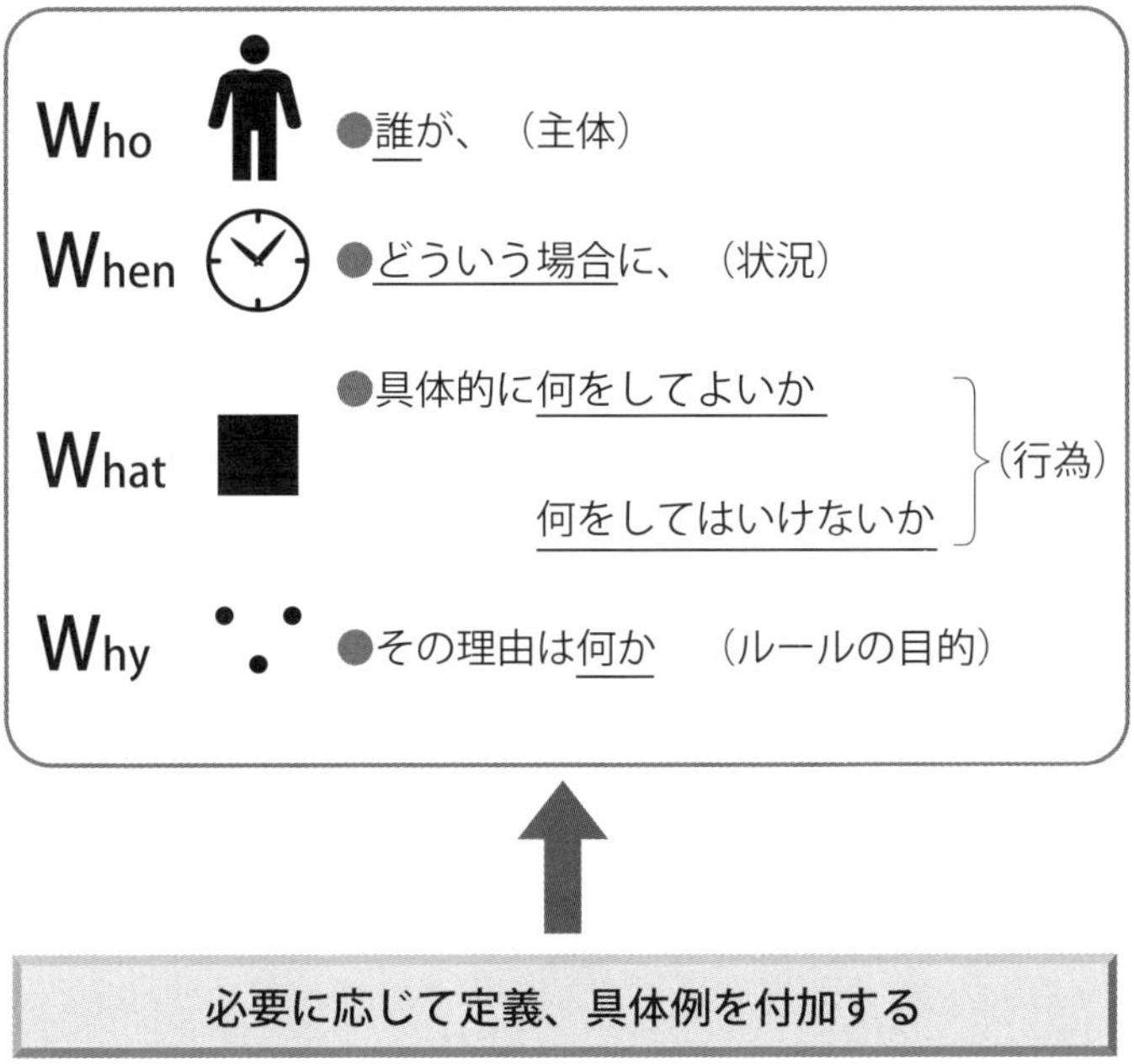

規程策定上の留意点

どのように使われるか、機能するかを先回りして考え、その名宛人が、それを見て、どう動くことになるかがポイントだ。

ただ、常に適用事例が起きることで、それを「使う」必要があるわけではない。万一に備えるルールには、抑止力を狙いとしたルールもある。

内容項目の選択と順序は、リスクの高低、発生頻度（発生可能性）に応じた検討が必要であり、万一発生したら重大な帰結の場合は、発生可能性が低くても万全を期すべきだろう。例えば、事故が発生したら甚大な被害が予想されるならば、万全な予防策やかなり厳格な手続も有意義だが、小さな事項に面倒な手続を定めると形骸化するか無駄な仕事を増やすだけだろう。

先送りのリスク

何をもって正しいルールとするかについて、議論のある問題もある。それを難しいからといって先送りにしては、社内規程作りの意味は半減してしまう。

そもそも、当たり前のことで意見の対立もあまり生じない部分については規程作りも確認的なものにすぎない。それに対して、どちらか判断に迷うような問題こそ規程作りをする意味が大きい。グレーゾーンで判断に迷う場合の指針こそが最も必要とされる部分なのだ。これが不十分だと、ルールがないために単なる意見の違いということで一つの組織内で異なった取り扱いが生じてしまい、それがさまざまな不都合や違法な行為にもつながる危険性がある。

見解の違いが生じやすい部分は、トラブルになりやすい部分なので、危ない対応を避けるためにも、企業としてその場合の方針を明らかにしておくべきだ。

各企業が定める社内規程は自社のルールであって、法律や裁判例と全く同じである必要はない。むしろ、それが公正・妥当であって望ましいと考えられる内容を一歩先んじて自社のルールに取り込む姿勢が望まれる。

関連規程の相互チェック

社内規程の策定においては、関連する他の社内規程との整合性をチェックすることも必要だ。そうしなければ、矛盾するような規定のために、後で紛糾するようなことになりかねない。

自社の他の規程や社内組織がどうなっているかによって表現も変わるので、他社の規程を丸写しするだけではすまない。

社内規程の構成と形式

社内規程の構成や形式には決まりがあるわけではなく、一般的には左頁の図のようなスタイルがオーソドックスなもので、分かりやすい。題名は、「○○○○に関する規程」などとする。

一度制定しても、何度も改正することになることが考えられるから、いつ制定あるいは改正、施行されたものかは明確にしておく必要がある。

第一条には、その規程の全体的な趣旨や目的を記載するのがよい。後になって何を目的とした規程だったのか失念しては困る。

また、最初の数カ条で、その規程の適用範囲を明らかにしておくことが望ましい。先に一般

社内規程の構成形式

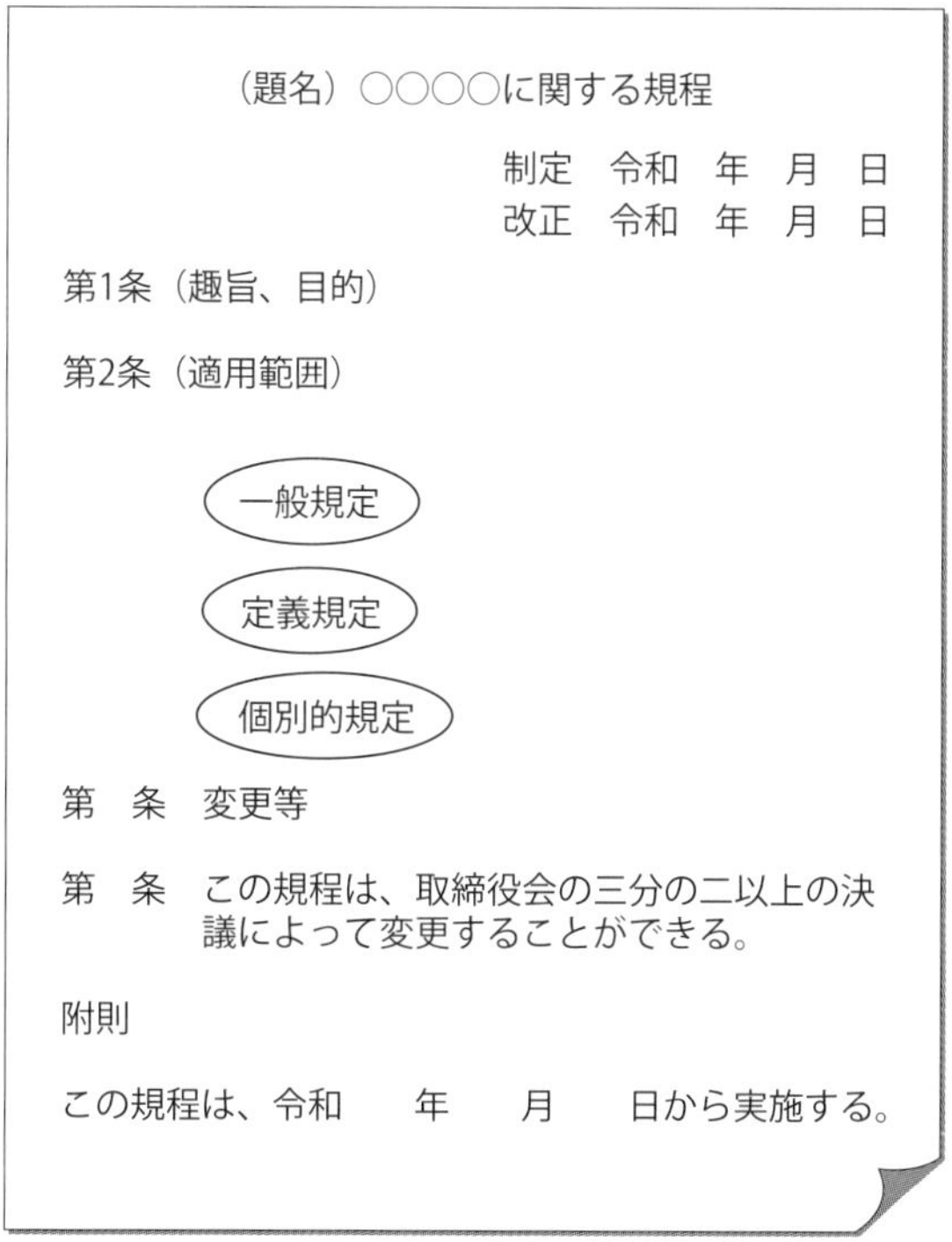

的な規定を置き、その後に個別的な項目について規定を並べていく。最後に、規程の変更手続など形式的なことや雑則について定めることも多い。この部分は、社内に統一的なルールがあれば、必ずしも書く必要はない。

規程の変更については、変更しやすいものとそうでないものとで区別することが考えられる。比較的重要なものは取締役会の過半数よりも多くの賛成の決議によらなければ変更できないように定めると、その重要性も表示される意味を持つ。

最後の附則には、その規程がいつから実施されるのかとか、経過規定に関して定める。

定期的な見直し

現実には、最初から完璧なルールを確立することは難しい。できるところからスタートする。重要なのは、ルールを定期的に見直すことをいとわないことだ。ルールそのものの正しさはもちろん、その表現についても誤解される恐れがないように十分にチェックすべきだ。他社でも、何か問題が起きた場合には、見直すことも大切だ。

23

企業倫理規程のあり方――モラルアップへの行動指針

メリットを生かした企業倫理規程の活用を

企業倫理規範の明確化

企業倫理に関する社内でのルールは、何らかの規程にまとめるのが分かりやすい。

その内容については、それぞれの業界ごと会社ごとに問題も異なる。社是などは、創業者やオーナー社長の意向が反映しやすく、簡単で抽象的なものでもいい。そこで表明される企業理念の宣言はそれなりに意味がある。

企業倫理憲章は、取締役会で決定して、組織として決定したことを明確にすべきだ。倫理規程レベルになれば、取締役会で内容を詰めるべきだろう。企業倫理規程は、抽象的な精神論を説くような社訓とか社是のようなものとは異なる。ここで想定されている企業倫理規程とは、かなり細かく具体的な問題について遵守すべき行動規準を定めるものであって、事柄によってはかなり細かい手続などまで定める。そして、従業員に対しては、ガイドラインやマニュアルを渡すなどして、守りやすいようにすることが期待される。

企業倫理の内容を不明確なままにしておくことは、具体的な倫理規範を示さない組織側の責任ともなる。具体的な規範を定めることで、そのメンバーにも倫理的な行動を取るように求める基盤になるだろう。

倫理規程、綱領、社訓の区別

左頁の表に、社是・社訓、倫理憲章、倫理規程、ガイドライン、マニュアルの特徴等の例をまとめてみた。実用的で具体的なのは、倫理規程以下のより詳細な事項を記載したものであり、その方が実践的なものとして利用しやすい。
ただ一般的、抽象的な理念を宣言したものも、その方向性を明示する意味がある。

倫理規程は気休めではない

コンプライアンス経営において、法令遵守は不可欠だが、法律さえ守ればあとは何をしてもいいというわけではない。法は必ずしも明確ではなく、完全なものでもない。規制緩和によって野放図な活動が許容されるようになったのではなく、むしろ自主的な規律によるコントロールの重要性が認識され、企業倫理の重要性も高まっている。法令には違反しないだろうと解釈して行動したところが後からそうではなかったといわれることもある。そうした事態を避けるために必要なのが、企業倫理の視点であり、これを支えるための法令とは別の次元の具体的な規範・ルール作りだ。

特に、法の改正、変更が頻繁にある昨今は、法令、判例の変更を追うことも重要だ。とはいえ、先取りして基本的な自社の

企業倫理に関する社内ルールの定め方

名　称	策定権限ないし責任の所在	特　徴	内　容
社是・社訓	社長	簡単 抽象的	企業理念の宣言
企業倫理 憲章	取締役会	一般的・ 普遍的 観念的・ 理想的	企業活動の指針
企業倫理 規程	取締役会	手続・要件	具体的なルールに言及
ガイド ライン	コンプライアンス・ オフィサー	具体的 実践的	判断基準にも言及 行動に当たっての選択肢 も示す
各種の業務 マニュアル	法務部等の各部門	具体的 実践的	具体例も交えて 詳細な解説も付加する どうすべきかを示す

スタンスをしっかりと固めておけば、実務的には大きな変更をしなくともすむ場合が結構ある。

例えば、法改正には、今までの法の不備から不合理な定めを改善することも多々ある。そうした事項は、改善を先取りして会社としての独自のルールにのっとって適切に処理するのが望ましい。

企業倫理の具体的な内容は、企業によっても重点が異なり、なかなか把握しにくい面もある。他社の企業倫理規程なども参考にしながら、自社にふさわしい倫理規程を整備していくべきだろう（拙著『コンプライアンスの考え方』（中公新書）参照）。

倫理規程の法的効力

もっとも、社内倫理規程が民事的な責任の根拠の一つとなることもある。倫理規程が単なる道義的なものにとどまるとは限らず、実効性に裏づけられたものにすることもできる。

ただ、ある事項に関するルールが努力規定であれば、その限度での効力しかない。そうした弱い効力しか定めないこともあってもいい。しかし、法律に関する部分については単なる努力規定ではなく、なるべく具体的な行動指針とすべきだろう。

モラルアップへの姿勢を示す

社内倫理規程を作る意味は、法的な効力もさることながら、その事実上の効果である。企業としての理念を掲げ、姿勢を正すことによって、モラルアップへの取り組みを会社の内外、社会にアピールする点に大きな意味がある。

その代わり、これを打ち出すことは逆にそれを宣言したことによる責任にもつながる。つまり、いざという時には口先だったといわれないようなそれなりの対応が必要となる。それを覚悟の上で出される企業倫理規程であるからこそ価値がある。

従業員の倫理感を喚起する

企業倫理規程の定めは、各従業員に対して倫理的に行動することを要請する。そして、倫理規程の存在は、従業員の間においても倫理の問題を継続的に議論する契機となり、士気を高めることにつながる。そうした議論もまた、規律正しい企業風土を醸成するために役立つ。

倫理規程の位置づけ

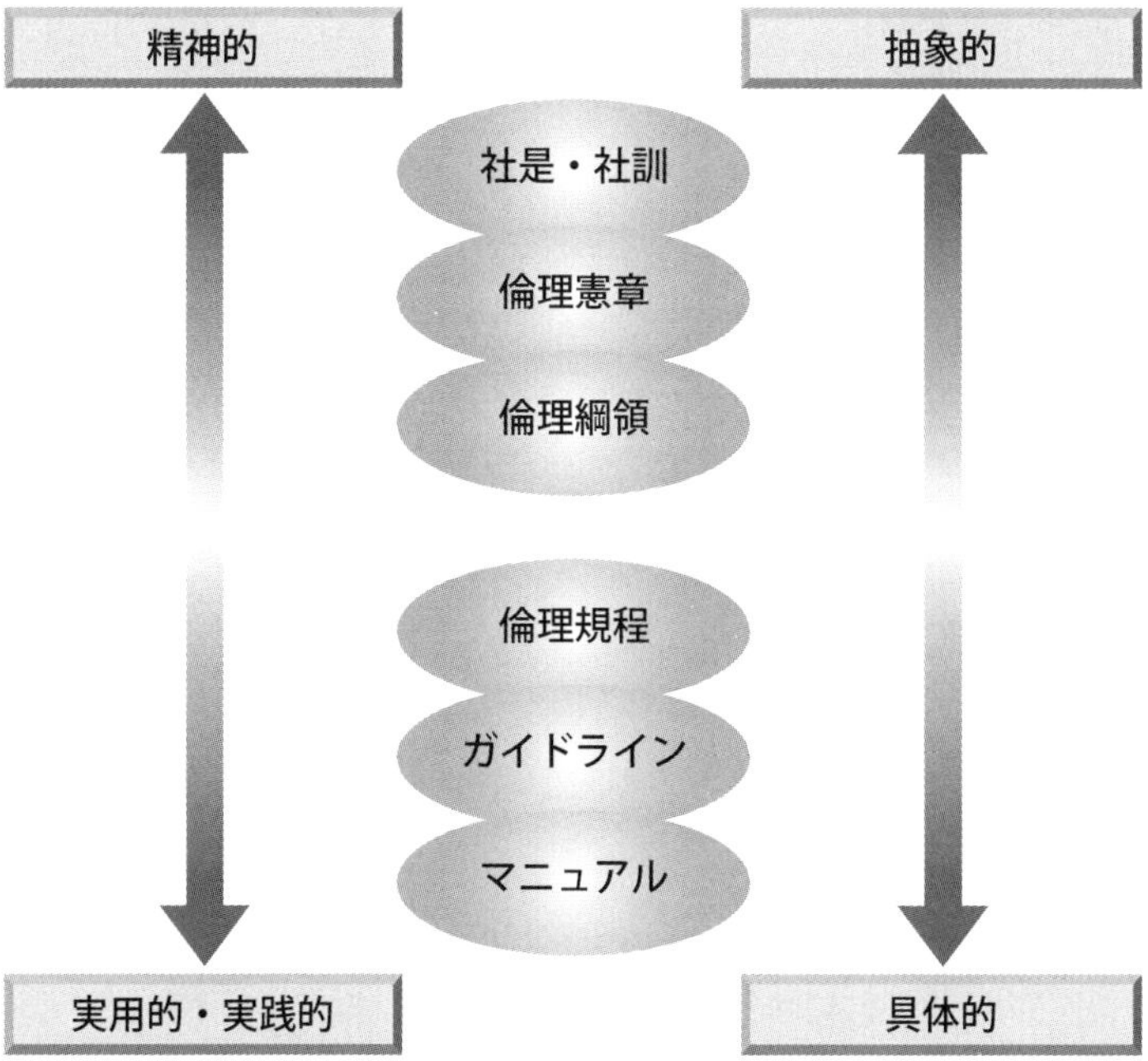

もっとも、そうした議論の過程ではさまざまな異論も現れるだろう。「何もかも規則だ倫理規程だといって手取り足取り定めるのはいかがなものか」といった意見もあるかもしれない。

しかし、さまざまな考え方、多様な価値観、世代間のギャップ等もあることを踏まえて企業倫理規程を検討していくべきだろう。せっかく企業倫理規程を策定しても、何をすべきか、すべきでないかをはっきりと表現していなければ、企業としても言うべきことを何も言っていないのに等しい。

プロフェッション意識の醸成

コンプライアンスは、経営者だけの問題ではなく、従業員全体の意識改革も必要だ。企業経

社内倫理規程策定のメリット

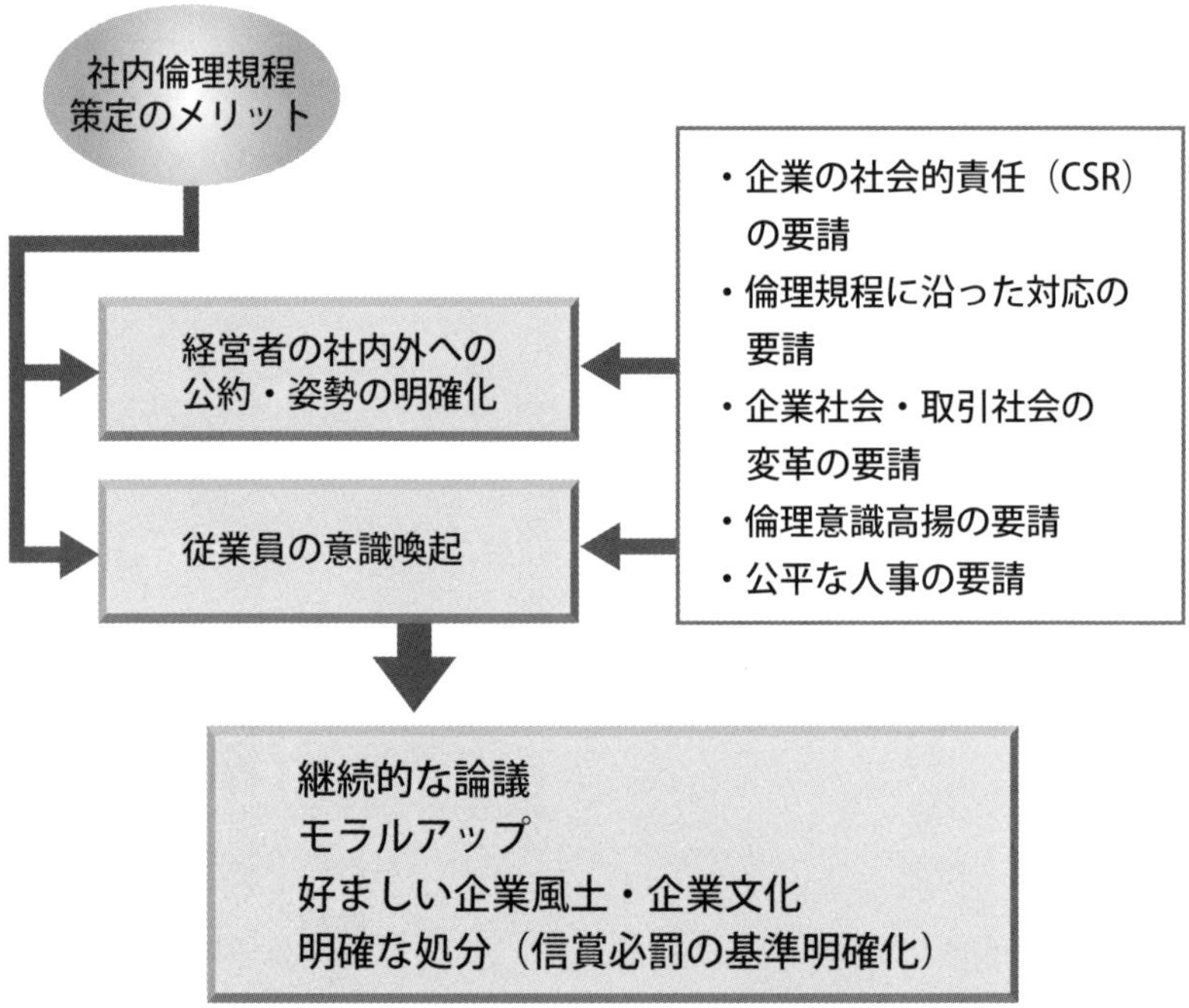

営者は、事業リスクを踏まえた総合的なコンプライアンス態勢の構築が課題だ。

　コンプライアンス経営は、企業経営者がリードする（㊹参照）が、それを実行するのは企業の全構成員、現場の従業員なのであり、それなくしてコンプライアンス経営は生きない。

　すべての従業員が仕事に対する責任をしっかりと担っていけば、それはコンプライアンス経営につながり、企業の収益性・生産性の向上にも資する。

　わが国の組織ではややもすると、仕事のプロとしての意識が弱かったようだが、今後の雇用の流動化やジョブ型雇用への移行ともあいまって、各人の仕事のスキル、業務遂行能力、職業倫理などが総合的に問われる。

企業倫理・CSRの取り組み体制の強化

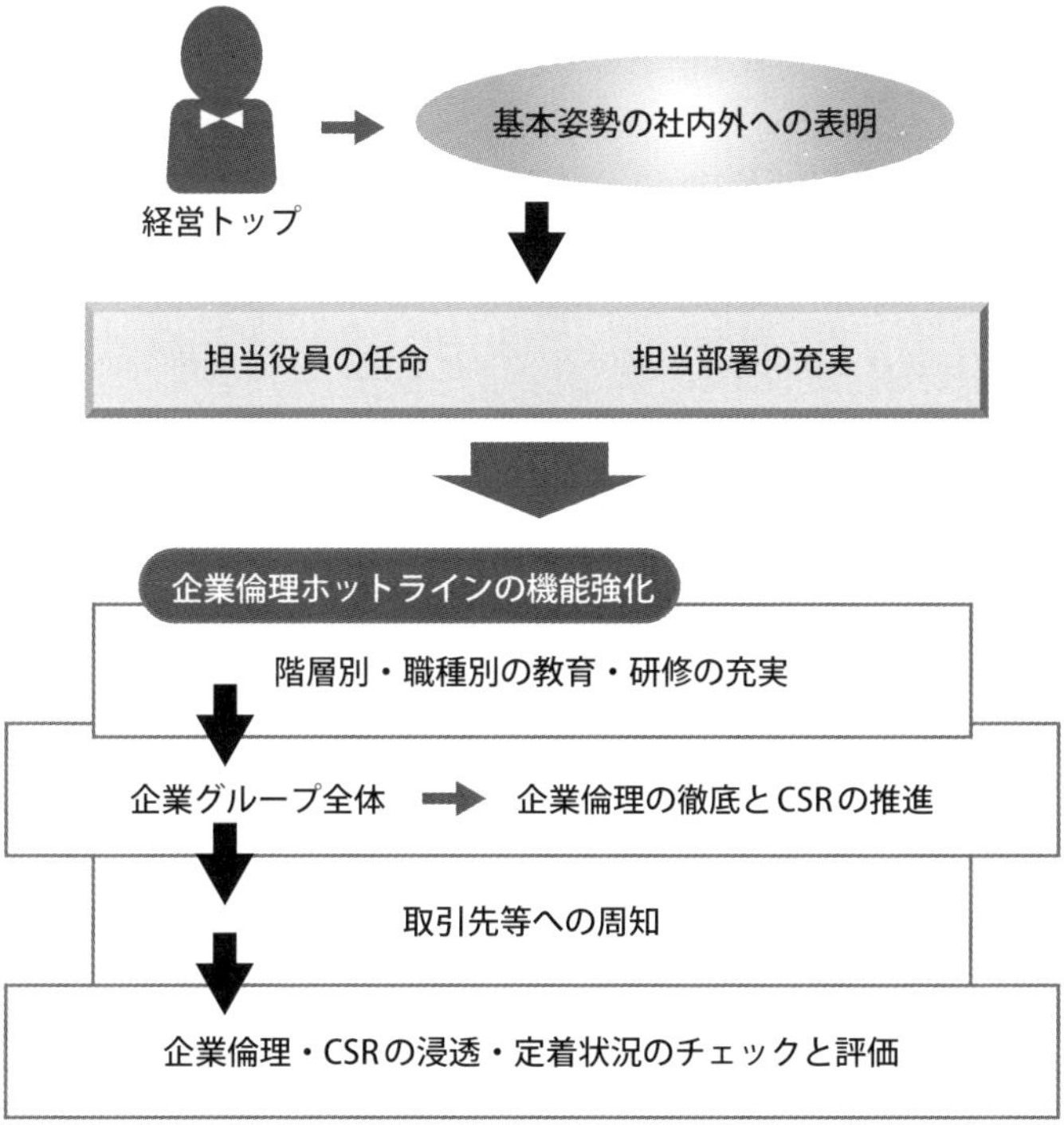

そして、コンプライアンスの対象となる倫理規範としては、組織として対応しなければならない企業倫理に加えて、会社で働いている人々の個々の倫理観も重視されるようになる。

　企業倫理を確立しなければ、個人の倫理を求めるのも難しい。とりわけ、企業倫理規範は、明確なラインを引くことが難しい。企業倫理規範には法律や社内ルールにおいて表現しきれないものが含まれている。そのため、具体的にどのような行動を求められるのか、判断に迷う場面も生じやすい。そこで、企業が制定した社内倫理規程を整備し、これを遵守する企業風土を構築し、企業倫理の実現に取り組むことが課題となる。

　そうした中で、各企業が率先してコンプライアンス経営を推進することは、健全な企業社会の構築のためにも不可欠だ。

24

アナウンス効果で注意を喚起

形式ではなく、実質的な効果を狙った演出を

企業経営姿勢の明確化

自社で作ったルールも、実行しなければ意味がない。これを企業のトップが宣言することは、その経営姿勢を公約することとも意味する。そうした意義をもったものとして広く打ち出すことが、そのルールを企業に根付かせる第一歩となる。

社内規程は、周知・徹底する必要がある。書類だけあって全く守られないのでは、かえって危険だ。各規程の実行、チェックの担当部署も決めるべきだ。

法律と違って、自社のルールは経営側と従業員との約束、合意という側面もある。しっかりと理解をしてもらうことがどうしても必要だ。

さらには、社内で発表したことを社会に向けて発信すれば、それなりの方針を打ち出したことが対外的にも評価されよう。

問題意識を喚起する

アナウンス効果は、それを従業員に広く知らせることになるだけではない。それが各人に問題意識を喚起することにもつながる。従業員の規範意識の変化を狙ったものにすべきだ。体面上はそう発表しているが、ホンネは違うといった誤解をされてはならない。悪意でそんな解釈をする者がいないとも限らない。

コンプライアンスに向けた経営者の本気度は、組織全体に大きな影響を及ぼす。経営者の姿勢が内部統制の統制環境を決定づけることにもなる。トップのリーダーシップによって、各従業員が問題意識をもって業務に当たるように促す必要がある。それこそが、コンプライアンス

アナウンス効果のメカニズム

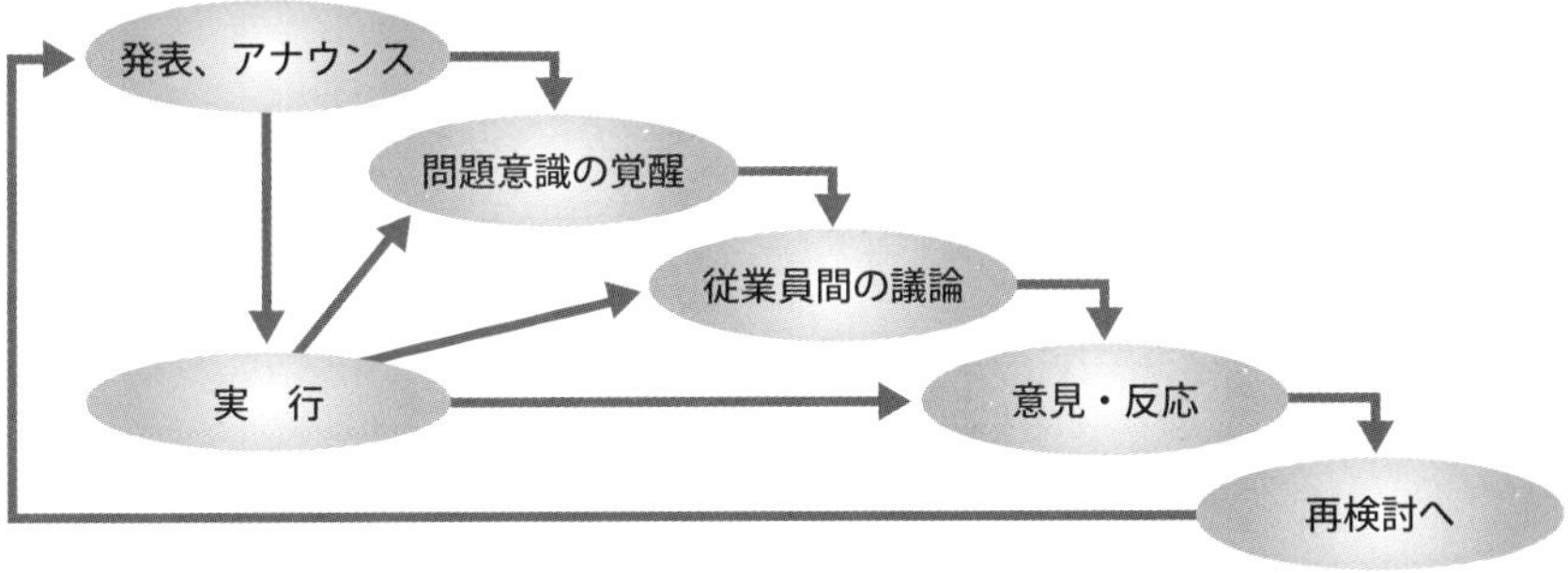

経営における従業員の意識改革そのものにほかならない。

良心に任せるだけでは不十分

社内でのアナウンスや社内教育に対しては、「いちいち大袈裟に宣言しなくともいいのではないか」「企業ルールや企業倫理などというものは、分かりきったことではないのか」「教えても守らない者は守らないし、守る者は守るのではないか」といった懐疑的な意見もある。

しかし、明確な基準がないと、ルールの内容を巡って水掛け論になりかねない。高度に利害関係がからみ、システムが複雑化した現代では、企業倫理や社内ルールも、その目的や理由に説得力がなければ組織を動かすことは難しい。

利益のためならば倫理などは不要といった考え方もあり、コンプライアンス経営の理念はまだ根付いていないかもしれない。

しかし、そうした考え方を打破しないと、基本的な統制環境さえも整わない。企業トップから明確なメッセージを発信してもらい、「企業倫理を守り抜いてこそ利益も守れる」ということを意識できる企業文化を作っていくことが重要だ。理念なき経営で有能な人材は確保できない。人材を育てるのも、経営側の働き方によるところが大きい。

ルール開示の方法

ルールを伝える場合はできるだけ具体的で分かりやすいものであることが理想だ。最近は多くの法領域において、官庁など

誓約書のサンプル

御社のために役務を提供する職務（以下「本件職務」という。）を遂行するにあたり、次のとおり誓約いたします。

第1条　私が本件職務を遂行するにあたり、私が負担している第三者に対する守秘義務はないことを誓約します。

第2条　私が本件職務を遂行するにあたり、私が負担している競業避止義務はないことを誓約します。

第3条　私が本件職務を遂行するにあたって、第三者の知的財産権、秘密情報、営業秘密等を御社に持ち込んだり、御社に正当な理由なく使用させることはしません。

第4条　私は、御社の通信ネットワーク機器を、御社の業務上の目的以外で使用せず、御社は必要に応じて個別のメール等の記載内容について検査ないし調査することがあることを了解しています。

第5条　本件職務遂行中も、本件職務終了後も、御社内部の情報及び顧客情報（一切の個人情報を含む）、その他これに準ずる情報（以下、「御社が保有する情報」という。）につき、公知になったものを除き、第三者に開示、漏洩しないとともに、自己のため又は御社と競業する事業者、その他第三者のために使用しないこと、また本件職務を遂行する期間においては、競業する事業者、その他の第三者のための営利活動に関与することなく、本件職務に専念することを誓約いたします。御社が保有する情報に関しては、秘密管理規程に従って、厳格な秘密を要する範囲を理解し、御社の指示に従います。

第6条　御社が保有する情報に関連して入手した書類、文書等のすべての資料（磁気テープ、CD-ROM、USB、その他磁気媒体等を含むが、これらに限られない。）は、本件職務終了時までに御社に返還し、御社の許可なくこれらの資料を社外に持ち出さないこと、他への交付をしないことを誓約いたします。

第7条　御社が保有する情報及び本件職務を遂行する期間中に業務に関連して守秘義務を負って知り得た第三者の情報については、その守秘義務を本件職務終了後も厳守します。

第8条　御社のコンプライアンス尊重の方針を十分に理解し、疑問点がある場合には誠実に御社と話し合い、御社の就業規則を含む社内ルールを遵守いたします。

が分かりやすいパンフレット類を用意している例もあるので、それらを利用することも考えられる。ただ、それで全部まかなえるわけではない。自社での具体的な対応が分からなければ、一般の従業員は迷ってしまう。

ルールといっても完璧なものではないから、あくまでもそれが基本的なルールであることを注意喚起しておくべきだろう。不明確な部分や疑問点については、いつでも質問に応じるような体制を整備しておくべきだ。

管理職・従業員からの誓約書

ルール等がきちんと伝達されたことを確認する文書として、コンプライアンスに関する誓約書を提出させる方法がある。

もっとも、この誓約書は、社員に義務として署名を強いることができても、そうすべきではない。義務として作成させると、単なる形式となってしまい、その法的効力も弱くなる。後日、「強制的に書かされただけだ」等と言われないように、署名は義務ではなく、無理せず、よく理解して、納得するように促すのが適切だ。提出しない従業員については、そうした誓約ができない前提で仕事をさせるような配置をせざるをえない。

社内規程・規則の周知方法

社内規程などの中には、その周知徹底の方法が法律で定められているものもある。就業規則や一定の労使協定については、労働基準法第一〇六条において、常時各作業場の見やすい場所に掲示し、または備え付けるか書面を交付する等の方法によって労働者に周知しなければならない。近時、その周知方法は、ＩＴを駆使して、多様な方法が用いられるようになっている。

一般的には、企業内ネットワークを利用して情報共有を進めている企業も多い。これによって、スケジュール管理や業務用データベースシステム等と併せて社内ルールも容易に検索・チェックできるような環境が望ましい。さらに必要に応じて、重要なルールに関しては、少なくとも関係者に書面を交付して日常業務で携帯して使えるようにすることも考えられる。

ルールの開示、周知方法にはさしあたり上図に示したようなものがある。ただし、これはあくまでも、最初の第一歩にすぎない。重要なのは、これを徹底し、実践してもらうことだ。そのために重要なのが次の㉕で扱う継続的研修・教育の問題だ。

ルールの開示と周知徹底方法

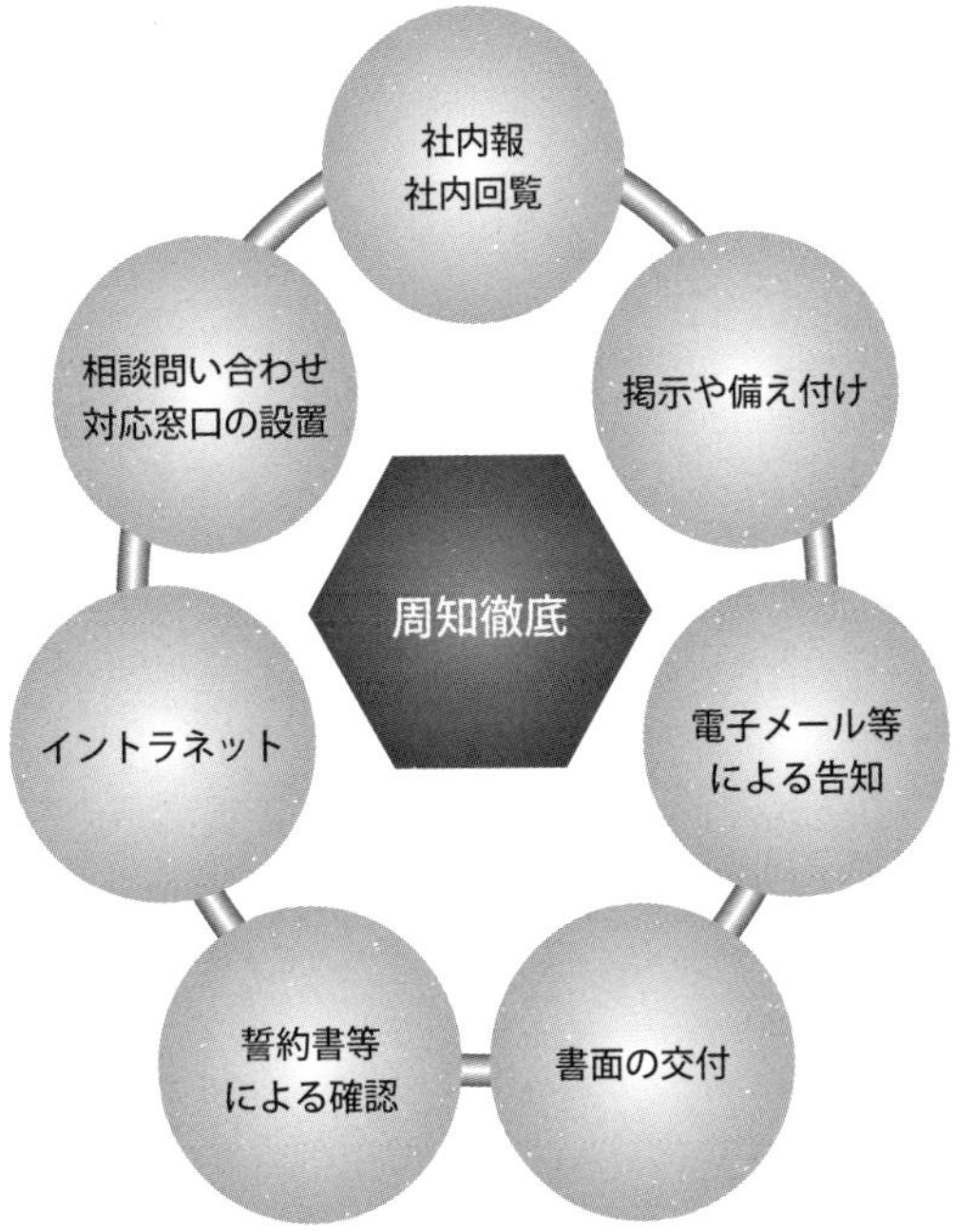

25

継続的研修・教育で周知徹底

反復継続が、その企業風土を良くも悪くも形作る

ルールの内容について周知徹底

どんなに立派なルールでも、それは人々に知られなければ遵守してもらえない。ルールを作って一度発表しても、人間はすぐに忘れてしまう。また、人間は必ずしも強い意志をもっているわけではない。ちょっとした気の迷いとか、油断から、誤った行動に出てしまう恐れがある。

ルール破りを犯す心理については、左頁の図のようなことが原因として考えられる。一方において、確固たる意志が弱いことが違法行動に結びつきやすい。その逆に、自分は大丈夫だという強気の判断が違法行動に結びつくこともある。不正を放置すると、意識の低い一部の悪い従業員等から、不正や違法を受容する意識が伝染していき、不正のはびこる組織となってしまう。

人間の本性について「性悪説」に立たなくても、人間がいろいろな意味で弱さを抱えていることを直視することは、コンプライアンス経営の出発点だ。それゆえに、これを克服するための研修・教育が極めて重要だ。

利益至上主義等、コンプライアンスを軽視するような組織風土や企業体質があると、これを改めるのは容易ではない。業界の慣例とか、上司の命令から、現実に諦めて周囲の空気に流されてしまい、不当な行動に結びつく。特に、歪んだ社会観から、「皆やっている」、「どうせ見つからない」等の理由から、不当な行動を是認してしまう者もいる。

問題に直面した場合、他人の意見を聞けばまた別の考えも浮かぶということもあるが、他人の意見を聞き入れないようなか

ルール破りの心理分析

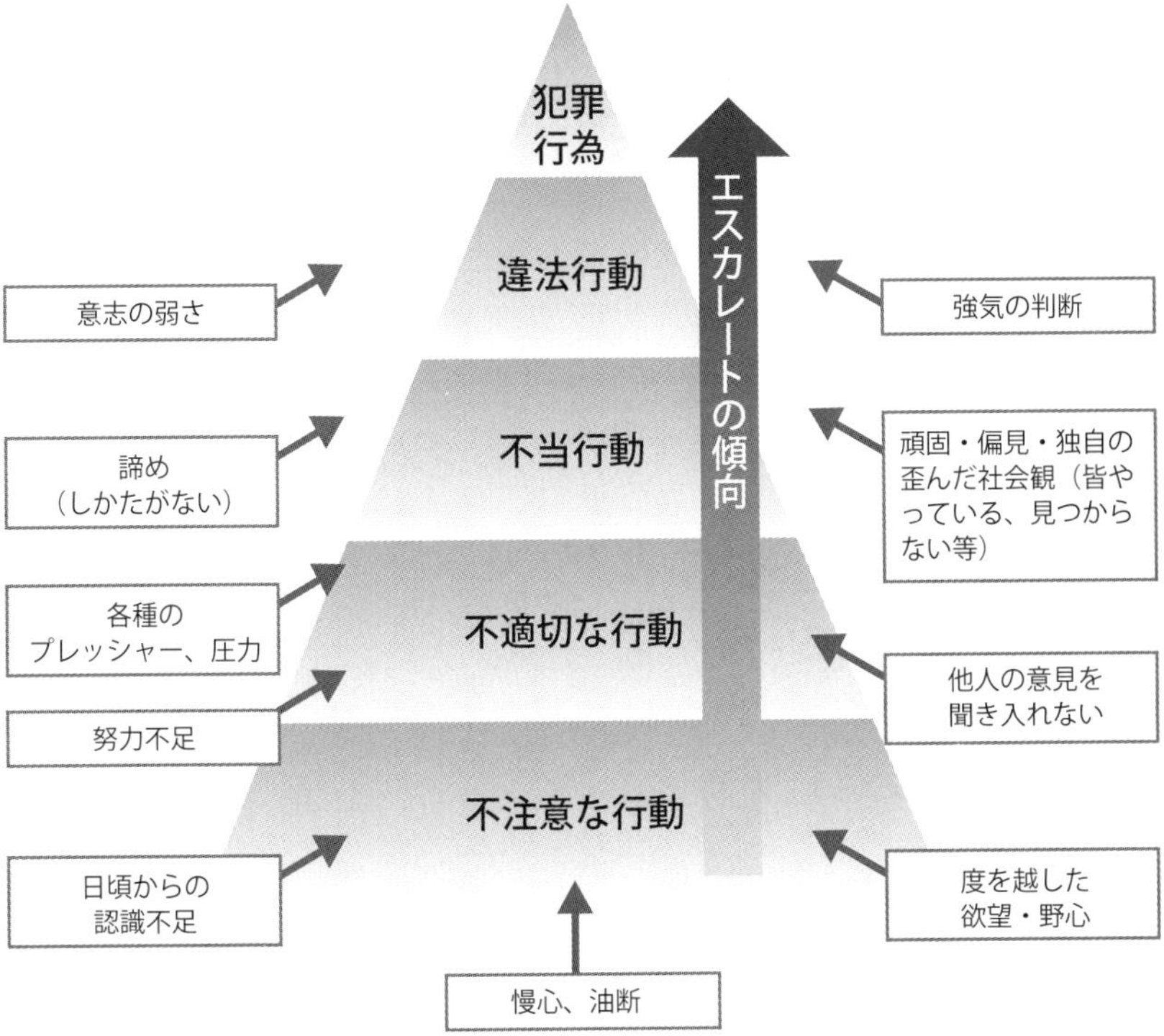

たくなな態度は問題だ。そうした悪い要因や心理は放置しておくと、どんどんエスカレートする危険性をはらんでいる。

意識変革で問題意識を喚起

そうした心理に陥るのも、日頃からの認識不足が根本的な原因だ。ここに度を越した欲望・野心や慢心等が引き金となって、問題が現実化する。しかし、正しい認識さえあれば、それがいかにバカげたことで、個人的な野心や欲望を満たすものでさえないことが分かるはずだ。

例えば、機密保持など、末端の従業員まで十分に守ってもらわなければならない事項については、その違反がどんなに重大な帰結をもたらすかについて、十分に理解させておく必要がある。

法律やルールを教わっても、その通りに行動できるとは限らない。抽象的に法令や倫理を守ることを求めるだけでは不十分で、具体的な必要性の関係を明示しなければ、単なる押し付けにすぎないものと受け取られ、その意味が理解されず、業務の足を引っ張るだけの厄介者扱いをされてしまう。

望ましくない事態をできるだけ防止し、日頃からルールに対する考え方をしっかりと確立するには、ルールの内容について継続的に周知徹底することが重要な課題となる。問題意識を喚起してもらい、必要に応じて意識改革も図らなければならない。

忠誠心の誤解を改める

従業員にコンプライアンス経営に沿った行動をしてもらうためには、その理念を十分に理解してもらい、コンプライアンス意識を植えつける必要がある。

しかし、雇用形態の多様化に伴って、モラルや士気の低下による不正や不祥事が発生する危険性が高まっている。

他方、従業員は会社の利益を守るために会社に対して誠実義務を負っている。ところが、従業員の中には、往々にして会社のための忠誠心を上司個人への忠誠心と取り違える等、誤った方向に向けていたり、それが企業内部の派閥等の関係から、保身的な態度とも結びついていたりすることがある。親しい仲間を守るために、会社全体の利益を犠牲にすることもある。同調圧力に屈して周囲に流される人たちも多い。

本当の意味での組織防衛とは、決して目先の利益を優先して不正を隠すことではない。コンプライアンスの目的をしっかりと理解させるためには、かなりの時間を要するかもしれない。

外部研修と内部研修

近時、各種団体の提供する公開セミナーのほか、オンデマンドの研修コンテンツは、有償・無償で数多く提供されている。

研修のやり方は、企業規模と必要性、目的等に応じて考える必要がある。多くの従業員に対して内部研修をする必要のある事項に関しては、それに応じたカリキュラムを用意すべきだ。

それに対して、必ずしも大勢が受ける必要はなく、そこまでの余裕がないといった場合には外部研修を利用することも有効だ。新しい制度やルールを知るためには、外部研修を利用するのが効果的な場合も多い。外部研修への積極的な参加が問題意識を高めるきっかけにもなる。有益な内容の研修は広く共有を図るべきだろう。

　研修プログラムをどのように組むのかは、各社の事情や目的等による。社内研修には、新入社員研修、倫理研修、業務マニュアル研修、定期研修、臨時研修などが考えられ、他方、社外研修では、テーマごとの研修、各種団体（業界団体）の研修企画等があるが、いずれも獲得目標を明確化する必要がある。

　その方式としては、外部講師招聘によるもの、社内専門家の起用、企業経営トップ、これらいずれかの指導、講演、セミナー、ワークショップ、議論、個人面談によるものなどがある。

研修プログラム

社内研修

- 新入社員研修
- 倫理研修
- 業務マニュアル研修
- 定期研修
- 臨時研修

社外研修

- テーマごとの研修
- 各種団体（業界団体）の研修企画
  - 出版社系
  - コンサルタント系
  - 研修企業系
  - 独立団体系

方　式

- 外部講師招聘
- 社内専門家の起用
- 企業経営トップ
- いずれかの指導、講演、ゼミ形式、ワークショップ、個人面談等内部研修はアリバイ作りと見られることもあり、外部講師に喝を入れてもらった方が効果的なこともある。外部講師は直接連絡して依頼を試みる方が、希望を伝えやすい。

近時は、eラーニング、オンライン研修のほか、スマホのアプリやゲーム、VR等を用いた研修やトレーニングも開発され、デジタルテクノロジーを活用した取り組みの強化も試みられている。オンライン研修後には、理解度チェックテストを行い、誓約書を取り、双方向的なツールの利用などで研修効果を確認する。ただし、テストをクリアしないと終わらない設定でも、オンライン研修を若手に代わりにやらせることを許してしまうようなシステムでは意味がない。

職場単位では、職場内のコミュニケーションを強化するため、討議や対話型の研修が有効だろう。コンプライアンスに関して身近なテーマを選択し、部門を越えた議論を行い、多様な価値観を共有し、社会的な期待・要請に対応できるマインドを涵養すべきだ。単に知識を得るだけでは不十分であり、「理解」のレベルから「納得」のレベルにまで引き上げ、倫理的な規範に根付いた行動ができるような人材を育成することが求められる。

例えば、内部通報制度を積極的に活用してもらうためには、研修などにおいて、その意義を明確に伝えるとともに、不正に手を染めている上司等に対して遠慮してはならないことも、メッセージとして伝えるべきだろう。

定期的な注意喚起

変化の激しい昨今、どんどん新しいルールが現れている。また、ルールは、必ずしも法律の改正がなければ変わらないものでもない。新しい裁判例が出て変わることもあれば、行政の運用や解釈が変わることもある。

ルールが変わる場合には、多くの企業が何らかの研修を行う。しかし、そうした法律関連の研修は、法律が変わった時だけでは必ずしも十分ではない。

トラブルや事故、問題が起きやすい領域においては、定期的な研修・教育活動をすることが重要だ。継続的な点検の反復で、従業員もルールを血肉化し、深く納得できるレベルにまで引き上げる必要がある。

コンプライアンス研修は面倒に思われがちだ。頻度は年一回でも、内容が役に立ち、面白く刺激的であれば、有益である。そのためにカスタマイズしたものが望ましい。

組織的な取り組みとして繰り返すことによって、コンプライアンスの内容を周知徹底することが初めて可能になる。ただ、いずれも、形式的な儀式に陥らず、実効性のある研修とする必要がある。

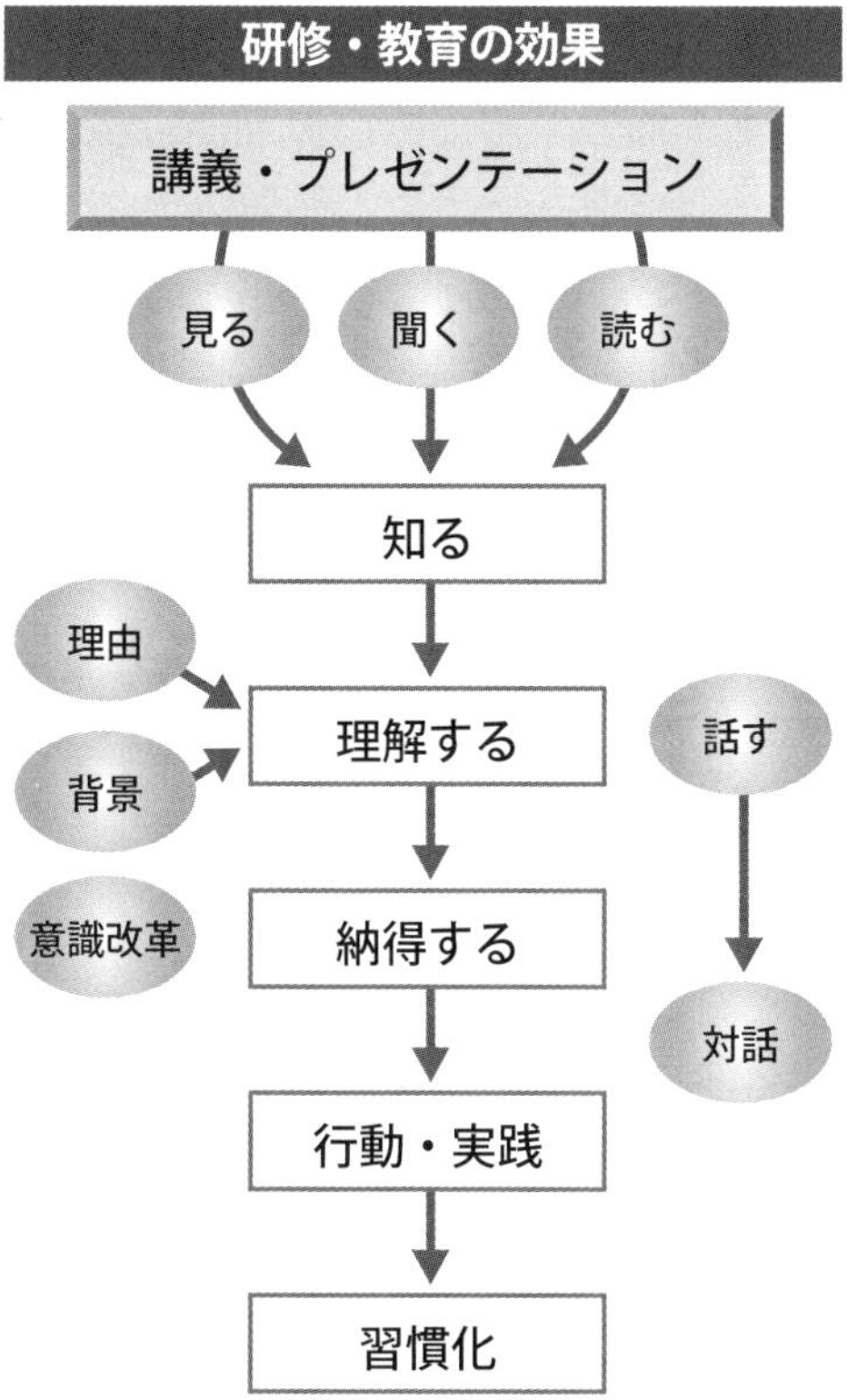

認定資格や検定の利用

コンプライアンスに携わる企業人を対象とした検定試験や民間の認定資格等を提供する団体も複数ある。コンプライアンスが多義的なので、それぞれの考え方にも違いがあり、似ていても内容が異なる。類似した名称の資格でも、その中身や実力はさまざまだ。試験の中身も異なるので、業界や地位に応じて選択することが考えられる。

これらの制度で基本的な考え方を習得することも有用だが、それだけで十分とは限らない。それが免罪符となるわけでもなければ、何かの特権が得られるわけでもない。筆者も日本経営倫理士協会の経営倫理士の取得講座を担当しているが、さらなる継続的なレベルアップのための研鑽が期待される。

26

内部通報制度の構築——公益通報者保護法を踏まえて

うまく機能させることで社内的な自浄作用を発揮する

内部告発と内部通報制度の違い

かつて内部告発は「裏切り者」とか「いかがわしい」とかの冷たい目で見られることが多かった。しかし、**公益通報者保護法**が平成一八年四月から施行され、広く内部告発に対する法的な保護が認められるに至っている。

令和四年六月から施行された改正法では、常時使用する労働者の数が三〇〇人を超える事業者・組織に、公益通報対応業務従事者を定めて、公益通報に適切に対応するために必要な体制の整備その他の必要な措置を取る義務を負わせた。この実施を図るために必要な指針（令和三年八月二〇日内閣府告示第一一八号、以下「本指針」という）も策定された。これは、行政指導等のエンフォースメントの目安となる点に意義があり、全体的な底上げが図られよう。その「指針の解説」もあり、本指針を遵守するための考え方や具体例や、その他の推奨される考え方や具体例が示された。

ただ、これらは画一的に一律な対応を強制するものではなく、事業者の状況等に即して適切な対応を行えばよい。形式的な違反云々にこだわるのではなく、実質的に機能するような運用を目指すことが重要である。

ここで、「**内部通報**」（または**社内通報**）とは従業員が会社指定の内部の部署等に通報してそれに対応するものである。

これに対して、「**内部告発**」とは「内部通報」のシステムが有効に働かないため、内部者がマスコミや当局等の外部に対して不正を告発することだ。これは「内部者告発」、つまりインサイダーに

内部告発、内部通報、公益通報の関係

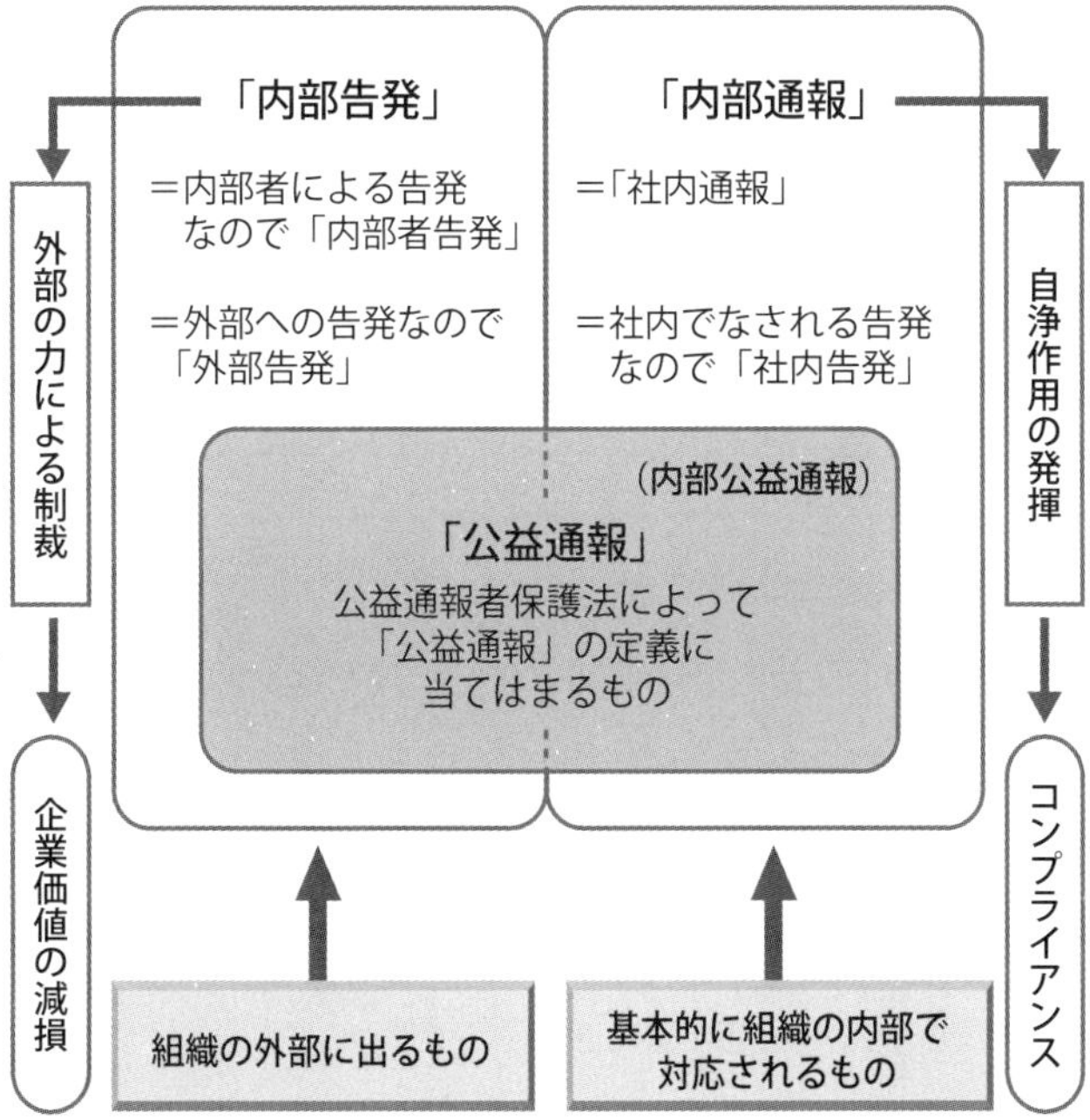

よる告発といえよう。

なお、本指針は、通報窓口への通報が公益通報となる場合だけではなく、上司等への報告が公益通報となる場合も含む公益通報を、「**内部公益通報**」というと定めているが、これは従前から内部通報と呼ばれてきたものなので、本書では「内部通報」の用語を使うこととする。

内部通報制度の必要性

内部通報制度は、すでに多くの会社では何らかの形で取り入れられている。こうした制度を導入する必要性をまとめると、次の四点になるだろう。

第一に、「内部通報」は「内部告発」に至る前に、リスク情報を会社のしかるべき部署でとらえ、できる限り対応して最悪の事態を回避し、会社内部で自浄作用を発揮するために必要だ。

第二に、「業務の適法化」の機能がある。このような制度がなければ温存されたかもしれない不正を断ち切り、問題が深刻化しないうちに適切な対応をして業務の適法化を図る。

第三に、不正をしていると誰かが通報するかもしれないと考えれば、おのずと不正は抑制される方向でも機能する。つまり、内部通報制度の存在自体が違法行為を抑制できる。

第四に、コンプライアンスの姿勢を内外にアピールし、「うちの会社はきちんとしている」というメッセージを送るとともに、従業員に対してもコンプライアンスの徹底を促すことになろう。

こう考えると、内部通報制度の設置は、会社を守るための当然の対応である。しかし、これが、かつてはあまり積極的に用いられなかった。内部通報制度は必ずしもうまく機能しておらず、制度があっても存在感がない企業もある。

しかし、ＣＧコードや日本経団連の「企業行動憲章実行の手引き（第6版）」等では、通常の指揮命令系統から独立した内部通報制度を整備・活用して企業行動の改善につなげることが促されている。通常の業務ラインとは別に、重要情報が現場から経営層に伝わるルートを整備し、相談者の権利保護等に配慮するようにも求めている。単なる形式ではなく、実質的に機能する内部通報制度が必要だ。

内部通報制度の設計上の留意点

内部通報制度を効果的に運用するための主なポイントとしては、第一に、窓口の取扱い対象を倫理問題や業務の改善に資する提言や質問、相談等に広げた方が、ある程度の受付件数も期待できる。ただ、通報対象を拡大しすぎると、制度の目的が拡散する懸念もあるので、コンプライアンスの課題に絞るのがよい。些細に思われるようなコンプライアンス違反の積み重ねが組織の健全な体質を蝕むこともあるので内規違反のケースも広く対象にすべきだろう。

第二に、内部通報者の心理的負担や通報した人の匿名性が暴かれるような懸念があると、内部通報制度は利用されなくなる。勇気を出して通報しても、何か嫌がらせを受けたり、左遷されたりして、何もメリットがないようでは、いくら会社を守るためだといっても、従業員がそんなリスクのもとに通報をするわけがない。そこで、公益通報対応業務従事者は守秘義務を負い、通報者を特定できる情報を漏らし

民間事業者・労働者における内部通報制度の状況

事業者、労働者における認知度

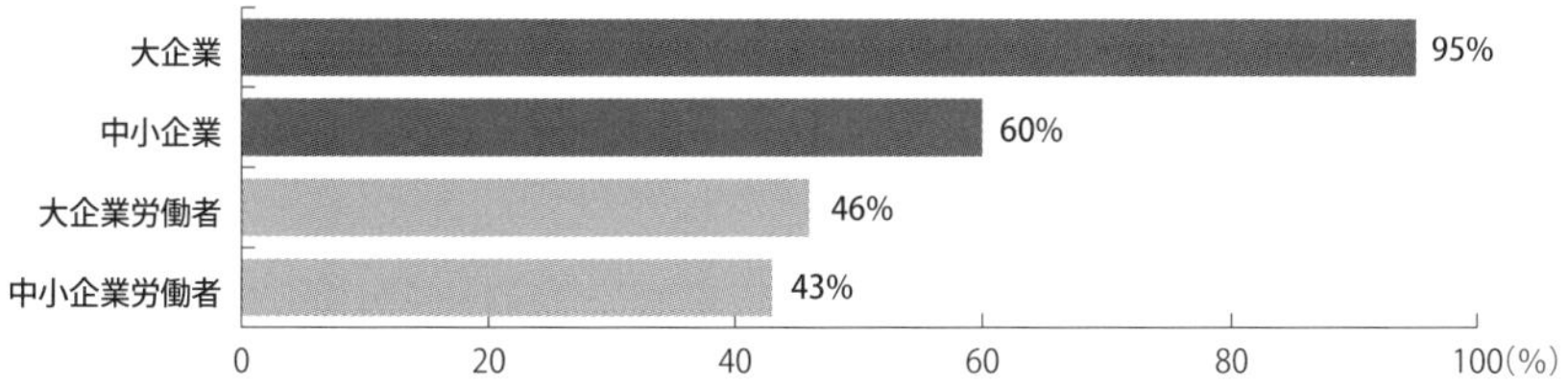

内部通報制度の導入状況

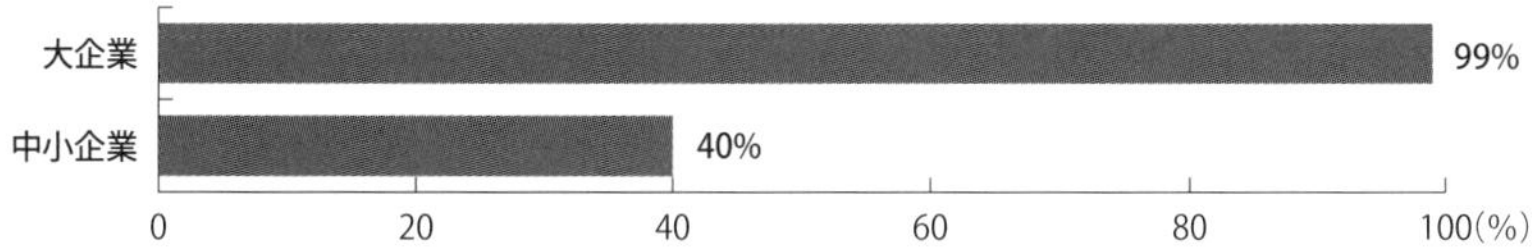

内部通報窓口の設置場所

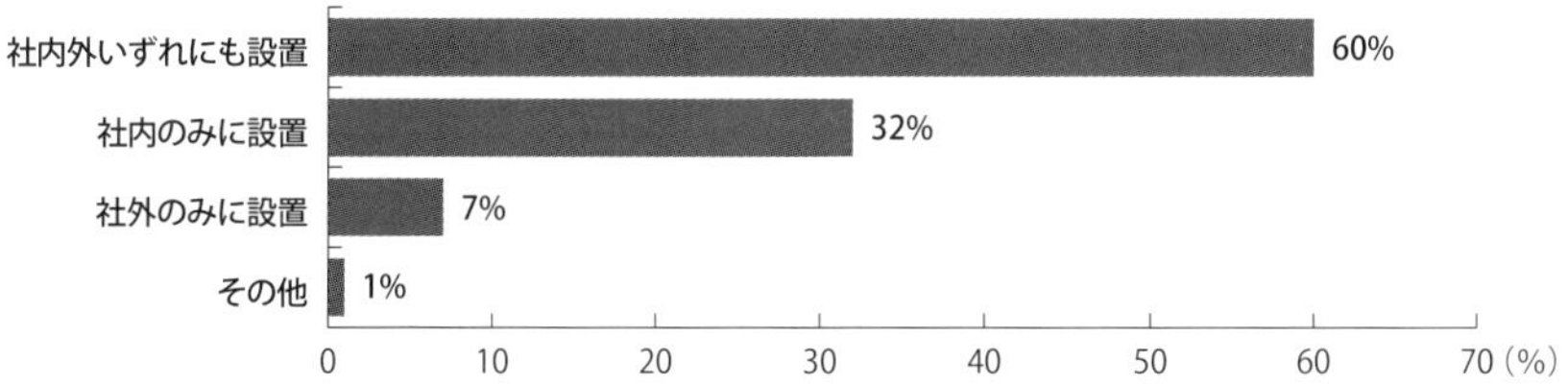

通報・相談窓口を利用しやすくするために望むこと（主なもの）

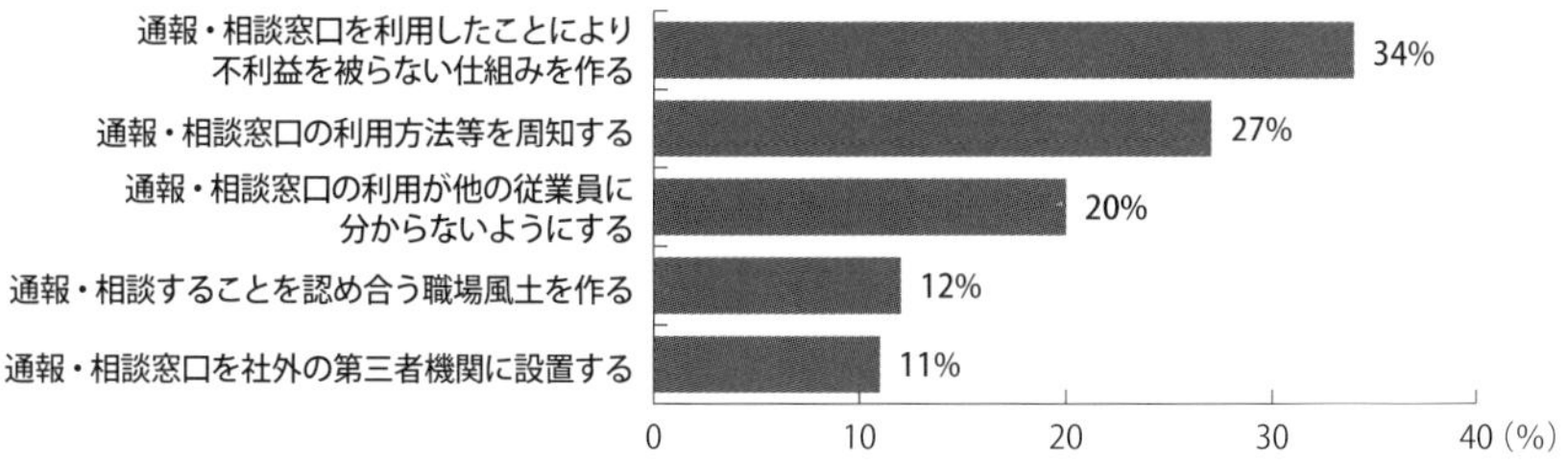

出所：消費者庁「公益通報者保護制度に関する民間事業者・労働者の実態調査の結果について」（平成29年発表）

た担当者は三〇万円以下の罰金の対象となる規律も設けられた。

　第三に、外部組織の起用も考えられる。内部組織で受け付けると、どうしても情報が漏れるのではないかという不信を持たれやすい。それよりは、人間関係が遮断された外部組織のほうが安心して通報できるので、外部の法律事務所等の起用が考えられる。専門の有能な弁護士であれば、専門的な知見に裏付けられた対応も期待できよう。

　第四に、内部通報制度やホットラインといった形での窓口は、決して一つに絞る必要はない。社内と社外の問題によって相談・苦情受付窓口を区別することはもちろん、社内の問題でも、人事・労務・ハラスメントの問題、取引関係の問題、その他の問題など、いくつかの担当窓口を設けて、潜在的な通報者に選択肢を与えるのが望ましい。また、監査役等を別途通報窓口として機能させることも考えられよう。会社法では、もし代表取締役社長が不正を働いている時には、監査役がその権限を駆使して対応すべきことになっている（⓭参照）。

　第五に、匿名の通報も受け付けて調査の対象とすべきだ。無責任な通報もあるので通報自体は実名でしてもらうのが望ましいが、重要な問題が匿名で通報されることもある。

　なお、匿名の内部通報があった場合に、それが概ね事実の通報であれば、その通報者が誰であるかはあまり重要ではない。その意味で、それはあえて詮索せず、むしろ提起された問題を処理することを重視すべきだ。しかし、事実無根の通報には問題があり、それ自体が違法となることもあるので、そうした問題は別途対応する必要がある。

　会社による不利益な取り扱いを避けるため、自己の不正等は報告しない傾向がある。これを打破するため、**社内リニエンシー**の導入が考えられる。これは、法令によるリニエンシー（㊽参照）の考え方にならって、自発的な申告の場合に社内処分等を軽減する制度のことだ。

　通報者に対しては、その調査結果をフィードバックする努力も求められる。会社としての対応を知らせることは、その内部通報がさらに外部への内部告発に発展することを防止するためにも不可欠だ。

将来的な課題

内部通報制度に関する社内規程も整備し、コンプライアンスに関連する研修でも、内部通報制度の意義に触れて、十分に理解してもらう必要がある。

内部通報を促す多様な選択肢

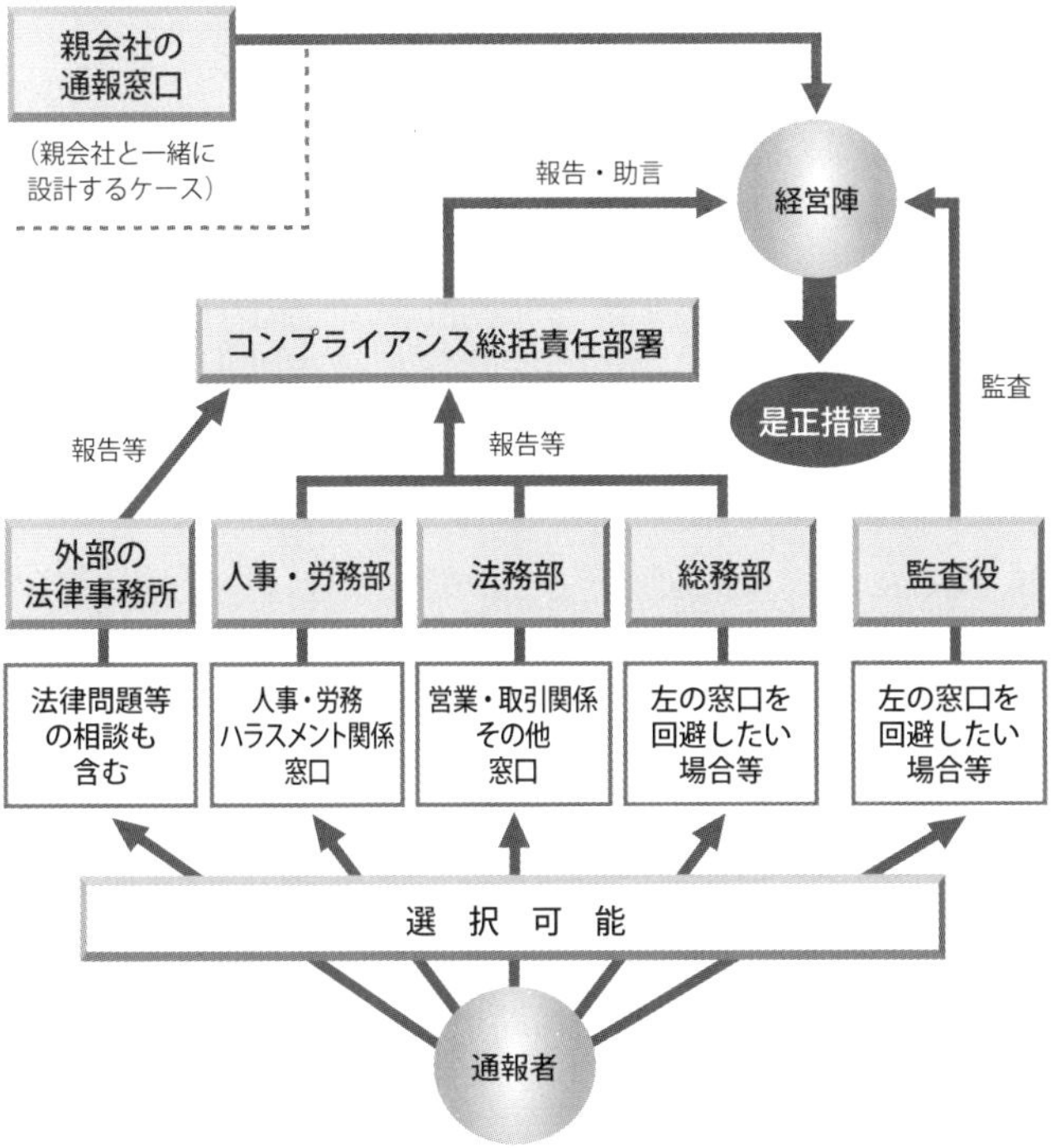

もっとも、現実に内部通報制度を運用した場合、その通報で寄せられるすべての情報が有用とは限らない。内部通報制度の運用は、通報者の正義感によることが当然の前提のようだが、実際には通報者のさまざまな思惑から通報や告発が行われる。現実には、あまり役に立たない情報も多数寄せられる。ただ、何も情報が寄せられないよりは、少数でも貴重な情報が寄せられ、会社の業務の適法化ないし健全化が図られることがあれば、良しとすべきだ。

グローバルにもスピークアップカルチャーが重視されるようになっている。深刻な不正を察知できるように、どんな言語での通報も受けられる窓口の整備も検討すべきだろう。

27 問題対応窓口での対応——誠意をもって公正・公平に

ケース・バイ・ケースで創意工夫を発揮する

企業不祥事発生時の対応

企業不祥事が発生した場合、取締役は当該不祥事の事実関係の把握に努め、根本的な原因究明、損害の拡大防止、早期収束、再発防止、対外的開示のあり方等を検討する職務を担う。必要に応じて調査委員会や第三者委員会等（㉚参照）を設置すべきだろう。

一方、監査役等は、直ちに取締役等から当該企業不祥事に関する報告を求め、それらに関する取締役及び調査委員会等の対応の状況について監視し検証しなければならない（⑬参照）。

企業が被害者的な立場であっても、その後の対応の誤りが被害拡大の原因として厳しく非難されるケースもある。特に、安全対策の軽視や、それに対する予算額の低さ、ヒューマンエラーを犯した従業員に対する処遇の誤りも問題だ。深刻な事故を起こした場合、その背景となった組織的要因や企業風土にも厳しい目が注がれよう。企業側に法令等違反があると、その責任追及の問題に発展する。そうした事態を想定して、平時からイザという場合に対応できる備えを用意しておくべきだ。

苦情相談の受付窓口

わが国には、企業に限らず、「臭いものには蓋」をする悪弊があるが、今後のコンプライアンス経営を貫徹するためには、そうした消極的な姿勢を打破していく必要がある。

企業不祥事の端緒が、いきなり訴訟とか、内容証明郵便で代表者宛てに警告書が送り付けられるといった事態は、あまり好ましくない。

できるだけ早期に、問題を吸い上げ、あるいは協議の機会を確保するために、何らかの苦情対応窓口を設置することが望ましい。まずは、問題の所在をつかむことから問題への対応が始まる。何らの対応もしないで問題が自然に解決・消滅するわけではないのだ。

トラブル対応体制

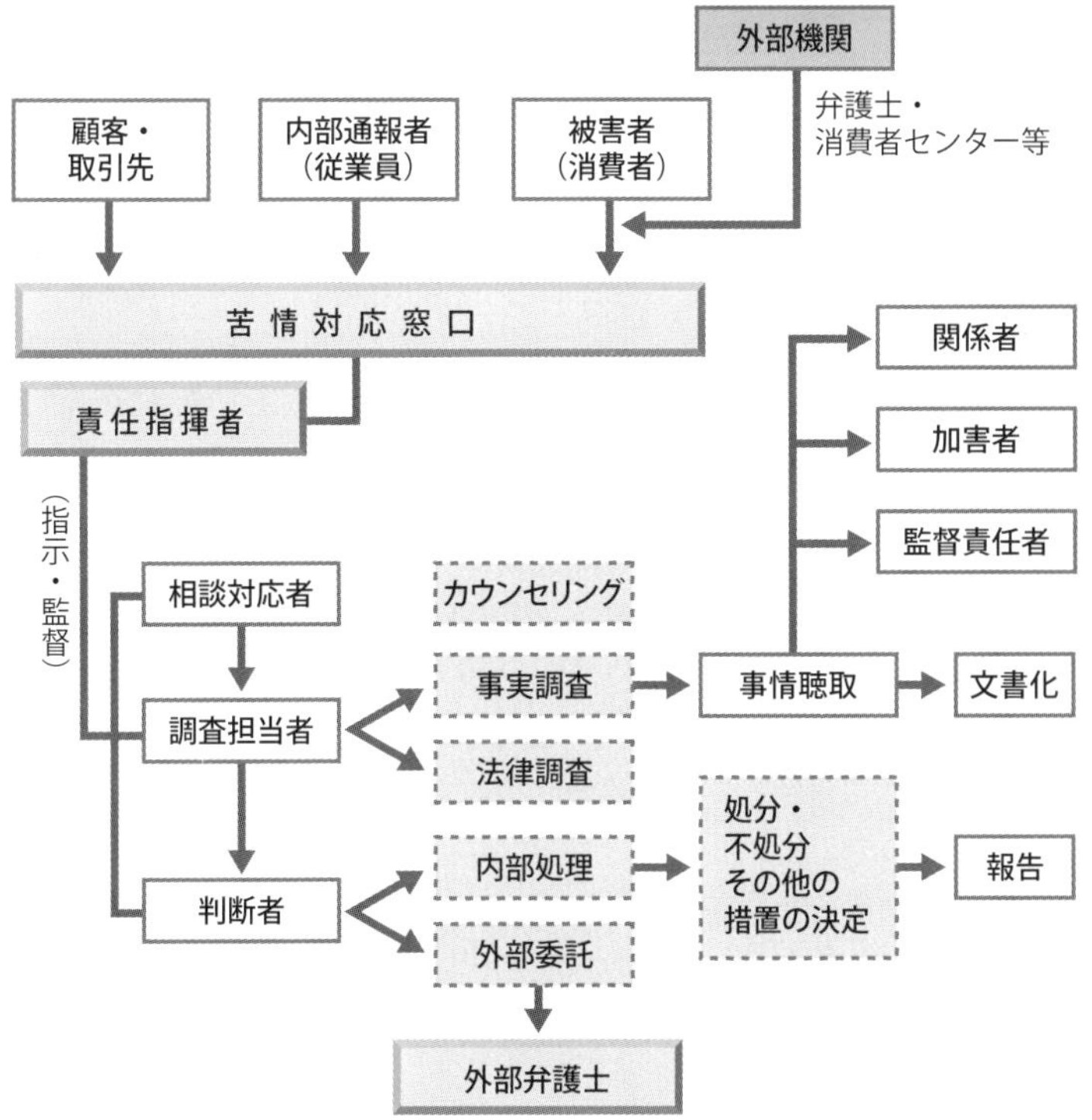

　そこで、企業に対する苦情や相談あるいは不正に関する通報窓口を作ることが考えられる。そのような窓口で受け付けたさまざまな問題やトラブルをきちんと解決することによって、初めて自浄作用が働き、コンプライアンス経営が実現できる。

　トラブルへの対応は事後チェックに位置づけられ、そのシステムとしては、対外的なものと対内的なものに分けて、それぞれ整備すべきだろう。すなわち、この基本的な枠組みとしては、内部通報制度（㉖参照）と、外部からの相談・苦情・通報を受け付ける外部からの苦情・相談（質問）対応窓口を設けることが考えられる。基本的には両者に共通する部分も多い。

受付体制のあり方

外部からの苦情受付窓口は、企業が外部で問題を起こした場合、あるいはその疑いがあるような場合に対応するものだ。この存在については、商品や顧客への文書等に表示されることになるが、「何か疑問やお気づきの点がございましたら、○○○（電話番号またはEメールアドレス）までお知らせ下さい」といった表示でも足りる。

近時、消費者問題がクローズアップされ、カスタマー・サポートなどを設置する企業も多い。こうした部署では、トラブルだけでなく、各種の問い合わせにも応じる。日常的な問題はここで解決することもできよう。

外部からの「苦情受付窓口」での対応は、それを申し出る側の立場から考える必要がある。もちろん、すぐに面談できるやり方もあっていいが、一般的にはそれでは使いにくい。そこで、電話はもちろん、Eメールや文書での受付もすべきだろう。

そのクレームの真意、真偽を確かめるには、何らかの形でクレームを申し出た者とやり取りをする必要がある。そこで疑問が解け、解決に至ることもあるが、そうでなければしかるべき調査を進めることになる。トラブルに対処するには、事案の重大性に応じて、担当役員を決めて対処すべき場合もある。そして、必要に応じてトラブル対応を弁護士に依頼する。

どういう事件を弁護士に依頼し、どういう事件を内部で対応するかについての取り扱いに関しては、予算の関係から、一定の基準を作ることも考えられる。ただ、個々の事案によっては、画一的な基準にこだわらず、柔軟に対応すべき場合もある。

親切・公平な対応が求められる

外部からの苦情対応窓口では、外部の人々を相手にするので、企業イメージが直接に問われる場となる。親切、公正をモットーに、事案に応じた適切な対応が求められる。従業員の質などによっては、その基本的な対応マニュアルも必要だろう。不適

苦情対応受付窓口

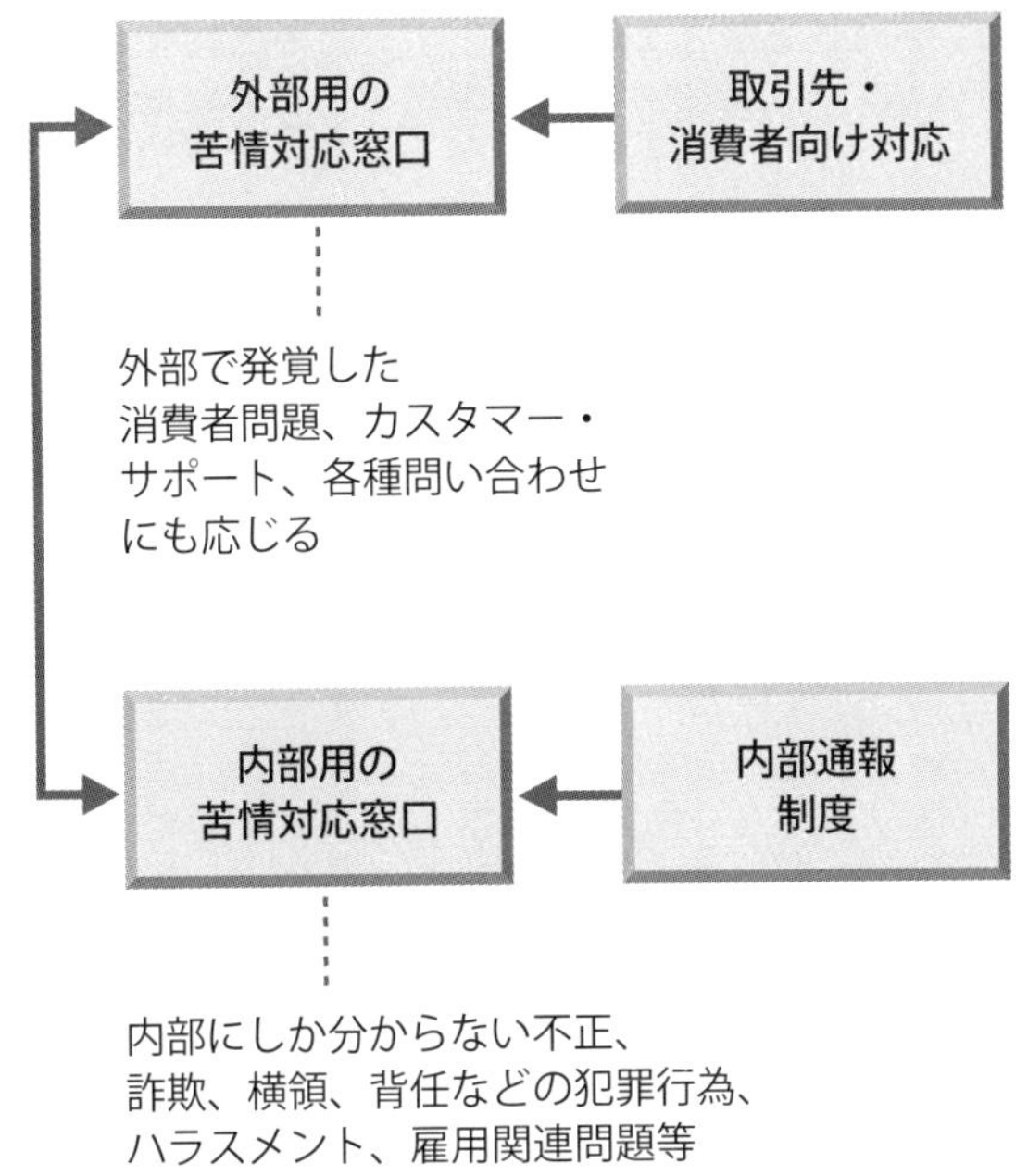

切・不公平な処理になると、それもクレームの元になる。会社として統一したルールを持たずに対応すると、会社内で矛盾やバラツキが顕在化する危険性もある。そこで、きちんとした社内ルールやガイドラインを策定し、問題情報、解決方法等を共有し、公平な対応を確保するようにすべきだ。

ただし、マニュアルだけですべてが解決できるわけではない。現実の案件はすべて個別に異なるので、個別の対応が重要だ。

顧客等からの著しい迷惑行為、いわゆるカスタマーハラスメントの防止対策については、厚生労働省をはじめとして、「顧客等からの著しい迷惑行為の防止対策の推進に係る関係省庁連携会議」で検討され、対策が提言されている。

こうした窓口には、いろいろな消費者からの意見や苦情が舞い込むことが考えられるが、その対応を誤ると、とんでもないトラブルになってしまう。この対応がまずいとネットやSNSなどで炎上し、報道されることもあるので、一件一件をおろそかにしないで丁寧に取り扱う必要がある。

28

事実関係調査と状況判断

客観的で説得的な事実認定が的確な対応の大前提

危機管理時の指揮命令系統

不祥事が起きた時点で迅速に対応できる組織体制を構築し、その影響を可能な限り極小化することが目標となる。そのための組織体制は、企業トップが指揮を執るのが本来の姿だ。ただ、企業トップに問題がある場合は、CCO（⑮参照）や監査役等を中心に対応する必要がある。

初動の重要性

外部の問題も、内部の問題も、事実関係についてきちんと調査しなければ解決できないクレームが持ち込まれた場合には、慎重かつ冷静な対応が必要だ。「結論先にありき」では、基本的な事実認定を誤る恐れがある。

時間が経過すればするほど事実の調査はやりにくくなり、正確性が低くなる。できる限り早く対応策を考え、問題の重大さを早期に見きわめて適切な手を打つことが重要だ。

当然のことながら、事実関係次第によって、その後の対応の仕方も異なってくる。しかし、事実関係は必ずしも明確であるとは限らない。もちろん、客観的なデータを検証できれば確認がしやすい。

問題はそうした客観的な資料が少なく、関係者から事情を聞くしかないような場合だ。そうした場合、一般的には、弁護士等、外部の専門家に調査・解決を委ねるのがよい。無理して微妙な問題を社内に抱え込むと、かえって公正さを疑われる。

徹底調査の重要性

中途半端な調査では、かえって後からずさんな調査であると

初動調査に応じた各種の対応

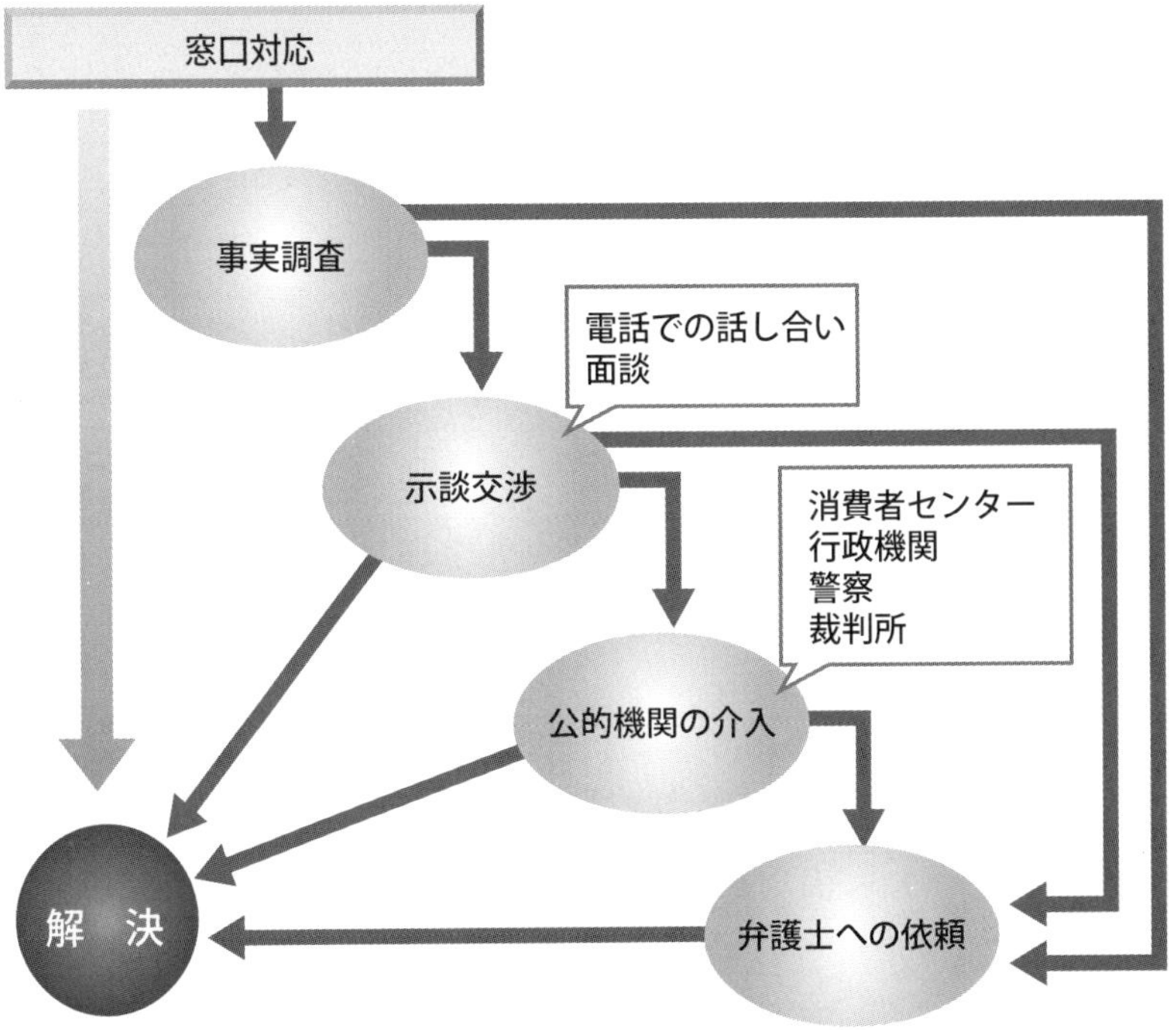

か、無責任な調査であるといった批判を受ける。そうした事態に陥らないようにするためにも、徹底した調査が必要だ。

とはいえ、「徹底した調査といってもそれほどやることは考えられない」「もう終わったことだから仕方がないし、本当のことを言ってくれないから分からない」といった反応をする担当者もいるかもしれない。

しかし、最終的な判断を下す責任者としては、こうした声に流されてはならない。世間で大きく問題になった事例は、後から調査結果を読んでも不自然であるとか、疑問が十分に解明しきれていないものが見られる。可能な限りの徹底した調査が期待される。

件外調査の重要性

不正調査に際しては、発覚した問題を調査するのは当然だが、それに類似の事案が隠れていないかも調査する**件外調査**が重要だ。一個の腐ったリンゴが見つかったら、他にも腐ったリンゴがあるように、不正をするような組織は、似たような不正をしている蓋然性が高いというのが経験則だ。合理的な範囲で調査対象を拡大し、徹底した件外調査を行うことは、真の原因究明に迫り、説明責任を果たすためにも不可欠であり、件外不正を掘り起こして徹底的に膿を出しきることが重要だ。

原因究明においては聖域を設けるべきではない。特に深刻な不祥事の疑いがある場合には、調査の対象を狭く絞りたがる経営者がいるが、それは決して望ましくない。たとえ一時的にやり過ごすことができても、数年後により深刻な不祥事を再発させ、回復できないダメージを被る結果を招くような火種を残すことになる。

公正・公平な調査の重要性

企業の側が早期に対応しても、それが不公正、不当なものであると、従業員の信頼を失い、誰も利用しなくなるので、トラブル対応も機能しなくなる。そうしたことでは、社内体制を活かすことができず、コンプライアンス経営もおぼつかなくなる。

例えば、調査をする過程で片方の言い分しか聞かないのでは不公平、不十分だ。どんなに話の聞きにくい相手であっても、客観的な事実関係を押さえておくべきことが原則となる。

また、自白を取ろうとして無理な取り調べをするのもダメだ。「自白しないと帰宅させない」と述べたり、脅迫・威圧によって自白を取ってもナンセンスだ。かえって不当に監禁されたとか、脅迫されたなどというクレームを招き、別のトラブルに発展してしまう。

客観的な検証

一般的には、重要な事実関係に言い分の食い違いが見られるような事案で、はっきりしたことが分からないケースは、社内だけで判断することを控えるべきだろう。

よくありそうな話であると、

一人から聞いただけで信用しがちだが、それは間違いの元だ。できる限り複数の関係者からの事情を聴取することが望ましい。

　客観的な裏づけが公文書や社内の文書で確認できるのであれば、それも押さえておく必要がある。最近はデジタルデータで情報を蓄積している場合も多いので、そうしたデータは社内で事実関係をはっきりさせるために大きな力を発揮しうる。

事実認定の方法

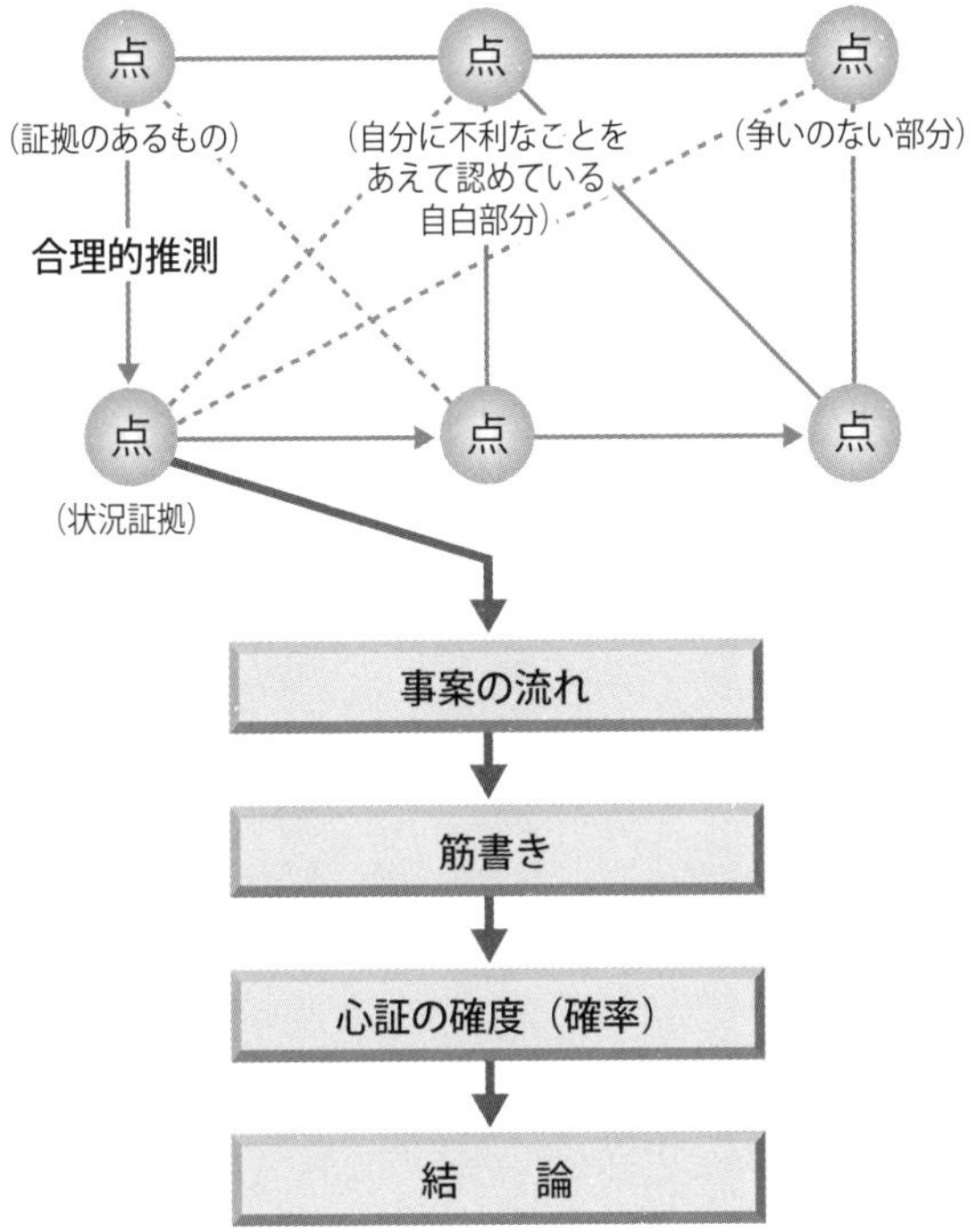

　不正調査のために、**フォレンジック調査**が利用されることも増えている。フォレンジック調査とは、デジタルデータを復元する等して調査を進めるものだ。これにより、外部接続した外付けHDDの使用履歴やUSBメモリの利用状況、完全削除されたメール等の復元、ネットの利用履歴や利用頻度、外部流出データ、ダウンロード画像・ファイル、暗号化ファイル等のパスワード解析等の調査ができる。徹底的な調査を行う必要のある重大事件では、フォレンジック調査にかなりのコストがかかる。

　しかし、そこまでの調査をしない場合にも、一応の調査ができるように、情報管理システムは、後から事実関係が検証できるようなプログラムになっていることが望ましい。

　基本的な情報分析においては、客観的に動かしようのない事実関係から、状況を明確にする。そうすることによって、いくつかの点が明らかになる。その上で、関係者の供述や、合理的な推測を働かせることによって、いくつかの点を線で結んでいく。いろいろな弁解が出てきた場合には、それが合理的なものか、不自然であってとても信じられないようなものかどうかも検討する。合理的な推測は合理性の度合いによって、ズレが生じうる。そうした作業の上で、客観的な事実をまとめていくことを目指すべきだろう。

正しい供述を引き出す難しさ

　供述に頼らなければならない場合が出てきた場合、その供述者が本当のことを述べているのか、嘘を言っているのかは見分けるのが難しい。供述者の心理としても、本当のことを述べようとする動機と、嘘を述べる動機が混ざっていることがあり、安易にどちらかに決め付けるわけにはいかない。

　正義感・義憤で本当の事を語っている場合もあれば、自己の利害がからんで事実を歪曲している場合もあろう。また、そういう気持ちが全然なくとも、正確な認識なのか、不正確な認識かを見分けるのはもっと難しい。さらに、記憶が正確か不正確か、記憶に歪曲はないかなどは、話を聞いただけで判断することはできない。こうした問題は、尋問者の聞く態度も影響を及ぼす。

　客観的な証拠も整理しなければならず、関係者のさまざまな供述はすべて文書化して記録しておく必要がある。もちろん、供述者の署名が取れる場合には、それがあるに越したことはない。それができなければ、それを聴取した者の録取書に話を聞いた者が署名（押印）しておくべきだろう。

秘密保持の重要性

　関係者から事情を聞く場合、なかなか事実を話してもらいにくい場合もある。そういう場合に、社内リニエンシー（㉖参照）の利用や秘密を守ることを条件に聞き出すことも考えられる。

　また、事実関係の調査を進めるに当たって、どこまで分かっているかの手の内をさらしてしまうと、調査がやりにくくなったり、事実の隠蔽に利用される恐れがある。警察などの捜査機関も捜査の秘密を保持しながら調査を進めるように、情報管理にも十分注意する必要がある。

特に、内部調査の過程で疑問が生じて追加的に調査する必要が出てくる場合がある。そうした場合も、証拠隠滅等をされないように、秘密裏に調査を進める必要がある。

社内調査は、国家権力のお墨付きをもらっているわけではなく、あくまでもコンプライアンス経営のために協力を求めうるにすぎない。このため、第三者に任意の協力をあおぐ場合には、礼を失しないように注意すべきことはもちろん、プライバシーの問題にも十分に配慮する必要がある。

最終的に事実関係の調査が結実しないこともある。民間企業が調査するには限界も大きいので、早めに司直に委ねるべきケースもある。特に、身内の調査だと難しい案件では、警察等に任せた方が余計なコストを費やすことを回避できるメリットもある。

供述者の心理

29 調査後の対応――誠実な対応が信頼を確保

徹底した公平・公正な調査と対応が求められている

トラブル対応のポイント

トラブルに関する事実関係が判明したら、それを前提に会社として対応の仕方を決めなければならない。

トラブル対応の仕方としては、第一に、外部からのクレームであれば、外部との示談をする必要があるかもしれない。第二に、外部・内部を問わず、従業員に問題があった場合には、その処分や今後の業務の改善について検討する必要が生じる。

外部との示談については、話し合いをした上で、会社の意向に沿った解決に向けての説得活動をすべき場合もある。その場合には、相手方にも共通の事実認識を持ってもらうことが前提となるだろう。

関係者の処分や対外的開示のあり方等については、第4章㊵㊶で解説する。

どう対応するかが見られている

調査後の対応は社会から見られている。この対応を間違えると、トラブルがかえって大きなものとなってしまい、本末転倒の結果となる。

起きてしまった過ちや失敗は回避するのではなく克服する姿勢をもつことが大切だ。現実から目を逸らしても、問題が自然に消滅・解決することはない。

そこで、その大きな流れを図解すると、左頁の図のようになるが、運営に当たっての基本的な留意点をまとめると、初動捜査（調査）または初期判断の重要性、徹底調査の重要性、公正・公平な調査の重要性、公表・開示をするか否かの判断といった点が挙げられよう。

十分な調査を尽くしたか

徹底した調査をしても、どうしても分からないということはある。そうした場合はどこまでが分かり、どこからが疑問なのかを明らかにして、どう対応するかの検討に移ることになる。

問題が起きた場合の事実関係

苦情処理の流れ

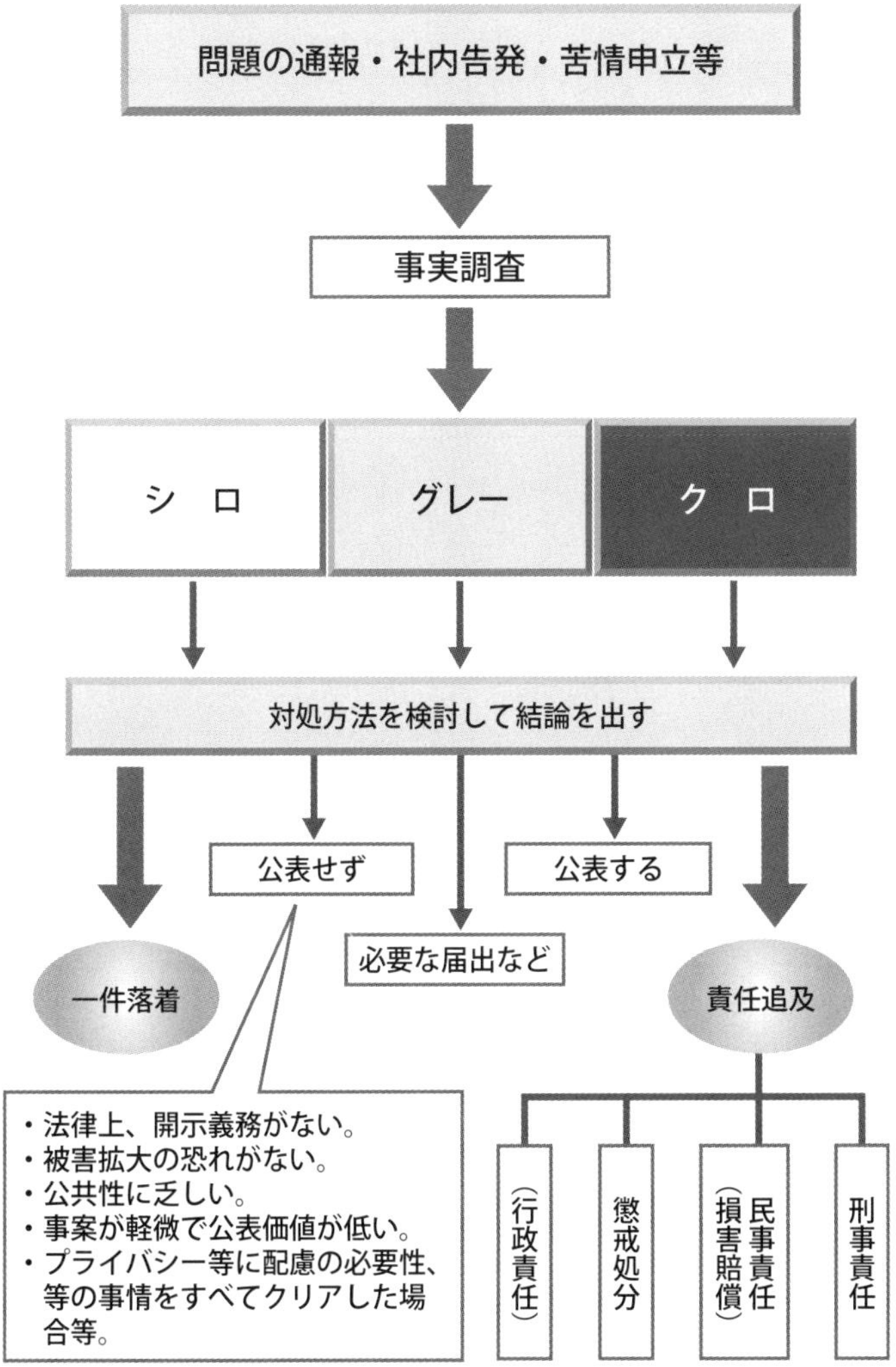

の調査においては、合理的な疑問が払拭できるように十分な調査を尽くすべきなのに、それをごまかすことに注力し、企業風土の刷新ができないまま、コンプライアンスの取り組みが全く機能しない表向きのアリバイ作りでしかなかったことを露呈した企業もあった。かつて、世間的には立派な大御所を招き入れ、中途半端な改善策で取り繕おうとして、大きな過ちを繰り返した大企業もあった。こうした見せかけの対処が馬脚をあらわす不祥事も少なくない。

可能な範囲での事実調査を踏まえて、どう対応または解決するかは、その判断・決定をするしかるべき機関に委ねることになる。第三者委員会（㉚参照）等なのか、取締役会なのか、それとも他の責任者に委ねるかは、事案の軽重、影響の重大性、難易等に応じて個別に判断する必要がある。何らかの結論が出た場合には、最終的には取締役会の決定、または代表取締役の業務執行を通じて、企業としての姿勢が明らかになる。

最終的な事実関係の認定、企業としての対応・解決方法を決めるだけではなく、公表や届出など対外的開示についてもどう扱うかを検討すべきだ（㊶参照）。

不正関与者の排除

不祥事が起きた場合に、適時・的確な情報開示をするためには、トップを含む不正関与者に対する厳正な処分等、適切な対応が求められる。当然のことながら、不正に携わった者に経営の指揮を執らせるわけにはいかないし、影響を受けるようなことがあってもいけない。

不祥事対応のプリンシプル

不祥事で毀損した企業価値を早期に修復するため、日本取引所は**「上場会社における不祥事対応のプリンシプル」**（二〇一六年二月）を公表した。企業集団における不祥事に対する親会社としての対応も含めて基本的な考え方をまとめているので、これも参照しながら的確な対応をすることが求められる。

グループシンクの回避

企業不祥事においては、米国の社会心理学者アーヴィング・ジャニスが提唱した**グループシンク（集団浅慮）**の症状が有名だ。これによると、大企業等に特有の驕り等から、自分たちは摘発されないという楽観的な幻想を抱き、外部からの警告を軽視し、自分たちが想定した前提を再検証しようとせず、自分たちを正当化する組織の論理にこだわり、社会的な倫理を踏み外す。また、外部の批判を軽視ないし排除し、異議申し立てを拒絶し、内部で疑問を呈することに自己抑制が働き、いつしか全員一致の思い込みに陥り、集団合意を覆す情報から目をつぶることを強制する。

一般的に結束力が強い企業は、高い収益性で成功できる反面、集団浅慮の過ちに陥りやすい傾向がある。柔軟な議論や発想を排除する弊害を回避するため、ジャニスは、①各人の批判的な役割を割り振り、②リーダーは自分の意見や予測を控え、③信頼できる外部の人の意見を求め、④外部専門家をグループの議論に加え、⑤誰かが必ず反対する役割を担い、⑥リーダーは外部

日本取引所による「上場会社における不祥事対応のプリンシプル」
～確かな企業価値の再生のために～

①不祥事の根本的な原因の解明

- 必要十分な調査範囲の設定
- その背景等を明らかにしつつ事実認定を確実に行い、根本的な原因を解明する
- 必要十分な調査のため最適な調査体制の構築と適切な調査環境の整備
- 独立役員を含め適格な者が率先して自浄作用の発揮に努める

② 第三者委員会の独立性・中立性・専門性の確保

- 委員の選定プロセスの独立性・中立性・専門性を確保するための十分な配慮
- 安易で不十分な調査に、客観性・中立性の装いを持たせる事態を招かないこと

③実効性の高い再発防止策の策定と迅速な実行

- 根本的な原因に即した実効性の高い方策を迅速かつ着実に実行する
- 組織変更や社内規則の改訂等にとどまらず、日々の業務運営等に具体的に反映
- その目的に沿った運用や定着の度合いを十分に検証

④ 迅速かつ的確な情報開示

- 必要に応じて把握の段階から再発防止策実施の段階に至るまで迅速かつ的確に経緯や事案の内容、会社の見解等を丁寧に説明する透明性の確保

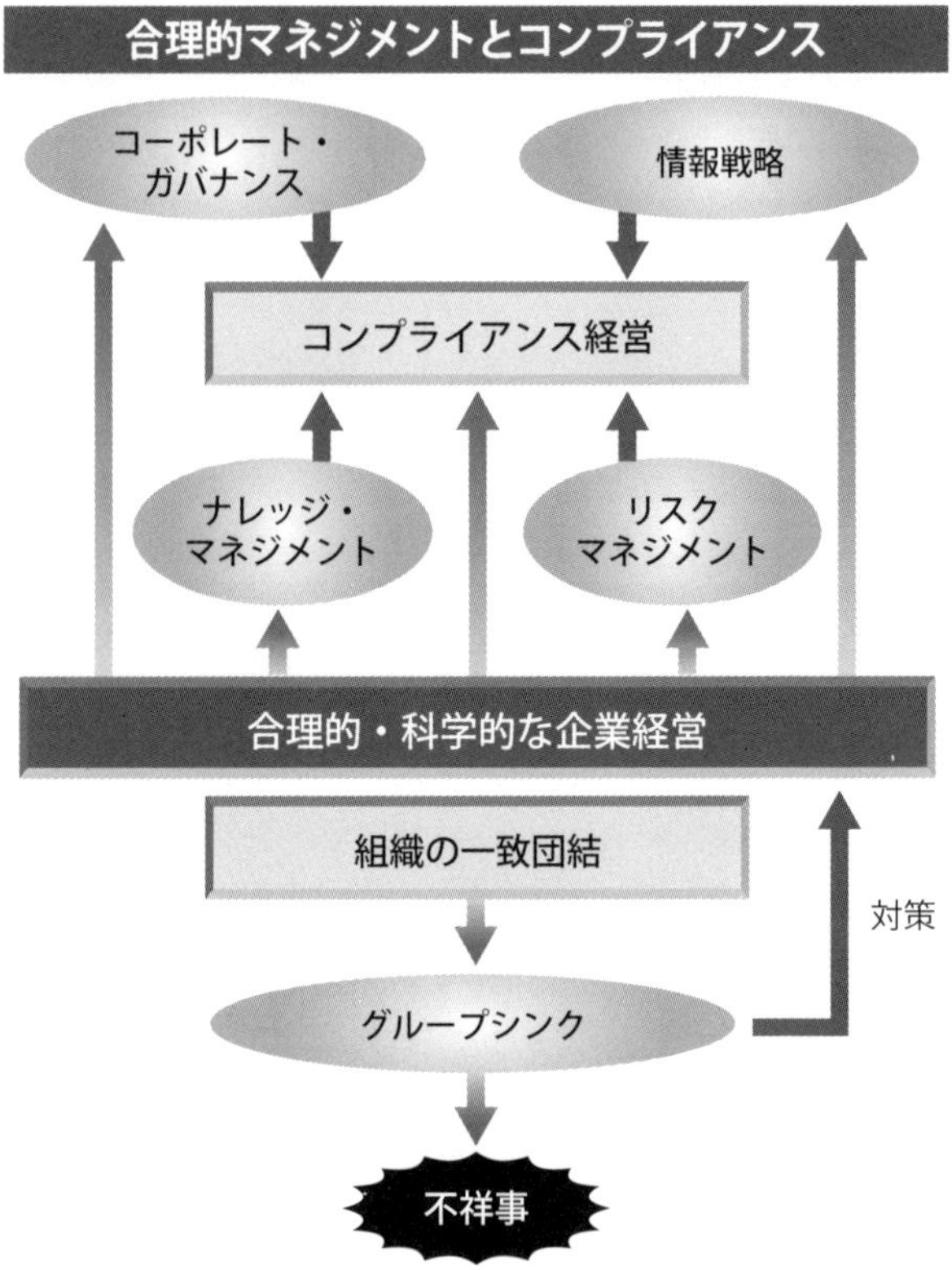

からの警告を検討する時間を確保すること等を提唱している。

クレーム対応の流れのパターン

外部用苦情対応窓口や内部通報制度で受け付けた後の流れは、基本的には同じようなもので、いずれも、問題が社内で全部対応できる場合と、そうでない場合がある。

社内で全部対応できる場合は、次頁の図のような流れになるのが基本的なパターンだ。それに対して、社外からのクレームは徐々に外部に出て行く危険性がある。

なるべく早期に解決することが望ましいが、これは相手もあることであり、一方的に処理するわけにもいかない。

内部通報制度の場合は、通報してきた相手が従業員であることから、外部とは違って気楽に思われるかもしれないが、終身雇用が崩壊し、雇用の流動化が進む中で、内部の人間もいつ外部の人間になるか分からないということを前提に対処する必要がある。とりわけ、ハラスメント等の微妙な問題については慎重な対処が必要だ。

内部通報やトラブルの対応に関しては、それが人事に不当な影響を与えないように配慮する必要もある。コンプライアンスについての個々の評価を人事考課に反映させることは有益だが、その逆に、会社に問題提起したことをマイナス要素としないように、公益通報者保護法の趣旨を踏まえて、通報者の匿名性を守ることはもちろん、関係者のプライバシーにも十分に配慮すべきだ。

そこで提起された問題自体もリスク管理の見地から適正に解決されなければならない。この対応は社内のコンプライアンス体制に問題がないかをチェックするためであるから、関係者の処分や問題への直接的な対応だけを目的と考えるべきではなく、その原因等の究明を踏まえて、内部統制のあり方の改善に結びつけることが重要だ。

社内で処理できるケース

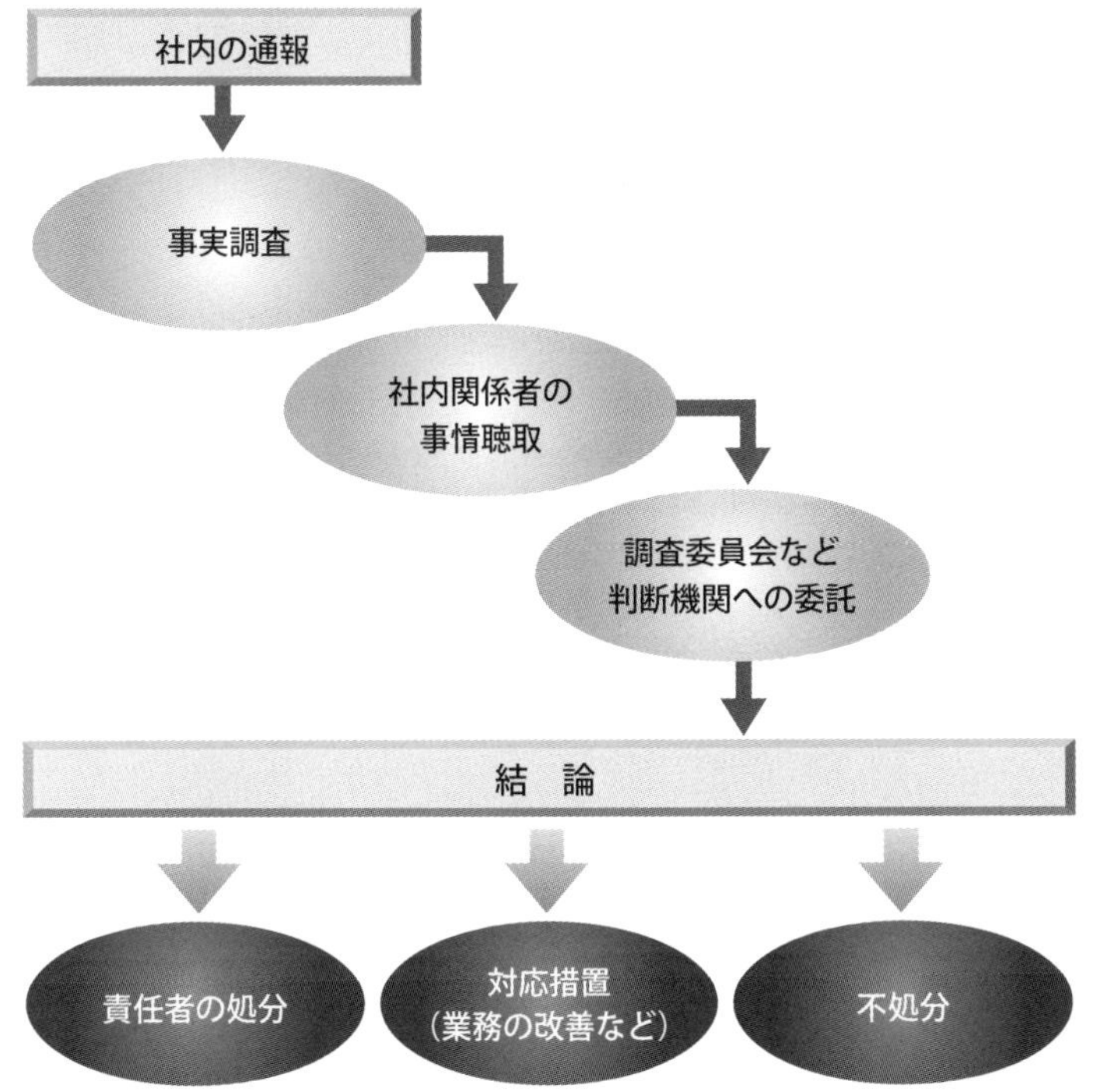

30

第三者委員会の活用——深刻な不祥事への対応

経営陣から独立した外部の目で徹底検証する必要性

第三者委員会とは何か

　第三者委員会とは、企業や官公庁等で不祥事が起きた際に直接の利害をもたない中立的な第三者の有識者等が不祥事の事実関係や原因等を調査する委員会である。日本取引所の「上場会社における不祥事対応のプリンシプル」（㉙参照）でも、第三者委員会の設置やその独立性・中立性・専門性の確保を強く求めている。

　その独立性を確保するには、調査範囲の確定から、調査方法、根本原因の分析及び再発防止策・是正措置の検討に至るまで、経営陣の関与を除外し、不正調査の費用に関する予算についても、調査を管理・監督する部門に裁量権を付与する必要がある。

　取締役の対応が、独立性、中立性または透明性等の観点から適切でない場合には、監査役等も動いて、監査役会等における協議を経て、第三者委員会を活用することで、当該企業不祥事に対する原因究明及び再発防止策等を徹底的に行うように勧告すべきだ。

　第三者委員会を必要とするような重大な不祥事が起きた場合には、適切な第三者委員会を速やかに立ち上げるべきだろう。

構成メンバー

　第三者委員会の構成メンバーは、企業法務に詳しい弁護士や公認会計士等から選任されることが多い。しかし、調査対象の組織から依頼される関係で、調査や報告内容に手心を加える危険性が指摘されている。酷い場合には第三者とは名ばかりで、経営者の責任回避や隠蔽の片棒を担ぐようなケースもあり、第

内部統制における第三者委員会の位置づけ

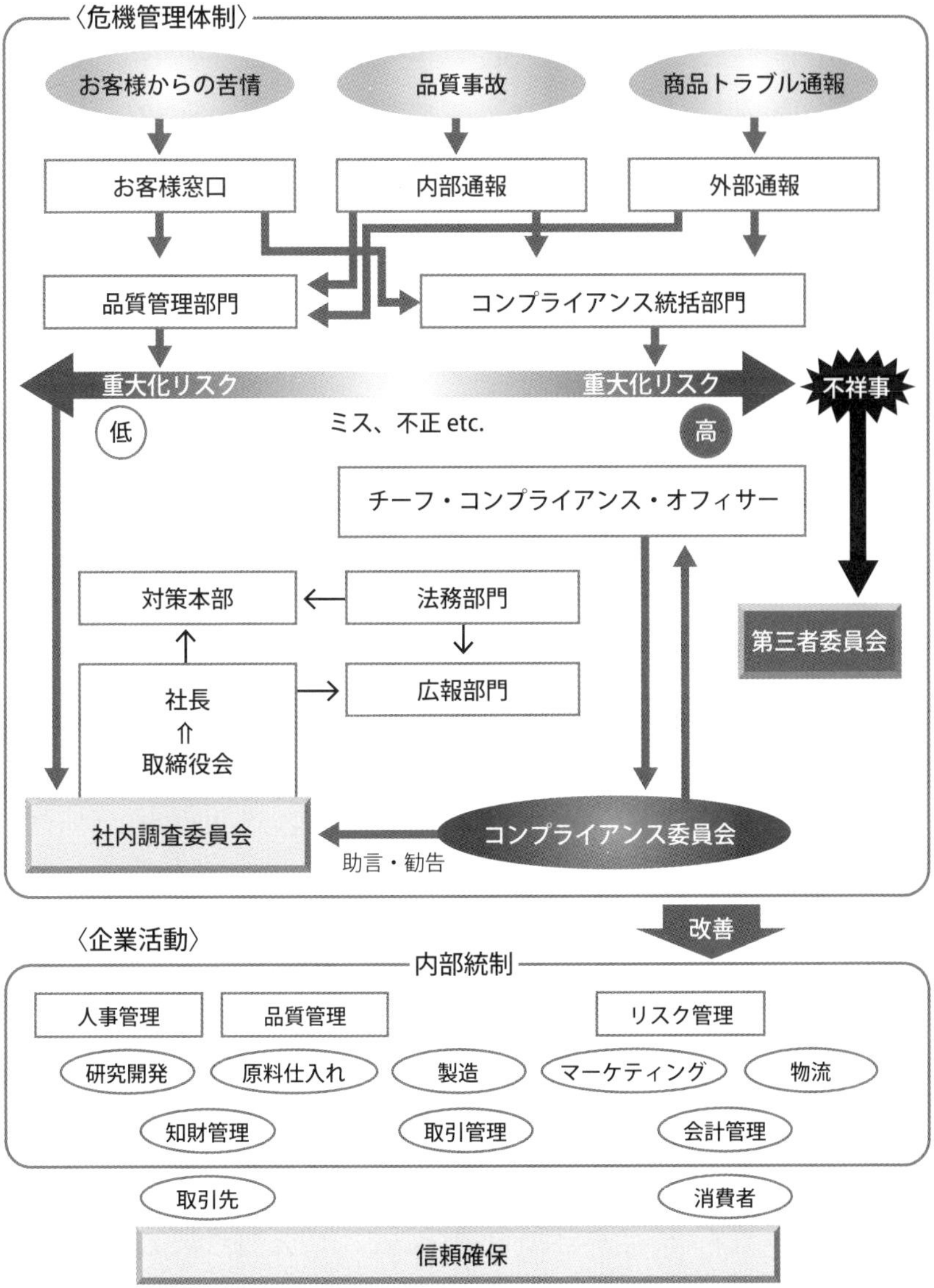

三者委員会の報告書に対する信用に疑念を抱かれることもある。

そこで、第三者委員会の実効性を確保するため、企業不祥事の内容に応じて、その専門性に着眼しつつ、客観的に独立性が認められる外部有識者から起用する必要がある。職務倫理に背いて、企業の意向に沿って歪曲した判断や表層的で底の浅い報告をするような人選は、一見すると企業に都合が良いように思われるかもしれないが、根本的な問題解決を妨げ、後々さらに深刻な問題を惹き起こしかねない。

監査役等の関与のあり方は事案によって異なり、取締役会に対して第三者委員会の設置の勧告を行うか、必要に応じて自らが第三者委員会を立ち上げるか検討すべきだが、自己の監査等の責任が絡んで微妙な判断を要するので、どういった形で関与すべきかは外部専門家とも相談して適切な措置を取る必要がある。

日本弁護士連合会は**「企業等不祥事における第三者委員会ガイドライン」**（二〇一〇年一二月改訂版）を策定しており、第三者委員会における規範が設けられている。また、第三者委員会報告書格付け委員会といった団体もあり、第三者委員会等の調査報告書を勝手「格付け」して公表する活動をしている。

第三者委員会は法的根拠をもたないので、そのベストプラクティスの水準を向上させることが期待される。その報告書には、日弁連のガイドラインに「準拠する」とか、「基づく」等と表記して、その独立性や透明性、説明責任の遂行に配慮することが求められる。こうしたガイドラインの重要な項目に配慮せず、第三者委員会報告書を僭称することは好ましくない。

もっとも、第三者委員会まで設けないで、社内調査委員会での対応が適切であるケースや、その中間的な委員会（そのバリエーションはさらに多様）に委ねることも考えられる。いずれを選択すべきかは、左頁の図に整理したような利害得失を考慮して、適切に判断することが必要だ。

職責の範囲

第三者委員会が自らの職責を狭く限定すると、その機能が果たし難くなる。例えば、委員会が特定の法令違反の有無について諮問を受けた場合、他の法令違

第三者委員会等の設置の利害得失
～メリットとデメリット～

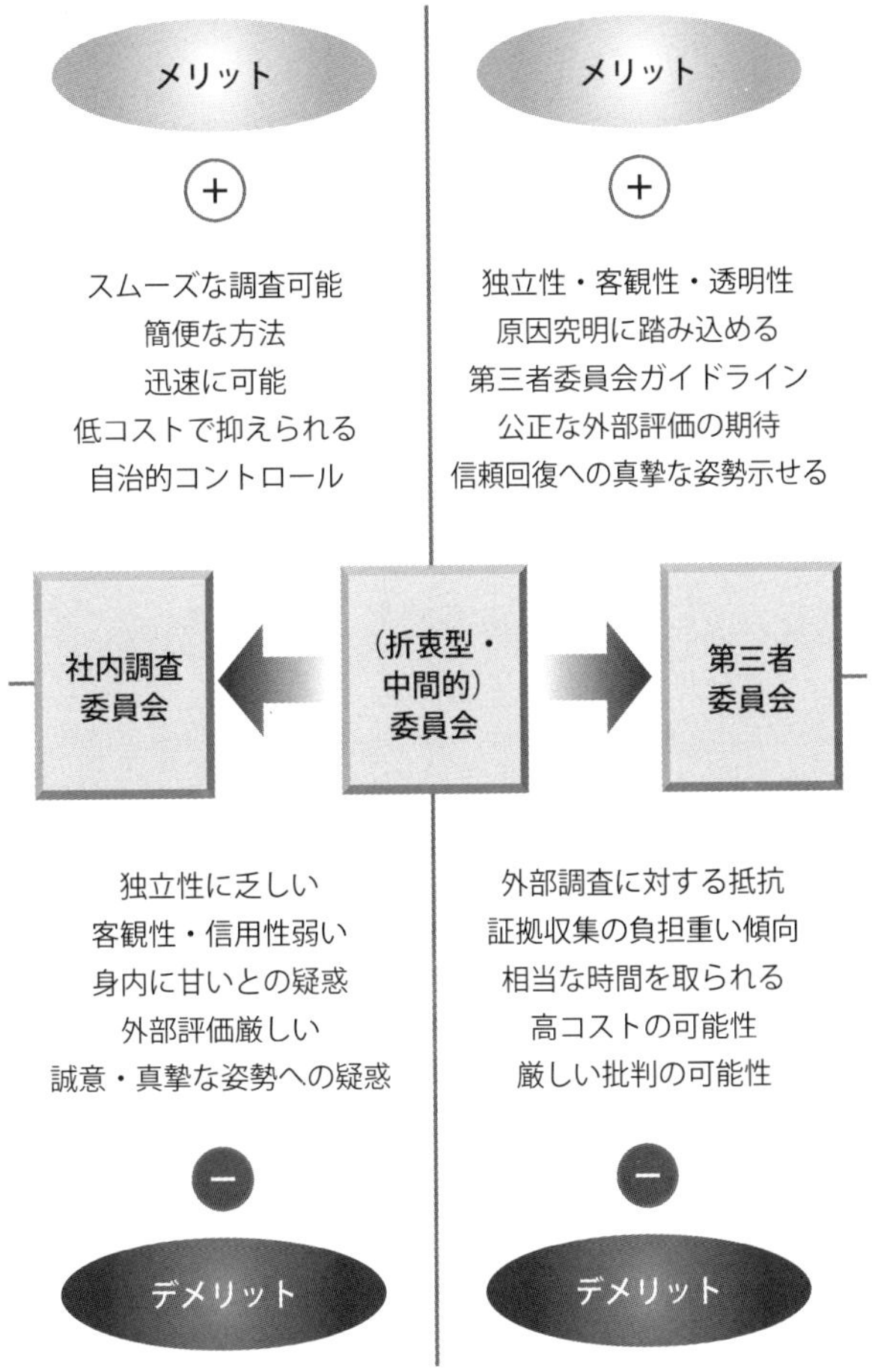

反が疑われる事案がある。また、たとえ法令違反が明確に認定できなくても、内部統制に欠陥があるようなケースもある。内部統制が十分に機能していなかったことが判明した場合は、件外調査も積極的に行い、その改善に踏み込んだ提言が期待されよう。

第三者委員会の報告書は、外部の検証に耐える内容を備えているべきであり、上場会社の場合には公表が原則だ。その内容によっては、企業の信頼回復に大きな役割を果たし、上場廃止を回避できることもあろう。

31

意識調査と効果検証による見直し

定期的な見直しでレベルアップを図る

意識調査結果の活用

コンプライアンス・プログラムの内容は、定期的に見直し、それぞれの立場で企業活動の健全性を吟味する必要がある。各人がコンプライアンスをやむをえず、やらされている感じで従うのではなく、戦略的に積極的に活用することが期待される。

コンプライアンスの継続的な見直し・改善のため、定期的に従業員を対象とした意識調査を実施することも有用だ。その調査結果をもとに、それぞれの企業の実情に応じた課題を整理して、その克服に向けた取り組みや行動が求められる。

意識調査等による評価

コンプライアンス・プログラムの有効性を評価する際には、その活動状況だけでなく、それが事業活動にどのような影響を及ぼしているかも評価すべきだ。

意識調査を分析する場合には、多角的に検討し、相互の関連性にも目を配る必要がある。技術の進歩に合わせて迅速な見直しを図るため、その調査結果を踏まえて、より効果的・効率的なコンプライアンス態勢の構築に向けた計画を策定していく。

アンケート調査は、回答者の負担にもなるので、広く理解と協力を得るように努めつつも、質問を絞り込むことも重要だ。アンケート調査は、記名式と匿名とでは得られる結果が異なることもある。例えば、自由記載欄を設けた匿名アンケートでは、「管理職の適性」が問題となることが多く、特に何かあった後の人事処遇がどのようなものかは、会社の姿勢を如実に示すことに

コンプライアンス経営の見直し

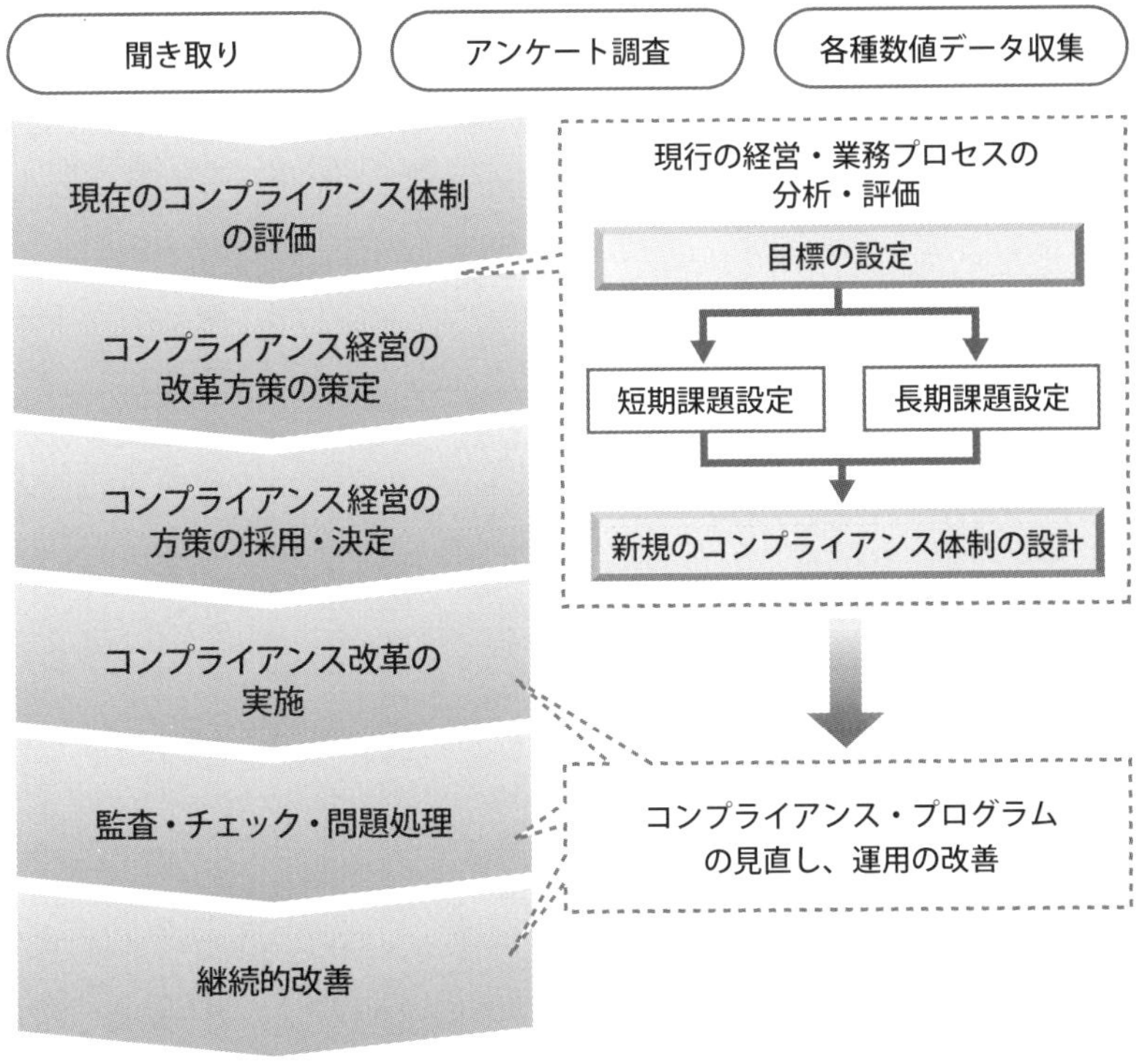

なる。例えば、管理職が保身第一で責任を部下に押し付けるとか、好き嫌いで不公平である等の人事上の不満は、一見するとコンプライアンスとは無関係のようだが、何も失点しなかっただけの管理職が昇進するとか、問題点を指摘すると、「じゃあ、君頼む」と切り返す上司がいるようでは「物言えば唇寒し」という雰囲気が定着して風通しが悪くなり、合理的な問題提起がされなくなる。その結果、必要性が理解不能、意味不明、あるいは誰が責任者か不明な仕事が増えても、疑問に声を上げることができず、見て見ぬふりで放置されることになる。

多くの従業員が「見て見ぬふり」では、不祥事防止はおぼつかない。問題に対して声を上げやすい組織文化の醸成が重要だ。

　こうしたアンケート調査・分析のサービスを提供する業者も増えている。各企業の実態に即して効率的・効果的な調査を実施するため、専門業者をうまく利用することも検討に値する。

分析・評価の方法

　まず、現行の経営・業務プロセスの分析・評価に従って、それぞれの目標を設定する。その際に、短期的な課題と中長期的課題を分けて設定する方法がよく用いられるが、全体としてスピードは速まっているので、あまり長い時間をかけるのは適切ではない。長期といっても、せいぜい一年か二年と考えるべきだろう。特に具体的な方法を明確化できる課題については、できるだけ早く実現するため、企業を取り巻く状況を客観的に分析し、現実と目標とのギャップを特定し、目標とする評価指標（Key Performance Indicator＝KPI、Key Goal Indicator＝KGI）を設定し、これを的確に運用して検証する仕組みを構築すべきだ。この場合、経営トップないし幹部が問題意識を共有し、現場の問題に対して迅速に対応できる態勢が必要だ。

　日本企業が弱いとされる監査・チェック・問題対応の体制も重要であり、必要に応じて継続的な改善が図られるべきだろう。

　効果の検証においては、一律のチェックリストに偏って、数字の変動だけに目を奪われてはならない。従業員からのアンケートや聞き取り、監査の報告等とも総合して多角的に状況を検証する必要がある。その変化の根本原因を究明した上で、先を見越して将来の方向性を踏まえた検討が重要だ。

　改善や改革の成果はすぐに出るとは限らず、試行錯誤を要する課題に対しては、結果として数年ほどかかることもやむをえないこともある。現場で問題が生じた場合には、軌道修正をする必要があるかもしれない。

コンプライアンス疲れはないか

　コンプライアンスは、組織体における建前や付随的なものでもなければ、世間を欺くための装置でもない。ルールを形式的に守るための作法でもない。コンプライアンスの形骸化で、現場が形式主義に堕し、組織的に不正を止められない「事なかれ主義」に陥ってはならない。実質的なリスク管理のためには、コンプライアンスの基盤となる価値観を尊重する意識・風土の醸成に注目することが重要だ。

コンプライアンスは、非主流派の排除を支援する道具でもない。部下に服従を強いる道具でもない。違法行為をコンプライアンスの名の下に強制するのは本末転倒だ。トップに対する批判、反対意見の押さえ込みのために組織の違法行為のもみ消しを強いるようなことは論外だ。どの階層の職務においても、法令・倫理等に立脚した判断が求められる以上、自己の保身目的で不正を命じるような行為は、公私混同でしかない。さまざまな誤解や不適切な考え方等が隠れていないかも見逃してはならない。

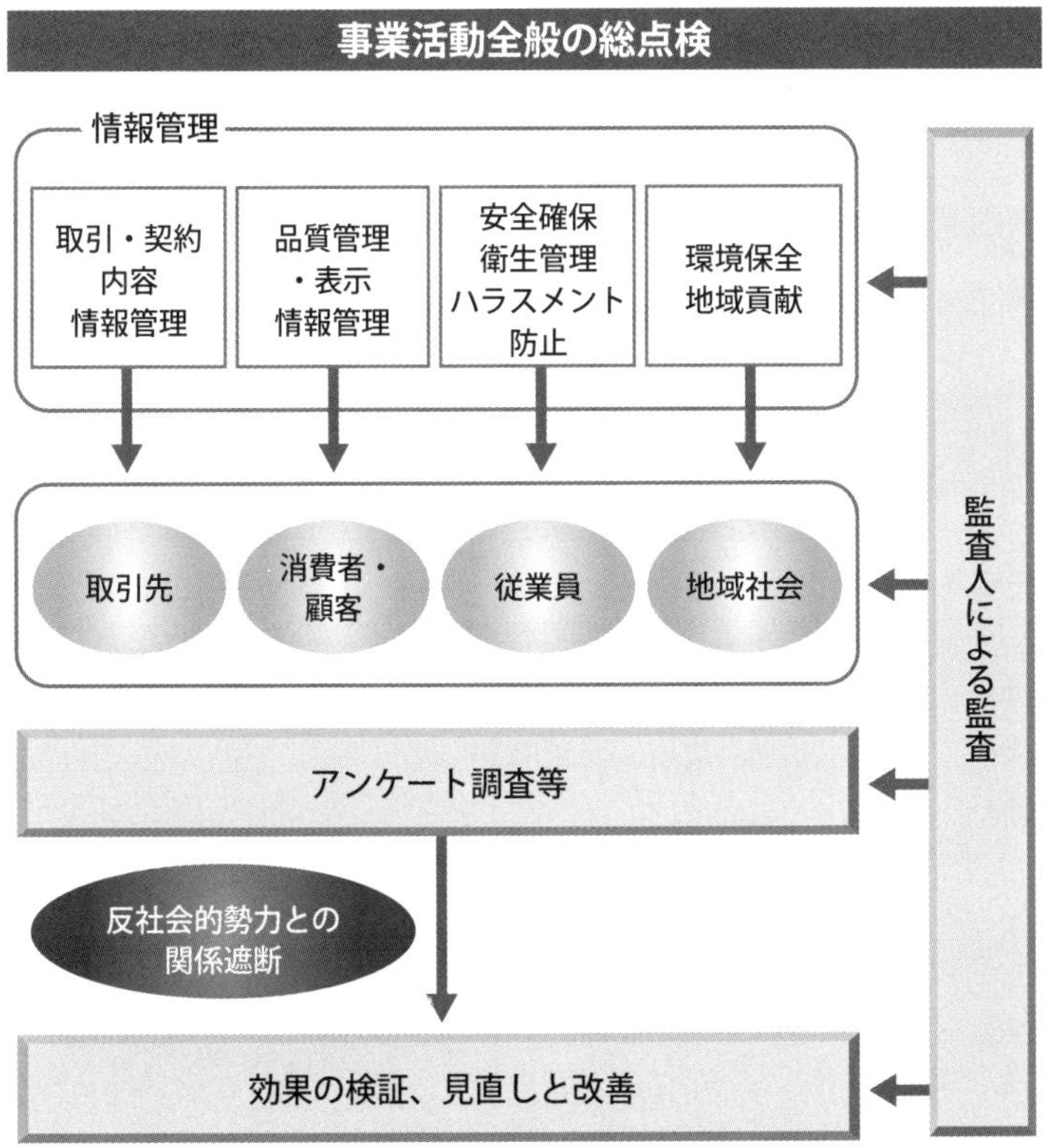

C O L U M N

コンプライアンスにコストをかける理由

コンプライアンスや予防法務の重要性などが叫ばれる昨今、これに対して疑義を呈する見解もある。このような傾向は単に弁護士やコンサルタントを儲けさせて法務コストを増やすだけで、あまり望ましいことではないといったものだ。

もちろん、その論者も「違法なことは許されるべきではない」ということは十分に認識している。ただ「倫理などの問題はあくまでも各人の良識に任せるべきことで、あまりそういうことにコストをかけなかった昔の方が良かった」というのだ。

確かに、人々の良識を本当に信頼することのできた社会であれば、それに越したことはない。

しかし、人間は時として弱い存在だ。それがゆえに、企業も社会もそれに対して合理的なコストを負担せざるをえない。ところが、今まではそれをどこかに置いておき、仲間主義、ナアナア主義でやってきたところが、企業不祥事の温床となっている面がある。

日本の企業社会においては、ややもすると上に行くに従って公私混同が許されるような会社とか、それに従ってコンプライアンスの意識も低下していく組織もある。そうした組織では、法律とか、倫理とか、四角張った理屈で責められ、お金がかかるような問題からは目を背けたいと思う気持ちになるのかもしれない。

法務コストが低い状態とは、そうした問題が少なくて済んでいる状態だが、一部の「役得」を受けている人以外の多くの人々は、むしろ悲劇的な状態に置かれていることが多い。

過去においては、日本の多くの企業でコンプライアンスの理念から逸脱した一部の無法状態的な企業が自らの従業員やその家庭を傷つけ、あるいは消費者や取引先を傷つけてきたし、いまだに改善が遅れている企業もある。そうしたことが一連の企業不祥事や倒産劇などの企業トラブルの教えるところではなかろうか。

企業を合理的に経営するためにはさまざまなコストを負担しなければならない。それが健全な企業社会を構築していくために必要なものであるならば、それを不健全視するのは全く的外れか時代遅れといわざるをえないだろう。

むしろ、これからは前向きな姿勢でコンプライアンスに取り組んでいくことが大切だ。健全な事業活動を重ねていけば、市場にも高く評価される。持続的な成長・発展のためにはコンプライアンスが不可欠だ。それが現在のグローバル社会の中で企業が理解され、生き残るための行動規準にもなっている。

第 **4** 章

Outline of Compliance Management

ノウハウ編

32

コンプライアンスのための文書の作り方

日付、作成者は明確に、正確な文書作成を心がける

文書・データの機能

　コンプライアンス経営の見地からすると、社内で作成する文書（電子データで作成されるものを含む。以下同じ）には、次のような四つの役割がある。

①違法行為防止機能

　正確な文書を作らせることによって、証拠が残る。それが後からチェックされることがわかれば、不正も抑制される。逆に記録が何も残らなければ、違法行為を誘発しやすい。特に電子データは、改竄の記録も残るので、正直に入力しないと辻褄が合わなくなる。

②チェック機能

　後になってから事実関係を確認するために意味がある。問題が生じた場合の検証が容易となり、管理ツールとしても大きな効果を発揮する。この機能を発揮させるためにも、正しい文書管理が必要になる。

③効率性担保機能

　文書の方が、口頭では不正確であったり、時間がかかったりするところを、短く効率的に進めるのに役立つ。また、何度でも読めるし、確認できる。特に、複雑な事項、多岐にわたる事項などはそうだ。

④証拠機能

　後から収集される供述証拠に比べると、記録としてタイムリーに作成された文書は証拠として強い（㊴参照）。後になってから改竄しにくいものほど価値がある。情報の出所を明確にすることも必要だ。

　さらに、文書の電子化には、コスト削減・業務効率化・テレワークの促進・セキュリティの強化等のメリットがある。

文書の重要性

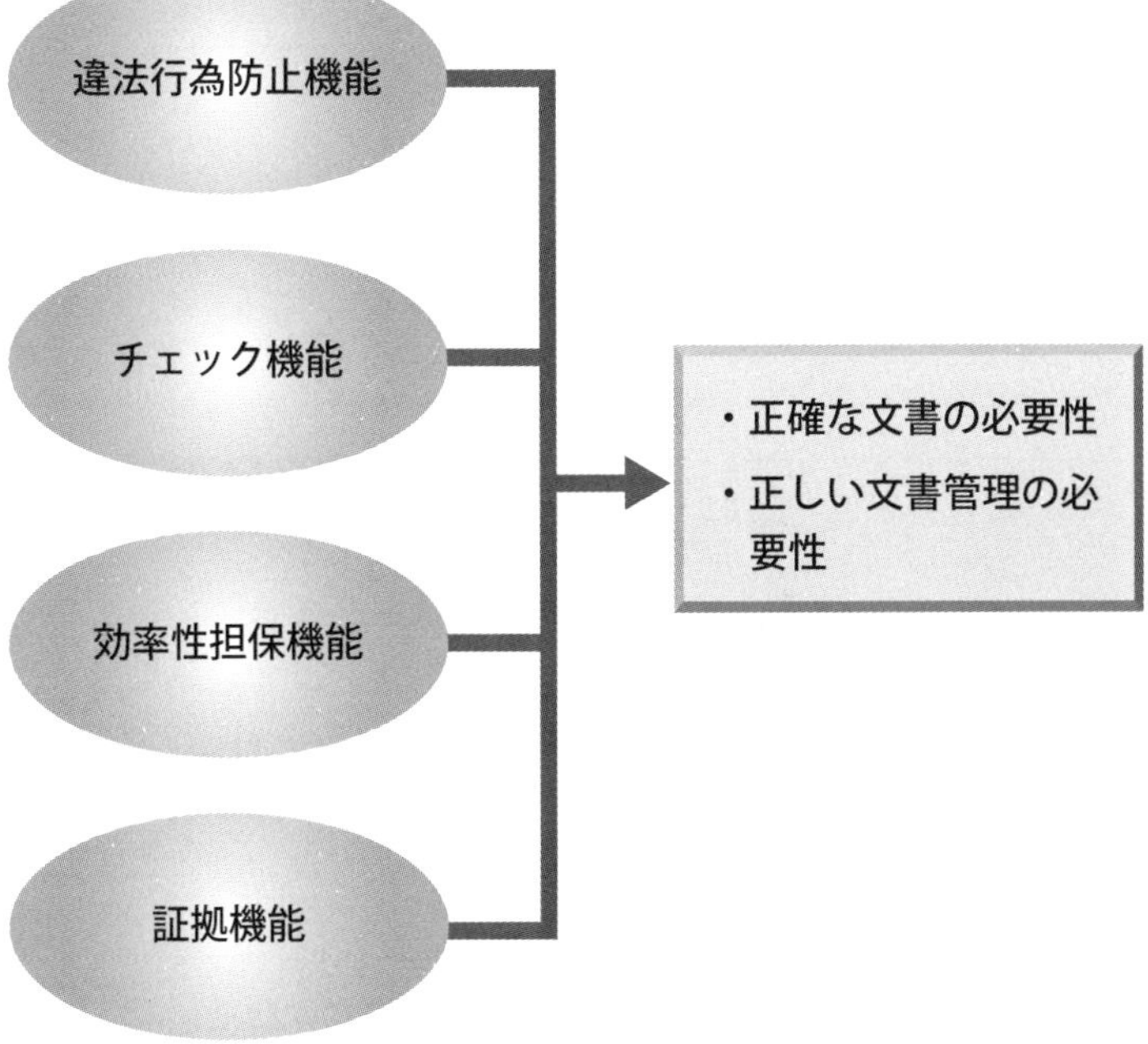

正しい文書の作り方

多くの企業では文書の品質に問題を抱えており、この改善がコンプライアンス向上のために重要な課題となっている。どういう文書データを、いつ、誰に、どのように入力させるかによって、その後の活用も変わってくる。

事実関係の記録や報告をするための文書を作る方法は、その一般的な文書作成方法が妥当する。コンプライアンス経営の見地から正しい文書の作成を確保するため、次のようなことは特に留意すべきだろう。

①目的を明確にする。
②結論を先に書く。
③事実と理由を区別する。

この場合、事実については根

拠、資料、証拠、文献などをできるだけ引用する。理由付けについて個人的な意見、評価と事実は区別する。その他、感情的・情緒的にならないように客観的な表現を心がける。

④日付と作成者を明確にする。

企業には大量の文書が存在する。自分で作ったものでも、しばらくするとそれがいつ作ったのか分からなくなることがある。文書はいつ作られたかによって価値が全く異なる。だから、文書には必ず日付が必要だ。ＩＴにより日付が自動的に付され、改竄ができず、変更記録が残るようなシステムが望ましい。

誰が作成した文書であるかも、その責任の所在を明らかにするために重要な部分だ。勝手に他人名義で作成するのは文書偽造罪となる。特に、行使の目的で、他人の印章若しくは署名を使用して権利、義務もしくは事実証明に関する文書・図画を偽造する等の行為は、有印私文書偽造罪として三月以上五年以下の懲役に処される刑法上の犯罪である。

非常に重要な文書の作成年月日を厳格に証拠として残しておく方法としては、確定日付までとっておく方法もある。公証役場に行って、特定の日にその文書を作った事実を動かせない証拠として残すことができる。ただし、所定の費用はかかる。

無用な文書作成をしない

不要な文書を作らないことも大切だろう。それは往々にして、誤解を招く原因ともなる。ただし、会社に不利な文書は全部不要な文書となるわけではない。企業の改革のために必要な資料であることもあるし、会社の責任の程度が分かる文書であるかもしれない。それが何もないと、結局のところ、もっと何か悪いことを隠しているのではないかと疑われる。それは必ずしも得策ではない。

この関連で、「読んだら破棄すること」とか、「回収のうえ、◯日以内に破棄処分するように」「読後破棄」「作文」「ダマ」「ヤミ」等は不正メールで使われるため、フォレンジック調査では典型的な検索ワードともなっている。それらの文言は、「組織ぐるみでの証拠隠滅」の動かぬ証拠にもなる。もちろん、秘密文書や極秘文書はあってもいいわけだが、

コンプライアンスのための正しい文書の作り方

① **目的** を明確にする。

② **結論** を先に書く。

結論に必要な **事実** と **理由** を書く。

（i）事実については根拠、資料、証拠、文献などをできるだけ引用する。

（ii）理由付けについて個人的な意見、評価と事実は区別する。

（iii）感情的にならないようにする。

③ **日付**、 **作成者** を明確にする。

④ **主語を明確**にする。

⑤ なるべく**能動態**で書く。

それを破棄するという理屈にはならない。虚偽の記載や偽装データの記録も、不正の動かぬ証拠として取り返しのつかない事態を招く危険性がある。

正しい事業活動をしていれば、文書を作成することはむしろ自分たちの利益を守るために有効なものとなるはずだ。それらの文書は適切に管理されて活用されるべきものだから、分類・管理の方法も念頭に置いた文書形式や社内ルールを設けるのが良い。文書作成責任者は、その内容に対して十分な説明責任を果たせるように、万全の裏付けを確認しておく必要がある。

社内研修のほか、日常的にも管理職が部下の文書をチェックし、適宜、適切な指導をしていくことが求められる。

33

情報・文書の管理方法——イザという場合の備え

狙われる文書は社内で案外大切にされていない

e-文書法と電子帳簿保存法

いわゆる「e-文書法」により、民間事業者等が行う書面の保存等に関し、電子情報処理組織を使用する方法その他の情報通信の技術を利用する方法（以下「電磁的方法」という）で行うことが認められた。これによって、書面の保存等に係る負担の軽減等が図られ、利便性が増す。

また、法人税法などで保存が義務付けられている国税関係帳簿書類については、電子帳簿保存法があり、二〇二一年度税制改正で同法が抜本的に改正され、いずれの法令においても、文書の電子保存にあたって事前承認が不要となっているので、文書の電子化に拍車がかかっている。

情報管理体制の重要性

会社法施行規則では、内部統制システムの一環として、取締役等の職務の執行に係る情報の保存及び管理に関する体制や損失の危険の管理に関する規程その他の体制を構築することが求められている。

そこで、文書・データなどの情報（以下「文書等」という）を管理する基本的な指針として、文書等管理規程などの社内規程を策定・改善し、営業秘密などの管理を徹底し、文書等の種類などに応じて保管場所、保管期間、アクセス方法、アクセス権限、廃止方法などの管理基準を定めた情報保存管理規程、文書管理規程等を設け、情報管理責任者を設置して、情報管理を行う必要がある。

文書等の一生

文書等の一生は１６５頁の図

に示したような経過をたどる。

作成した文書等は、その目的に応じて使われる。場合によっては外部に開示されたり、公表されたりすることもある。そうした場合に文書等は独り歩きをすることもある。

また、文書等は形になった以上、しっかりと管理しておかないと、思わぬ形で流出することがある。意図的に譲渡・処分されたものであればともかく、管理ミスが企業にとって致命的なダメージを与えることは避けなければならない。

そうしたトラブルが起きないように、企業内で作成した文書等は大切に保存されるべきだが、管理が悪いと紛失したりする。

選別した文書等は、保存期間の定めに従って、破棄されるのを待つだけとなるが、何かあった時にはまた引き出して使うこともある。必要な場合に備えて保存しているわけであって、意味もなく保存しているわけではない。いざというときに利用できるような状態でなければならない。

e-文書法と電子帳簿保存法

	e-文書法	電子帳簿保存法
対象となる文書の範囲	複数の省庁が管轄する約250の法律を横断し、法律で保存が義務付けられている書類全般が対象	法人税法などで保存が義務付けられている国税関係帳簿書類
保存要件	「見読性」 「完全性」 「機密性」 「検索性」	「真実性の確保」 「可視性の確保」
沿革	民間事業者等が行う書面の保存等における情報通信の技術の利用に関する法律（平成16年法律第149号）及びその整備法	平成10年法律第25号。2021年度税制改正で抜本的に改正

そこで、文書等管理規程を作成する場合には、次のようなポイントに注意すべきだ。

①文書等の分類・整理

文書等管理のための分類基準を策定し、統一的なルールを採用したい。また、各文書の原本と写しを区別し、写ししかない場合には、原本がどこにあるのか、またどうしてそこにはないのかを記録しておく必要がある。

②作成者と保管者を別にする

改竄防止のために、作成者と保管責任者は別にすべきだろう。

機密性の高い文書等について閲覧することを可能にした場合には、閲覧者を記録するシステムを導入すべきだろう。また、それが秘密文書である場合には、閲覧資格を有する者しかアクセスできないようにすべきである。

③ＩＴの活用

膨大な文書等は、検索しやすく整理することが大切だ。ＩＴを活用し、文書等の保存・管理の電子化を推進すべきだ。

文書等にまつわるリスク

文書等、特に重要事項を記載した文書等はさまざまな者から狙われている。狙われている文書等は、競争相手方にとっては非常に価値がある。しかし、その価値は各企業では軽く見られていることもある。時に、文書等の下書きなどは、漫然とゴミ箱に捨てるのでは危ない。シュレッダーが不可欠な部署もある。

また、スパイや各種の業者あるいは企業内部の不満分子が狙っていることもある。さらに、サイバー攻撃が活発化しつつある昨今においては、事業の状況に応じた十分なセキュリティ対策は不可欠であり、手間やコストを惜しむことは禁物だ。

文書等保存期間のルール化

文書等の保存期間は、法令の定めがあればそれに従うのはもちろんだが、法的責任に関する文書については、少なくとも関係する法的責任が消滅するまで保管しておく必要がある。さらに、余裕をもって、時効消滅（または除斥期間の経過）から一年くらいは保存しておくことが望ましい。

この場合、責任が消滅する時点とは、最も早い時点ではなく、最も遅い時点を基準にすべきだ。例えば、不法行為の時効（または除斥期間）は、権利者が「知

文書・データの一生

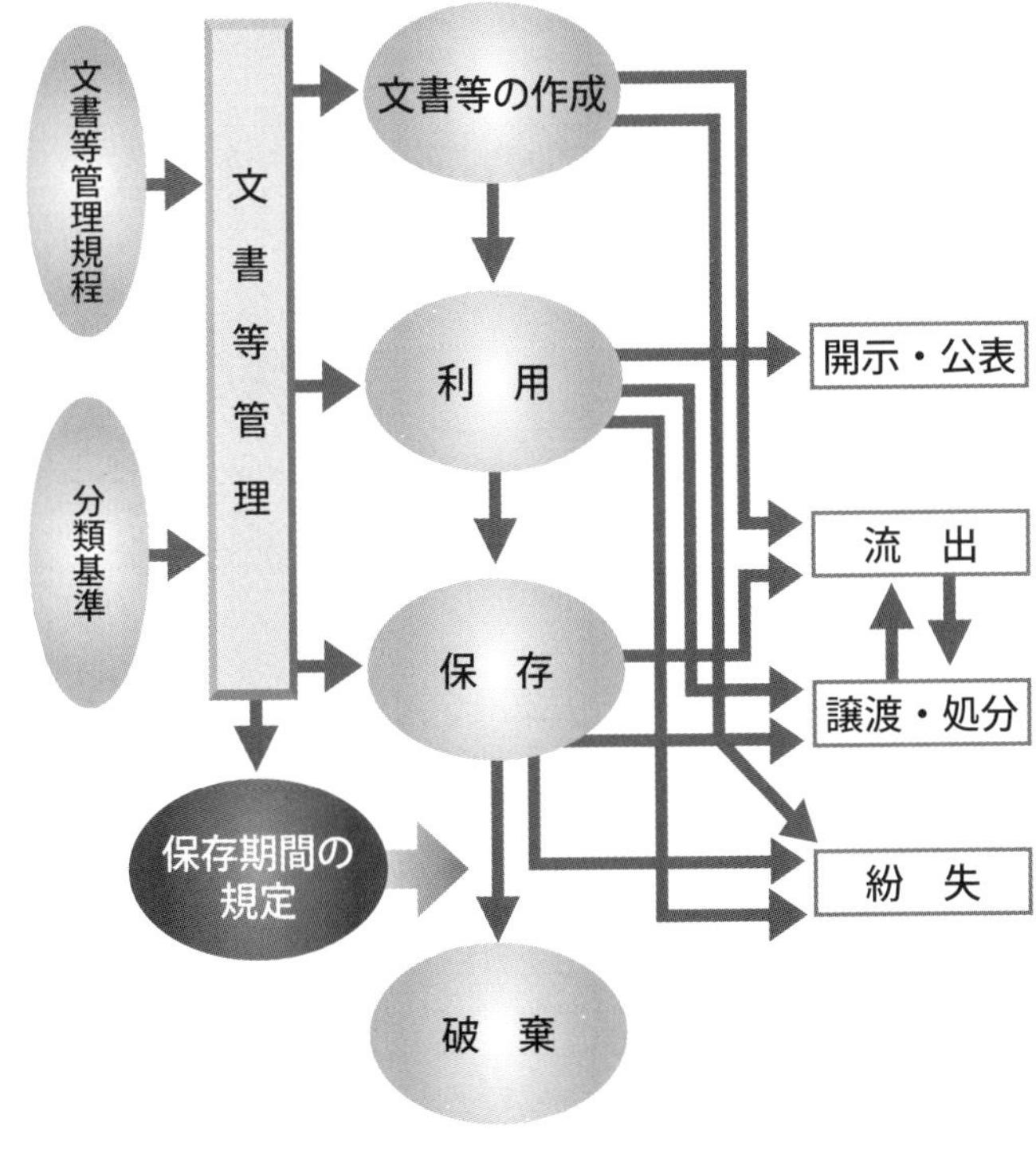

った時から三年」または「行為時から二〇年」とされている。そこで、相手方が行為の時点から必ず知っていることであれば三年とすることも許容されようが、相手が知らないかもしれない場合であれば、いつの時点から時効が進行するかは定かではない。不法行為のクレームも想定するのであれば二〇年間の保存も考えられる。さらに、重要文書等については永久保存とすることも必要だろう。

もっとも、文書等の保存もコストがかかる。必要に応じて保存する文書の選別やデータ化をすべきだ。とはいえ、その選別が恣意的になされると、何かあった時に証拠隠しとか事実の隠蔽だといった批判を招くことになる。

したがって、情報保存のルール策定に当たってはそれなりに十分な根拠、理由に基づくべきことはもちろん、その運用も事実の認定の支障にならないように配慮する必要がある。

34

弁護士の活用——使いこなすための知恵

上手な弁護士の使い方がコンプライアンス経営のカギ

弁護士の積極的活用

法規範レベルのコンプライアンスを徹底するために、紛争・予防法務の場面でも、問題解決のためだけでなく、企業法務に精通した弁護士などの法律専門家を利用することが有意義だ。

ただ、日本では弁護士の利用の仕方が必ずしも洗練されていない企業も多い。多くの弁護士も紛争解決を業務の中心としてきたので、すべての弁護士がコンプライアンスになじんでいるわけではない。

しかも、日本の弁護士がカバーする領域は比較的広かったので、弁護士の選択に多少のズレがあっても、あまり問題とはされてこなかった。

そのため、企業においても、弁護士の選び方から顧問契約の結び方まで、よく分からないまま、ただ何となく顧問料を払っているといった例も少なくなかった。

しかし、弁護士をめぐる情勢も大きく変化し、その業務のスタイルも多様化して専門性の分化も進んでおり、依頼企業も弁護士倫理について理解する必要性が高まっている（この詳細は、拙著『企業改革への新潮流　法務コンプライアンス実践ガイド』（清文社二〇〇二年刊）参照）。そうした変化を受けて、今後は、アウトサイド・カウンセル・ポリシー（外部弁護士起用の基本方針）等を策定して、弁護士の起用についても十分な注意を払うことが求められる。

適時に的確な依頼を

法律的な問題があった場合に、適時に相談し、的確な対応をとってもらえるようになっていることが大切だ。そのために、弁護士と企業の関係が適切な関係である必要がある。その関係には、左表のようにさまざまなタイプがあり、弁護士によって使い分けることも必要だ。

もちろん、企業によって起きやすい問題は異なる。例えば、消費者との接点が多ければ、消費者関連の法律に強い弁護士がいいし、会社法関連の問題が多い場合は会社法に強い弁護士がいい。そのような企業の特性と、弁護士の得意領域とが見合う弁護士が好ましい。

企業と弁護士との関係

(社内)(社外)取締役	取締役としての職務。特に法務またはコンプライアンス担当
(社内)(社外)監査役	監査役としての職務
雇用契約や嘱託(委任)契約	社内弁護士
顧問契約	企業全般にわたる法律問題、コンプライアンス、取引、人事等に関わる諸問題
継続的関係	同種問題、専門分野についてのアドバイス、事務
単発の依頼	訴訟、特殊な案件、トラブル
補助的依頼	遠隔地等での一時的な助っ人

相談メモや意見書の取り方

弁護士からアドバイスを受ける場合には、適法性や妥当性の判断が合理的であることを社内に記録として残しておくために、書面等で意見書を取ることが有意義であることがある。

もちろん、事案によっては、弁護士側が書面等による意見書やメモを出すことを渋る場合がある。それにはそれなりの事情があり、書面にできない場合は必ずしも依拠できない意見であるためかもしれない。

弁護士からの助言に満足できればいいが、もし十分に満足できなければ、遠慮しないで詰めていく作業が必要なこともある。例えば、前提としての事実の詰めが曖昧な意見書もあるが、そこは依頼する側がしっかりと注文してコントロールする必要がある。

もっとも、法律も明確でないことがある。グレーゾーンについては法律意見書も白か黒かを断定できないことがあり、それを無理に要求することはできない。そうした場合は、その理由、リスクを分析して、企業としてどのように判断、行動するかを選択する必要がある。また、一つの方法としては、若干コストはかかるが、複数の法律事務所から意見書（セカンド・オピニオン）を取ることも有益だ。

弁護士と依頼企業の間には潜在的な利害対立もありうるから、紛争案件における代理人の起用や仲裁人の選定等でも、セカンドオピニオンは有用だ。

弁護士の助言は免罪符でない

弁護士の意見書の通りに行動しても、会社や取締役は免責されるとは限らない。弁護士にむりやり都合のいい結論を書いてもらおうとしても、往々にしてさまざまな限定がついており、肝心のポイントが外されていることもある。そういう意味では、黒を白と言いくるめてもらうための意見書は役に立たない。

弁護士の助言は、基本的には依頼の範囲内でしか行われないため、何をどのように依頼したかも問題となる。弁護士に、法令の不備を踏まえて、経営倫理にまで踏み込んだ妥当性や経営責任について厳しく指摘することまで依頼するケースは少ないだろう。むしろ依頼者に迎合して客観性や独立性を欠いた党派的な助言となる傾向もある。

それを克服するには、相当な理論的な裏付けと説得力が求められる。過去の実績や名声などの権威は通用しない。外部の厳しい目にさらされても耐えうる内実を備えるための作業は、依頼者と弁護士の共同作業となることを忘れてはならない。社会の価値観や法律も変化するので、その潮流を読むことも大切だ。特に、この改革の時代は、裁判実務や判例も変化しやすく、予断を許さない。

依頼のタイミング

日本では、あまり早い段階から弁護士に依頼する慣行が定着しておらず、ややもすると紛争がかなりこじれてしまってから仕方なく弁護士に依頼するといった形になりがちだ。しかし、そのようなことでは、トラブル処理が難しくなり、コストも余計にかかり、あまり望ましい処理は期待できない。

　欧米の一流企業になると、法務部に多くの社内弁護士を抱えており、ある程度早期の段階から関与できる体制が整っているが、日本では現在そこまでの環境が整っている会社は少ない。

　ただ、企業の事業活動において不安な法律問題は必ず内外の弁護士に相談できる体制を整えることは、コンプライアンス経営を実行するための基本だろう。

弁護士チェックのポイント

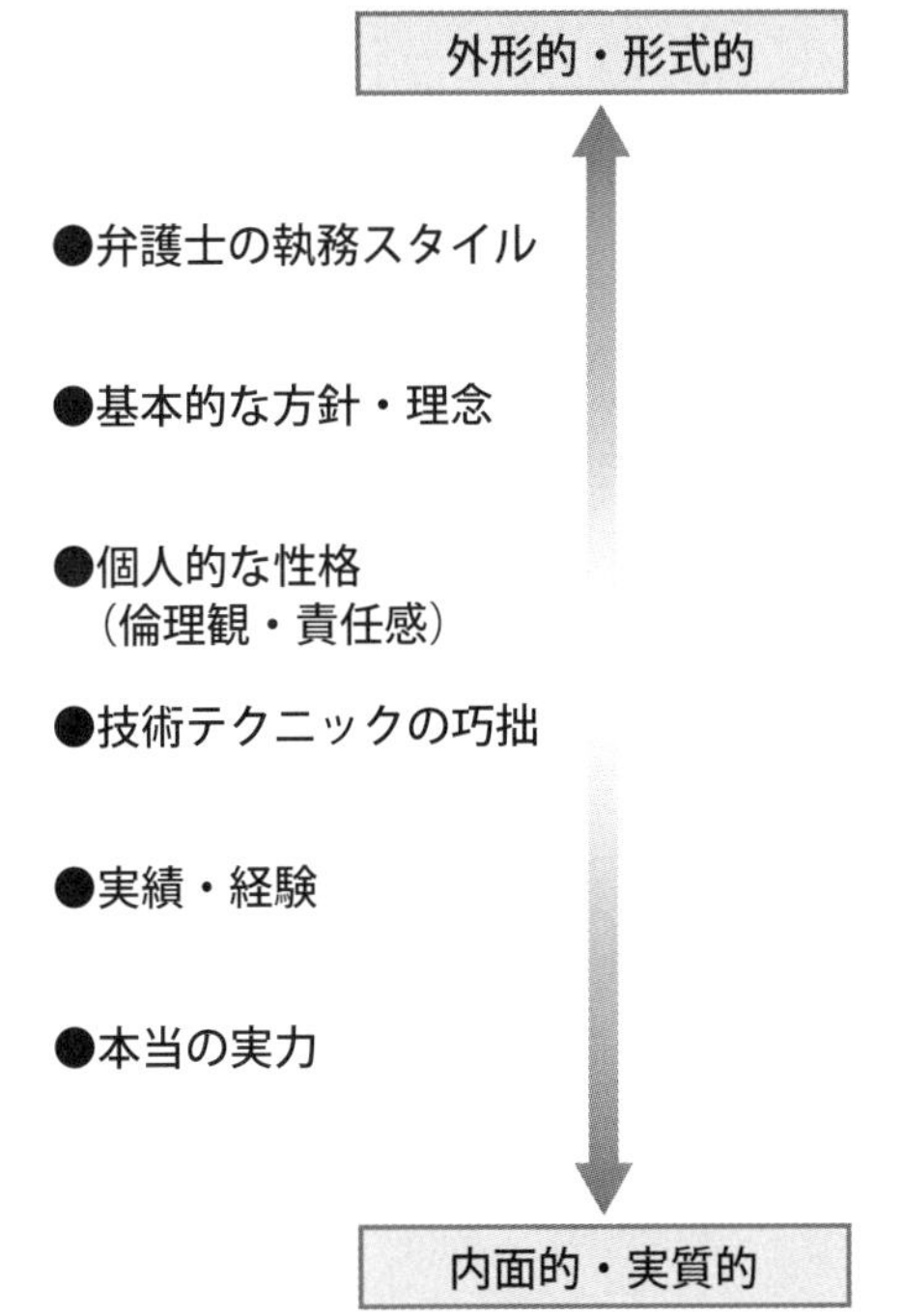

弁護士の評価とは

　どういう弁護士がその企業に向いているかはいちがいに述べられない。評価・評判の分かれる弁護士も少なくないし、またそれが悪いわけでもない。弁護士の考え方は千差万別であるだけでなく、それぞれの企業や弁護士の個性にもよる。

　弁護士の執務スタイル、基本的な方針・理念、個人的な性格、実績・経験等だけでなく、コンプライアンスの趣旨・目的を十分に踏まえて、弁護士倫理に適合し、依頼者の正当な利益を長期的な視点に立って助言できるかどうかに注目することが重要だ。

35 コンサルタント・公認会計士・税理士等の活用

適材適所で効率的、効果的なコンプライアンスを

アウトソーシングの合理性

社内に人材が不足している場合には、外部の専門家を雇った方が早い。また、社会の変化が早いために、会社の人材を投入して、すべてをフォローしていくのも大変だ。

そこで、各種の専門家の力を借りて、適材適所の能力・技能を使うことによって効率的、効果的なコンプライアンス経営を目指すことが必要だ。

特に、昨今の企業経営においては、法律のみならず、会計・税務・監査のいずれにおいても、ＩＴやＡＩ等を可能な限り活用して、より効果的・効率的な業務管理の実現を目指すべきだ。

専門領域は何か

それぞれの専門家には、各専門領域による限界もある。会計士は法律的な問題に必ずしも強いとは限らないし、税理士は契約関係の法律関係にそれほど精通していないかもしれない。さらに、一般的には、それぞれの領域でもさらに細かい領域による専門化が進む傾向がある。新しいジャンルの各種コンサルタントも増えている。それらコンサルタントの専門領域を見きわめて正しく利用することが必要だ。その場合、適宜、問題に応じて適切な専門家を紹介してもらえるような形が望ましい。その逆に、能力をも省みずに何でも抱え込む傾向が見られるコンサルタント等は要注意だ。

また、依頼企業と利益相反的な報酬契約を提示するコンサルタント（例えば、本来ならば、より安い金額で買収すべきＭ＆Ａのコンサルタントが、買収総

外部の専門家の活用

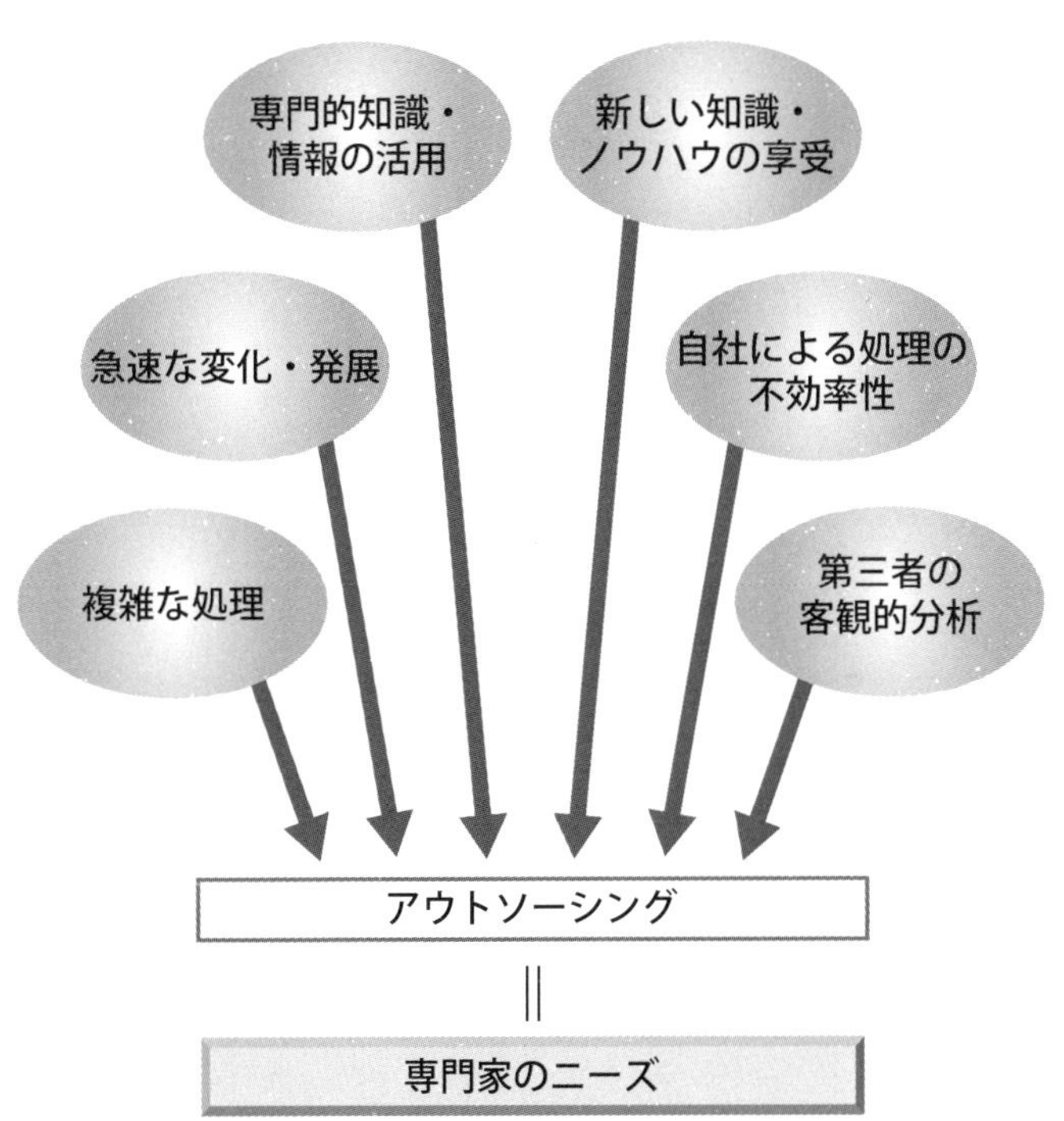

額に料率をかける形で成功報酬金額を定めている場合等）や問題のある助言をするコンサルタントや役に立たない者もいる。悪徳コンサルタントの餌食にならないように注意が必要だ。

適切なコストの負担

外部の人材を使う場合には、それなりのコスト負担は必要だ。

例えば、日本の企業は、会計監査予算が少なく、欧米の企業ほど高い報酬を支払っていないケースが多いようだ。このため、会計監査人も時間や労力を十分に注げず、監査が不徹底なものになっているという指摘もある。低額のフィーで専門家の時間を使わせるにも限界がある。

この背景には、そうした監査の重要性を認識しないところからくる経費の出し渋りがあるようだ。監査の趣旨を理解して、また欧米企業ではどれくらいの費用を使っているのかも参考にすべきだろう。コンプライアンス経営を目指す以上、応分の出費をすることを織り込んでおくことは避けられない。

資格の規制と倫理的行動

コンサルタント関連業務は、資格で規制されていない部分もあるが、資格によってある程度の目星がつく場合もある。もちろん、資格があるからといって、そのサービスの品質が保証されているわけではないが、どういう業務を行っているかの目安にはなる。

もっとも、資格の中には、民間団体から比較的容易に取得できる認定資格もあり、有資格であることを謳うコンサルタントの中には実力が備わっていないようなケースもある。効果的なコンプライアンスの推進には、組織内に実質的な評価、判断ができる人材なくして外部のコンサルタントを有効に使いこなせないことにも留意すべきだろう。

同じ職務でも、資格の規制を受けている場合は、それなりの倫理基準などがあることもある。各職業における倫理規範は、その信用や職務の公正さを守るためであるとともに、職務の確実性、品質の確保による依頼者の利益保護をも目的としている。したがって、その倫理基準から逸脱する行動に走るような者には注意する必要がある。

かつて監査法人の責任が問われるケースもあった。企業と会計専門家がグルになって不正を隠そうとしても、それは企業のためにさえならないし、かえって発覚した時の損害を拡大するだけである。

コンサルタントと依頼企業の契約は、基本的に委任契約（準委任）なので、コンサルタント側が依頼企業に対して善良な管理者の注意義務を負っている（民法六四四条）。依頼企業のコンサルタントに対する高度な信頼を基礎とするので、それが失われた場合にはいつでも契約を解除できる（民法六五一条）。

しかし、コンサルタントが依頼企業の内情を深く理解して、長期にわたった安定した関係を維持できれば、より効率的で質の高いサービスを受けることも期待できる。その意味でも、コンプライアンスの趣旨・目的を十分に理解したコンサルタントに依頼することが重要だ。

なお、コンサルタントが賄賂の道具に使われる事件や、賄賂の口利き等になっていたことが後か

各種専門職の効果的活用

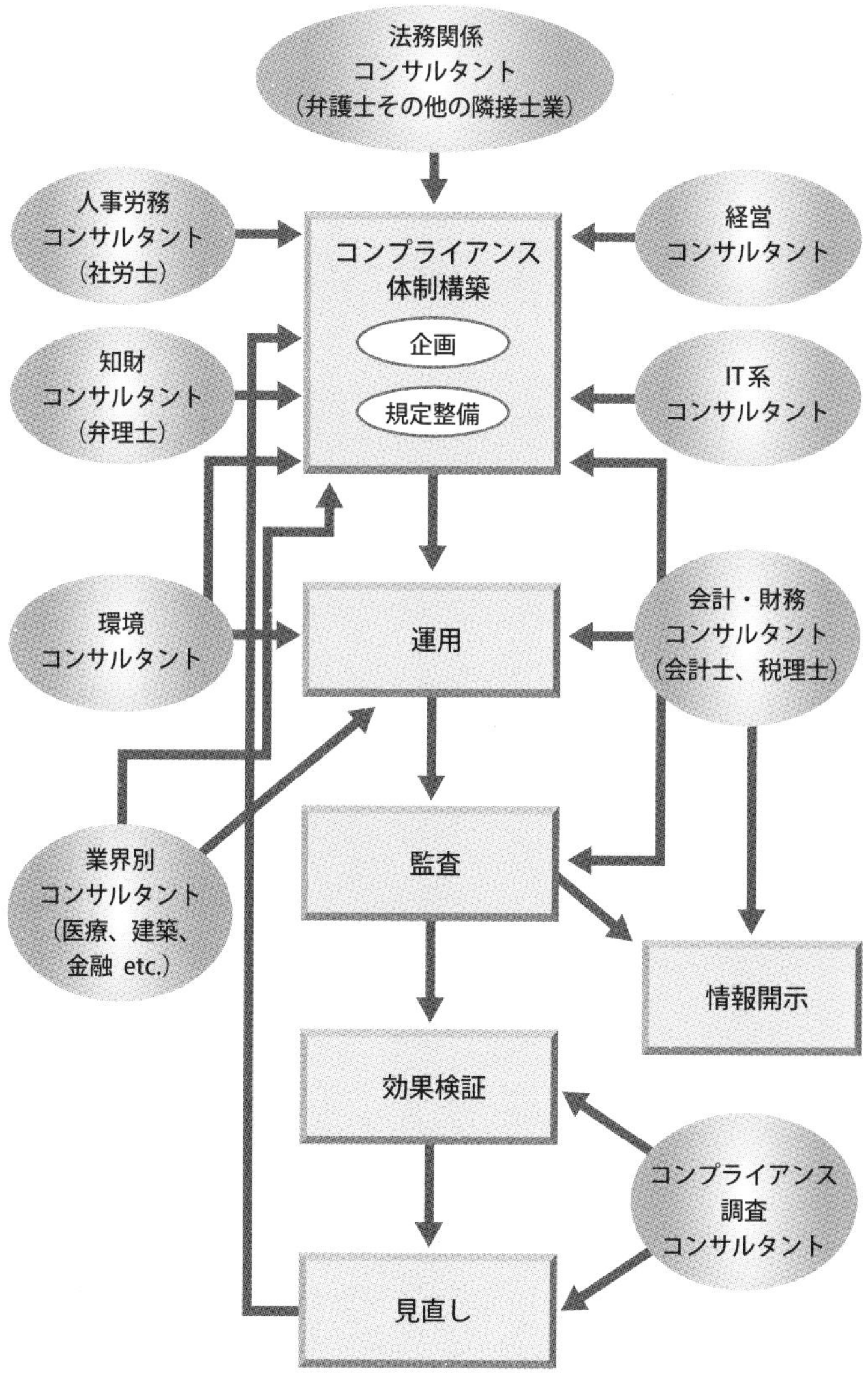

ら発覚した不祥事も少なくない。これを防止するには、専門的な見地から、コンサルタントの提供する業務の合理性・妥当性を事前にチェックできる態勢も不可欠である（㊼参照）。

36

外部コンサルのコントロール——実効性を意識した管理

いかに効率的に良質のサービスを引き出すか

仕事のクオリティを維持するには

物理的に目に見える商品とは異なり、外部専門家のパフォーマンスは評価が難しい。そこで、周辺の専門家の力も借りながら、外部コンサル等の対価が合理的かどうかは、その仕事の出来ばえ、具体的には成果（プロダクト）の質、量から評価する必要がある。成果の文書等が長ければいいというわけでもない。一見短くとも、短くまとめるためにかえって時間が余計にかかることもある。時間をかければ、それなりにクオリティの高い仕事もできるが、逆に時間を限って急げばミスも出やすくなる。そのため、よい仕事をしてもらうためには、それだけコストも高くなるのはやむをえない面がある。企業とすれば、どの程度の完全性を要求するかという問題もある。

一つの方策としては、共同作業で仕事を進めると効果的であることがある。例えば、本来ならば法律事務所の弁護士が何人かで共同作業をしてその時間がチャージされてしまうところ、法務部のメンバーが下請けの弁護士の役割を果たせば、会社の意向が間違いなく伝わるだけでなく、その分のリーガルフィーを節約でき、組織内の人材育成にも役立つ。そうした仕事のやり方も工夫しながら、相互に満足のいく仕事を目指すべきだ。

コスト管理の必要性

実際のところ、弁護士やコンサルタントなどに相談したいのは山々だが、コストのことを考えると思うようにできないという会社もある。

サービスに見合ったフィーとは

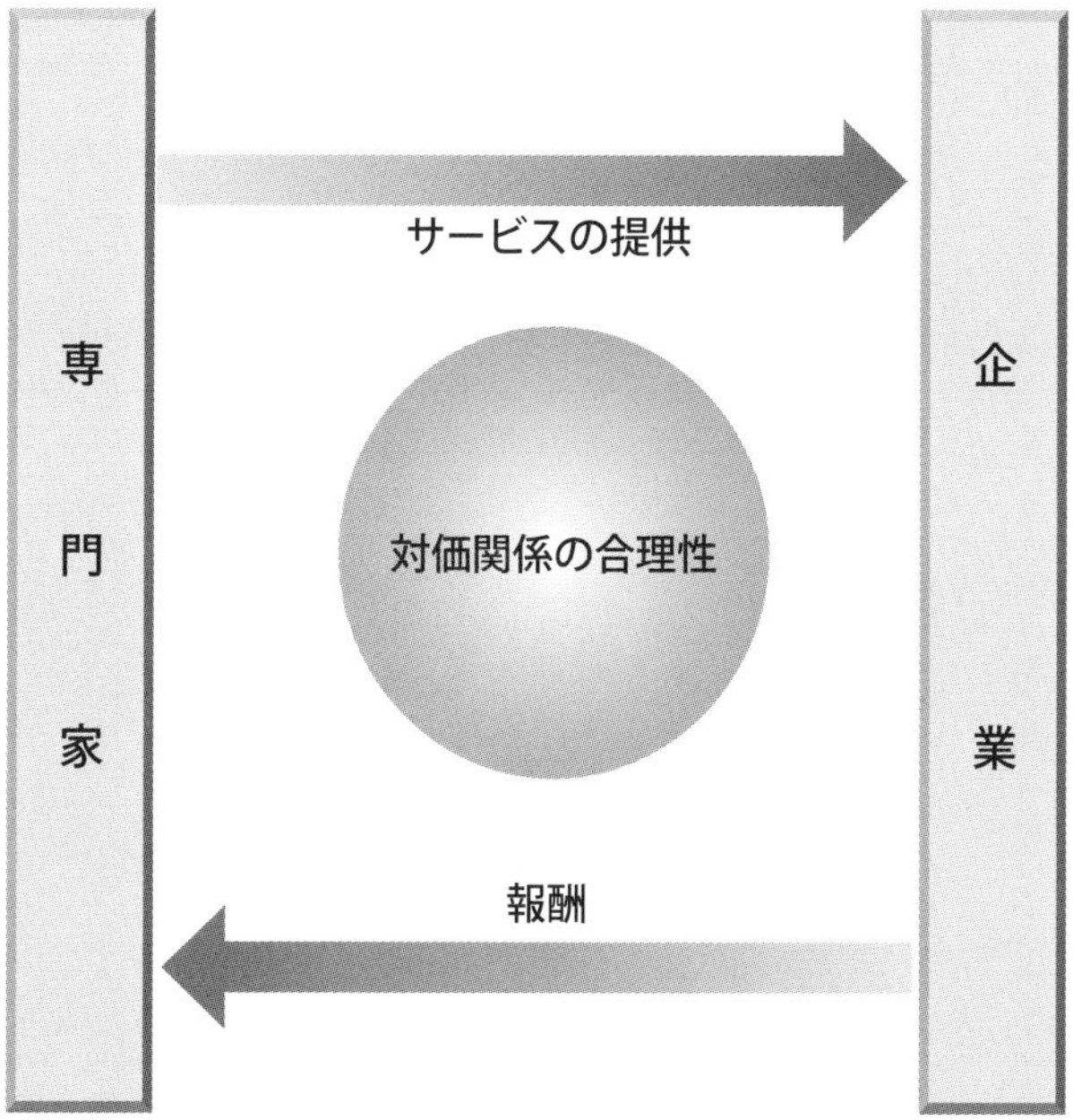

また、報酬をケチっているだけで、専門家の方から嫌われても面白くない。それでは、結局のところ、良質のサービスを長期にわたって受ける安定的な関係は築けない。

さらに、何とか全体の予算の枠内ですんでいるという場合でも、より高い水準の効果を引き出すための努力もすべきだろう。同じ報酬を払うにしても、より望ましい最大限の効果を引き出す努力が必要であり、その見地からもサービスの品質管理と報酬のあり方は検討に値する。

報酬の体系を見直す

まず、報酬がどのような仕組みで決められているだろうか。企業のニーズに合致する体系が採用されているかを見直す必要がある。

一般的には、定額の顧問料、時間制、プロジェクトの価額に所定の料率を掛けた額などの決め方がある。事務所ごとの報酬基準がある場合、それをどう解釈・運用するかという問題がある。時として合理的でない体系が採用されていることもあり、交渉の余地はあるかもしれない。

例えば、時間はそれほどかからないが、プロジェクトの価額が大きいために、所定の料率をかけて出されるフィーが、時間当たりで計算すると高すぎるということがある。こうした場合は、何らかの調整が必要だ。

また、依頼企業の要望と受任者のインセンティブが矛盾しないような報酬の算定方式を採用すべきであって、利益相反の構造は避ける必要がある。

有名であるとか、実力があるという評判から、かなり高いフィーが必要となるケースもあるが、それに応じたメリットがきちんと確保される性格の仕事であるかの見直しも必要だ。もちろん、それに見合う価値があれば問題はないが、単に関係を維持しておきたいというだけであれば、会社の事情に応じて交渉の余地があろう。

もちろん、最終的には依頼企業のニーズの度合いと、受任専門家の請求額の関係で、適当な額に妥結するものであり、それは業務の多寡、業務の難易、業務の代替性の難易等からみて相当なものであることが合理的だ。

時間制のタイムをセーブする

時間制（タイム・チャージ）による場合は、使う時間と単価から報酬金額が計算されるから、その両方をチェックする必要がある。

まず、単価については、誰を使うかに関係しているので、それぞれの人を見て単価が妥当かどうかをチェックする必要がある。この点については、過去のキャリアや実績等を踏まえて決められる。

一番大事なのが、時間のコントロールであり、これについてはダラダラと時間を使われたり、効率の悪い仕事や能力不足から来る余計な時間について請求されないようにチェックする。

その観点からする現実的な一つの方法として、あらかじめ見積もりの時間、上限の金額について合意しておくことは、しばしば行われている。

ただ、取引案件は量的制限をつけやすいのに対して、紛争や摘発案件の対応では司法当局の要請に対応する程度や範囲をコントロールするのは難しい。その意味でも、コンプライアンス違反に伴うコスト負担よりも、事前予防が得策である。

タイムチャージのコントロール

見積もり　○○h（時間）

単　価　¥00,000

実費（交通費など）　¥0,000 ――――（A）

明　細　業務内容
期間　日時ごとの業務詳細

時間○○h

（合計時間）×（単価）

調整・割引　△¥00,000

報酬金額　¥00,000 ―（B）

（A）＋（B）＝最終的支払金額　¥00,000

また、企業側からの指示の悪さから、無駄な仕事や、余計な仕事をやらせるような形になっていないかも注意する必要があり、責任転嫁は認められない。

その意味で、依頼の目的を明確に絞り込むことも重要だ。要領よくまとめた書面をあらかじめ送付しておき、それについて肝心の問題点をしっかりと押さえて、依頼の趣旨を明確にし、不必要な問題に広がらないような配慮があるといい。そうすることによって余計な時間のチャージを防ぐことができよう。

ただ、最終的には、その成果に応じた一定の調整や割引の交渉をする余地があれば、それも考慮の上、最終的な額が確定することになる。

37 役所官庁とのつきあい方——健全な関係維持のために

確実そうだが、必ずしも十分ではないこともある

「平時の局面」と「戦時の局面」

コンプライアンス経営において、官庁との関係は「平時の局面」と「戦時の局面」がある。「平時の局面」とは、普通の業務の過程で法律上の疑問や問題点がある場合に、官庁に相談したり、事前に指導を受けたりする局面で、行政サービスをいかに引き出すかという観点から整理しておくべきだろう。

それに対して、「戦時の局面」とは、当局が何らかの法律違反があるものと主張し、会社がそれとは見解を異にし、場合によっては防御しなければならない局面である。そこで会社が安易に屈服すると法令違反の汚名を着せられ、コンプライアンスができていなかったということが露呈することになる。

基本を押さえて質問を絞る

まず「平時」だが、コンプライアンス経営を実行するためには、官庁をうまく活用することが大切だ。特に、行政法規、取締法規で心配な問題については、できる限り担当部署に連絡をとって、確認をしておくことが重要だ。そのような平時の局面での役所とのやり取りは、それほど難しいものではない。

役所の縦割りから、どこにつなぐかが難しいことはあるが、近そうなところから当たっていけば、どこかにつないでくれる。

ただ、役所に質問する場合も、自分で何も調べないでいきなりあまりにも基礎的なことから質問すると、時に迷惑がられるので、それなりの下調べをしておくくらいの配慮は必要だ。

役所は警察と同様、コストが

かからないからといってその分気楽にやる、ということは好ましくない。確かに、企業や国民は税金を払っており、行政サービスはその対価だと考えられる部分もあるが、それもそれなりの節度を保つ必要がある。近時は官庁の情報発信が活発であり、基本的な情報はホームページでかなり得ることもできる。よくある法令改正やQ&A等で多くの疑問は解消するだろう。そこで、まずは自分たちで調べ、疑問点を絞って問い合わせるべきだろう。

　そういう意味でも、基礎的情報はある程度入手しておき、さらに情報を集め、あるいは見落としがないかを確認するために官庁を利用すべきだろう。

変わる役所とのつきあい方

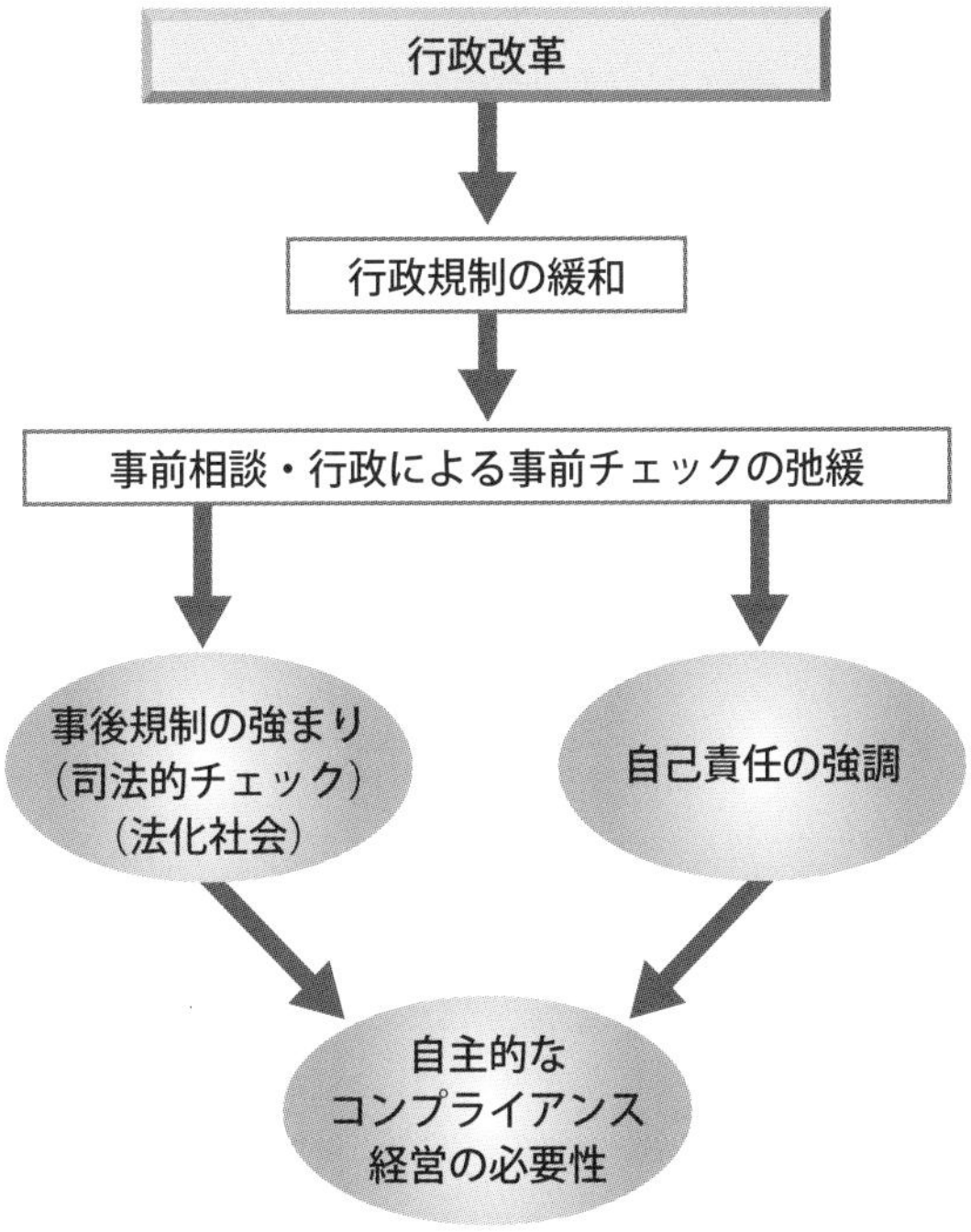

行政関連の法令しか扱わない

　役所で扱うのは、原則として役所が法令について一定の解釈権限があるような、行政法規、業法関連、取締法規についてであって、そうした法律の仕組みや、規則、政令、省令、通達などの内容を知りたい時には適しているが、そうでないと答えてくれない。例えば、民事法規、特に、契約関係の問題など、法令の解釈が争いになりそうで、学会でも意見が割れるような問題については消極的だろう。そうした問題は、弁護士や研究者に相談する等、他の意見を求めるしかない。

さらに、事実認定がからむようなものや、事実関係が複雑な案件での当てはめが難しそうな問題も、役所は一般論を言うだけで、ズバリどうだということまでは教えてくれない。

運良く答えてくれたにしても、お役人の口約束や回答には保証があるわけではない。そこで、それを単なる気休めに終わらせるのではなく確固としたものとするためには、その裏づけを確認し、間違いがないことを確かめることが重要だ。時には、そうした裏づけを跡づける過程で、新たな疑問点が浮上したり、役所とのやり取りで大事なポイントを落としていたことが明らかになったりすることがある。

また、「日本版ノーアクションレター制度」として、行政機関による法令適用事前確認手続や、グレーゾーン解消制度が設けられている。両者の違いは、左表の通りだが、これによって新しいビジネスの立ち上げや新商品の売り出し等が法令に抵触しないかを事前にチェックできる。

例えば、契約書をＡＩで審査するサービスの提供事業について、政府はグレーゾーン解消制度での照会に対して、違法の可能性が否定できないグレーとする旨の回答を出した（二〇二二年一〇月）。これを受けて、弁護士法に適合したサービスに向けてのガイドライン作りに取り組むという。

規制緩和で自己責任へ

昨今の規制緩和に伴って、行政官庁の事前規制が弱くなれば、行政当局から指導などを受ける機会が減少する面もある。

その代わりに強調されるのが、各自の法務部や顧問弁護士などとの連携による法的チェックの重要性だ。民間企業である以上、自己責任による経営が求められる。当局が検査をするのは、あくまでも取り締まりが目的であったり、消費者向けの行政サービスであったりするにすぎず、そこですべての必要なチェックを代替させることはできない。

「戦時の局面」での争い方

企業が行政と争う局面に入ることはそれほど多くはないだろ

う。ただ、事前規制から事後規制への転換により、当局が業務停止処分などを積極的に発動するようにもなってきている。

2つの制度の比較

	日本版 ノーアクションレター制度 （法令適用事前確認手続）	グレーゾーン解消制度＋ 新事業特例制度
対象法令	事業者の不利益に直接つながる行政処分・刑罰に関する規定。	一切制限されておらず、法令・政令・省令・通達等のいずれも対象となる。
照会先	規制所管省庁。適法性を確認したい行為が複数の種類の規制に関わる場合、複数の行政庁に別個に照会することもある。	現状の規制対象が不明確な場合、新ビジネスを検討する事業者が、事前に、想定事業を所管する行政庁、事業所管省庁を通じて、規制所管省庁との協議や照会を行う。
機能	ある事業活動に関係する具体的行為が特定の法令の適用対象となるかどうか、予め所管する行政機関に直接に照会し、その行政機関が回答し、当該回答を公表する手続。	主に経済産業省が窓口になって質問を受け付け、照会者へのアドバイス・きめ細かな指導も行う。規制官庁と事業者の橋渡しをする事業所管庁が，企業と連携を取り、企業の意向を酌み取って官庁に働きかける機能もある。
沿革	2001年3月27日「行政機関による法令適用事前確認手続の導入について」との閣議決定による。	産業競争力強化法に基づき2014年に開始（2022年6月末までに229件の回答が示された）。

　行政庁も、時に誤りや行き過ぎを犯すかもしれない。また、行政当局と法令解釈や意見の対立が生じる場合もありうる。そうした場合、自分の会社が取る立場の根拠を明確にして何らかの形で主張を認めてもらわない限り、違法扱いされてしまう恐れがある。大義名分が立って、世間が味方になってくれるような場合であれば、行政手続法などで争う余地もある。裁判で勝てばいいが、それは必ずしも容易ではない。会社側に非があれば率直に謝罪し、捜査に真摯に協力したほうが得策であるケースもある。

　いずれにしても、こうした案件になると、かなり特殊で専門的になるから、弁護士と相談しながら対応を判断すべきだろう。

38

警察との連携――反社対応では緊密に

日頃のコンプライアンスで〈悪の連鎖〉を断ち切る

警察と企業の関係

　コンプライアンス経営における警察との関係も、普通の役所と同様に、警察の力を借りる立場で協力を求める場合と、逆に警察から捜査を受ける立場になる場合とに分けられよう。

　しかし、この両者は別物ではなく、普段からの付き合いが適切であれば、イザという時もお互いの信頼が前提となろうが、そうでなければ逆となる。

　警察に協力を求める典型的な場合が民暴関連だが、そのほかにも会社が窃盗、横領、背任など、犯罪の被害にあったとか、加害者を告訴したいといった場合が考えられる。

反社会的勢力との関係遮断

　反社会的勢力とは、直接・間接を問わず、一切関係を持たないようにすることが強く求められている。反社会的勢力から不当な要求を受けた場合、適宜、警察等の関連行政機関や民暴専門弁護士等の専門家とも連携し、断固として不当な要求を排除する必要がある。このため、警察署や近隣企業との連携を強化し、情報収集に努めるべきだ。

　日本経団連の企業行動憲章も「市民社会の秩序や安全に脅威を与える反社会的勢力および団体とは断固として対決し、関係遮断を徹底する」として、毅然とした対応を求めている。各都道府県の暴力団排除条例には努力義務もあるが、金融機関の業界団体や自治体等も各業界団体に対応を働きかけている。金融機関の反社会的勢力に対する融資等の問題は、それを抱え込んで警察や専門家等に相談しなかっ

暴力団構成員及び準構成員等の推移

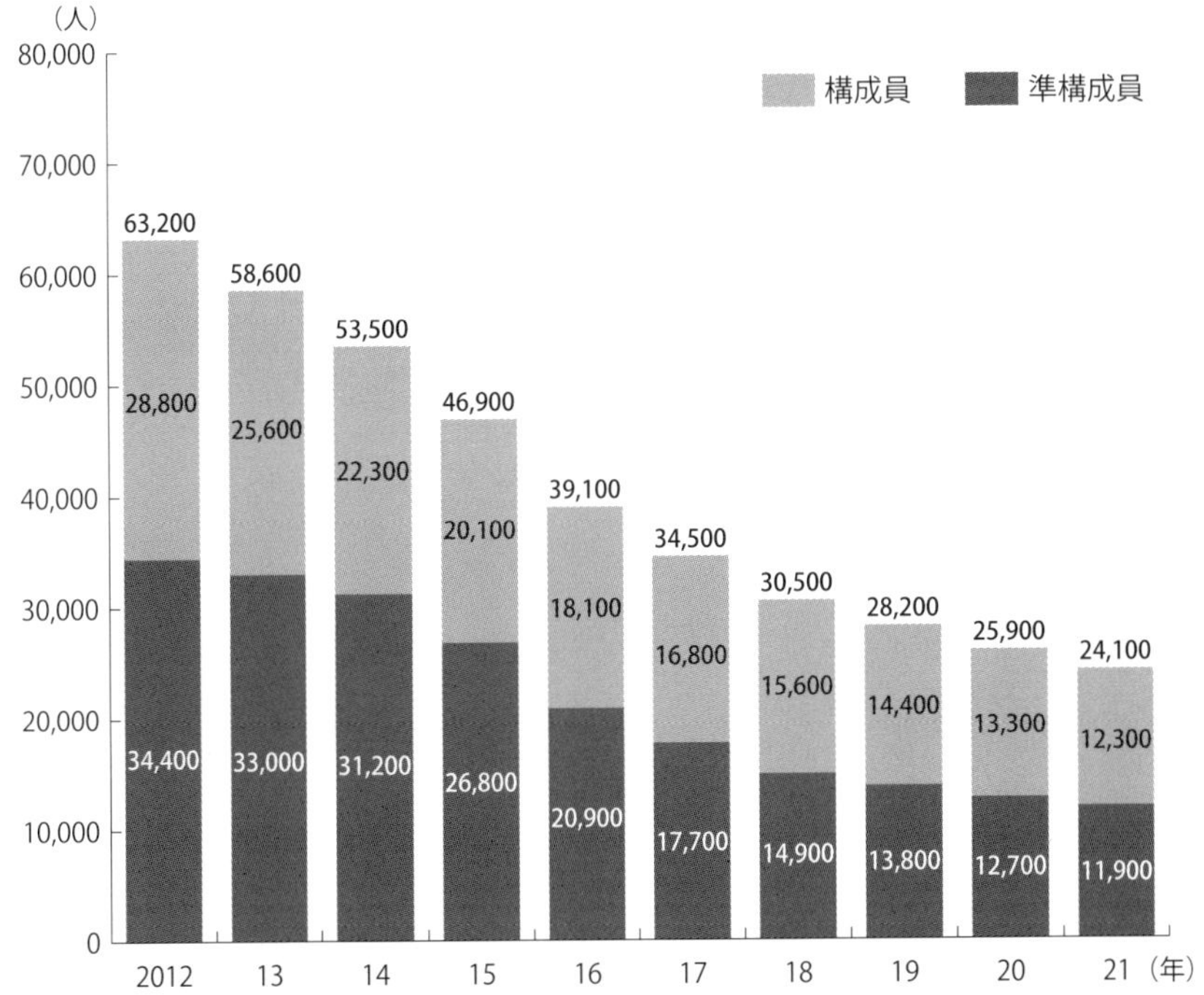

出所：全国暴力追放運動推進センターウェブサイト

たところに重大な問題があった。

　契約書に盛り込まれる暴力団排除条項（または反社条項）は、反社会的勢力とは一切の関係遮断を求めるもので、それは彼らの活動を助長しうる一切の経済活動を断絶して経済的に締め上げ、その撲滅を目指す。近時は、多くの企業の契約書に当然のように入っている。こうした取り組みにより、暴力団の勢力は弱まりつつある（上図参照）が、まだまだ油断はできない。

告訴には十分な準備を

　トラブル発生時には相手方（加害者）を告訴する方法を選択すべきこともある。著作権法違反等の知的財産権法違反のほか、名誉・信用毀損等で、加害者が誠実な対応をせず、民事的な話し合いではらちがあかないような場合、刑事告訴で対応せざるをえないこともある。

ただ、親告罪の告訴期間はきわめて短く、刑事訴訟法第二三五条により、原則として「犯人を知った日」から六カ月間しか告訴ができない。また、告訴期間とは別に公訴時効の期間も、犯罪によっては短く、長期五年未満の懲役もしくは禁固または罰金の犯罪だと、犯罪終了から三年と短い（なお、具体例としては㊸参照）。

したがって、刑事告訴も視野に入れてのトラブル、紛争事案は、時間との戦いになる。捜査機関も多くの事件を抱えている。捜査の端緒をできるだけ的確につかんでもらい、その後の処理を迅速に行ってもらうため、できるだけの資料を提供すべきで、これがおろそかだと、好ましい効果も期待しにくい。

悪の連鎖

警察をなかなか利用できなくなるのは、次頁に図示したような、いわば「悪の連鎖」に縛られるためである場合が多い。

不正行為があった場合に、企業も捜査されると不都合という場合には、告訴や告発をして事件を白日の下にさらすことができない。そうなると、ますます企業の腐敗は進んでしまう。

そうした腐敗は社員のモラルをも荒廃させ、「この程度のことなら……」といった意識をあちこちにはびこらせてしまう。それが企業の弱点となって、いよいよ事実を隠そうという隠蔽体質に陥り、違法行為防止体制さえ取れない。そのために、違法行為に再び手を染める。

こうした悪の循環に一度はまると、そこから抜け出すことは容易ではない。事実の隠蔽は問題を先送りするだけで、違法組織との癒着をさらに強め、企業はますます弱まり、企業の利益は違法集団などに搾取され、企業の弱体化・破綻・崩壊へ向かう。

善の連鎖への転換

このような状況から脱するためには、これを左図に示すような「善の連鎖」に逆転させなければならない。こうした「善の連鎖」も、コンプライアンス経営の重要性を根拠づける。

自らが適法な行為を心がけていれば、犯罪集団からの距離を

悪の連鎖

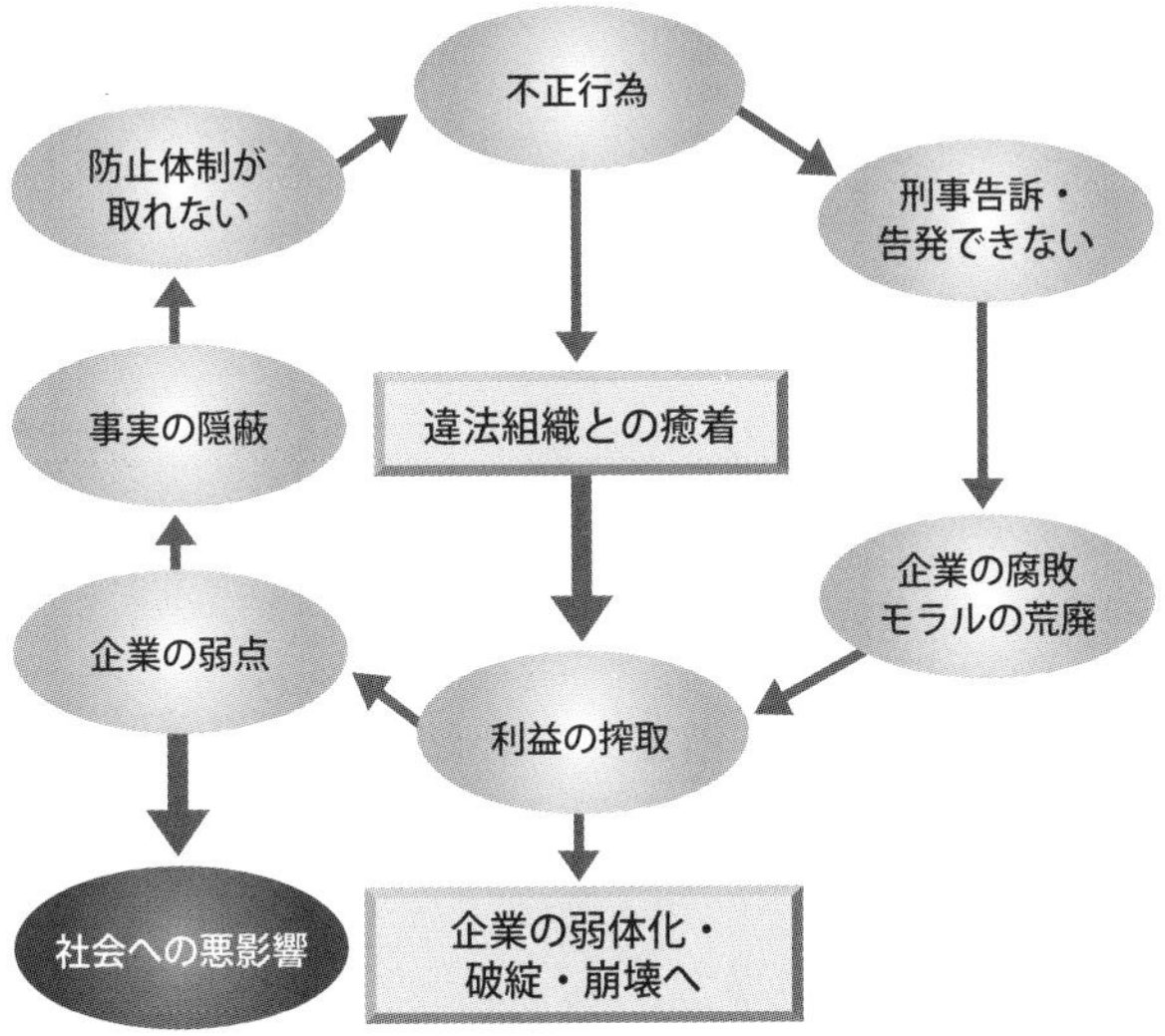

善の連鎖

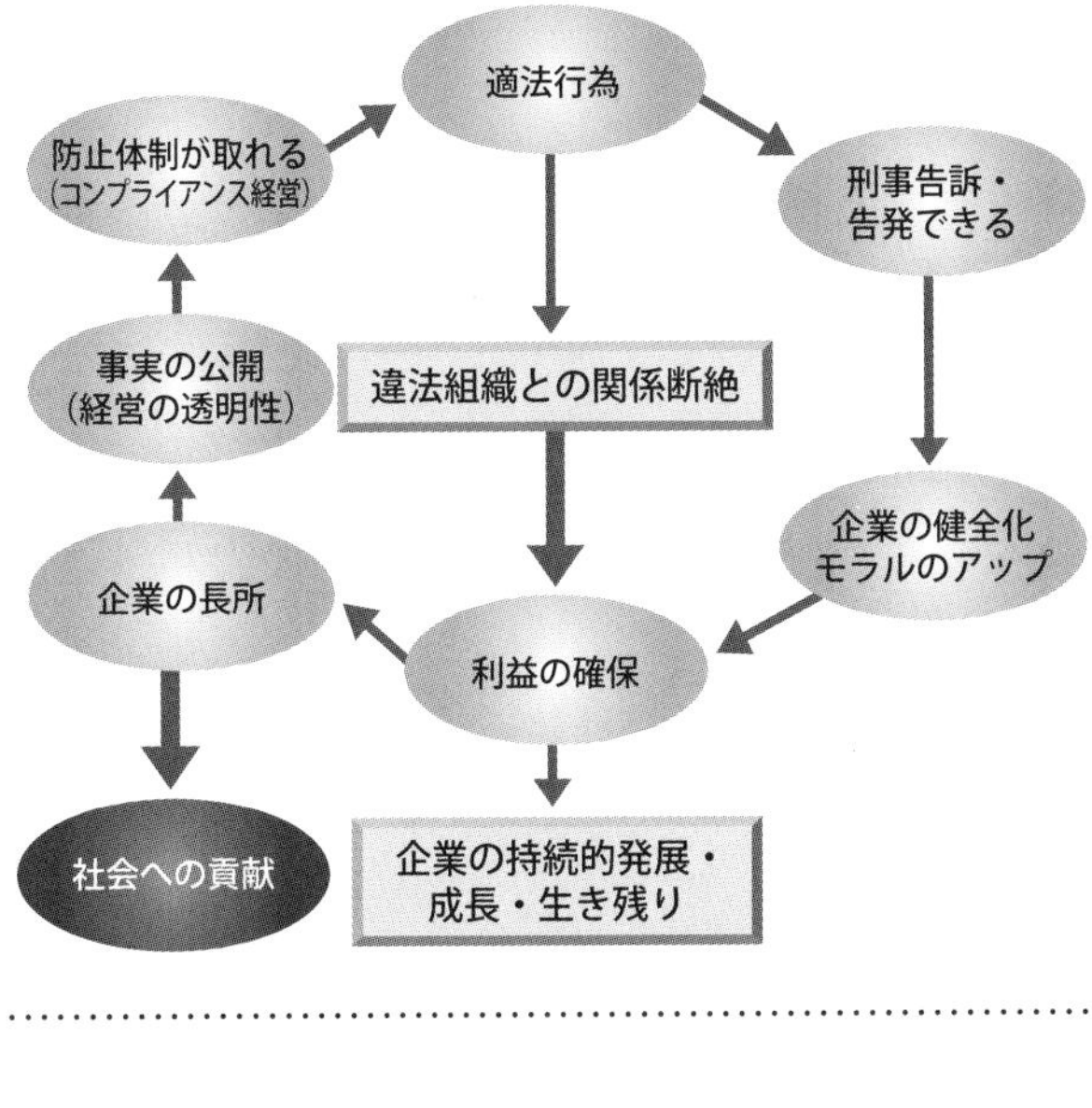

置き、初めから攻撃の対象ともなりにくく、防止体制も取りやすい。問題が生じた時には積極的に告訴・告発することによって公的機関に救済を求めることができる。

そうした問題のある事実も公開できれば経営の透明性を確保し、被害を最小限度にとどめることができる。違法組織との関係が断絶できれば、企業経営は健全なものとなり、利益の確保もできる。企業の持続的発展・成長、生き残りを通じて社会への貢献も可能となろう。

39

裁判所の活用——紛争解決の最後の砦

法的問題は法的紛争機関に委ねて処理する

毅然と対処する事案の選別

どんな事件でも毅然とした強気の対応をすればいいというものではない。そのような強気の対応で、企業が泥沼の紛争に引きずり込まれることもある。逆に、だからといって弱気の対応では、なめられるばかりだ。

特に事業活動における一件のクレームの背後には、無数の類似案件が隠れている恐れもある。その場合のリスクの総額は、一件だけの金額ではないのだ。

大事なのは、弱気であるか、強気でいくかを早く決めることではない。社会的に妥当なのか、望ましいことなのか、合理的なのか、大義名分があるのか、といった観点から、それに毅然と対処すべきなのか、それとも早期妥結に持ち込むべきなのかを十分に考慮して判断する必要がある。

とはいえ、実際の判断は、トラブルの当事者である企業にとって難しいこともある。当事者であるだけに客観的な判断が難しいから、信頼できる法律専門家等の第三者に診断を仰ぐことが賢明であり、重要だろう。

仮処分の活用

コンプライアンス経営の実践において、裁判所を積極的に利用することができる局面もある。何らかの法的な対立がある場合に、仮処分を利用すべきこともある。例えば債権回収がからんでいる場合は、仮処分、仮差押え等の保全処分を使えることもある。通常の裁判とは異なって迅速に処理されるところに特徴がある。法的な問題を解決するためにこれを利用することが現実的にも効果的である場合がある。

具体的には、会社をめぐる紛争や反社等への対応、不正競争防止法や知的所有権侵害のケース等においてさまざまな差し止めの仮処分が多く利用されている。そのほかの企業紛争においても、法的な権利（これを被保全権利という）があって、保全の必要性が認められれば、利用可能性がある。

事案の選別

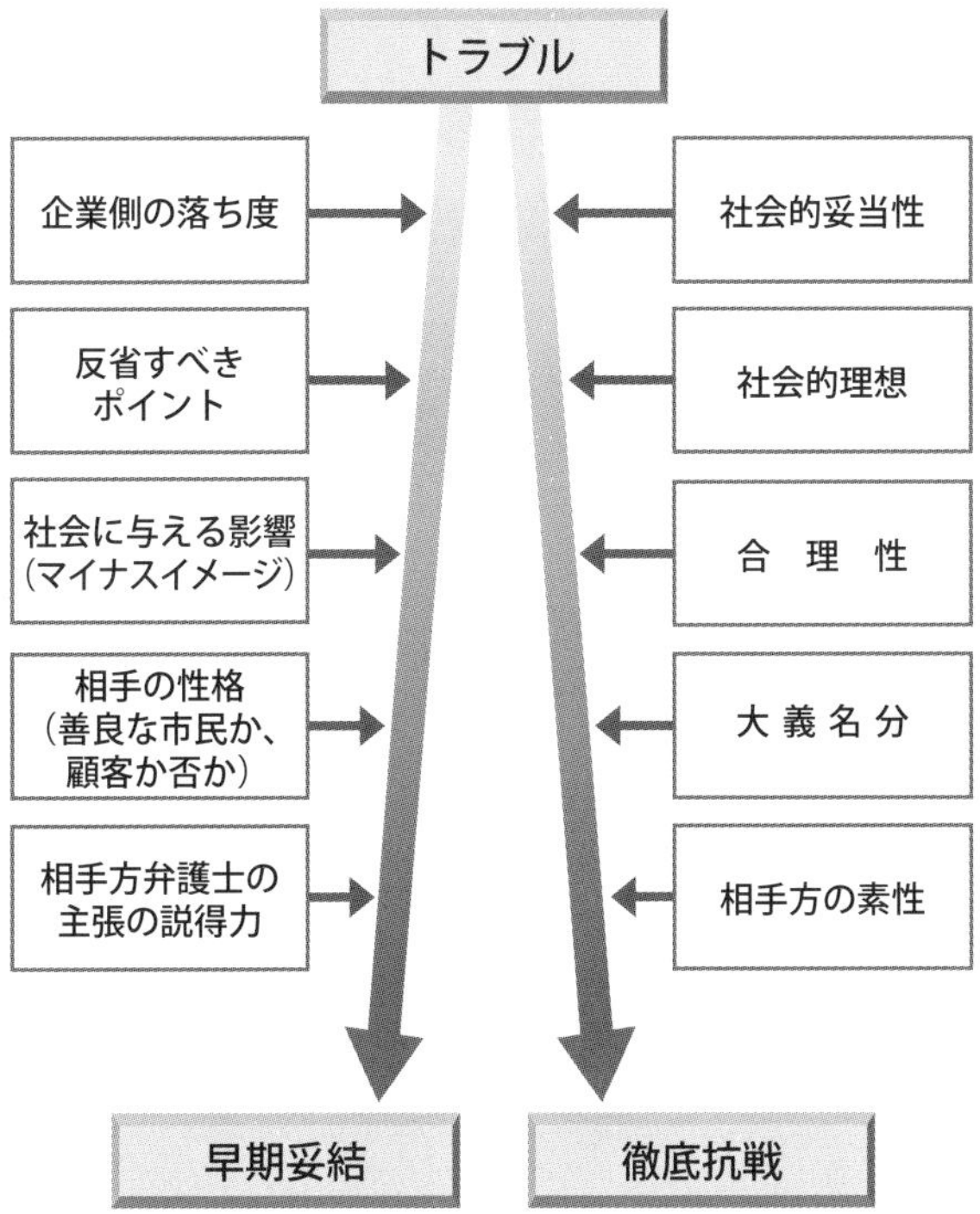

本案訴訟は長期戦

保全処分が利用できない場合、あるいは保全処分は認められたが、解決に至らなかった場合には、その最終的な解決のためには通常訴訟（または本案訴訟という）に持ち込まれる。通常訴訟になれば、長期戦も覚悟すべきだろう。

通常訴訟でも早く解決することはあるが、こじれてしまったものは、和解による解決もあまり期待できない。

もっとも、日本の第一審判決までにかかる時間は、争いがあっても訴えの提起から、従前からも平均して二年くらいであったが、「裁判の迅速化に関する法律」により、第一審の訴訟手続

日本の民事訴訟手続のあらまし

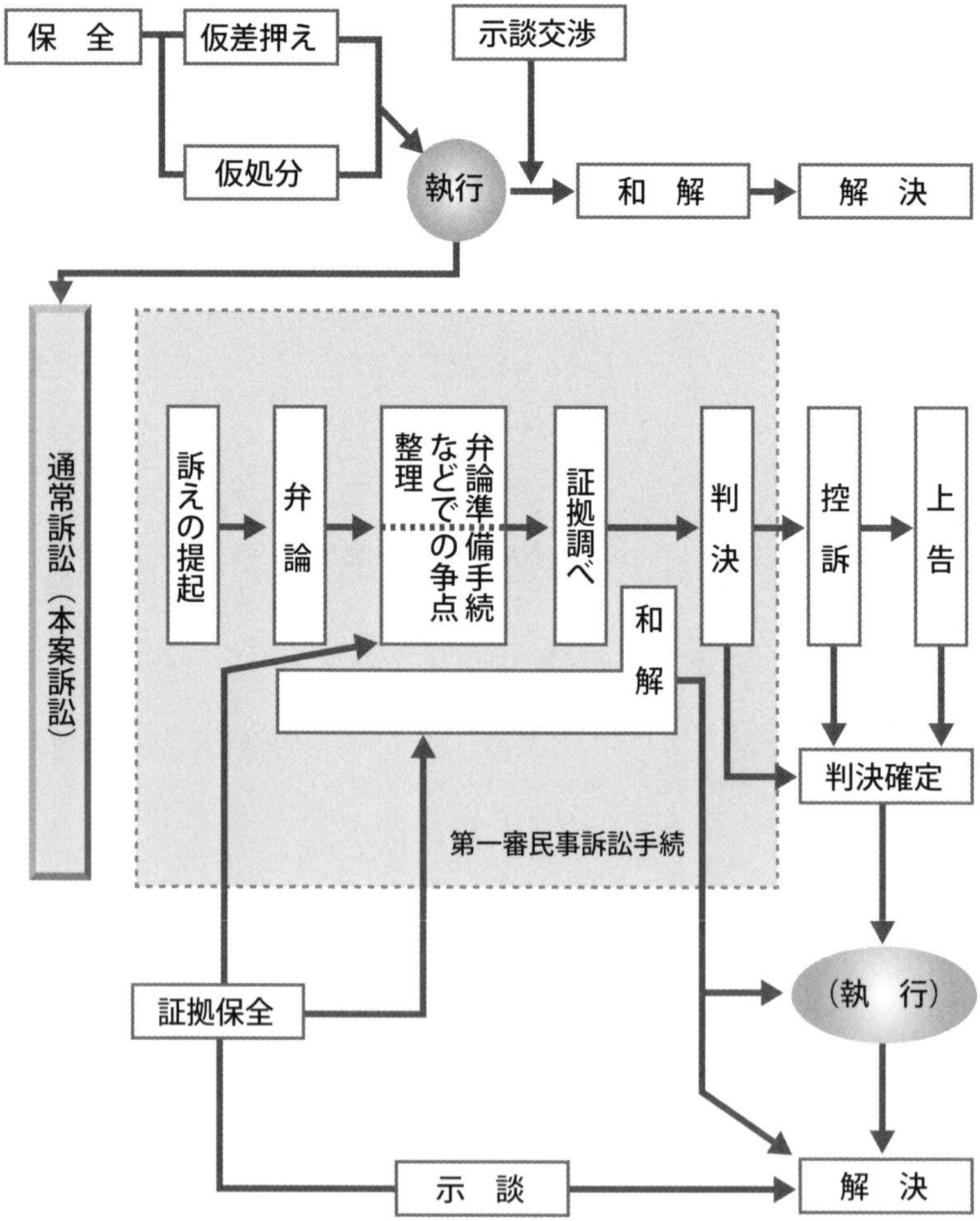

は二年以内のできるだけ短い期間内にこれを終わらせ、その他の裁判所における手続についてもそれぞれの手続に応じてできるだけ短い期間内にこれを終わらせることを目標とする実務が広がっているが、例外もある。

日本ではビジネス訴訟を専門的に取り扱うビジネス・コートが二〇二二年から開設され、審理の迅速化やデジタル化を推進する。今後の紛争は、法的なチェックの蓋然性が高まることを踏まえ、企業紛争に有利に対応できるようにするためにも平時からのコンプライアンスの取り組みが重要になる。

訴訟からの教訓

コンプライアンス経営は、予防法務の側面もあり、法的紛争を抑止することも期待できる。

しかし、トラブルは相手のあることであり、時には白黒をはっきりとつけるために裁判で争うという態度を取ることが必要となる場合もある。

その場合、勝っても負けても、それをその一回のこととして忘れてしまうのではなく、企業の経験として役立て、またそこから何らかの教訓を得て、日常の業務改善に役立てていくことが重要だろう。もっとも、裁判が必ずしも正義に合致していないケースもありうる。その場合には、説明責任を果たしつつ、法制度の是正に向けた活動に取り組むことによって、より健全な社会の構築に向けて努力することが期待される。相手方を攻撃したり、自社に不利な判断をした裁判所の文句を言っているだけでは始まらない。

証拠管理の重要性

訴訟の帰趨を決するのは、証拠、とりわけ確実に作られた文書等による証拠である。もちろん、証人尋問が行われる場合の対策も大切だが、そこでは客観的事実に反するような対応は難しい。一定の客観的事実は、それまでに存在する書類などによって固められることが多い。

米国の民事訴訟のコスト

日本の第一審民事訴訟手続の流れの図と比較しても明らかな通り、米国の民事訴訟手続はきわめて複雑だ。これは、米国が陪審制度を採用しているためで、徹底した証拠開示（eディスカバ

米国民事トラブルの流れ

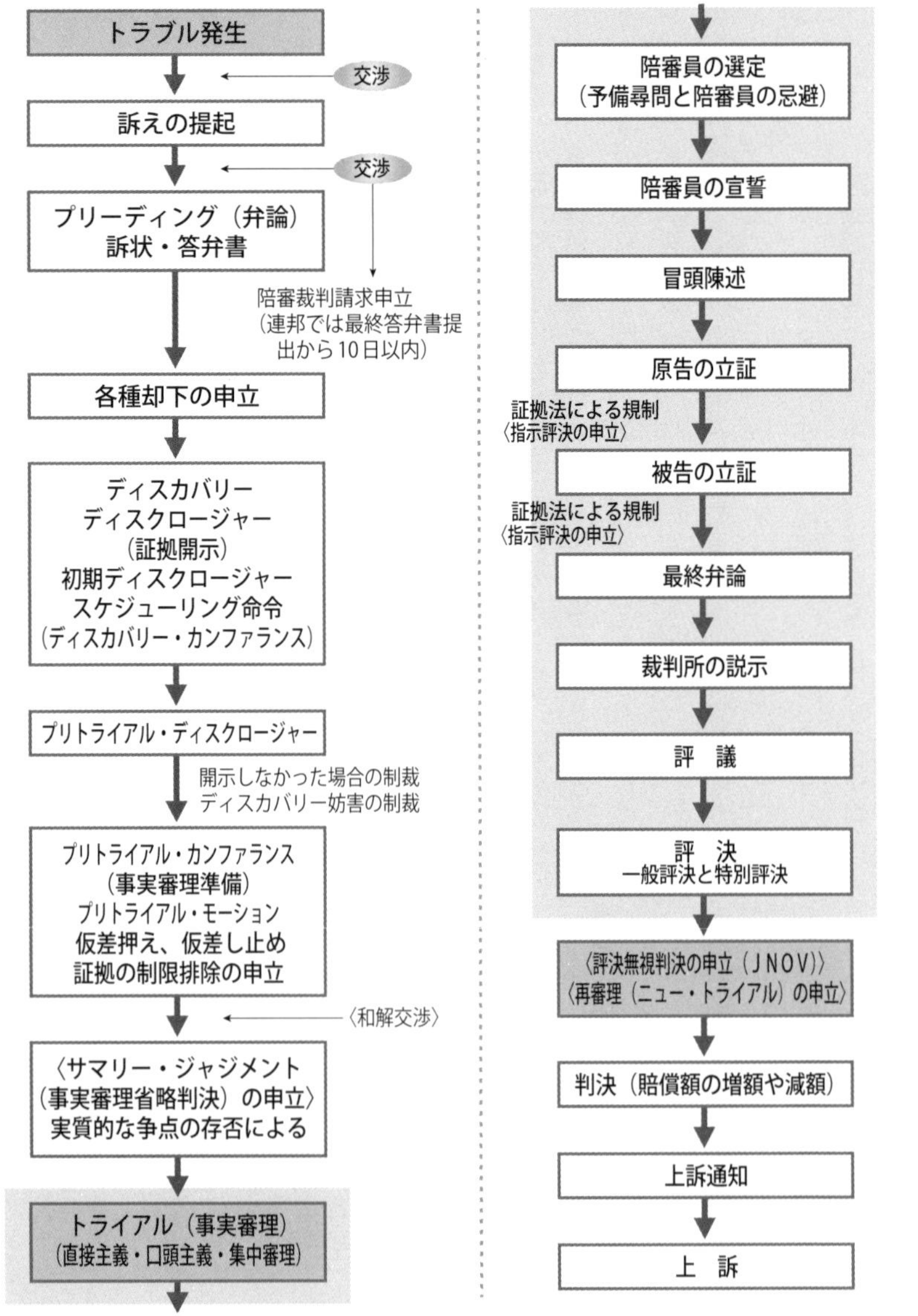

リー等）もあり、複雑な証拠法も存在している。

日本では、本人が訴訟をすることも認められ、実際に訴訟の素人が見よう見真似でやっている例が少なくないが、米国の地方裁判所レベルではそうしたやり方は許されず、弁護士が必要になり、その複雑な手続にかなりの時間を要する。

しかも、日本の企業が依頼者となる場合には、欧米の法律事務所は基本的にタイムチャージでフィーを請求するところから、

外国法の取り扱い

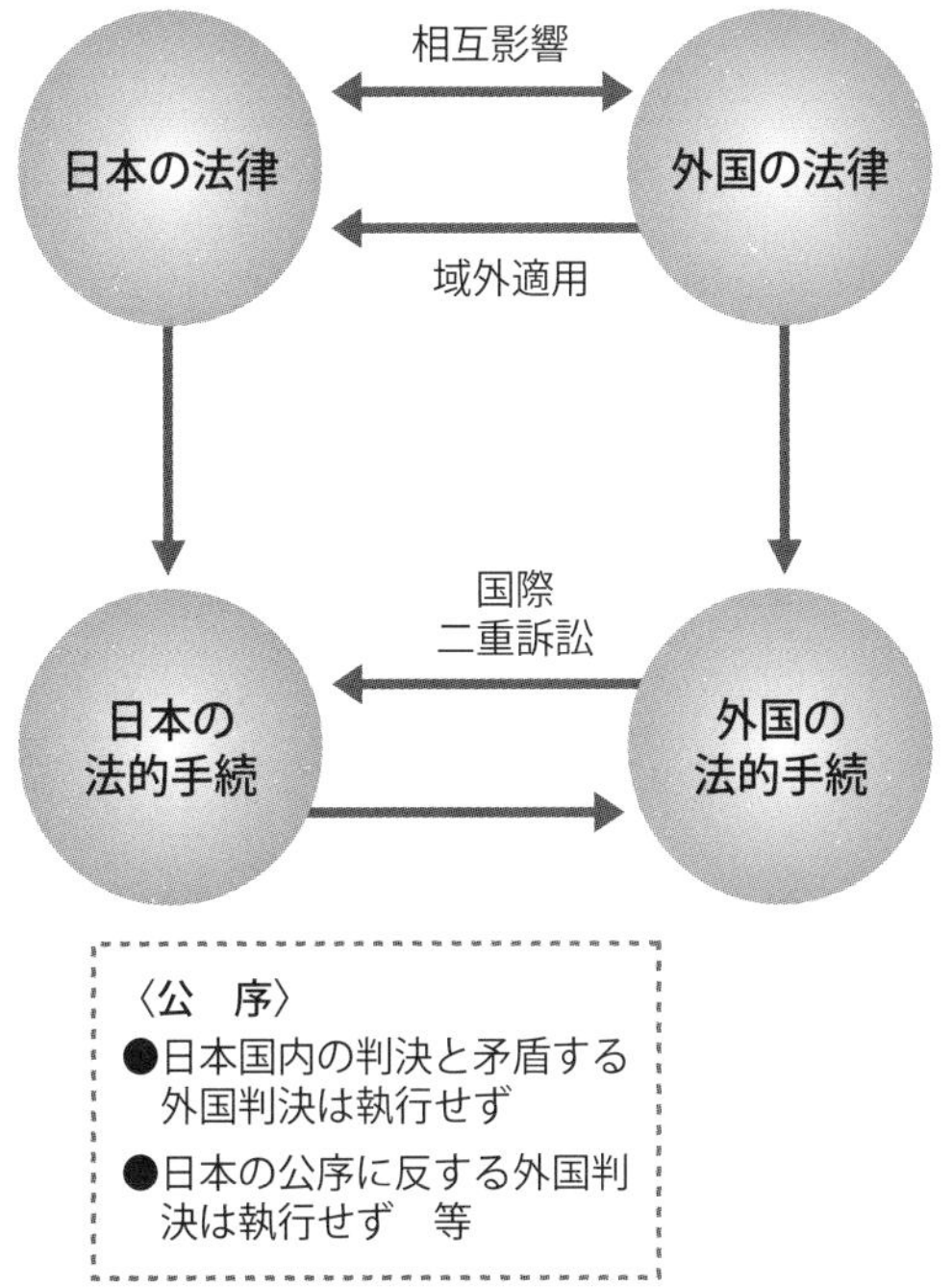

紛争案件はかなり大きな出費となり、多ければ数億円単位以上の出費となる。

その意味で、こうしたトラブルになるべく巻き込まれないように、また巻き込まれても傷が浅くてすむように事前の対策としてのコンプライアンス・プログラムが極めて重要だ。

国際訴訟のリスク

一方、民事レベルでは、海外の企業との紛争の準拠法や管轄等の問題のほか、日本と外国で訴訟手続が並行して行われる国際訴訟競合が起きることもあり、それぞれの結果の予測等が難しく、翻訳コスト等、負担も大きくなりがちである。このため、国際的な紛争防止に向けた予防法務の重要性が特に高い。

40

社内処分と人事対応——厳正な対応に姿勢が表れる

組織の見直しと人事刷新から信頼回復

責任の所在の明確化

　不祥事に関する調査結果が出た場合には、これに対応した社内処分や人事異動が必要となることもある。不祥事の原因や背景によっては、組織のあり方や人事に踏み込んだ対応が求められる。そのためには責任の所在を明確にする必要がある。誰かを悪者にして「トカゲの尻尾切り」で終わってはならない。

　過剰なノルマや業務過多で人員不足なのであれば、人員の増強が必要かもしれない。利益至上主義に陥り、コンプライアンスに対する考え方に問題のある上司や幹部が不適切な指示をしていたのであれば、その資質に問題があるかもしれない。能力の限界やストレスから無理をして事件を起こす者もいる。そのキャリアによっては、再チャレンジをさせることが適切な場合もあるが、過ちを繰り返すようなことでは示しがつかない。

　組織内部の論理だけではなく、会社全体の長期的な利益を考えて判断をすることが重要だ。

　もっとも、その背景や根本的な原因究明が不十分なまま、安易な犯人捜しで責任追及を最優先すると、時に不公平な懲戒や処遇が行われ、士気を下げてしまう。組織を挙げてミスや粗さがしを行う雰囲気が醸成され、失敗が深刻な意味を持ち、かえって一部に隠蔽に走る者も現れ、会社全体の改善に向けた協力や助け合いによるチームワークができなくなる恐れもある。そうした弊害を防止するには、十分に関係者の言い分を聴いた上で、可能な限り納得のいく処遇・人事が重要である。その際、企業

組織のあり方が健全性を左右する

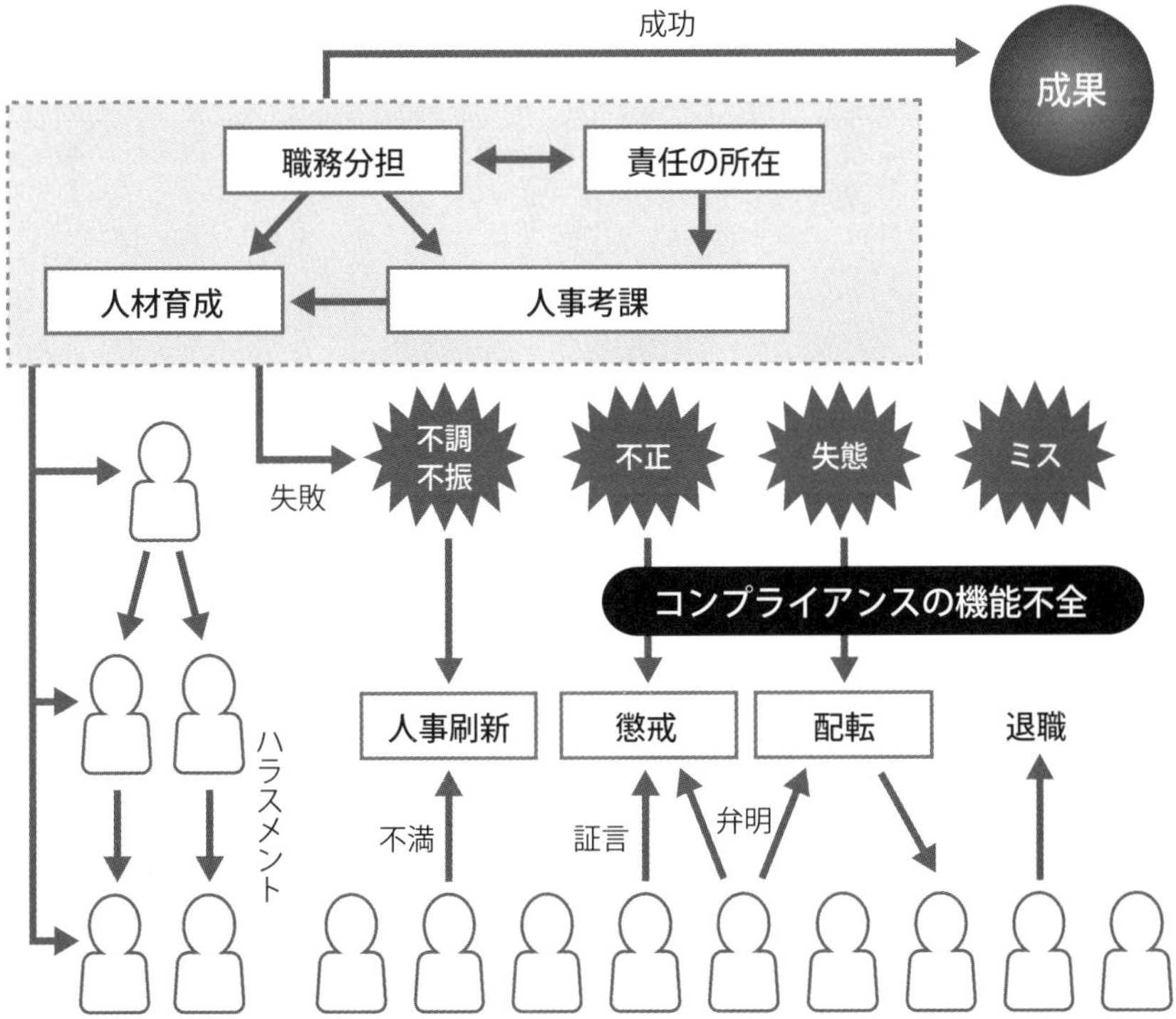

倫理からの逸脱の度合いを公正にチェックし、社内の偏った論理で歪められないように社外の専門家の意見も踏まえるべきだ。

　コンプライアンスが上層部のかけ声や外部へのポーズだけで、内部でその実態が伴わないと、従業員は会社に呆れて、期待を失い、改善できないと諦めてしまう。

人事考課への反映

　従業員は、経営者が何を考え、何を重要な価値観ととらえているかについて敏感だ。その人事を見ていればどのような行動をとったら得なのかが、何となく伝わってしまう。例えば、口先だけでコンプライアンスを唱え、出世するのはルールすれすれのことをやる「やり手」営業マンで、コンプライアンスを重視する従業員が全く評価されないのでは、コンプライアンスは形式化する。

そこで、モチベーションやインセンティブを高めるために、人事考課にコンプライアンスに関する項目を設け、本人にも認識させ、それを評価し、反映させることが考えられる。

結局、部下の従業員のコンプライアンスは、上司次第であるという側面もあり、それぞれの監督責任者にその自覚を持たせることも必要だ。

厳正な処分が必要

身内に対する処分は甘くなりがちだ。特に、個人的な利益目的ではなく、会社のためにやった場合には、それがどんなに違法なことであっても、それに対する同情論や曖昧な態度を取るのが、かつての日本企業にありがちなことだった。

しかし、厳正な処分を怠れば、違法の芽が大きくなり、企業のコンプライアンスに対する姿勢に疑念を抱かせてしまう恐れもある。倫理を踏み外す性格が改まらず、過ちを繰り返す者も少なくない。違法な犯罪行為に対する同情論は、きっぱりと捨てる必要がある。時として「泣いて馬謖を斬る」ような厳しい姿勢を示さなければならない場合もある。

特に、大きな不正を行った従業員は解雇すべきケースもある。その処分は公平に例外なくなされなければならない。情実が入り込んだり、不公平な処理がされると社内においてわだかまりも残り、好ましくない。

処分は慎重に

とはいえ、やみくもに厳しければいいというものでもない。従業員の処分についても、法令や就業規則に従ってバランスを考えて処理する必要がある。冤罪のようなことになっては本末転倒である。最低限、本人の弁解を十分に聞く必要がある。

懲戒処分には、いくつかの種類があるが、いずれも十分な事実調査に基づく必要がある。けん責や戒告程度だからといって、いいかげんな事実認定をしては、本人の名誉にもかかわり、従業員の信頼も失ってしまう。

また、減給処分も、本人にとっては経済的な影響が大きいから、十分に注意しないと、場合

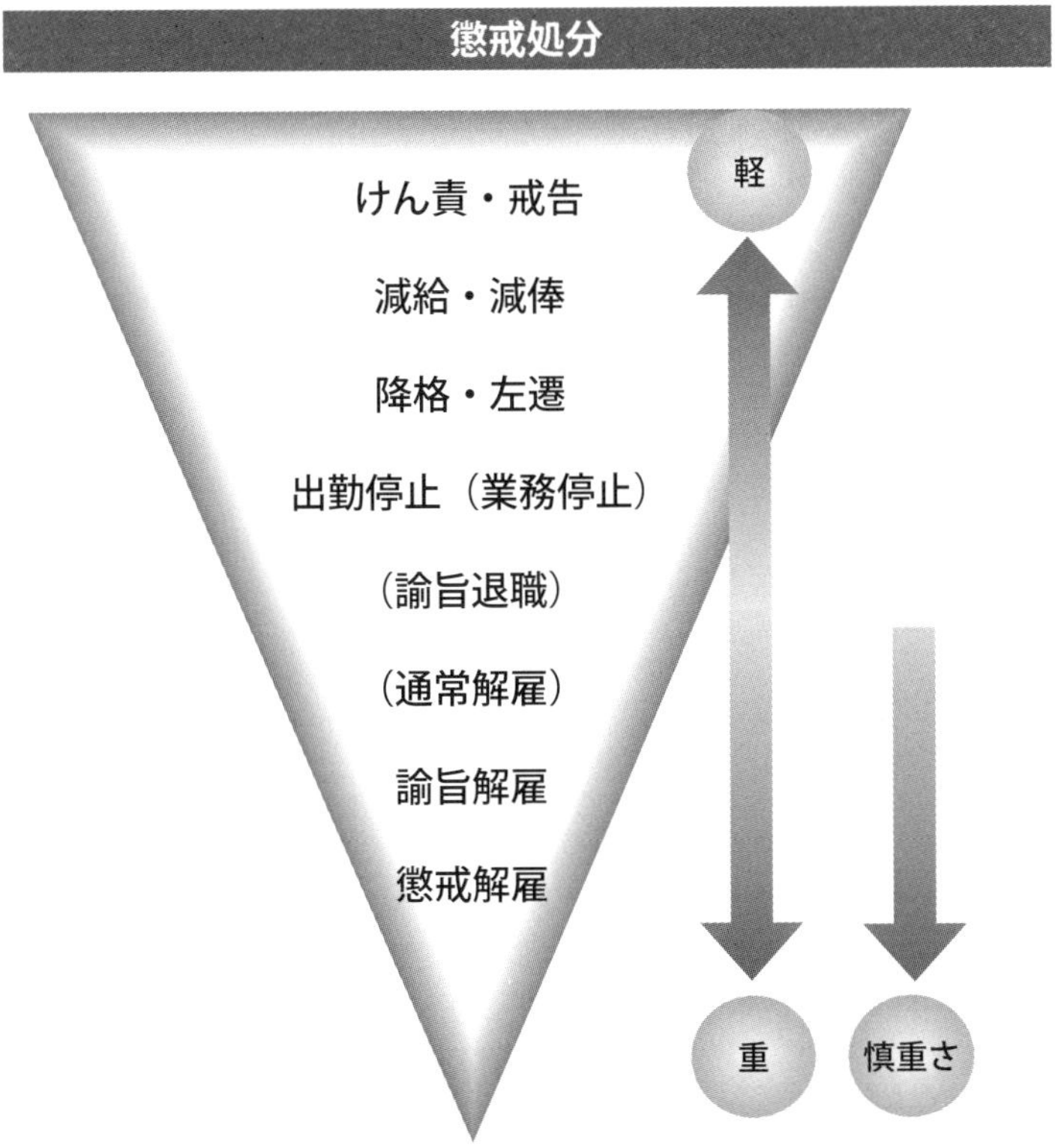

によっては裁判で争われる。出勤停止（業務停止）はさらに重く、諭旨退職、通常解雇、懲戒解雇といった会社からの追放は、いずれも従業員にとっては極刑というに等しいから、その判断は十分に慎重に行うべきだ。

　ただし、企業秩序維持のための懲戒の対象となるのは、事業活動に直接関連を有するとか、企業の社会的評価の毀損をもたらすものに限られる。裁判所は、就業規則の包括的条項を限定解釈する傾向にあり、私生活上の非行に対する懲戒権発動を厳しくチェックしていることには十分留意する必要がある。

処分の決定で考慮すべき事情

　懲戒処分の判断要素として、害意や悪意があれば厳罰に処すべきであり、過失にすぎないのであれば、その程度を考慮すべきことになる。また、不当な利得を得ているかどうかは重い責

懲戒処分の判断基準

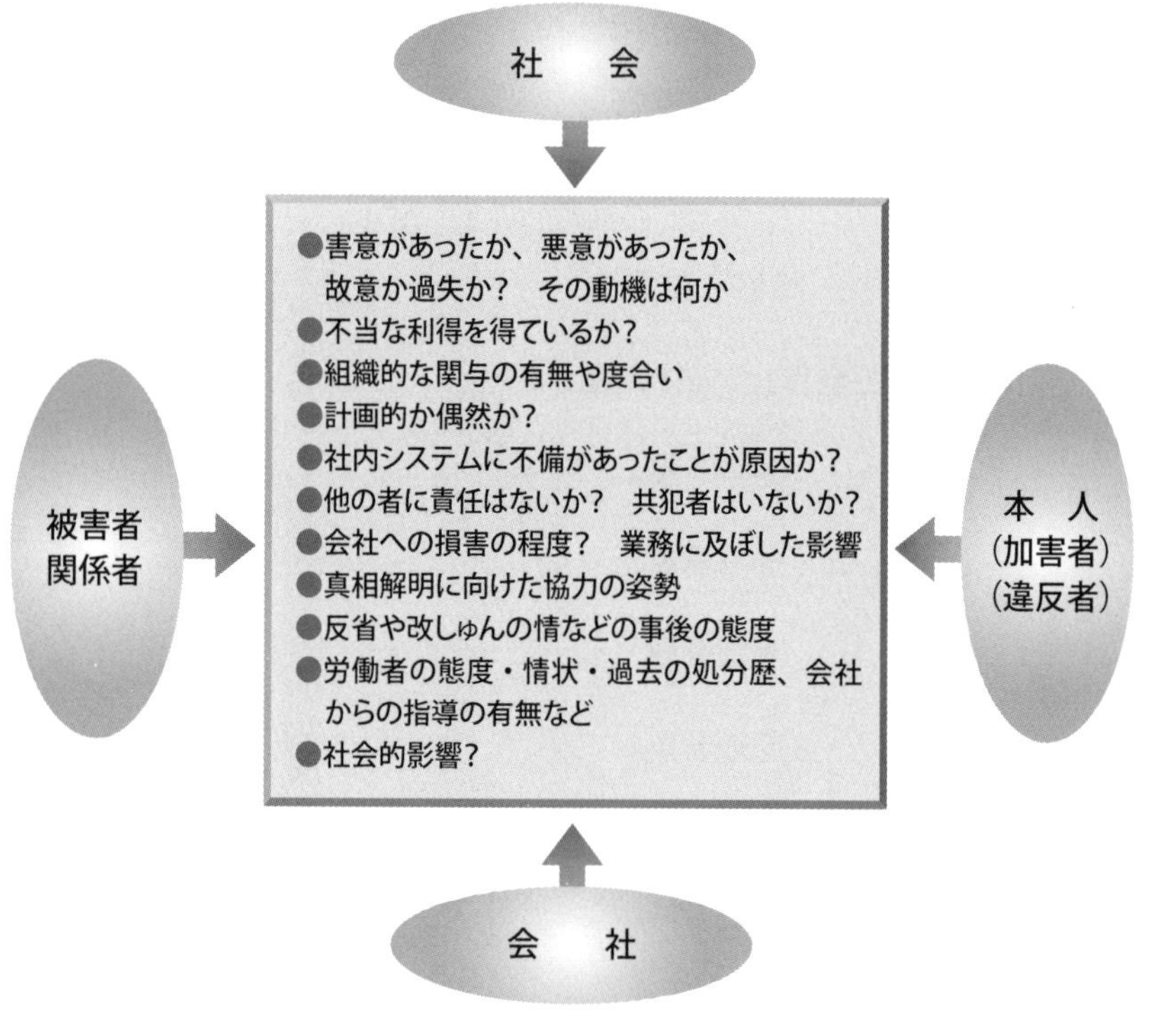

任を問う場合には考慮すべきだが、逆に個人が利得を得ていないことはあまり責任を軽くする理由にすべきではない。それでは、結局、従前型の「会社のためならば」という妙な理屈を認めることになりかねない。

社内システムに不備があったことが原因かどうかは、企業が組織内部のあり方を見直す契機とすべきであり、幹部・管理職者に責任はないかということも含めて抜本的な対策を検討することが必要だ。

いずれにしても、懲戒処分は、総合的に状況を判断して決定すべきであり、弁護士などの法律専門家とも相談しながら、重すぎも軽すぎもしない処分を行うことが肝要だ。

リスキリングや人材育成が叫

ばれる昨今においては、ジョブ型雇用への移行も視野に入れ、人事刷新を契機として事業戦略の見直しにつなげ、人的資本への投資の成果が上がるように運用していくことに注力すべきだ。

事業戦略の見直し

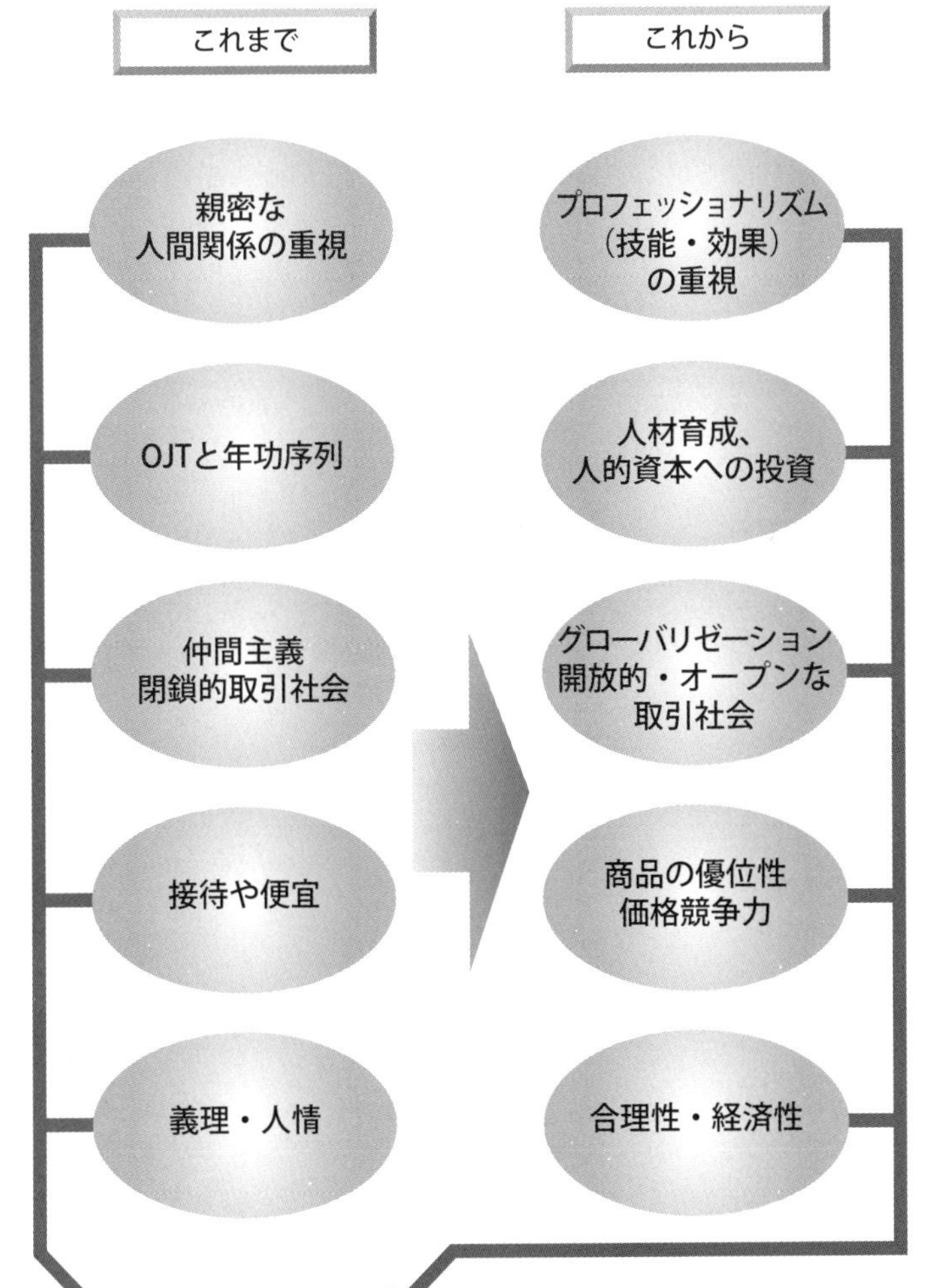

41

対内的・対外的開示とメディア対応

公共的な役割を意識した説明責任が問われる

社内外での発表の考え方

　不祥事に関する調査について一応の結論が出たら、組織内での情報共有と対外的な開示のあり方を検討する必要がある。

　社内で広く情報共有する場合には、それを社内だけの極秘としておくことは事実上困難なので、対外的開示と併せて検討せざるをえないことになる。中途半端に社内で情報が流通すると、好ましくない形で外部に漏洩し、不正確な事実が独り歩きするとか、誤解を受けることにもなりかねない。

　会社内部においては、不祥事の内容と社内の処分等について明確にして、情報共有を図ることが原則だ。そうでなければ、企業がコンプライアンス違反に対してどういう姿勢を取るのかが明らかにならない。ただし、懲戒処分の社内公表は関係者の名誉・プライバシー等に留意して必要最小限度の表現とする等の配慮が必要だ。

　そうした適切な公表がメディア対策にも通じる。公表をしっかりとしないと、隠したのではないかと勘ぐられたり、騒ぎが大きくなったりする恐れがある。

　企業イメージを確保するためにも、公明正大に対応したことを説明・公表できるように、しっかりと調査して説明責任を果たすことが重要だ。

　公表するかどうか、どのように公表するかは、会社によっても事件によっても異なるが、法的な義務がなくても、公表すべき場合もある（㉙参照）。それが社会との良好な関係を保ち、組織ぐるみで何かを隠しているかのような印象を持たれることを

対内的情報共有と対外的開示

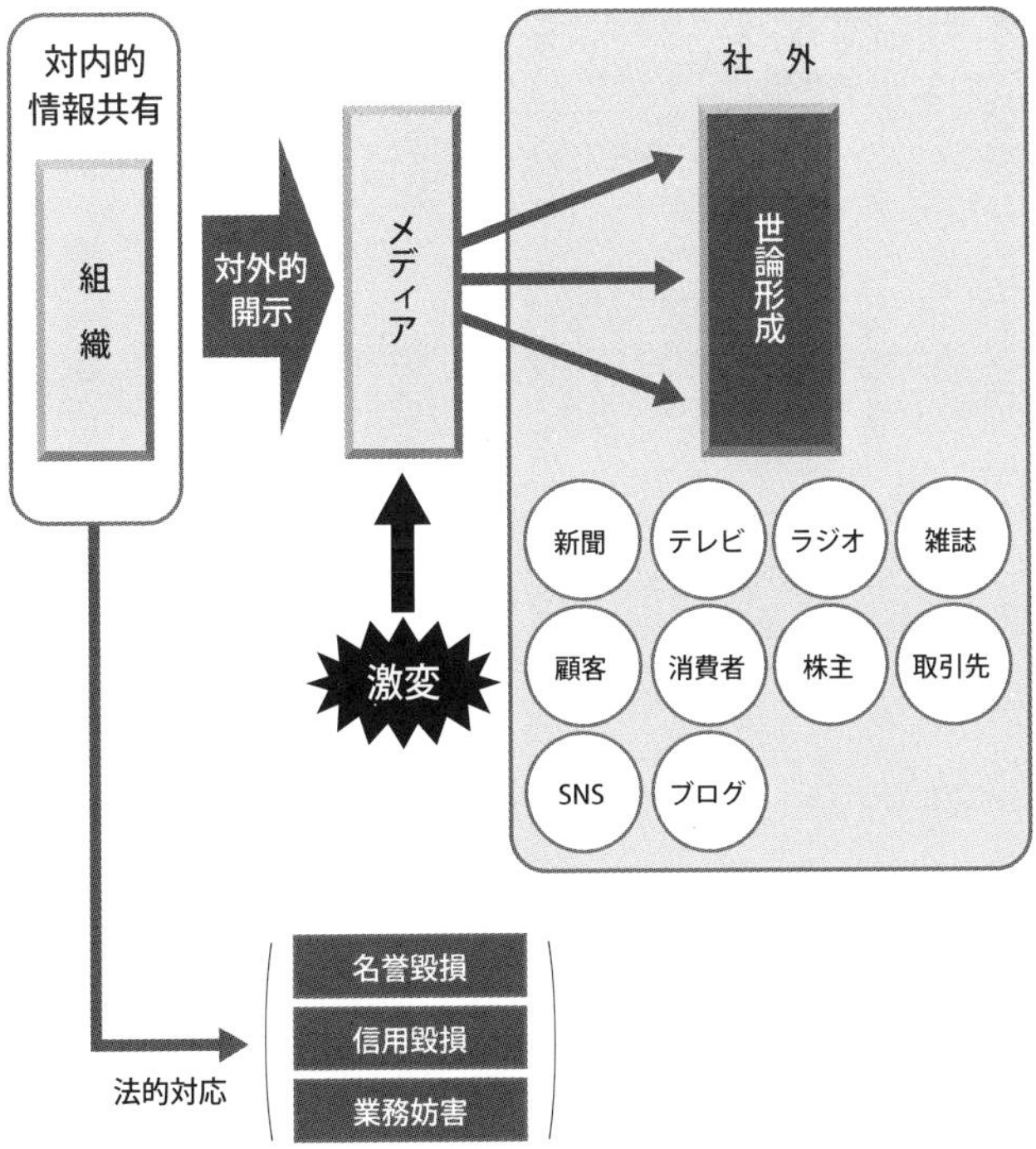

避けることにもつながる。
　会社が被害者的な立場であって、加害者ではないケースもある。しかし、それがずさんな監督や不適切な体制、コンプライアンスの不備等から、不祥事を隠そうという方向に動いてしまうと、印象が悪くなり、深刻なトラブルに陥る。そうしたことを防止するためにも、平時から危機管理の備えが重要だ。
　メディアの疑心暗鬼やネット炎上等を誘発しないように、明確で分かりやすい説明が行えるようなコンプライアンス担当者と広報担当者の連携も重要だ。
　公表をする場合には、会社の信用を維持し、被害の拡大防止のために、誠実な姿勢を示していくことが肝要だ。特に、製品回収がからむ事案では、国民生活センターの実態調査等に照らしても、早期の製品回収によりその企業やブランドに対する信頼がかえって高まるとの指摘もある。危機管理の局面では、公表の回避による不利益が強調され、早期公表・説明の重要性が説かれる。早期の適切な公表が企業の信頼回復に大きなメリットがあることは、多くの事例でも実証されている。

不祥事の公表と謝罪のあり方

対外的な開示の方法は、文書、ホームページへの掲載、記者会見の開催等の選択肢もあるが、その重大性に応じて判断する。いずれの場合にも表現の適切性が問題となることもある。法的に誤りがないかを徹底的に吟味するとともに、広報部門とも連携して表現にも細心の注意を払って準備することが重要だ。

深刻な不祥事を惹起した企業では、その公表・反省なくして再生はない。都合の悪い話の隠蔽は通用しない。表面的な謝罪は容易に見透かされ、信頼回復を遠ざけることになってしまう。記者会見等においては、弁護士を同席させることが得策かどうかも慎重な判断を要する。

謝罪を行う場合には、誰に対して、どのタイミングで、なぜ謝るのかを明確にして、処罰・制裁や今後の対策を明確にするとともに、真摯な姿勢を示す心からの謝罪が求められる。くれぐれも、責任転嫁や言い訳に終始するとか、書面だけでごまかすとか、先送りして頬かむりしようとしているとの批判を受けるような格好になってはならない。

せっかく謝罪会見まで開いても、説明に誤りがあるとか、質問をはぐらかして正面から答えないようでは逆効果だ。左頁の図に掲げたような表現はよく耳にするが、こうした謝罪文言に対して、世間はかなり敏感になっている。炎上した世論に油を注ぐことにならないように不祥事を公表する場合には、消費者や取引先等の理解と納得のために十分に準備して臨む必要がある。速報としての会見も含めて、何を話し、何を話さないかのポジションペーパー、配付資料を作成する。その後の問い合わせに応じる社内体制もあらかじめ整備し、危機対応チェックリストを作って、遺漏のないように準備しておくべきだ。

メディアに対しても毅然とした態度を

近時のメディア環境の激変により、マスコミだけではなくさまざまなメディアの登場にも注意する必要がある。誰もが容易に発信できる時代となっている。こうした情報環境においては、企業のレピュテーションリスクを考えて対応していくことも必要だ。

会社がしっかりとしたメディア対応をしていても、SNSやフェイクニュースの蔓延をコントロールすることは難しい面もある。常に正しい情報発信を行うことで、真偽の判断をしやすくして、ブランド価値に見合ったイメージの維持・向上に注力するほかない。

メディア側の主張に相当の理由がある場合には、会社としてもそれなりの説明をして納得を得るようにすべきだ。事実関係を明らかにして公正な対応をするような誠実な配慮も必要だ。

逆に、メディア側に問題がある場合には、企業としても毅然とした態度で対応する姿勢がほしい。企業として、自己の正しさが証明できるならば、悪質で無責任なメディアに対しては名誉毀損罪、信用毀損罪などで告発することが正当なこともある。

自己がコンプライアンスを徹底していれば、メディアに対してもコンプライアンスを求める立場に立てる。逆にそれができないのでは、示しがつかない。

典型的な謝罪文言が人々に与えるイメージ

よくありがちな謝罪文言	その表現から受けるイメージ、響き（見透かされてしまう本音）
「誤解を与えてしまい……」	みなさん、間違ってるよ。
「お騒がせしました」	何も反省はしていない。周囲が騒ぎ過ぎ。
「あってはならないことでした」	見つけられなかったのは仕方がない。
「不勉強」「不注意」「未熟」「ミス」	大したことではない。それほど悪くない。
「勉強不足で申し訳ございません」	知らなかったので、責任はありません。
「認識不足で」「力不足で」	勘違いや行き違いにすぎず、非はありません。
「法令、ルールには違反していません」	ルールが悪くても、知ったことではない。
「秘書が……」「部下が……」	私は悪くありません。
その他の感情的表現、開き直り	私は悪くないのに、どうしてわかってくれないんだ！

42

コンプライアンスの効率性とコスト管理

できるだけ効率的に効果を上げるための方策は何か

注意すべきコスト管理

コンプライアンス経営をする以上は、できる限り効率的にコンプライアンス経営の効果を上げうるような配慮、努力が求められよう。漫然と保守的な経営さえやっていれば、企業が安泰で、それが安全策になるというわけでもない。

現代の企業経営では、流動的な状況に対応する必要がある。法解釈のあり方も個別の事案によって変わりうるし、トラブルが起きた時の対応はまさに個々具体的に判断せざるをえない。したがって、実際の運営においては、本末転倒の硬直的な運用に陥ってはならない。

コンプライアンス経営におけるコスト管理の観点からも、検証が求められる。いたずらに過度の管理や検査が行われても、健全な事業活動に有益であるとは限らない。だからといって、コンプライアンスを担う人々が事なかれ主義に陥ってはいけない。的確に行動すれば損失や損害を回避できる場合、時として不作為による作為義務違反となることもある。官僚的おざなりな対応、受動的対応をいかに排除するかも大きな課題だ。

さらに、コンプライアンスのための作業を面倒がってはならない。各担当者が責任のある有意義な仕事として取り組むことができるかどうかが重要なポイントだ。現実に「ヘビー・クレーマー」に直面した場合に、どう対応するかを誤って屈するのでは、公平・公正な対応にならない。

コンプライアンス経営が従業員に対する心理的重圧感、拘束感あるいは疑心暗鬼を強めるようなものであることも望ましくない。それも、一種のコストの問題として考えることができよう。

これらの問題を克服するためのコスト要因を検討してみよう。

コスト増大要因と減少要因

コンプライアンス経営には、表のようにコスト増大要因と減少要因がある。

コンプライアンス・コストの管理

コスト増大要因	減少要因
過剰な規制や管理	合理的なコントロール
過剰な人員、余計なアウトソーシング	適切な人員規模と合理的な内部的対応
官僚主義	リーダーシップ
事なかれ主義（受動的・消極的）	成果主義（能動的・積極的）
事後解決中心	事前対処重視
社内の摩擦・混乱、相互不信、疑心暗鬼	スムーズなコミュニケーション

コンプライアンス経営を実践するには、現実のビジネスがスムーズに行えるように配慮することも必要であり、過剰なチェックは非効率的だ。合理的な範囲でコントロールができるバランスを要する。

できるだけアウトソーシング（㉞、㉟参照）を抑制して、内部的な対応が可能な体制を整備することは当然だが、外部の業者を利用する場合にもフィーの合理的なコントロールが重要だ（㊱参照）。また、内部的には、コンプライアンスのために投入する人員を抑えることができるように、ITを駆使して業務の効率性を高めるシステムの導入も重要な課題だ。人工知能（AI）

を活用したコントロールも視野に入れて、正しくシステムを使える適切な人材を選び、適切な人員規模を確保する。

各人が実質的な権限と責任をもってやらなければ、その運用が官僚主義に堕してしまう。経営者はリーダーシップを発揮して、事なかれ主義を排して、コンプライアンスの機能強化を図るべきだ。その意味で、コンプライアンスの業務に携わる者が受動的・消極的な姿勢でなすべき仕事をしないようでは、不要なコストがかかるだけになりかねない。

例えば、トラブル対応の部署がトラブル処理しかやらないのは、特に常時トラブルが無数にあるという企業を除き、その職務割り当てには問題があろう。トラブル対応の担当者には、事件が起きればそれに対応する役割を与えつつも、日常的な検査・監査や新しい社内ルールの策定等も担わせるべきだろう。トラブル対応の教訓を、事前防止に活かすような方策にもつなげることができるからだ。

コンプライアンスを担う部署は能動的・積極的に働くことが必要で、できる限りコストのかかる事後解決を中心にするよりも、事前防止の効果を徐々に上げて、事前の対策が中心になるような体質に変えていく努力をすべきだ。これが、いわゆる「予防法務」の発想でもある。

せっかく買ったのに利用しない過ち

セキュリティ目的やコンプライアンスのチェック目的で入れたシステムが、面倒だからといって十分に利用されないことがある。あるいは警告のサイン等を日常的に無視する状態が放置されていたりする。これでは、せっかくコストをかけて購入したシステムが十分に活かされず、コストの割にリスクが高いままになってしまう。

こうした失敗は、できる限り防止する必要がある。導入されたシステムは、それが有害無益なものであるとか、本来の機能をもっていないといったものでない限り、しっかりと利用することもコンプライアンスの一つとして、社内ルールを徹底するようにすべきだ。

屋上屋にならない合理的システムを

検査、監査、監督を何重にも重ねた分だけチェック機能が高まるとは限らない。多数の段階でチェックしても、お互いに十分な責任を負う意識がないままでは意味がない。

　もちろん、複数のチェック・システムを導入すること自体は、一つの方法だ。ただ、それが余計な管理体制になって、それぞれの位置づけ、責任の所在や役割分担がはっきりしないようでは困る。

　外部監査、内部監査と監査役がそれぞれ監査する場合も、跡をなぞるだけでは意義が乏しい。別の観点からチェックをすることで、新たな問題の発見に結びつくように工夫する必要がある。

　問題を指摘されることを嫌って、外部監査人をすげ替えるようなことをすると、その監査は機能しなくなる。厳しいチェックは、好ましくないこととして嫌うのではなく、それを十分に前向きに活かしていく積極性が経営者には求められている。

　金商法に基づく内部統制の実施基準はリスク・アプローチを徹底し、非効率的な作業を排除しており、コスト負担が過大にならない配慮も重視されている。全体としてのコストパフォーマンスを高め、内部統制による効率性・健全性と信頼の増大を担保する意義を広く理解してもらうためには、適切な情報共有や広報も大切だ。

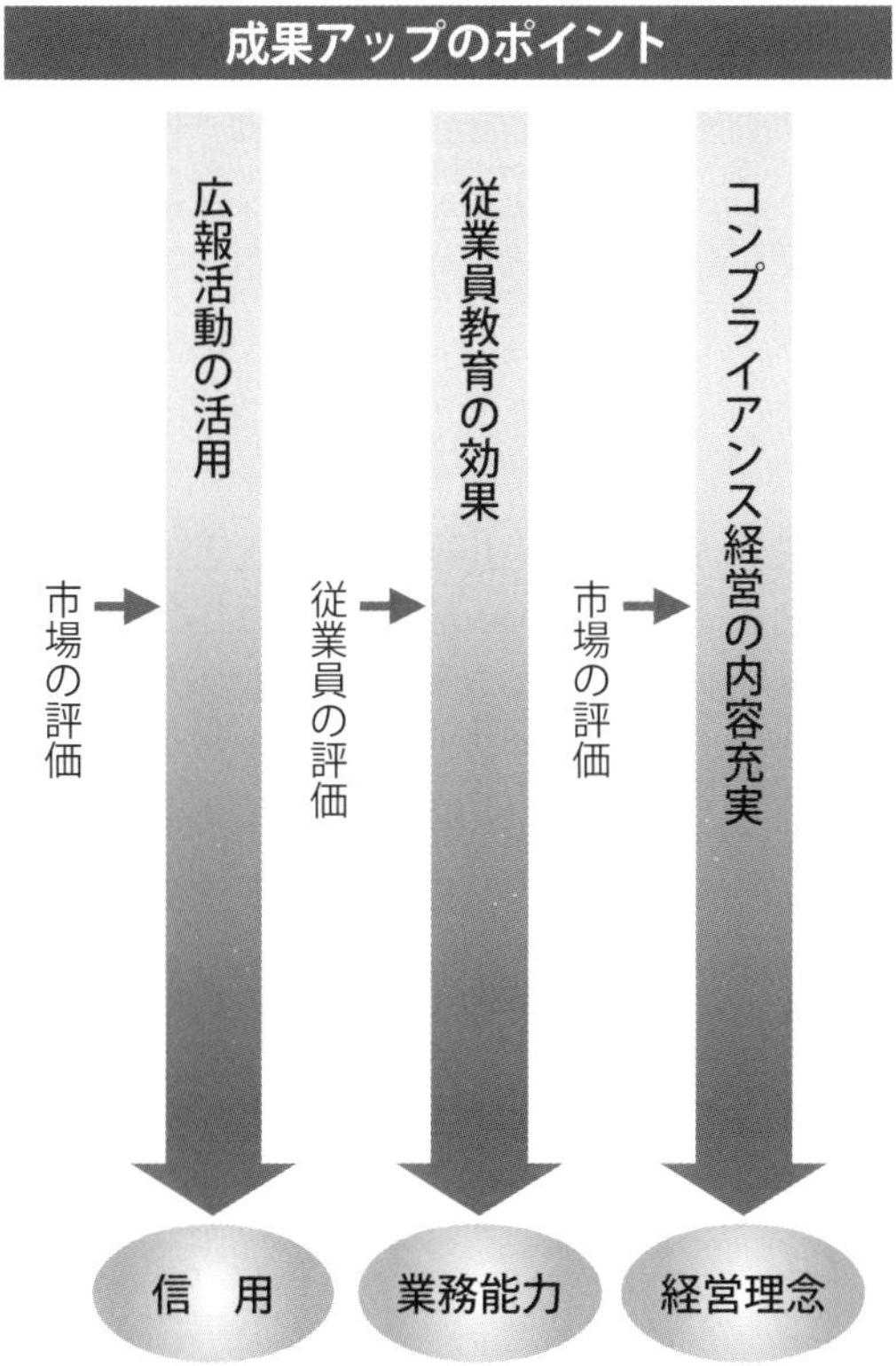

C O L U M N

縮小しつつある日米の法務環境格差

日米の法務環境の大きな違いの一つに法律事務所の規模の違いがあった。その違いの背景にあるのは、競争環境の違いや、法律産業に対するニーズの差が挙げられよう。英米の法律事務所とすれば、競争が激しい分だけ、それ相当の良質な法的サービスを提供しなければならないというプレッシャーもある。

それに対して、日本では司法界に競争原理を取り入れるのはそもそも誤りだという意見も根強かった。日本のような法律問題に対する意識環境と制度の下で競争だけが激しくなったら混乱を招くだけだという見解には、それなりの理由もあった。

しかし、日本の弁護士業界も大きく変わった。弁護士人口はすでに近年かなりの増加傾向にあり、法科大学院制度の下で新しいタイプの弁護士が供給されている。デフレ経済や企業側の経費節減の折、日本の弁護士も、より高度な法務サービスをリーズナブルな価格で提供することが求められている。中国や韓国などの近隣のアジア諸国でも弁護士を飛躍的に増員させているので、日本だけが従前通りというわけにはいかない。

こうした中で、日本の法律事務所もより高度で専門化した法的サービスの提供のため、一部においては事務所の合併などによる大規模化や専門分化の動きも進行している。

弁護士人口だけではなく、その隣接職種の職域拡大への流れも進みつつある。外国の弁護士資格を持つ外国法事務弁護士が日本の弁護士を雇用することや共同事業を認める法改正も成立した。そのほか、一連の法改正によって弁理士、司法書士、行政書士などの業務範囲が拡げられ、法律関連サービスの分野は大競争時代を迎えている。

かくして、企業においても大量の法律専門家をリーズナブルに使うことが可能な法務環境が整いつつある。加えて新しいITベンダーも次々に参入しており、各種データベースや反社チェック等、コンプライアンス関連のシステムを提供する業者も数多く登場している。これを積極的に活用することによって、コンプライアンス態勢の充実を図るべきだ。

すでに米国ではリーガルテックが注目され、依頼者主権がかなり徹底し、その上で法的サービスの質をいかに高めるかが追求されてきた。日本においても、旧来的な競争制限的な考え方が打破され、充実した法務サービスを活用しながら、厳しい競争時代で持続的に発展できるコンプライアンス態勢を整えていくことが期待される。

第 **5** 章

Outline of Compliance Management

各法分野における注目ポイント——各論編

43

会社法と金商法関連——ガバナンスとファイナンスの規律

会社の基本的な枠組みを理解して的確に使いこなす

会社法は会社の基本

会社法は、会社にとって基本的な法律だ。したがって、会社法のコンプライアンスにおいては、株主、取締役、監査役といったそれぞれの地位に応じた権利ないし権限・義務を認識することが重要だ。

役員等は会社に対して善管注意義務を負い、その任務懈怠については厳しい責任が問われることもある。経営者は、企業価値を向上させるため、コンプライアンスの推進によって不祥事に伴う企業価値の毀損によるマイナスを防ぎ、信頼性の向上によるブランド価値を積極的に増大させていくことが期待される。

規制緩和の意味するもの

一九九〇年代以降のコーポレート・ガバナンス（企業統治）に関する議論からコンプライアンス経営の重要性が叫ばれている。企業統治に関して、それぞれの会社に応じた機関設計の選択も可能となり、定款自治の範囲が広がった。

その代わり、残された規制についてはいずれも制度目的の正当性が確認され、その取り締まりが的確に行われるようになる可能性もある。

例えば、株式会社には決算公告が義務づけられているが、多くの中小企業において遵守されていない状況がある。しかし、会社法の下では最低資本金制度が廃止され、それでも有限責任の特典を享受しながら事業活動ができるように徹底的な自由化・柔軟化が図られており、会社の信用を示す最低限度の基本情報である決算の公告義務違反は問題がある。株式会社が決算公告を怠ると一〇〇万円の過料の対象となる。

規制強化の側面も

企業不祥事を繰り返すことのないように、規制が強化された部分もある。また、利益供与罪と威迫による利益供与要求罪との刑期と公訴時効期間には差が設けられているのも、より悪質な側を摘発しやすくする狙いがある。加えて、利益供与罪を犯した者が自首した場合には、その刑を減軽し、または免除することができるといった定めは違法行為を発覚させやすくするための工夫である。

会社法違反のほとんどの刑罰が禁錮ではなく、懲役であることは、これらが「破廉恥罪」とであることを示している。

もちろん、こうした刑事責任の追及がされる場合、個人の責任が問われることもある。「企業のため」という弁解は通用せず、取り返しのつかない汚名を背負

会社法関係の主な罰則一覧

罪名と根拠法	刑罰等	公訴時効期間
特別背任罪（960条）	懲役10年以下 罰金1000万円以下	7年
代表社債権者等の特別背任罪（961条） 会社財産を危うくする罪（963条） 虚偽文書行等の罪（964条） 預合い罪（965条） 株式超過発行の罪（966条） 取締役等、会計監査人の贈収賄罪（収賄側） （967条1項） 株主等の権利の行使に関する贈収賄罪（968条） 威迫を伴う利益供与罪・利益供与要求罪（970条4項）	懲役5年以下 罰金500万円以下	5年
利益供与罪（970条） 取締役等、会計監査人の贈収賄罪（贈賄側） （967条2項）	懲役3年以下 罰金300万円以下	3年
その他（976～978条）	100万円以下の過料	

わされることになるわけだ。

想定問答集作りで総点検

会社法に定められているさまざまな手続を遵守することは、それ自体が会社のリスク管理につながる。例えば、定時総会の準備をすることで、毎年それを契機に自社の抱えている問題を総点検できる。役員が率先して、それを機に会社全体をチェックし、自らが監督責任を果たしていることを確かめるべきだ。

また、普段は会社法の問題などを考えていない役員らも、これを契機に研修する機会を作るのもいい。さらに弁護士から株主総会指導を受けるに当たっては、単に株主総会を大過なく乗り切ることだけを考えるのではなく、現実に会社にどういう問題があり、それに対する認識・姿勢を踏まえた上で、どのような説明をするかを押さえるようにすべきだ。そうすれば、株主総会における想定問答の準備は、会社全体のコンプライアンス体制を見直す機会にもなる。

金融商品取引法

金融商品取引法は、投資しやすい市場機能の確保と金融・資本市場の国際化への対応を図ること等を目指して、概ね四つの柱からなる法整備をしたものだ。その四つの柱とは、第一に、金融商品に対する横断的な投資者保護を図る、いわゆる投資サービス法制、第二に、資本市場における開示制度の拡充、第三に取引所の自主規制機能の強化、及び第四に不公正取引等への厳正な対応である。

開示規制は、投資者保護を図る観点から、上場会社等に対して適時開示を求め、有価証券報告書や半期報告書等の提出を義務付け、その虚偽記載に対しては厳しい制裁を定めている。ＪＳＯＸ法による内部統制報告制度（❹参照）も開示規制の一つであり、金融商品販売法とともに金融市場の公正を確保するために規制改革が進められてきた。

インサイダー取引防止の重要性

不公正取引の典型であるインサイダー取引の規制は特に注意する必要がある。インサイダー取引規制は、株で儲けたかどうか、利益を得る目的があったかどうか、あるいは重要事実の入手と利益との間に因果関係があったかどうかは関係ない。

取締役の遵法義務と監督義務

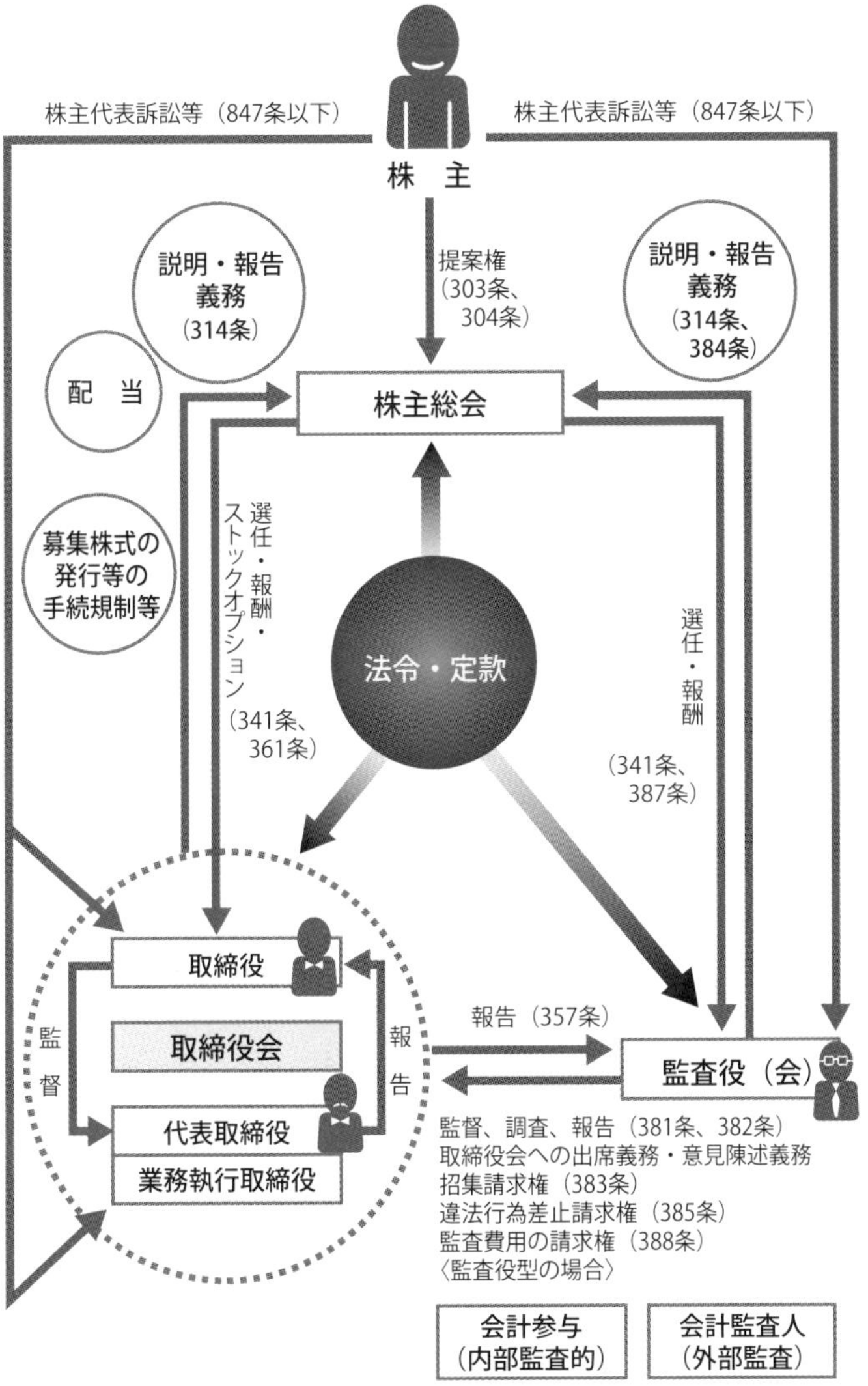

また、公開買付者に関する取引規制（一六七条）のほか、情報提供についても罰則が新設された。これに伴って、証券発行会社ではインサイダー情報の厳格な管理が重要であるほか、研修体制の充実も課題だ。

取締役等の内部者が日常的に接している会社の情報は、重要なものが多い。だから、いざ問題となった場合には、インサイダー取引で規制されるような「重要な事実」を知っていたものとされ、これに対する弁解はきわめて苦しいものになる。

上場証券の取引は電子化されており、不正検知ソフトが市場全体を監視している。インサイダー取引が発覚しないと思うのは浅はかな考えであり、意外と摘発されやすいことを研修等でも周知しておくべきだろう。

問題となりそうな取引をする場合は、事前に、インサイダー取引違反にならないか、どこの誰に相談するのかを会社として決めることが望ましい。その部署が慎重に判断することにより、安全な取引を確保できる。そうした体制を整備するなどして、疑われるような取引をしないことが必要だ。インサイダー取引に対しては課徴金で利益を吐き出させる制度が導入され、罰則も強化されている。

大口顧客でも優遇されない

損失補填も一般投資家を裏切り、市場の信頼を大いに損なう。損失保証は、元来、証券市場における価格形成機能を歪めるとともに、証券取引の公正及び証券市場に対する信頼を損なうものだ。

金融商品取引法は事前の損失保証・利益保証の申込み・約束、事後の損失補填・利益追加の申込み、約束をいずれも禁止しているほか、事後の損失補填・利益追加の実行も禁止している。違反行為に対しては懲役刑を含む刑罰を科するものとされ、顧客が財産上の利益を得た場合はその利益も没収・追徴される。

各種の規制も強化

金融商品取引法の下では、市場内外の取引を組み合わせて上場会社の株式を買い付けた後に、株式所有割合が三分の一を超える場合は株式公開買付（ＴＯＢ）の規制の対象となる等、公開買付制度も整備されている。

インサイダー取引規制

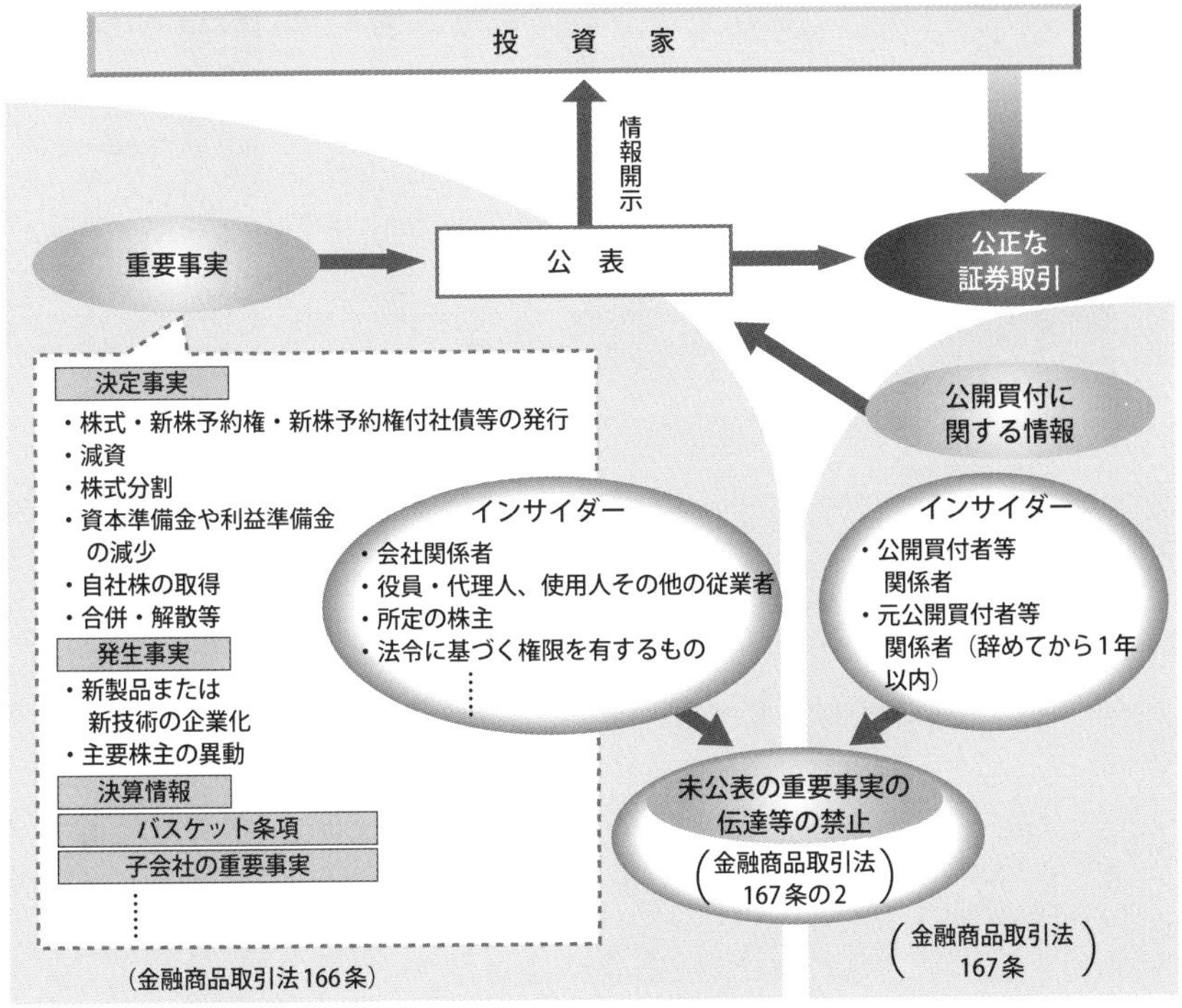

また、投資ファンドに対する規制強化で、株式の大量保有報告制度も強化され、投資家を保護するための細かい規制、ファンド規制等が整備されている。

金融商品取引業者への規制も強化され、公益または投資者保護のため必要かつ適当である場合には業務改善命令等の行政処分が発動されることも少なくない。金融庁の「コンプライアンス・リスク管理に関する検査・監督の考え方と進め方（コンプライアンス・リスク管理基本方針）」や「コンプライアンス・リスク管理に関する傾向と課題」（令和二年七月一部更新）等も参考に、コンプライアンス・リスク管理の高度化を図るべきだろう。

44

グローバル化に対応したコンプライアンスの強化

ESG課題への対応で企業価値向上を目指す

国際基準に合わせた行動

国際ビジネスの領域で海外の公法が適用される**域外適用**が問題となる領域は、競争法、贈収賄等から、近時、人権問題等にまで拡大してきている。一見、バラバラの課題のようだが、いずれも法の支配の下で公正な競争を行う環境整備に不可欠のものであり、米中対立の激化で注目される人権問題も、公平な競争の基礎となるものにほかならない。

人権に関する国際的な基準を含むソフトローは、代表的なものだけでも左表に整理した通りであり、その重要性が増し、実効性も高まりつつある。人権に関する問題は、決して現地の法制や取り組み等だけに委ねてはならず、グローバルな視点から本社が管理することが重要だ。現地ではさまざまな事情から対応できない人権侵害リスクが常にあるので、いかにそれらを特定し、防止・軽減するかを検討し、深刻度の高いリスクから優先的に順次対応すべきだろう。

企業は、進出先で適用される法令に従って事業を行う必要があるのは当然だが、その国の法令が国際的な水準に達していない場合、国際的な基準に準拠して活動するように努めることが期待される。国際基準の遵守が法令違反となるような稀な事態ならば別だが、国家のガバナンスが脆弱でも、企業の人権尊重の要請に変わりはない。それぞれの企業社会で実質的なコンプライアンスが機能して、グローバル経済が健全に発展し、企業社会全体が公正に運営されるものとなっていくかどうかが人類の将来を左右するといっても過言

人権関連の主なソフトロー（ガイドライン等）

	沿革	状況
国際労働機関憲章（ILO憲章）及び国際労働機関の目的に関する宣言（フィラデルフィア宣言）	ILOは1919年に成立、フィラデルフィア宣言は1944年。	1999年以降、ディーセントワークの実現のため、①労働における権利、②雇用、③社会保護、④社会対話の4つの戦略目標を掲げる。
世界人権宣言	1948年12月10日に第3回国連総会において採択。	1950年の第5回国連総会で、毎年12月10日を「人権デー」（Human Rights Day）とすることを決議。
国際人権規約（自由権・社会権）	A規約は、1976年1月、B規約及び選択議定書は、1976年3月、第二選択議定書は1991年7月11日に効力を生じた。	1997年12月現在の締約国数は、A規約が137カ国、B規約が140カ国、選択議定書が93カ国、第二選択議定書が31カ国。
OECD多国籍企業行動指針（OECD Guidelines for Multinational Enterprises）	1976年に策定。既に5回（1979年、1984年、1991年、2000年、2011年）改訂。この日本連絡窓口（NCP）の手続手引は、2011年11月以降、2022年7月8日改訂等、随時改訂。	OECD加盟国の他、アルゼンチン、ブラジル、ブルガリア、クロアチア、エジプト、ヨルダン、カザフスタン、モロッコ、ペルー、ルーマニア、チュニジア、ウクライナ、ウルグアイが参加。
国連「ビジネスと人権に関する指導原則」UNGPs	2011年に国連人権理事会で承認。	ビジネスと人権の関係を、①人権を保護する国家の義務、②人権を尊重する企業の責任、③救済へのアクセスの3つの柱に分類。
持続可能な開発目標（SDGs：Sustainable Development Goals）	2015年9月の国連サミットで加盟国の全会一致で採択された「持続可能な開発のための2030アジェンダ」に記載。	2030年までに持続可能でよりよい世界を目指す国際目標。17のゴール・169のターゲットから構成され、地球上の「誰一人取り残さない」。
責任ある企業行動のためのOECDデューディリジェンス・ガイダンス	同ガイダンスに関する理事会勧告は、2018年5月30日採択。	デューディリジェンス（自企業が引き起こす、または一因となる実際の及び潜在的な悪影響を特定し、防止し、緩和するための一連のプロセス）を実施するために参考となるガイダンス。
産業分野別のガイダンス	「責任ある企業融資と証券引受のためのDD」「機関投資家の責任ある企業行動」「衣類・履物セクターにおける責任あるサプライチェーンのためのDDガイダンス」「責任ある農業サプライチェーンのためのOECD-FAOガイダンス」「紛争地域および高リスク地域からの鉱物の責任あるサプライチェーンのためのDDガイダンス」等、多数あり。	例えば、紛争地域からの鉱物調達により生じる悪影響を防ぐまたは緩和するために、リスクを見極め対処するために必要なDD等の措置を示す。
国連グローバルコンパクト（人権・労働・環境・腐敗防止に関する10原則の企業の自発的取組）	1999年　アナン国連事務総長（当時）がダボス会議で提唱。 2000年　国連本部で正式に発足。	2021年　世界約160カ国、17,500を超える企業・団体が署名。
Global Reporting Initiative サステナビリティ・レポーティング・ガイドライン【GRI G4】（CSRサステナビリティ報告書ガイドライン）	1997年に、CERES（Coalition for Environmentally Responsible Economies）が国連環境計画（UNEP）等の協力でGRIプログラムを開始。	2016年、GRIは第4版までのガイドライン形式からスタンダードに衣替え。EUでは非財務情報の開示は「財務情報の追加」になり、EU会計指令は既に9カ国で法制度化、うち7カ国がGRIスタンダードを引用へ。
ISO26000「社会的責任に関する手引き」（社会的責任の国際規格）	2010年11月発効。	自主的手引きにとどまる。認証規格ではない。
日弁連「人権デュー・ディリジェンスについてのガイダンス（手引）」	2015年1月7日公表。	サプライヤー契約におけるCSR条項（サプライヤーにCSR調達基準・行動規範等の遵守義務を負わせる条項）のモデル条項の活用等も提唱。
日本経団連「企業行動憲章―持続可能な社会の実現のために―」	2017年11月8日　第5回改定で、Society 5.0の実現を通じたSDGs（持続可能な開発目標）の達成を打ち出す。	企業行動憲章実行の手引き（第8版）（2021年12月）で、自主的に実践していく上で必要な取り組みや参考情報を例示。
経産省「価値協創のための統合的開示・対話ガイダンス 2.0（価値協創ガイダンス 2.0）」	サステナブルな企業価値創造のための長期経営・長期投資に資する対話研究会（SX研究会）により、2017年5月29日に策定され、2022年8月31日改訂。	サステナビリティ・トランスフォーメーション（SX）実現のための価値創造ストーリーの協創として策定。
日本政府「責任あるサプライチェーンにおける人権尊重のためのガイドライン」	令和4年9月13日公表。	令和4年8月案に対する意見に対する経産省等の考え方も参照。

出所：外務省のウェブサイト等より作成

国連グローバル・コンパクトの10原則

人権

原則1：人権擁護の支持と尊重

原則2：人権侵害への非加担

労働

原則3：結社の自由と団体交渉権の承認

原則4：強制労働の排除

原則5：児童労働の実効的な廃止

原則6：雇用と職業の差別撤廃

環境

原則7：環境問題の予防的アプローチ

原則8：環境に対する責任のイニシアティブ

原則9：環境にやさしい技術の開発と普及

腐敗防止

原則10：強要や賄賂を含むあらゆる形態の腐敗防止の取組み

https://www.ungcjn.org/gcnj/principles.html

ではなかろう。

人権デューディリジェンス

ここでデューディリジェンス（以下「ＤＤ」という）とは、「相当な注意を払う行為または努力」という本来の意味から、相当な注意を払うための意思決定や管理の仕組みやプログラムとして理解される。日本政府も、**責任あるサプライチェーンにおける人権尊重のためのガイドライン**（令和四年九月）を策定し、企業が人権尊重責任を果たす取り組みとして、①人権方針の策定、②人権ＤＤの実施、③人権への負の影響から生じた被害への対応（救済）を促す。すなわち、人権ＤＤは、企業が人権を尊重する責任を果たすべく、ガバナンス強化の観点から、Ｍ＆Ａ取引やグループ内企業やサプライチェーンに対しても行う。①人権への負の影響の特定・評価、②負の影響の防止・軽減、③取り組みの実効性の評価、④説明・情報開示という一連の継続的なプロセスからなり、右ガイドライン等には、具体的な取り組み手法も多数例示されている。そこで、今後の事業展開では、人権ＤＤ等を含むプロセスを織り込んで事業計画を立てることが不可欠となるだろう。

人権・労働・環境

人権が尊重されたほうが、社

日本企業のビジネスと人権への取組状況

回答した企業（760社）のうち、約7割が人権方針を策定し、
5割強が人権デュー・ディリジェンスを実施。外部ステークホルダー関与は3割にとどまる。

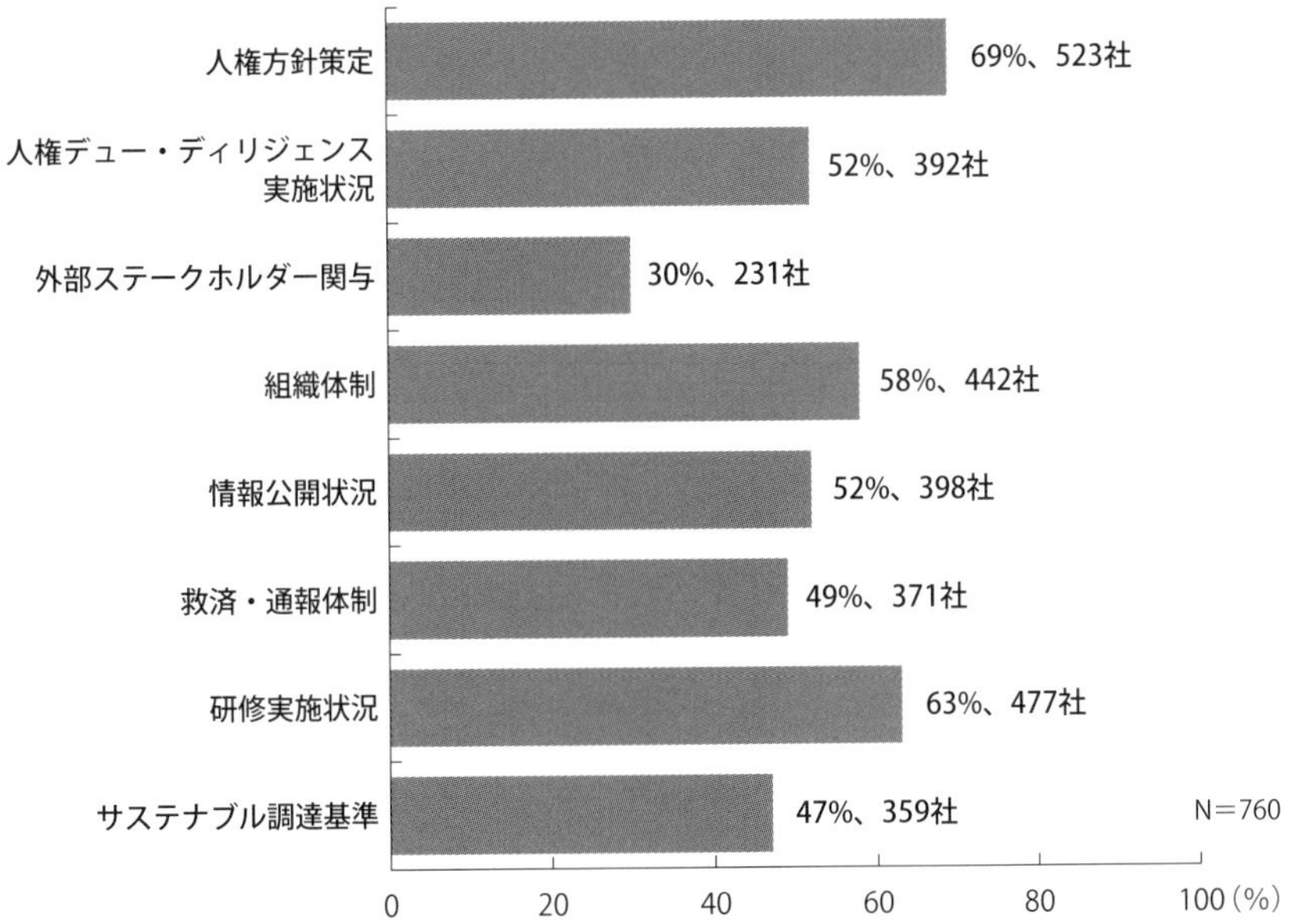

出所：経済産業省、外務省「日本企業のサプライチェーンにおける人権に関する取組状況のアンケート調査」（2021年11月）

会が安定し、ビジネス環境もよくなる。国内外を問わず、企業は人権擁護への取り組みが不十分な国々で人権基準を促進し、その向上に資することが経営環境を改善していくためにも有意義だ。人権侵害の防止は、法令遵守の不可欠の中身でもある。

欧州では、二〇一四年に非財務情報や取締役会メンバーの多様性の開示等に関するEU会計指令が改正され、EU域内の大企業（主に上場企業や金融機関）は、マネジメント報告で環境・社会・従業員・人権・腐敗防止等に関する方針、実績、主要なリスク等に関する方針の開示が義務付けられた。さらに、EUは、**企業持続可能性報告指令**（二〇二一年案、二〇二二年六月に暫定合意）や**企業持続可能性**

デューディリジェンス指令（二〇二二年二月案）等を公表し、欧州各国で人権ＤＤを一定規模の企業に対して推奨または義務化する方向で動いている。また、英国は、現代奴隷法（Modern Slavery Act 2015）を制定し、英国で事業を展開し、英国内外の一部の大企業を対象に、事業とサプライチェーンにおける奴隷と人身取引に関する人権ＤＤの過程を「奴隷と人身取引声明」の中に記載することを求めるに至った。これらにより、**ＵＮＧＰｓ（国連ビジネスと人権に関する指導原則）**やＳＤＧｓに沿った人権ＤＤが義務づけられる方向だ。

サプライチェーン・マネジメント

グローバルな調達と流通が多くなった場合には、あらゆる局面における潜在的な人権問題にも十分な配慮が求められる。また、材料調達の局面でも、特に紛争鉱物（紛争地域の武装勢力への資金提供となる鉱物）を排除する必要性に鑑み、これを法規制に取り込む国々が増えている。その規制方法としては、調査・開示規制など、サプライチェーンに関する開示規制を導入する法域もあり、前述の人権ＤＤ規制や輸出入規制等と併せてチェックしようという動きがある。

これらに対応するため、十分な証拠によって認証を受けるとか、人権侵害等によるものではないことを示すトレーサビリティを確保するための管理システム構築等が検討に値する。

バリューチェーン・マネジメント

さらに、戦略的な見地からも提唱されているのが、米国のマイケル・ポーターの主張を基礎として展開されているバリューチェーン・マネジメントだ。これはバリューチェーン全体に対してＣＳＲの実践による付加価値の向上を目指す（次頁図参照）。例えば、工場・研究所で使用する資材を調達する部門が遵守・実践すべき基準を示し、サプライヤーに対してＣＳＲ購買ガイドラインを提示して、全体的な品質の向上やＥＳＧ評価を高める取り組みが進められている。

グローバル経済で高まるリスク

外国法違反が企業に対して大きなダメージを与えることがあ

る。とりわけ、法的リスクの高い欧米では、日本とは比べものにならない重い罰金を科される恐れがある。ニューヨーク支店の不祥事で米国からの撤退を強いられた大和銀行事件は、その象徴的な事件だ。

刑事犯罪になるような行為がある場合、米国司法省等の海外の規制当局は極めて強硬であることも多い。これに的確に対応するためには専門家に依頼する必要性が生じる。ただ、そのコストをコントロールすることは難しいことも少なくない（㊱参照）。こうした事後対応よりも事前予防が得策であることを肝に銘じておくべきだろう。刑事問題が表面化すると、民事訴訟にも発展する恐れもある（㊴参照）。刑事犯罪については、連邦量刑ガイドライン（❾参照）の通り、コンプライアンス・プログラムの有無も大きなポイントになりうる。

サプライチェーンとバリューチェーン

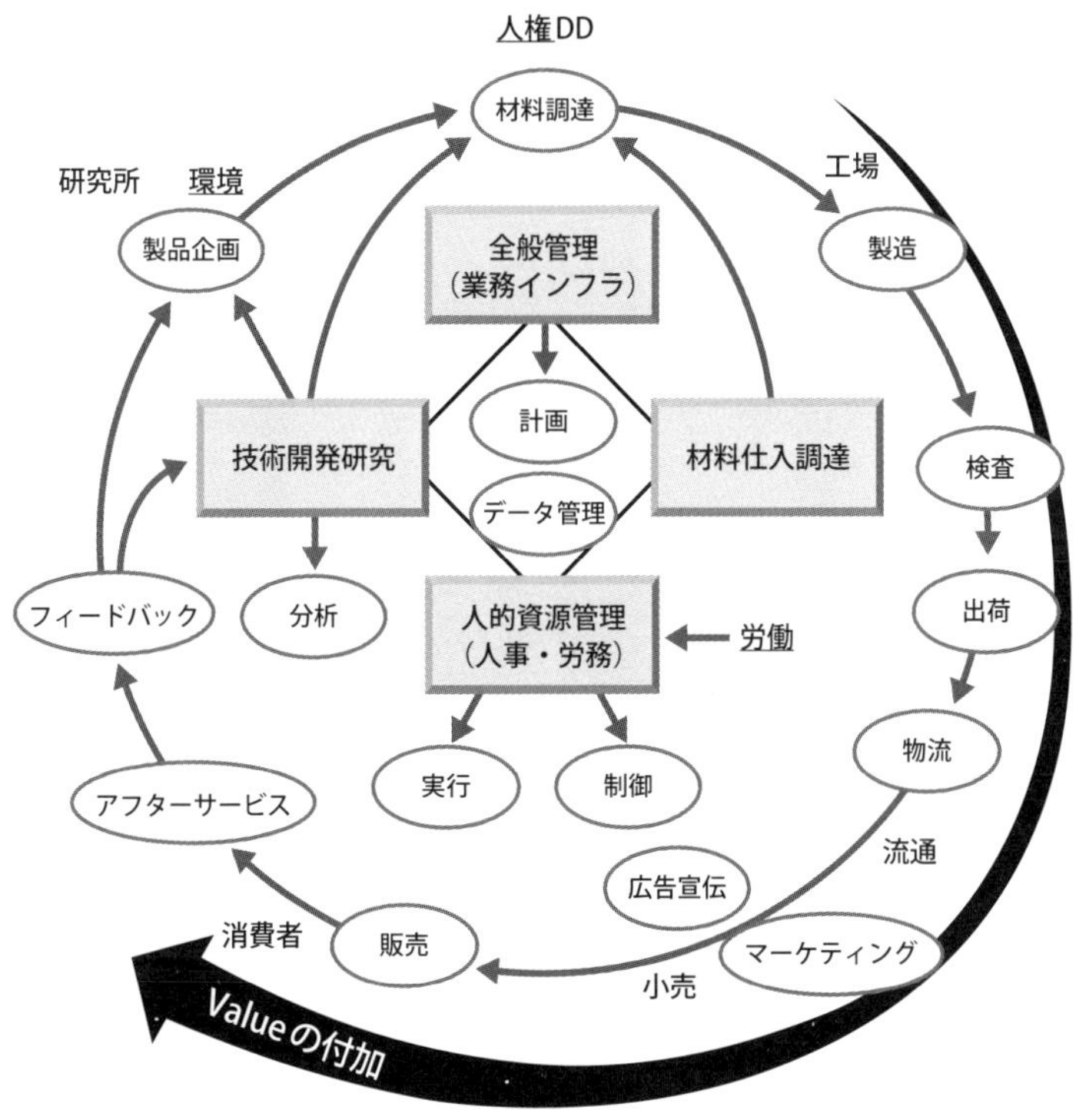

45

経済安全保障

ソフトパワーの試金石となる国際的連携

動揺する国際法秩序

ロシアのウクライナ侵攻等で国際法秩序が動揺し、グローバルなコンプライアンスにおいても経済安保が重要な課題となっている。もとより、日本でのコンプライアンスも、輸出管理コンプライアンスの取り組みが一つの起源だった(❾参照)。それが今般の経済制裁や貿易統制の問題につながる。日系企業の基本的な方向性としては、西側・欧米のコンプライアンス強化を重視せざるをえない。

世界を見渡せば、自由・民主主義国家は比較的少数に転じ、多くの難問を抱えているが、長期的な観点から人類の将来を考えて、企業社会が進むべき方向性を決める必要がある。

もっとも、二極対立構造だけに縛られない解決策を模索することも重要な課題であり、柔軟に是々非々で対応すべき場面もあろう。しかし、自由民主国家モデルと専制国家モデルとでは、左図の通り基本的な価値観が大きく異なり、軋轢は避けられない。当面の世界経済は、「欧米日韓豪」対「中露・北朝鮮ないし専制国家等」の経済を切り離そうとする動きから、「第三勢力としての印、中東・アフリカ等」との棲み分けを踏まえて、西側・欧米の多くの企業は、あるべき国際法秩序を目指す流れの中で、その規律の強化に迫られよう。

こうした動向は、グローバル経済の一部を当面の間、大きく毀損し、ブロック経済化をもたらすだろうが、日系企業が迂回経済の経路となり、日本が投資先として選択される面も増える

自由・民主国家VS.専制国家

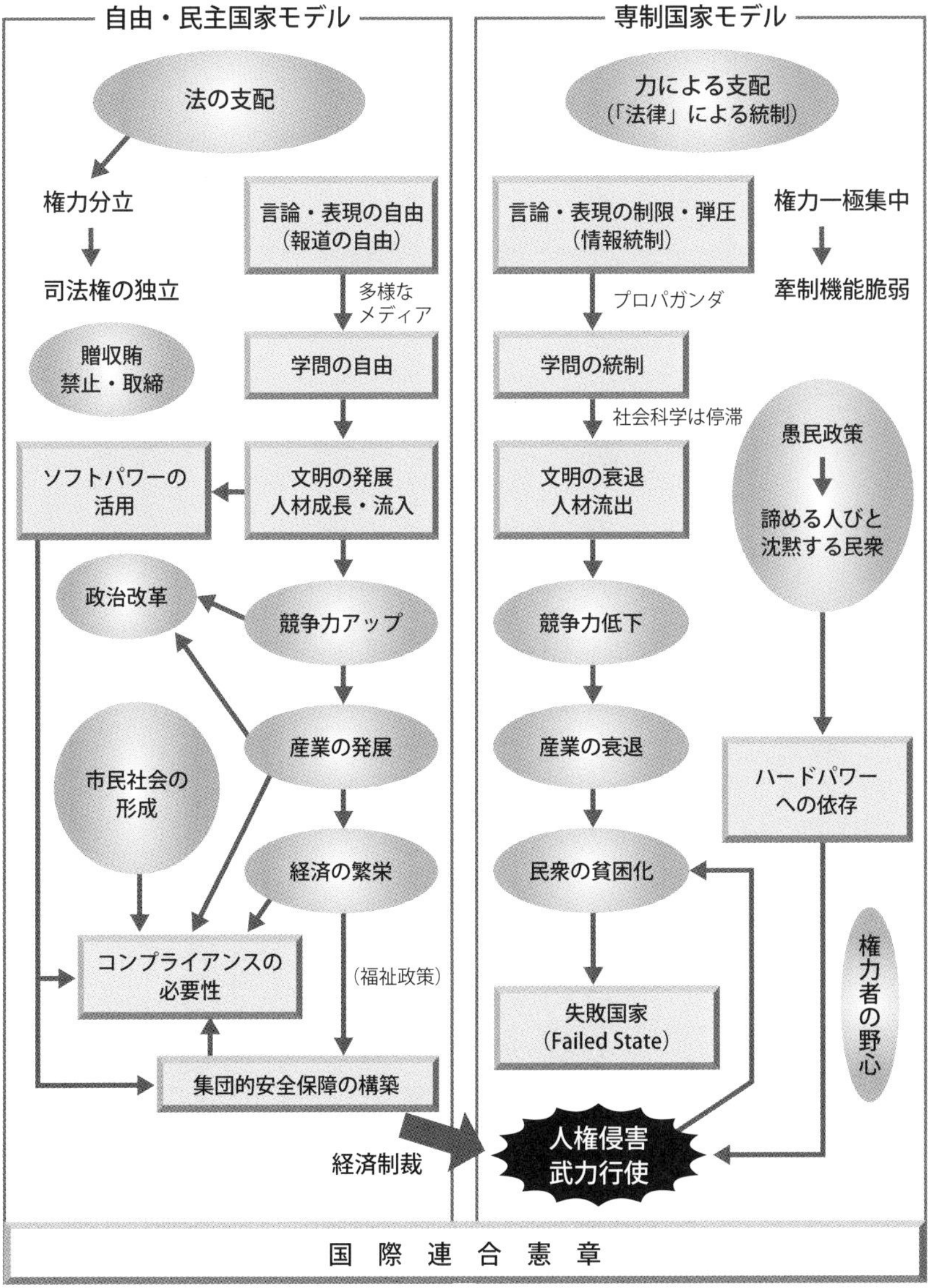

可能性がある。その際、コンプライアンスを固めつつ、ビジネスチャンスを有効に活用する途もありえよう。

安全保障貿易管理規制等の規制

かねてから、取引活動の自由化は、民生の高度な技術が軍事目的に転用されるリスクを高め、安全保障上の懸念を増大させてきた。米国では早くから各種の安全保障貿易管理規制や経済制裁措置に基づく輸出入規制等が行われ、当局間の重複や管轄の共有もある等、極めて複雑である。EUでも外資規制や対内直接投資に関する審査を強化し、その協力体制・情報共有体制に係る規則が制定された。

日本は欧米と足並みを揃え、外為法と個別業法（航空法、電波法、放送法等）による規制があり、対内直接投資等を変更または中止を命じる制度も整備されている。近時の外為法の改正では、規制対象業種を拡大する等、外国資本による投資規制の強化も図られている。

新興国も急速に各種規制を導入しているので、世界的に貿易や投資等に対する規制強化が進んでいる。このため、日本法の規制へのコンプライアンス対応だけでなく、関係国の規制対応も必要となる。コンプライアンスポリシーは常時責任者が確認できるシステムを構築し、その周知徹底のために定期的な従業員のトレーニングや内部監査を実践することが特に重要である。

安全保障管理は、実質的に域外適用を認める形となっており、経済制裁措置に違反した場合には極めて厳しい罰則の対象ともなる。例えば、米国で某製品をイランに譲渡したとして、会社のほか同社の元従業員らが武器輸出管理法・国際武器取引規則違反の罪で刑事訴追を受けた平成三年頃の事件が有名だ。同社は司法取引で罰金や特別課徴金、和解金等、邦貨換算額で合計二四億八〇三〇万円を支払わされ、改めて三年間にわたる新規輸出許認可申請の禁止措置と三年間輸出取引を禁止の処分を受けた。日本でも同社と一部従業員らは、関税法・外為法違反の罪でも裁かれたが、取締役らは株主代表訴訟でも責任を負わされ、重い制裁を受ける結果となった。関税法対応を有利に行うためにも、時間的な計画も考えて万全の準

米国所轄官庁の分担

当局	関係法令	規制概要
国務省国防貿易管理局	武器輸出管理法 国際武器取引規則	輸出・再輸出規制
商務省産業安全保障局	輸出管理改革法 輸出管理規則	輸出・再輸出規制
エネルギー省原子力規制委員会	原子力法 エネルギー再編法（Energy Reorganization Act）	原子力安全に関する監督業務、原子力規制を担当
財務省外国資産管理局（OFAC＝the Office of Foreign Assets Control）	外国資産管理法（Foreign Assets Control Regulations） 国際緊急経済権限法 禁輸国規則	OFAC規制遵守の枠組みにより、米国人・金融機関の関与のある取引、米ドル海外送金（米銀経由か問わない）は、原則、OFAC規制の対象
米国国土安全保障省・税関・国境取締局（U.S. Customs and Border Protection＝CBP）	Law Enforcement Officers Safety Act of 2004（LEOSA）	テロリズム、人身売買、麻薬密輸、農業害虫、その他の違法・危険な活動から守る
対米外国投資委員会（Committee on Foreign Investment in the United States＝CFIUS）	外国投資リスク審査現代化法（Foreign Investment Risk Review Modernization Act＝FIRRMA）	国家安全保障の観点から、クロスボーダーM&A等の取引の中止、禁止、または取消しを命じることを勧告し、大統領はこれを当事者に命じることができる

備を図る必要がある。

一方、中国等、専制国家の側も対抗立法を行っており、不当とされる「域外措置」が講じられた場合、その状況に応じて対抗措置が講じられることがある。この対抗措置の内容は必ずしも明確ではないこともあるが、例えば、中国関連の事業を行う場合には、中国版エンティティリストや輸出管理法等を参考に対応していくことが考えられよう。

激化する対立に伴うコンフリクトへの対応

今後の対抗立法への対応は難しいところだが、次のように整理するのが一つの考え方である。

第一に、日本国内の企業は、日本の法令違反を避けることを優先させて検討する。海外の企業は、現地の法令違反を避けることを優先させる必要がある。相手方から提訴されても、管轄権がある地の法令に基づいて防御できるようにすべきだ。

第二に、ドル建ての取引は、米国等、自由民主主義陣営の法令遵守を優先させて対応する。特にグローバルな取引においては域外適用のリスクを十分に視野に入れる必要がある。

第三に、外交関係のない国家・領域との取引は行わず、人権侵害の著しい軍事独裁政権等のカントリーリスクの高い領域との事業も抑制的に考える。専制主義的な国家における事業は、長期的な観点から官民の協力やBOPビジネス等を絡める等して、コンプライアンスの取り組みを移植するような方向で進めることが期待される。

マネーロンダリング対策

経済安保に関連して、資金洗浄（マネーロンダリング＝マネロン）対策の規制にも十分対応する必要がある。日本の財務省は、「経済制裁措置及び対象者リスト」を、また、経済産業省も制裁関連のリストを公表しており、取引相手の選別も不可欠となっているが、これらはマネロン対策の観点からも留意すべき領域になっている。

一九八九年のアルシュ・サミット経済宣言を受けて設立された資金洗浄対策の国際協調を推進する多国間の枠組みである**金融活動作業部会（Financial Action Task Force＝ＦＡＴＦ）**の動向に沿って、日本も資金洗浄やテロ資金供与の防止を目的とする犯罪収益移転防止法（犯収法）を改正する等して、疑わしい取引の判断を明確化する法整備等を進めている。米国等、海外の規制はさらに厳しく、域外適用のリスクもある。米ドル取引や米国企業との取引等には米国法が広く適用され、厳しい制裁金が課された事例もある。

金融機関に限らず、海外取引で金銭のやり取りを行う企業は、海外のマネロン規制もチェックして、事業内容によっては、①マネロンに対する経営陣のコミットメント、②リスクの確認と評価、③リスク対応戦略の策定と実施を行う内部統制、④検査及び第三者による監査、⑤研修等を含むコンプライアンスに取り組む必要がある。

46

環境法規制への対応——地球環境の保全が大前提

地球環境の保全が持続的発展の基盤

環境汚染・公害問題

伝統的な環境規制は、公害対策から始まった。現在でも、公害病の被害者や遺族からの訴訟が残っており、決して過去の問題ではない。むしろ環境問題は地球規模で深刻化しつつある。

環境に有害な物質を排出することのないように、科学的な観点からも十分なチェックをする必要がある。環境規制対応は不可欠だが、さらに高いレベルの対策を取ることはＥＳＧの観点からも重要だろう。

ただ、エコ広告が真実に合致しないものであると、エコ偽装問題として深刻なトラブルになることもある。裏付けデータをしっかりと確認しながら、手堅く進めることが重要だ。

各種の環境規制

環境規制は多岐に渡り、法令等の改正が頻繁にある上、その法規制もかなり複雑で細かいので、担当責任者を定めて的確に対応できるような体制が必要だ。それぞれの業界に応じた専門的な対応が行われるのは当然だが、一般的な不動産取引等でも環境規制をチェックする必要がある。

不動産の売買・賃貸では土壌調査を行い、必要に応じて汚染物質を除去することが必要だ。また、大規模開発においては、環境影響評価法のほか自治体の条例による環境アセスメント等が求められることもある。こうした環境アセスメント逃れを工作すると、建築差止訴訟や行政との軋轢、金融機関からの融資凍結等に見舞われる恐れがある。

ただ、環境規制は政治的な妥協の産物であることもあるので、環境規制にギリギリで対応するようでは不十分なこともある。先進的な企業では、より厳しい自主規制を設けることがふさわしいケースも考えられる。

日本でも、アスベスト被害について、国は規制権限の不行使、メーカーは危険表示不足に過失があるとして、当時は行政から許されて適法に流通させていた事業活動に対して損害賠償を命じる最高裁判決が下された（二〇二一年五月）。その時点の環境規制を遵守するだけでは足らず、その危険性を認識しうる事業者は、より積極的に損害の発生を防止する義務があるものと考えるべきだろう。

産業廃棄物等の処理

産業廃棄物の処理は十分に信用できる適正な業者に委託することが重要だ。処理業者の不法投棄を知りえた場合には、連帯責任や原状回復措置命令等を受ける恐れもある。

また、食品や日用品等は横流しされないように、製品をそのまま丸投げするのは危険だ。適宜、適切に処理しているかを現地視察等でチェックする必要もあるだろう。

環境問題への国際的取り組み

環境法は各国の国内法的な規制に加えて、国際基準による各種の要請にも対応する必要があり、多国籍企業に対しては国際基準による規律と情報開示も求められる。

「環境と開発に関するリオ宣言」（The Rio Declaration on Environment and Development）は、世界の基本的な考え方を示している。環境問題は、公害防止に限られず、乱開発を抑制し、**生物多様性**にも配慮する姿勢が重要だ。それなりの企業ともなれば、国際的な水準を視野に入れて、対応することが期待される。

先進的な企業は、環境問題に対応するため、省エネや省資源の製品を開発・提供することに加え、環境への総負荷の低下を目指す等の取り組みを強化し、環境報告書を公表している。

海外環境法リスクの高まり

欧米諸国だけでなく、アジア諸国でも、環境法規制を強化し、環境行政の組織を整備・強化する動きが急速に進み、海外での環境法リスクが高まっている。そ

環境問題に対する企業の取り組み状況

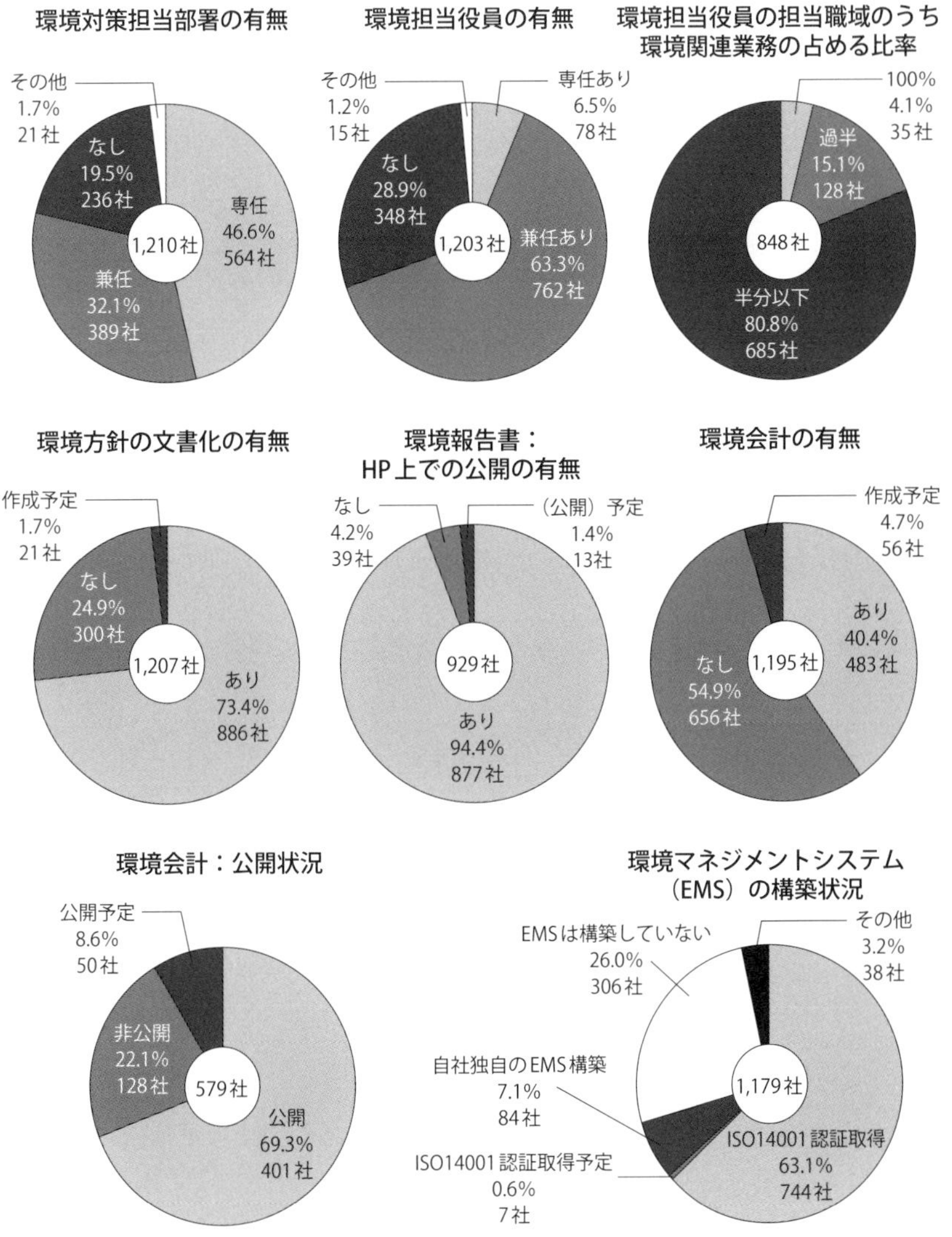

出所：東洋経済新報社『CSR企業総覧（2022年版）』を基に作成

の手法も、環境保護税制を導入する国もあれば、化学物質の管理や廃棄物・リサイクルの規制を強化する動きもある。そうした規律強化に対応するには、自社製品の製造工程や商流をチェックして、環境法規制との関係を確認し、十分な危機意識を持った責任者の監督の下に現場で運用できるデータ測定や危険物取り扱いルール等を整備し、危機管理対応までを含めた対策を事業計画に盛り込んでおくことが必要となる。コンプライアンス意識を徹底させ、定期的な社内監査や担当従業員の研修、定期的なトレーニング等も重要な課題となろう。

気候変動対策

気候変動で災害が多発すれば、企業業績も大打撃を受ける。だからこそ、企業社会全体で可能な限りの対策が求められる。

東京証券取引所は、上場企業に対して、**気候関連財務情報開示タスクフォース（TCFD）**の提言に基づく気候変動リスクの情報開示を実質的に義務づけた。また、金融庁は有価証券報告書を出す一般企業に、気候変動リスクの開示を義務付けるかを検討している。TCFDは、標準化しつつあり、この開示の企業への義務づけには負担も懸念されているが、早めの対応が望ましい。

統合報告書

環境等に関する非財務情報を加えた統合報告書を出す企業が増えつつある。欧米ではグローバルな事業展開を進める多くの企業が統合報告書を作成し、経営戦略を分かりやすく伝えている。当然のことながら、統合報告書に記載された内容も信頼できるものでなければならない。

COSOの二〇一二年改定（❹参照）に伴って、財務報告である年次財務報告だけでなく、非財務報告である内部統制報告のほか、CSRやサステナビリティに関する報告等に関する内部統制の充実も求められよう。

日本でもCGコードが企業統治や社会貢献などの非財務情報の開示を促している（❷参照）ので、統合報告書を出す企業は増えていくだろう。これは投資家向け広報（IR）の一環として見られることも多いが、その実質的な内容は企業の社会的責任に沿ったものであるべきだ。

国際的な潮流

日本では、環境省が環境報告ガイドラインを作っているが、近時は報告の信頼性や比較可能性アップに向けた国際的な取り組みも注目されている。

財務情報と非財務情報

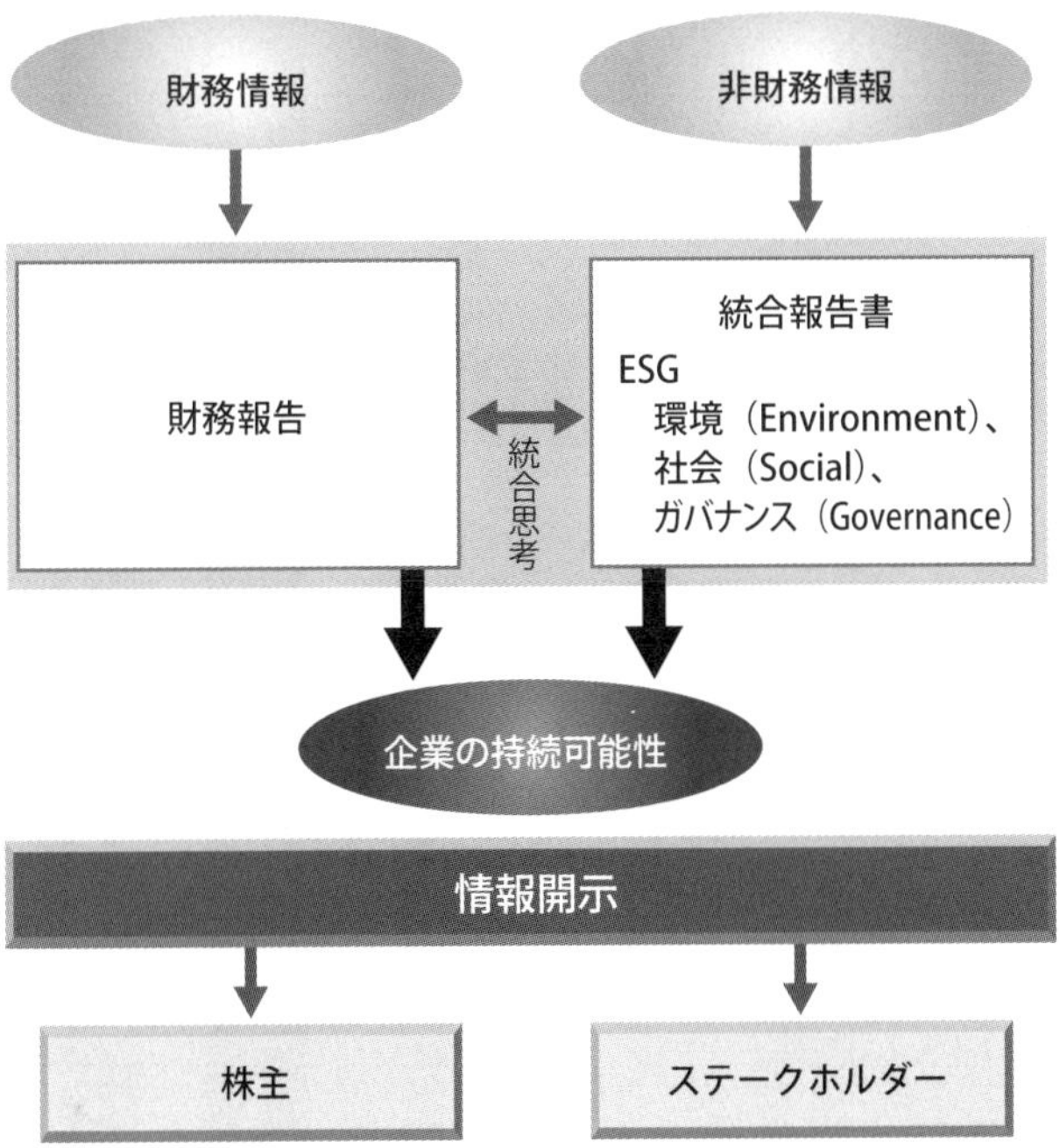

今後は、世界の投資家団体等が組織する**国際統合報告評議会（International Integrated Reporting Council＝IIRC）**の厳格な基準に沿った報告書の発行が期待される。統合報告のあり方については、二〇一三年にIIRCが国際的なフレームワークをまとめた。これによれば、組織の価値創造能力を高めるべく、戦略的焦点と将来志向、情報の結合性、資本及び資本間の相互関係等に焦点を当てた組織の「統合思考」の重要性が強調されている（日本公認会計士協会のサイト等参照）。

また、Global Reporting Initiative（GRI）が策定する**サステナビリティ・レポーティング・ガイドライン**も注目され、新たな対応を迫っている。

47

汚職・贈収賄防止と政治献金

公正な経済社会のために志を高く持つ必要がある

ワイロを文化と勘違いしない

公務員との関係がある企業の場合には、伝統的にこの問題が議論されてきた。「贈答文化は日本の文化だ」という者もあるが、ワイロ自体は日本特有のものではなく、古くから世界中に蔓延《まんえん》している。しかし、ワイロは明らかに卑劣な犯罪行為だ。

腐敗は、法の支配や制度の効率性、及び、企業や政府に対する市民社会からの信頼を損なうとともに、貧困や不平等を定着させる等の弊害をもたらす。

不透明なお金の流れは、脱税等のからみで発覚することも少なくない。あるいは内部告発によって暴露されることもある。密室の犯罪のようだが、現代の企業がそれを隠しきることは決して容易でなく、リスクが高すぎることを理解し、決して違法行為に手を染めてはならない。

日本国内では、国家公務員倫理法があり、公務員の側でも民間企業とのつきあい方にはきわめて注意深くなっている。会社で贈っているお中元、お歳暮の類についても見直すなどして、合理的な範囲で適正になされているかを定期的にチェックすることも有用だろう。

政治献金の問題性

政治献金についても、社会では問題視されており、なるべく避けることが望ましい。政治献金は個人の資格で行えばいいのであり、それを会社を通して行うと、会社自体が営利を目的としている関係で、どうしても疑わしい目で見られやすい。

もちろん、政治献金はワイロではない。また、八幡製鐵事件の最高裁判例においても、株式会社が政治献金をすることについては、取締役の忠実義務違反にならないと判断されている。

企業交際費の推移

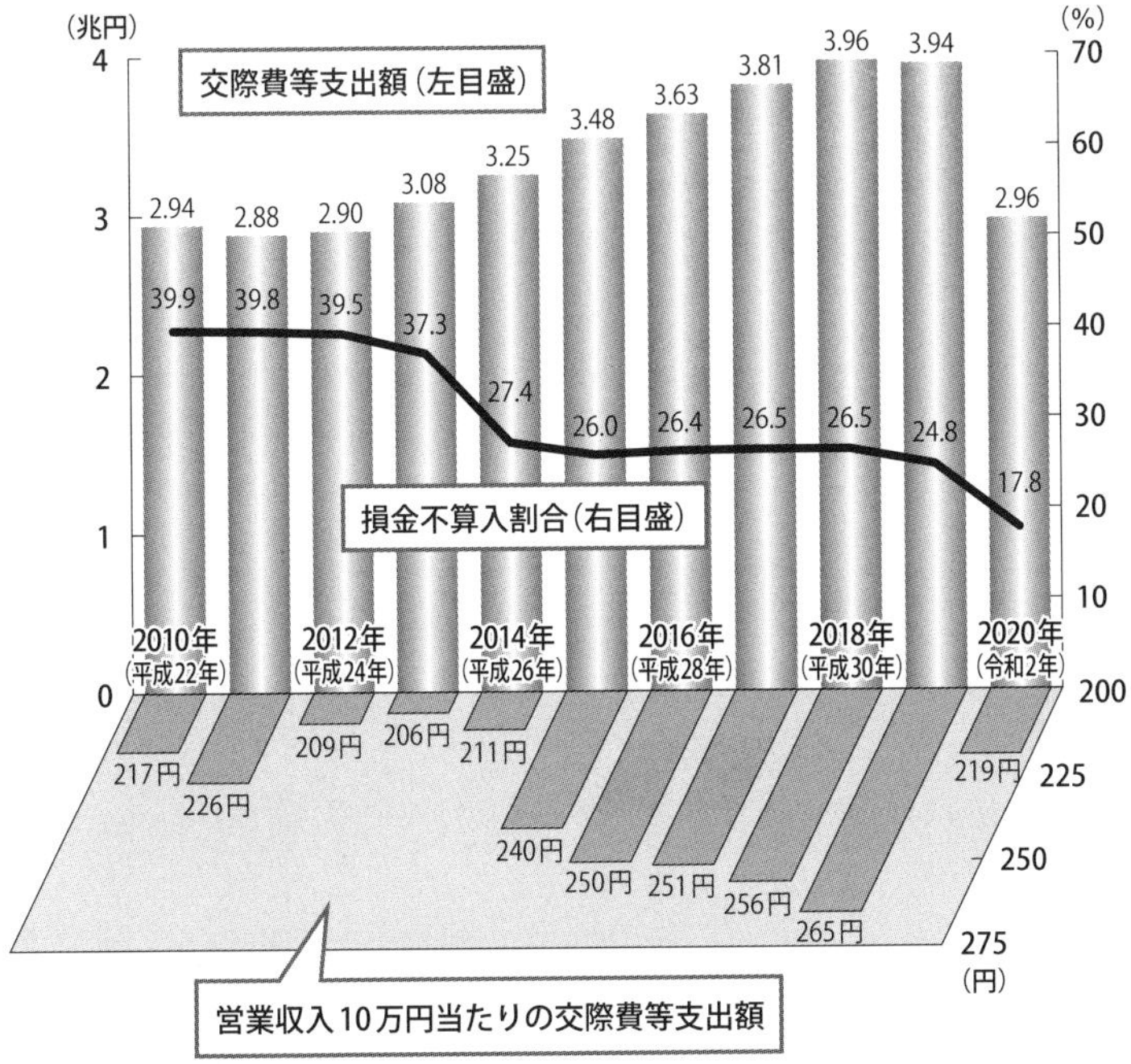

出所：国税庁長官官房企画課「税務統計から見た法人企業の実態」より作成

そういう意味では、一応「合法」とはいえるだろう。

しかし、最高裁判例になった八幡製鐵事件は第一審からも新聞等で大きく報道され、物議をかもし、その問題性はまだ決着がついたわけではない。例えば下級審の株主代表訴訟の裁判例には、赤字の企業による政治献金が違法とされたものもあった。海外に目を向ければ、米国連邦レベルでは、政治過程が金権支配されることを排除し、経営者に対する少数または反対株主の利益を保護するなどの理由から企業献金は全面的に禁止されている。そのような点からも、グローバルなポリシーからすると企業献金は問題が多い。

どうしても企業が政治献金をする場合には、取締役会でも、企業にとっての合理性や正当性を確認し、かつそれが社会的にも申し開きのつくような理由など、慎重に考慮すべきだろう。

営業戦略の確立

接待型マーケティングに依存してしまうのは、逆に本来の競争をおろそかにしていることと表裏でもある。商品の優位性、価格競争力が強ければ、ワイロをする必要もないし、行き過ぎた接待をする必要もない。

ワイロや接待で顧客を維持し、受注を取りつけようとすることは、結局将来においては行き詰まることになり、企業を弱体化させるリスクもある。

今後の企業経営では、的確にニーズを捉えて品質・価格等で勝負する正攻法の営業戦略の成否が重要なポイントになろう。

贈賄禁止に向けた世界的潮流

腐敗防止に関しては、**米国海外腐敗行為防止法（Foreign Corrupt Practices Act=FCPA）**を受け、一九九九年にＯＥＣＤで外国公務員贈賄防止条約が成立した。二〇〇三年には、**国連腐敗防止条約（United Nations Convention Against Corruption）**も成立した。この条約は、国際組織犯罪防止条約を補完するもので、この考え方は国連グローバル・コンパクトの原則にも組み込まれ、汚職・贈賄の防止は世界的にも大きな課題となっている。

こうした潮流に沿って、日本の不正競争防止法も、外国公務員等に対する不正の利益の供与等の禁止する規律を定めている。これによれば、何人も、外国公務員等に対し、国際的な商取引に関して営業上の不正の利益を得るために、その外国公務員等に働きかけること等を禁止している。

ＳＤＧｓのターゲット16-5も、腐敗との闘いに言及しており、コンプライアンスの領域でも、腐敗防止は極めて重要で、経営倫理の観点からしても厳正な対応が求められる。

贈収賄防止はグローバル標準で

欧米各国は腐敗防止に対してかなり厳しい姿勢で臨んでいるため、多国籍企業では贈賄等が起きないようにコンプライアンス・内部統制には相当な注意を払っている。今後は、日本の企業もその水準を欧米企業並みに

ワイロ等の問題性

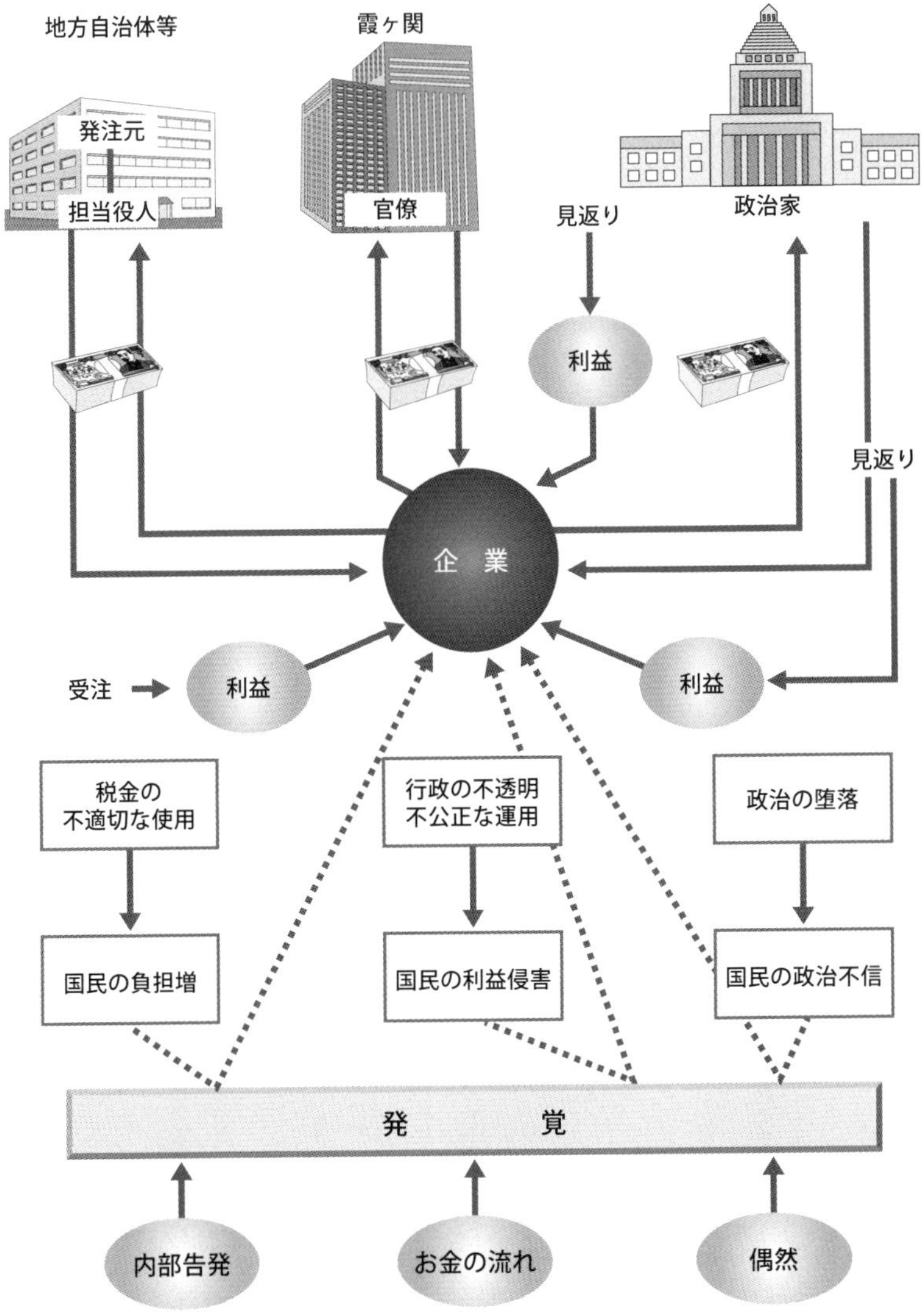
地方自治体等
発注元
担当役人
霞ヶ関
官僚
政治家
見返り
利益
見返り
企　業
受注
利益
利益
税金の
不適切な使用
行政の不透明
不公正な運用
政治の堕落
国民の負担増
国民の利益侵害
国民の政治不信
発　覚
内部告発
お金の流れ
偶然

上げていく必要がある。

グローバルな事業展開をする企業は、経済産業省「外国公務員贈賄防止指針」等を踏まえて、企業集団のコンプライアンス・プログラムを充実させることが重要だ。専制主義的な国家等に限らず国営企業と取引する場合には、贈収賄の落とし穴が至るところに潜んでいる。怪しげなコンサルタント契約が贈収賄のリスクをはらむこともある（㉟参照）。コンサル取引の監視を強化し、リスクに応じた承認手続を踏ませる管理は不可欠だ。

域外適用のリスク

米国ＦＣＰＡその他の外国法令の日本企業への域外適用も問題だ。東南アジアやアフリカ等での取引がＦＣＰＡの捜査対象となって、当局との司法取引によって巨額の罰金を払わされるような事件も起きている。制裁リスクを軽視することは禁物だ。

次に域外適用を主張する国は分からない。もはやドル建て取引に限らず、世界中、あらゆる関係が監視されていると認識し、慎重な行動が求められよう。

第三者に対するDD

贈収賄が取引先やエージェントなどを使って行われるケースが多く、企業は第三者が行った贈賄にも責任を負わされることがあるため、第三者に対するＤＤ（質問票への回答要求、データベースの活用、現地調査、調査会社の起用等）や研修の実施が必要となる。このＤＤを契約締結時だけでなく、継続的な監査も行い、違法な事象が報告・報道された企業のリスクを高く評価する等のリスク格付けを行い、贈賄を行わない表明保証の実効性を担保する仕組みとして、リスクのある第三者には、契約解除、監査、再発防止策の導入が求められる。怪しげな外国人による取引の斡旋には特に要注意だ。契約書にコンプライアンス条項や賄賂禁止文言を挿入するのは良いが、それだけで贈賄リスクがなくなるわけではなく、その文言で賄賂の実体を言い逃れすることはできない。また、お手盛りで書かせたリーガルオピニオンの類いも免罪符にはならない。

米司法省と証券取引委員会によるFCPAの摘発件数（1977 ～ 2022年）

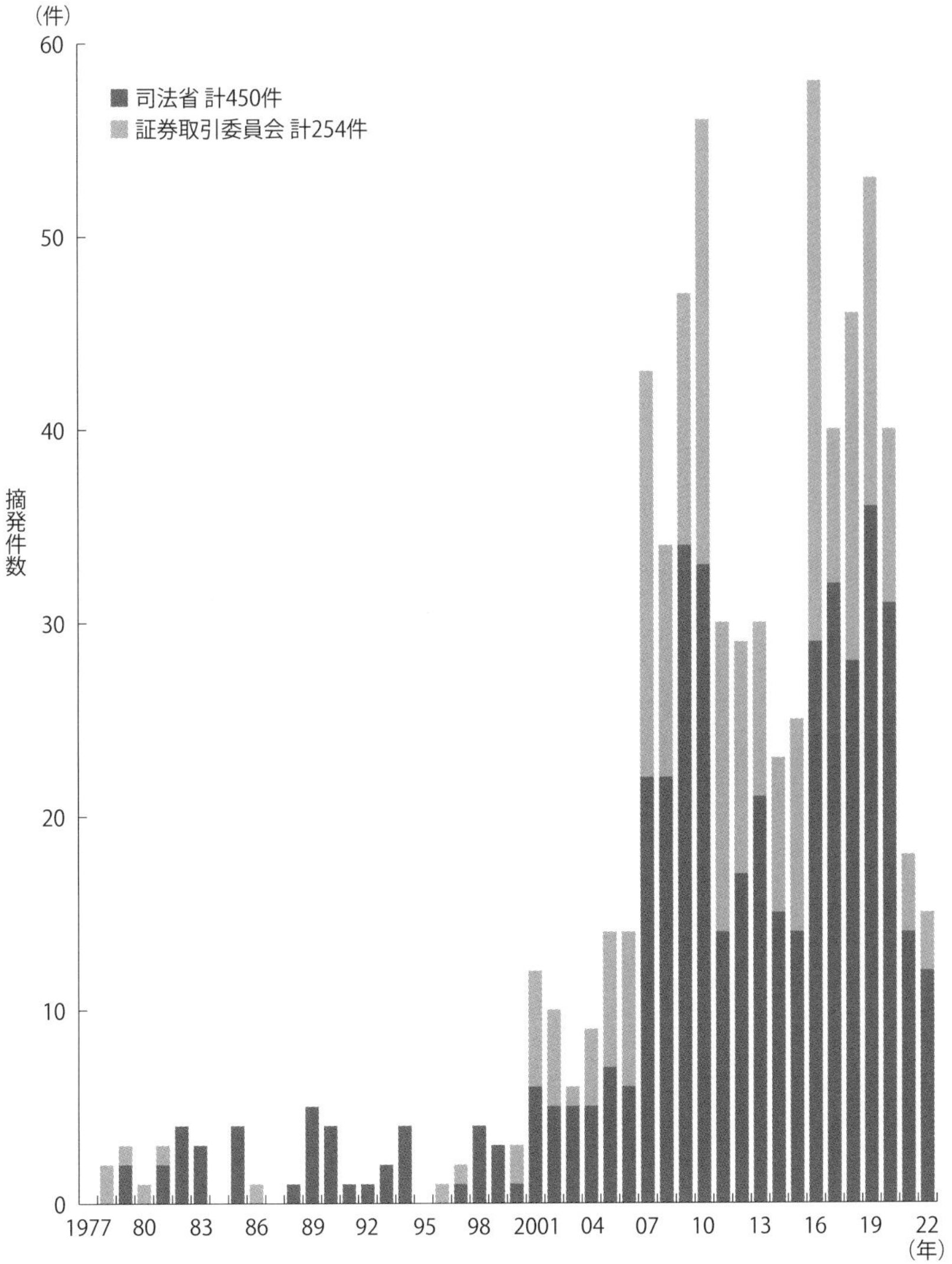

出所：Stanford Foreign Corrupt Practices Act Clearinghouseウェブサイトを基に作成

48

独禁法・不正競争防止法――フェアな競争を促進する

公正な自由競争の理念を理解し、公正取引委員会を活用する

公正な競争の重要性

会社の財産を私物化したり、横取りするようなものと異なり、独禁法や不正競争防止法などの問題は、それがどうして悪いのか、一般の人々には少し理解しにくい面がある。その意味で、営業現場の従業員も含めて、企業で働く人々に、なぜ独禁法等の公正な競争を確保するための法律（競争法）が重要なのかを正しく認識させることが必要だ。

独禁法コンプライアンス・プログラムが日本でも早くから重要視されてきたのは、逆に言えば、それがなければ守られにくい性質があるためだ。

公正取引委員会の情報提供

日本の競争法（独禁法）は、次頁に整理した内容を含む。このうち下請法には、下請事業者の利益保護のため、親事業者に①書面の交付義務、②支払期日を定める義務、③書類の作成・保存義務、④遅延利息の支払義務等が定められ、下請取引の公正化が図られている。この規律の下で、優越的な力関係に物を言わせて理不尽な取引を強いることは許されない。

この分野の問題について、疑問がある場合、公正取引委員会のウェブサイトによる情報提供を利用すると基本的なことは分かる。具体的な案件があれば、公正取引委員会が相談に応じるほか、問題がある企業活動の報告、申告も受け付けている（独禁法第四五条）。

独占禁止法違反行為に関する差し止め請求や損害賠償請求などの民事的救済制度の整備や刑事罰の上限の引き上げなど、独

禁法の強化が進められてきた。独禁法違反による課徴金も大きく引き上げられている（課徴金とは独禁法違反による利益を吐き出させるための制度）。

さらに、独禁法違反事件の取締強化のため、**課徴金減免制度（リニエンシー）**も拡充されるに至っている。リニエンシーとは、

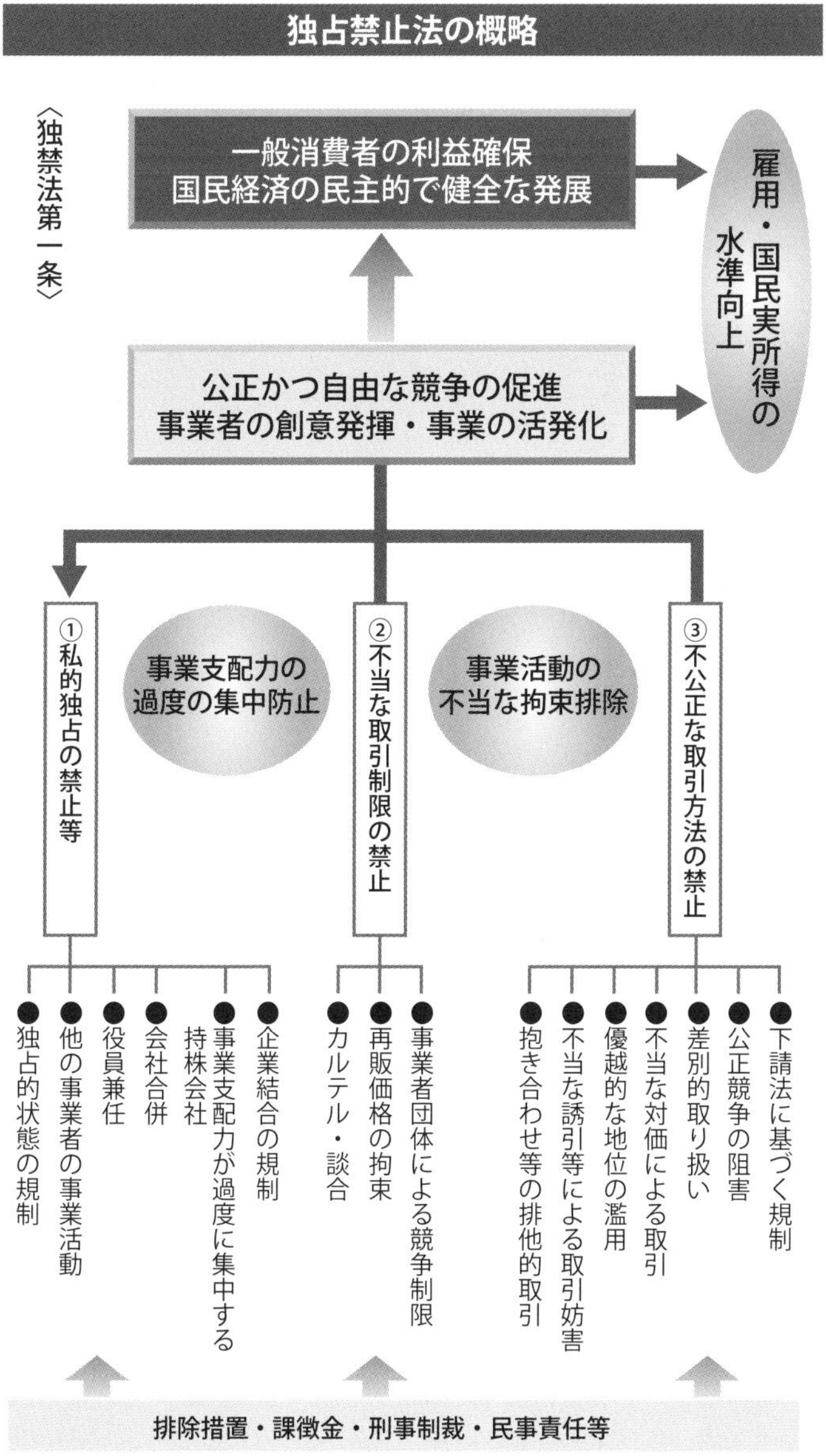

当局に不正行為を通報するとその制裁が減免される制度であり、多くの国々でさまざまなリニエンシー制度が導入されている。これによって、競争法違反をした場合の摘発リスクが急速に高まり、コンプライアンス態勢の強化が求められている。

日本の課徴金減免制度も、数次の改正を経て、課徴金の減免に加えて、事業者が事件の解明に資する資料の提出等をした場合に公正取引委員会が課徴金の額を減額する仕組み（調査協力減算制度）を導入し、減額対象事業者数の上限も廃止され、減額率を拡大し、課徴金の算定基礎の追加、算定期間の延長等、課徴金の算定方法の見直しが行われ、企業側に調査協力のメリットを設けることで、実態解明を進めやすくした。

他方、違反時の制裁を強化し、課徴金を引き上げ、証拠が残っていない場合は売り上げを推計して課徴金を算出できるようにし、優越的地位の濫用等にも適用されるようになった。内部統制と公益通報者保護法（㉖参照）等とのシナジー効果により、談合・カルテルの摘発リスクは限りなく大きくなっている。

カルテル、私的独占、不公正な取引方法を行った企業に対しては、被害者が損害賠償を請求する制度もある。企業は故意・過失の有無を問わず責任を負わされる可能性がある。さらに、カルテルや私的独占などを行った企業や業界団体の役員に対する刑事罰もあるので、独禁法違反は決して割に合うものではない。

こうした独禁法強化が実現したのも、公正な自由競争を確保するための独禁法の重要性が広く認識されるようになったからだ。かかる状況を踏まえ、独禁法に関する研修プログラムを定期的に行う等して、それらの法の趣旨の理解・徹底が重要だ。

具体的プログラムの必要事項

公正取引委員会でもコンプライアンスを取り巻く環境や実態を調査し、今後のコンプライアンス向上のために採られるべき方策について支援を行う動きがある。こうした取り組みでも示唆されている独禁法コンプライアンス・プログラムは、概ね次のような内容を含んでいる。

①独禁法遵守の宣言
②従業員のための独禁法遵守マ

外国法令の域外適用

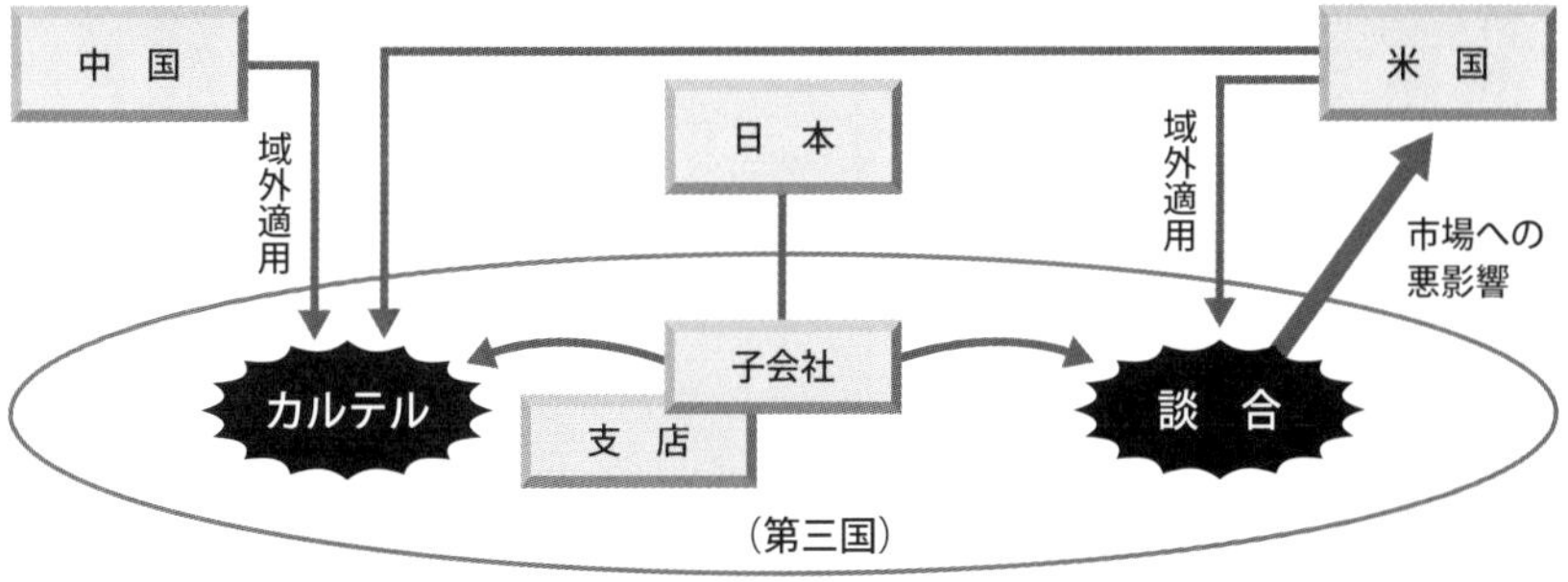

公正取引委員会の役割

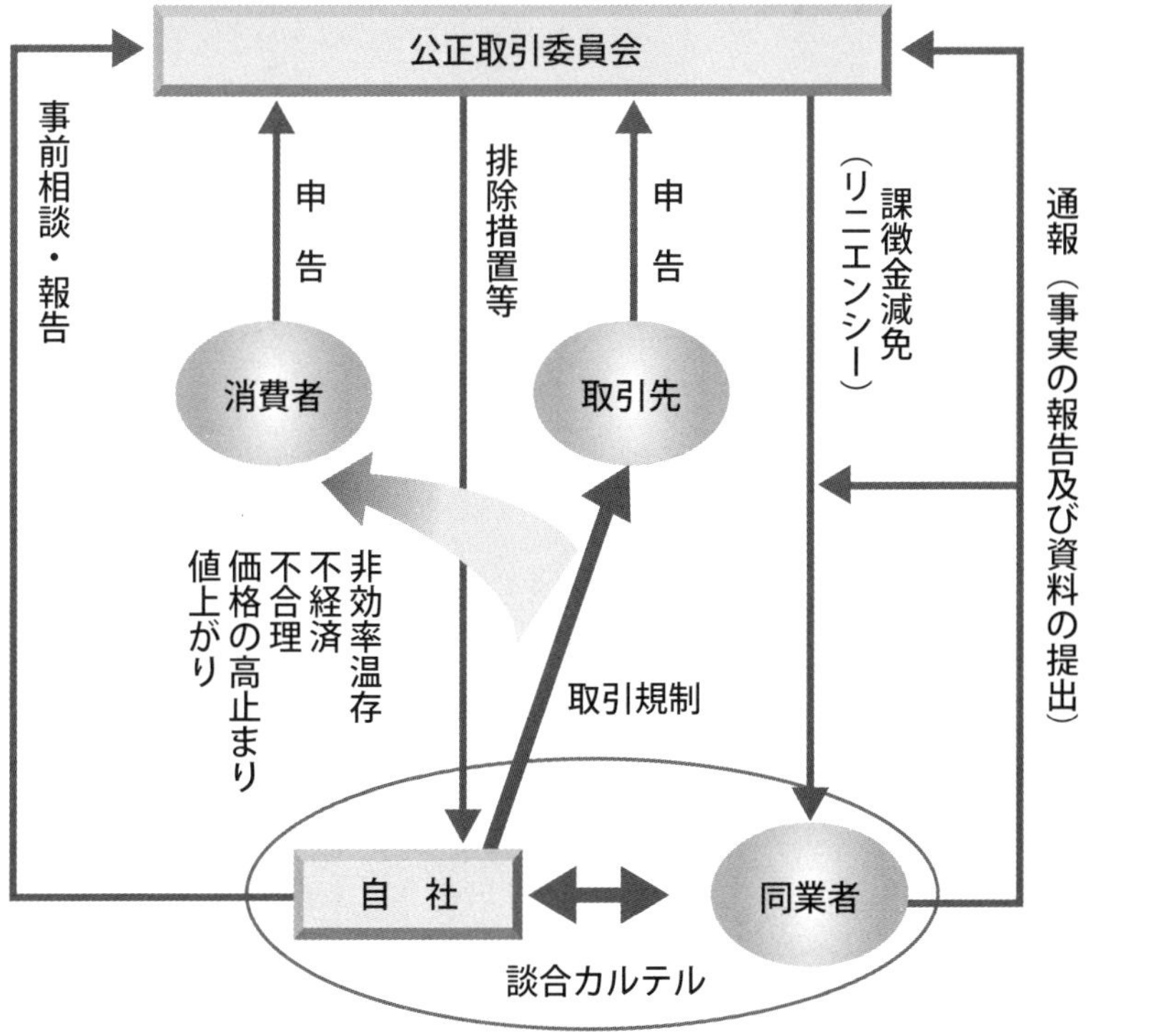

ニュアルの作成・配布
③従業員に対する独禁法遵守教育や研修の強化
④独禁法遵守状況のチェック体制
⑤独禁法に関する疑問、相談、トラブルの処理体制
⑥将来にわたって独禁法コンプライアンス・プログラムの見直しを図っていく体制

経済のグローバル化に伴って、海外の競争法に関する情報収集も重要だ。公正取引委員会は世界各国・地域における競争法の状況や運用事例についても紹介しているので、経済産業省が提供する競争法に関する報告書などと併せて参考になるだろう。

国内でしか製造・販売をしていない企業も他人事ではない。例えば、自社の製造する部品が組み込まれた製品が海外に輸出されれば、国内での部品カルテルが海外の競争法の適用を受ける可能性がある。欧米を中心に、反腐敗・反贈収賄・反カルテルの要求は極めて厳しく、取り締まりは、かなり強化されている。

日系企業は、外国でも競争法違反による摘発で、巨額な罰金や制裁金が科される事件やその役員・従業員が刑事罰を受ける事件に巻き込まれている。

主要国の競争法と日本の独占禁止法は、談合禁止をはじめとして共通点も多いので、まずは独占禁止法の遵守が競争法違反に問われないための基本だ。

不正競争防止法も視野に入れる

不正競争防止法は、企業が犯すことを禁止されている事項を列挙している。どれも公正な競争を促進する見地から規制されている。

これに違反しないようにすることは当然だが、競争会社が違反している疑いがあれば、これを積極的に攻撃することも考えられる。そうしたことも、マーケットにおける健全な競争を促進し、確保する観点からすれば、必要な場合があるだろう。

また、業界によっては、表示に関する公正競争規約が定められており、公正な表示の仕方についてルールを定めている。公正競争規約に従って適切な表示をしている商品については「公正マーク」を付すことができるなどのメリットもある。

外国競争法コンプライアンスに対する企業の現状

外国競争法に対する認識

Q. 貴社が外国競争法コンプライアンスの取組において意識しているのは、どの国又は地域の競争法ですか（複数選択可）。

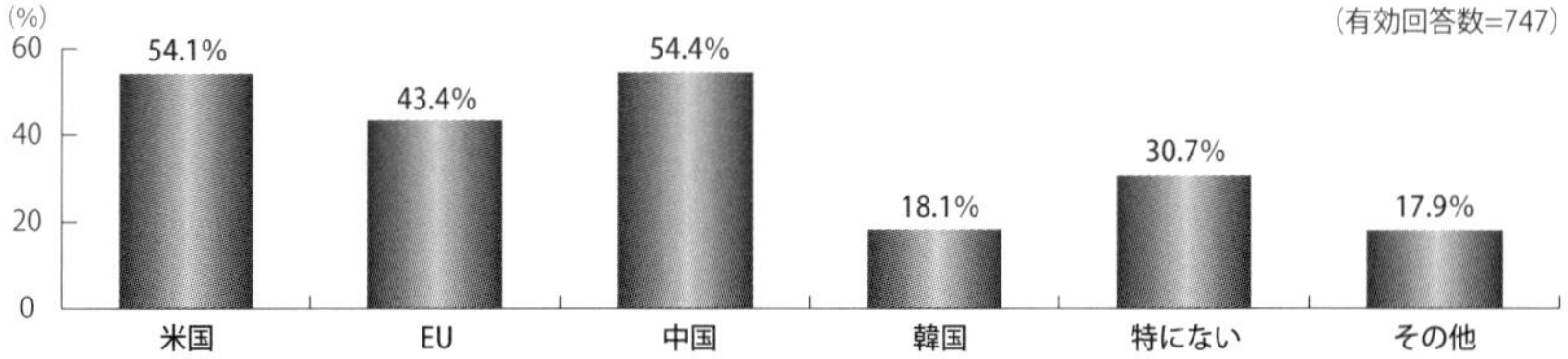

企業グループ全体での一体的取組状況

Q. 貴社は、海外の傘下グループ会社における外国競争法に関するコンプライアンスに関与していますか（複数選択可）。

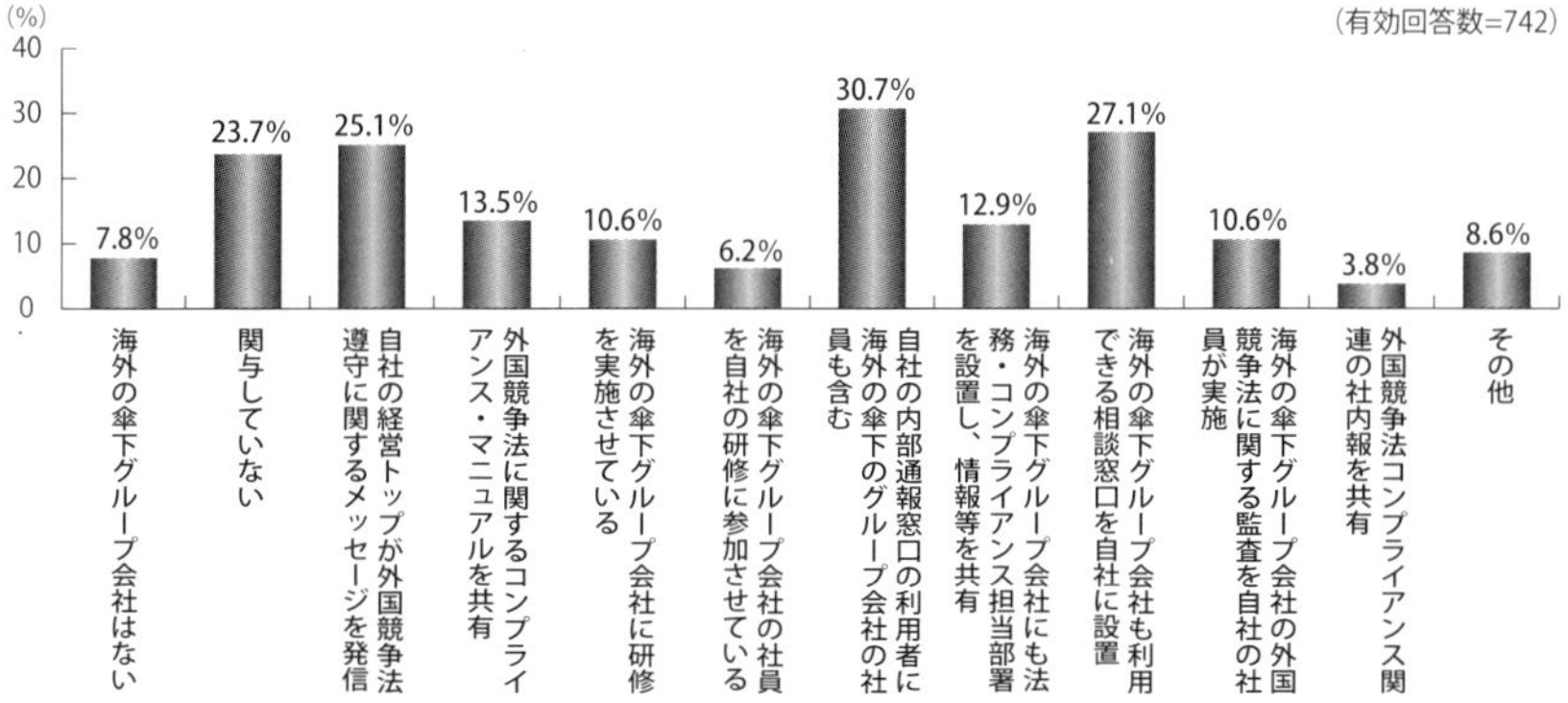

同業他社との接触ルール

Q. 外国競争法コンプライアンスを意識した接触ルールを定めている場合、どのような接触ルールを定めていますか（複数選択可）。

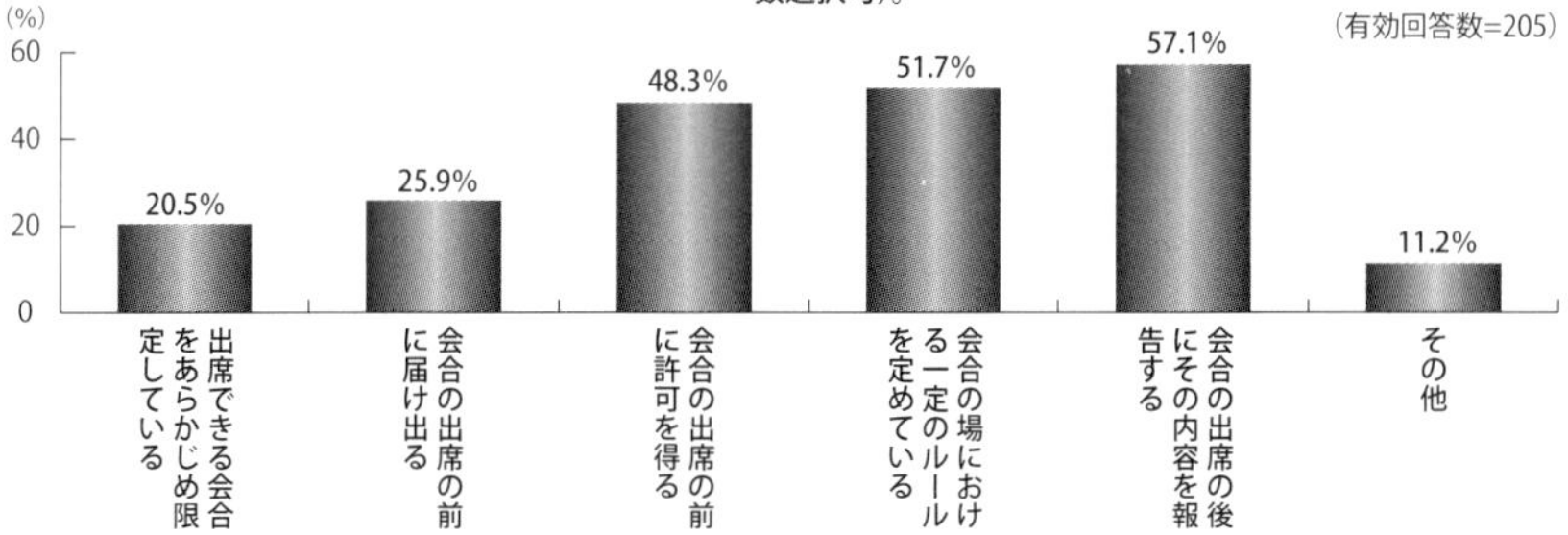

出所：公正取引委員会「我が国企業における外国競争法コンプライアンスに関する取組状況について」（平成27年3月）

49 消費者保護法関連――レピュテーションに敏感に

安全かつ適切な商品提供と十分な説明こそ企業の使命

考えられるリスク

　消費者保護法の分野では数多くの法制が整備されてきている。消費者を直接に相手とするすべての企業に消費者契約法が適用されるほか、メーカーであればＰＬ法などが、流通ならば特定商取引法や割賦販売法などの法令が重要だ。金融商品販売法や特定商取引法など、販売商品や販売方法に応じた規制もある。

　これらの消費者保護法は、悪徳商法などを契機として、次々に新しく作られ、増えるだけでなく、多くの改正が繰り返される。これからも新手の悪徳商法などが現れるたびに、規制が強化されていくだろう。

　こうした法律は、要するにアンフェアな手段を規制しようとするものだから、企業倫理の観点からもチェックしていれば、その違反に対しては二重に防止が図れるはずだ。

　この分野は消費者庁が所轄官庁なので、立法・行政に関する情報を消費者庁のウェブサイトで適宜フォローする必要がある。消費者行政は、これまで縦割り行政の弊害に陥りがちだったが、消費者事故等に関する情報が確実・迅速に伝わる体制や、消費者事故等の原因究明の結果を効果的に消費者の安全・安心の確保につなげる運用体制や消費者の被害に係る適切・効果的な措置の実施のための体制が整備されてきている。

消費者契約法の重要性

　消費者契約法は消費者個人を広く保護するため、その規制を受けるのは、広く事業者一般に及ぶ。消費者契約法は、企業に

企業に最も求められるのは安心・安全の提供

●企業に対する認識――企業の果たす役割や責任の重要度（全体）

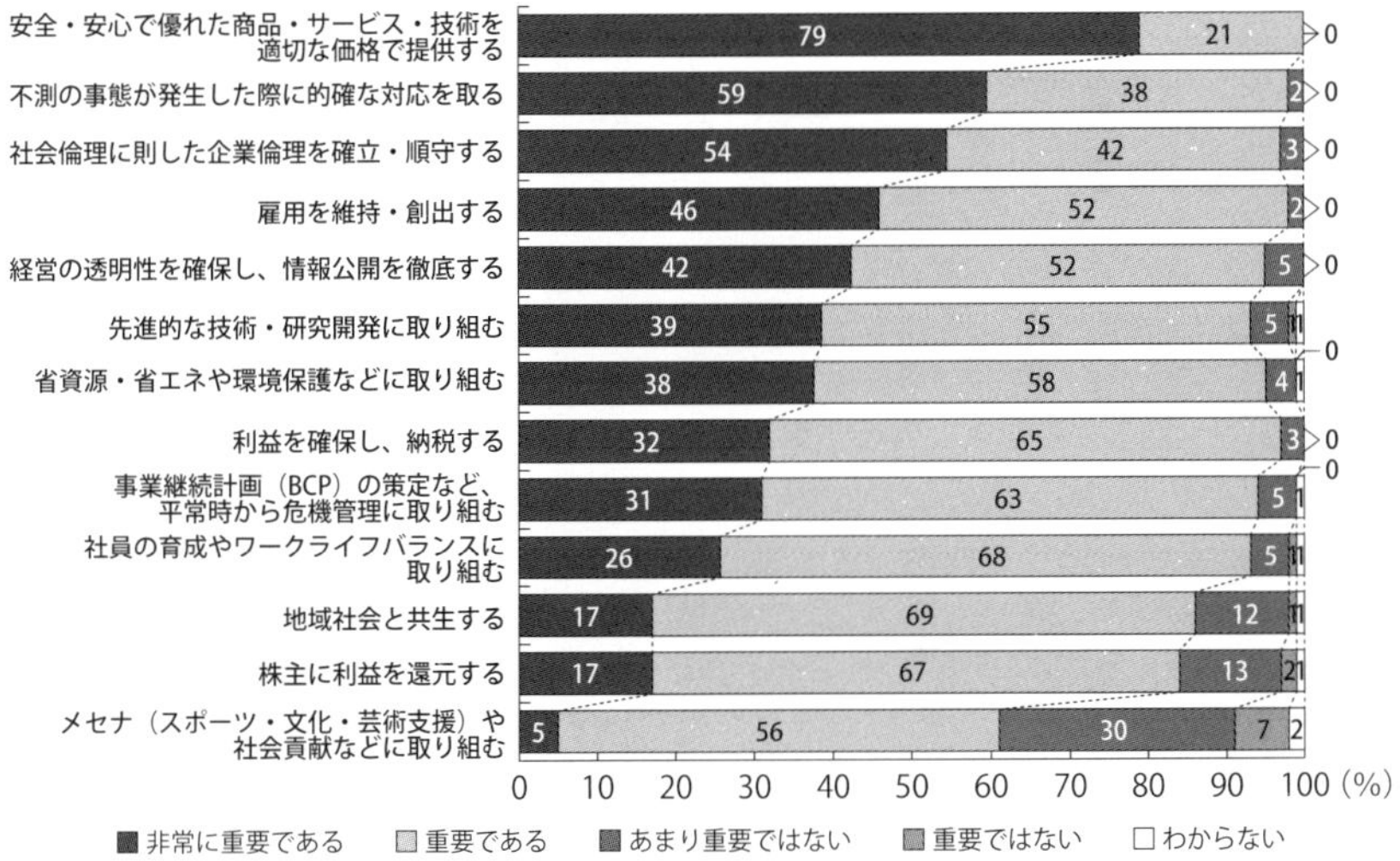

※小数第一位四捨五入のため、合計が100%とならない場合もある。

●企業が信頼を勝ち得るための重要事項（年度別）（6個までの複数回答）

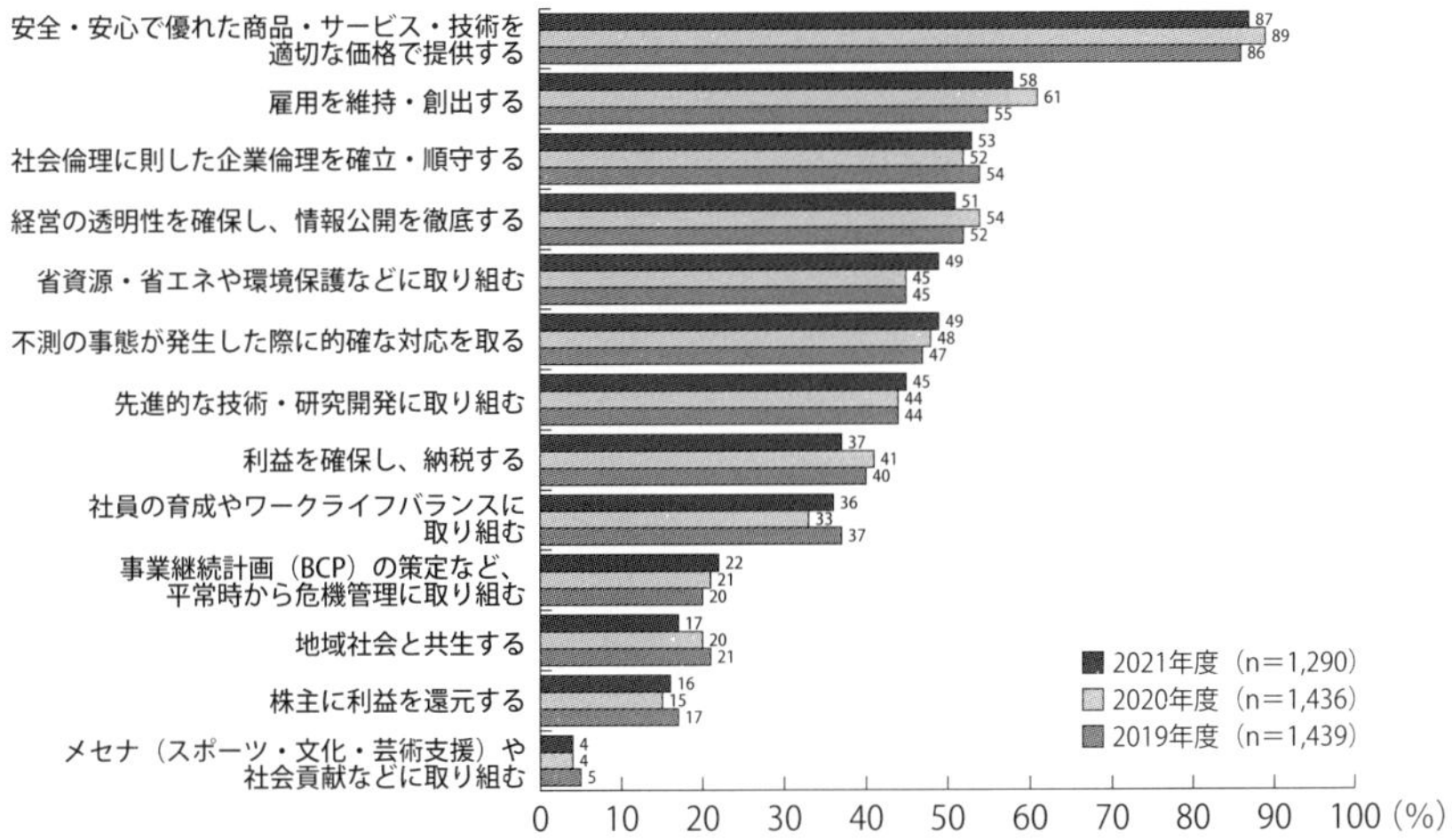

出所：（一財）経済広報センター「生活者の“企業観”に関する調査」（2022年2月報告）

とって酷な義務を強いるような内容ではない。

しかし、具体的に何が不当になるのかなどは、必ずしも明らかではない。また、実際にトラブルになるとかなり面倒になる恐れもある。消費者との契約に不当な条項があると、その条項が無効になるとか、不当な勧誘をすると消費者が契約を取り消すことも認められ、近いところでは、平成二八年改正、同三〇年改正から、令和四年改正等と進むに従って、その内容の充実・強化が進んでいる。

いわゆる団体訴権の制度も導入され、悪徳商法で被害を受けた個人に代わって、「適格消費者団体」が業者を相手取って不当な行為の差止請求ができる。

加えて、「消費者の財産的被害の集団的な回復のための民事の裁判手続の特例に関する法律」により、相当多数の消費者に生じた財産的被害を集団的に回復するための手続も設けられ、令和四年改正では、対象範囲に慰謝料が追加され、事業者以外の個人（悪質商法関係者）も被告に追加し、和解の早期柔軟化、消費者に対する情報提供方法の充実、事業者に消費者への個別通知を義務付け等が整備された。

特定商取引法等の規制

特定商取引法は、訪問販売、通信販売等の取引を対象にクーリング・オフ等を規律している。このため、販売活動においては、消費者の利益を十分に配慮した利益追求を図ることが必要だ。

例えば、同法では、通信販売の広告等においても、最低限度の情報開示を義務づけているにすぎない。そこで、少なくともそこに記載されている程度の情報は記載の上、さらに必要に応じて積極的に情報を提供するようにすべきだろう。

営業活動における説明義務

事前の安全対策や商品表示の適正は当然だが、商品によっては、さらに親切な説明が望ましい。販売員による商品の売り込みや取引の勧誘において説明義務違反がある場合には、使用者責任が生じることもある。会社に

勧誘に当たっては、十分な情報提供や説明をすることが必要であり、その義務は個々の業法などの法律や信義則から導かれ

消費者保護から見た関連法の概観

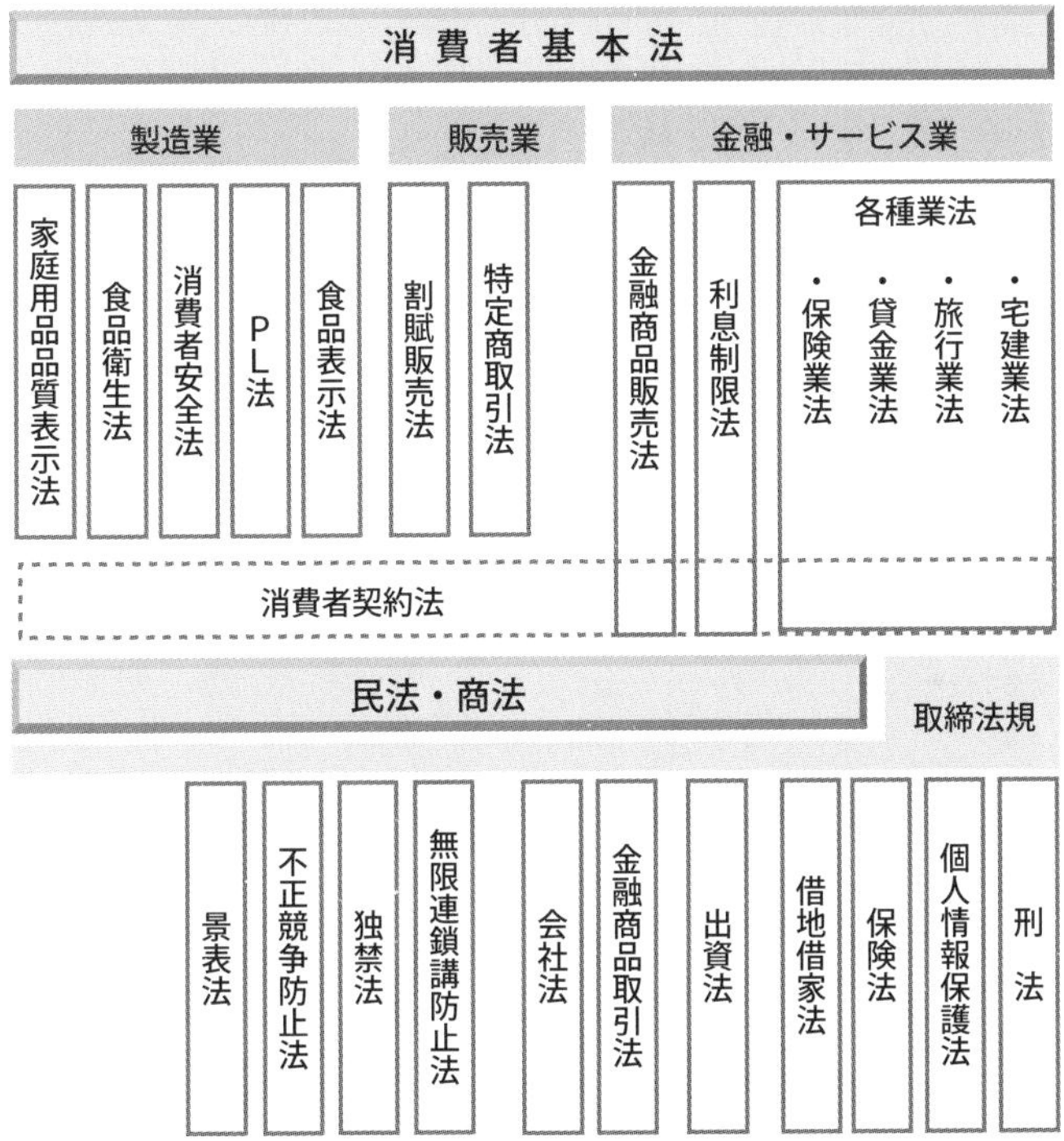

ることもある。また、複雑な商品の購入を顧客に勧誘するに当たっては、特に高度の注意義務や十分な説明をする義務がある。例えば、金融商品の場合には、顧客の投資目的、資金の性格、量、投資経験の長短や知識、社会的地位、財産等に応じてきわめてハイリスクであることも指摘し、なお、ハイリターン等の理由からそれが顧客に適合すると信ずるに足る合理的根拠を十分に説明すべきだ。投資家に投資商品を勧誘する場合、虚偽の情報や断定的判断等を提供することも禁止されている。

業者の説明義務違反の責任は、より厳しく追及される可能性もある。消費者の無知に乗じるような格好で取引をするような業者に対しては、今後も強い反省が求められよう。

偽装と誤表示による不祥事

食品関連事業では、原材料・産地の意図的な偽装が行われ、消費者が産地を見抜けないだろうとの情報の非対称性を悪用した食品の偽装事件が起きた。

こうした偽装表示は、詐欺罪や不正競争防止法違反が問題となるほか、不当景品類及び不当表示防止法（景表法）が偽装表示や誇大広告など、商品やサービスに関する不当表示を規制している。したがって、偽装か誤表示かの問題が生じた場合、疑惑の発生に対する事実調査を踏まえて、疑惑に対する法的分析と対応方法を十分に検討する必要がある。その上で、その調査結果に関する公表方法についても、対外的な表現のあり方を十分に検討・吟味してから実行することが重要だ。

誤表示の事例を受けて、景表法の規制強化がなされ、所定の不当表示に対しても課徴金制度が導入されている。取引条件について誤認させる有利誤認表示や取引条件以外について誤認させる優良誤認表示等が、課徴金の対象となる。

消費者に安全・安心な食品を提供するには、そこで働く人々の規律や労働環境も高い信頼・信用が求められる。『食品業界の信頼性向上自主行動計画』策定の手引き～5つの基本原則～」が、食品に関する事案・課題を踏まえて改訂されており、こうした自主規制も参照して企業活動を見直すことが重要だ。

高度情報化社会の現実

近時の企業活動は、ネットを通して全世界の消費者によってチェックされている。消費者はあらゆる製品の出所や生産方法に関心を抱き、企業に対して適正な情報開示を求めていることを忘れてはならない。消費者との会話は、電話での話し合いも含めて録音されている可能性がある。そこで不穏当な話し方をすれば、そうした会話さえも、ごくわずかなコストでネットで公開できる。

特に、企業側の不適切な取り扱いは耳目を集めやすく、多数の注目を浴び、ほんの些細なトラブルのはずが、大事件にもなりかねない。

そうした事態を防ぐには、大きな事件だとか小さなトラブルだとか先入観をもって差別的に対処するのではなく、すべての事件について間違いが起こらないような初期対応が必要だ。

消費者法の分野では、企業の

レピュテーションが直接的に企業の業績に影響を及ぼすことも少なくない。この点で、消費者を相手とする事業を行う企業では、消費者やマスコミの反応をも視野に入れた対応が求められる。

ドライな関係への変化

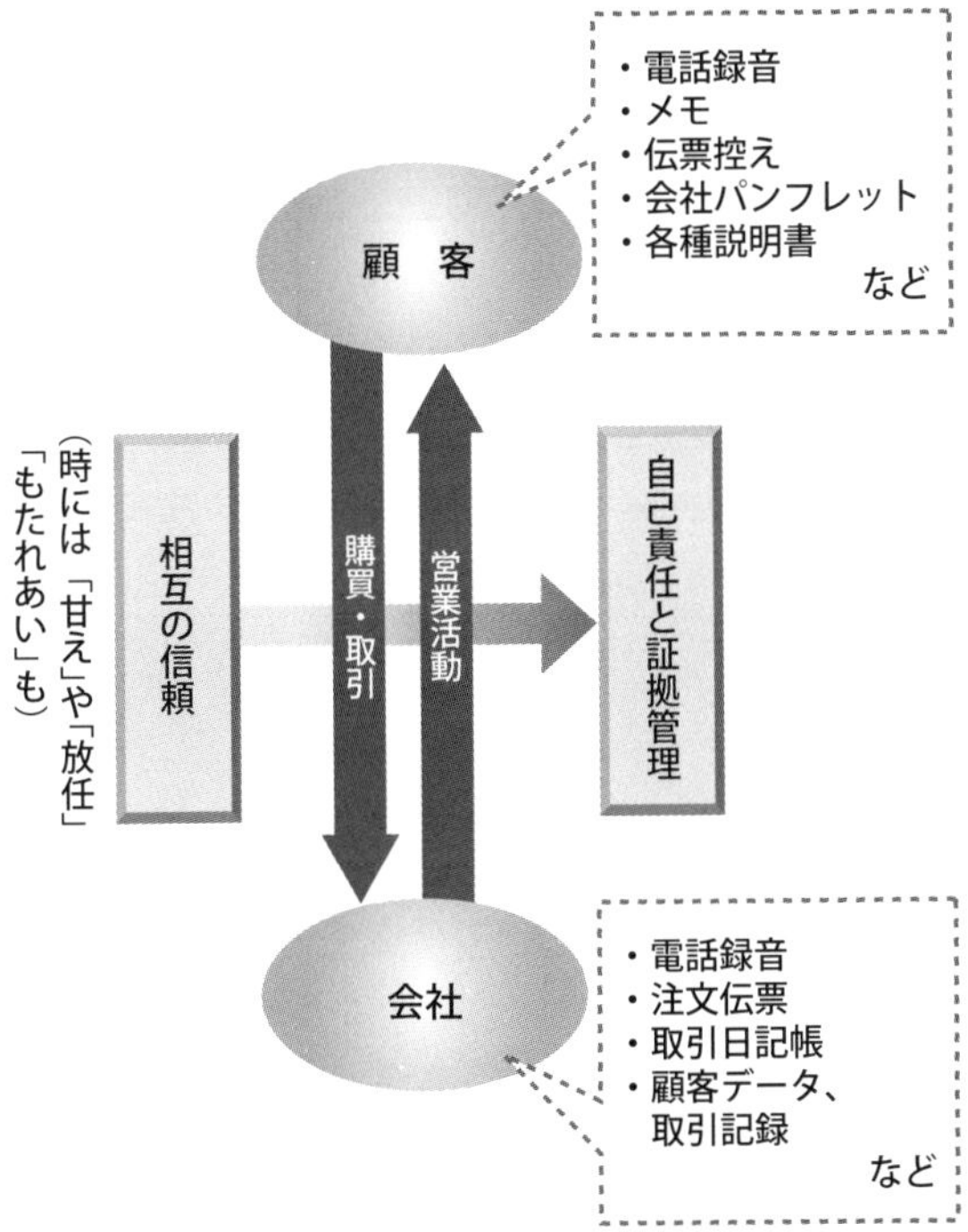

消費者対応窓口のあり方

　そうした観点から、消費者問題で特に重要となるのが、消費者などの外部からの苦情受付窓口の対応だろう。何らかのクレームが入ってきた場合に、消費者側が誤っているかどうか等の認定は慎重にする必要がある。確実な根拠をつかむ前に偏見を抱くのは禁物だ。

　消費者が被害やトラブルに遭遇した場合に相談や申し出をした相手方で身近な人を除いて最も多いのは、その商品などを提供している事業者であり、その販売店等に対してもアクセスしていることからすると、その対応体制を整備することが重要だ（㉗参照）。

　まずは、指摘されているような問題が事実かどうか、その原因について調査する必要がある。例えば、誰かがミスをしたというのであれば、その当人に当たってみる必要があるし、商品に問題があるというのであれば、

被害・トラブルについての相談または申し出をした相手

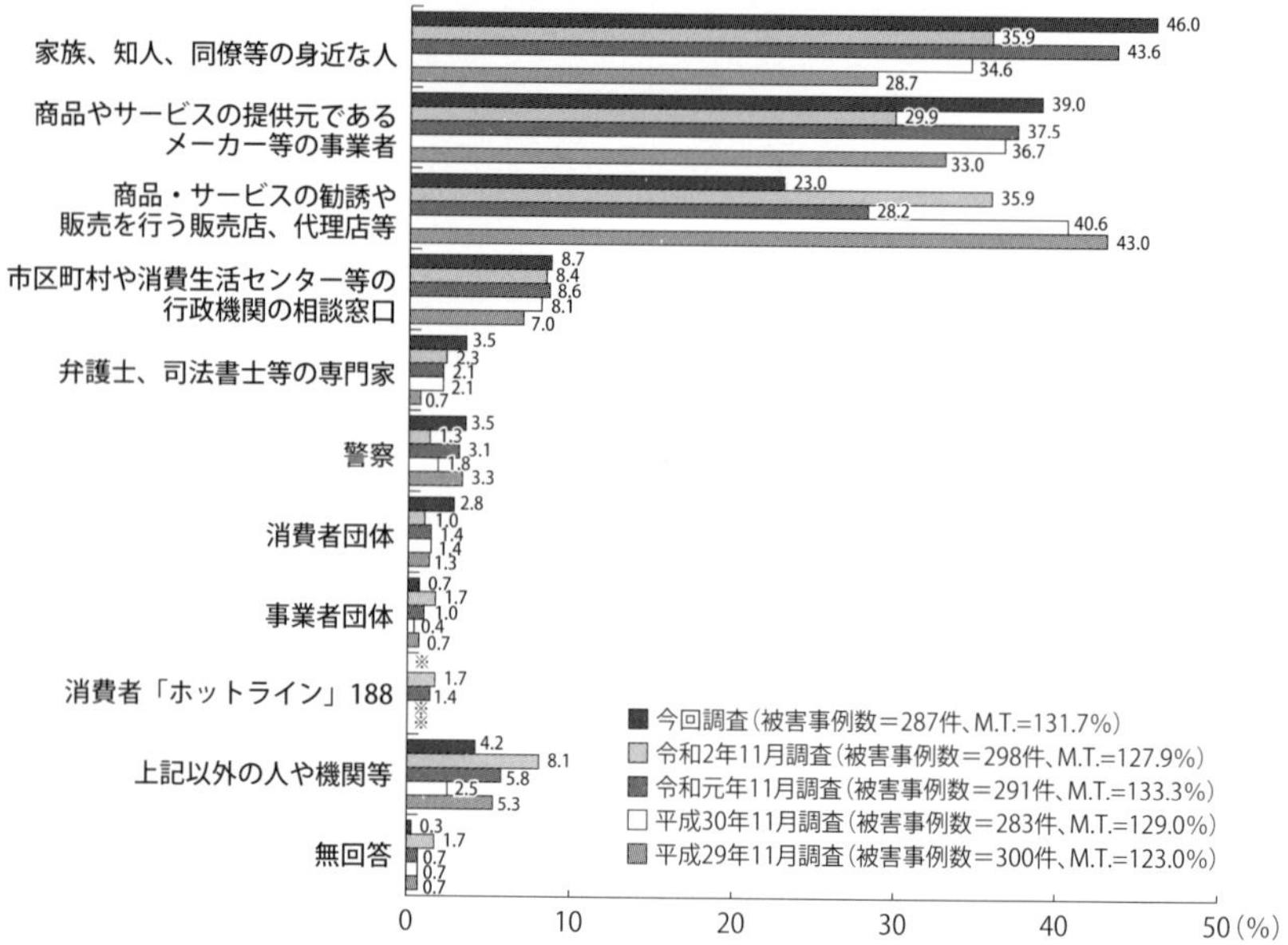

※：調査をしていない項目
備考：1. 消費者庁「消費者意識基本調査」（令和3年度）より作成。
2. 被害やトラブルについての「相談または申出をした」と回答した人に対する、相談した相手についての問いに対する回答（複数回答）。
出所：消費者庁「消費者意識基本調査」（令和3年11月調査）

その製造現場にも当たって、社内の記録を検証する必要がある。

顧客などとの電話での会話も録音して、顧客と「言った言わない」の争いになった場合に備えている会社もある。会社のリスク管理からすれば、首肯できるものであるが、顧客も、見え透いた嘘をつくことはできない。

「注文伝票」や「取引日記帳」などが法令によって作成保存を義務づけられている場合、備忘のため随時任意の事項を記載して作成する個人的メモ等の内部文書とは異なり、訴訟での文書提出義務は免れないだろう。

取引に関する記録、書面はしっかりと保存し、いつでも取り出せるように整理しておき、基本的な事実関係についてはすぐに分かるようにしておくことが重要だ。

50 知的財産権法——知財立国のための知財強化

知的財産の使用に対しては相当の対価の支払いが必要

知的財産権強化の流れに

かつての日本において、知的財産権はあまり強く守られていなかった。しかし、今や、日本も技術立国となり、他者から侵害される知的財産権を豊富に持つようになった。そこで、日本でも知的財産権は十分に保護されるべきだという考え方に大きく変わっている。

知的財産権は直接の侵害が民事・刑事の責任を発生させるだけではない。海外からの知的財産権侵害物品は、関税定率法により輸入禁制品として税関での取り締まりの対象にもなる。

知的財産権法も各種の改正が重ねられ、その保護がかなり強化されている。これと歩調を合わせるように、裁判実務でもその方向で大きな変化がみられる。

知的財産に関する事件については、東京と大阪の地方裁判所に専門部が置かれ、知財高裁も設けられ、迅速かつ効果的に事件に対応する態勢が整備された。裁判所も知的財産権侵害の「やり得」の批判を浴び、賠償額も安くはなくなった。知的財産権の侵害が認められると、その責任はオール・オア・ナッシングのような形で評価がされやすく、売上金額を基準とした損害額の計算で賠償金が算定されるときわめて深刻な問題となることもある。

日本経団連も知的財産権に関する行動指針を策定して、知的財産権を尊重する文化を育て、国際的調和を図りながら、企業行動憲章の精神等を踏まえた行動を促している。そこで、自らの知的財産権をしっかりと守るとともに、他社の権利を侵害しないようにも注意することが重要な課題となる。

自社の権利をしっかりと守る

自らの権利をしっかりと守るために、特許、実用新案、商標、意匠等の保護されるべき権利は、必要に応じて登録して権利を確保する必要がある。そして、他社の権利侵害に対しては、しっかりと権利行使をしなければ、権利も弱くなる。権利の種類は次頁図に整理した通りだが、いずれの権利にしてもしっかりと管理するようにすべきだ。

また、自社の権利であることを明確にすることは、他社からの権利主張に対抗するための対策にもなる。自分の権利であるかどうかが明確でないと、他社が権利者であるといって現れた場合にどのように争うかが問題となる。他社が自分のものとして知的財産権を登録したりなどしていると、ますます対応が苦しくなり、余計なコストもかかることになる。経営者には、知的財産権の管理責任が問われることにもなりかねない。

知的財産権の価値をめぐる利害の調整はいっそうシビアなものとはなるが、知的財産権のコンプライアンスは、新たなビジネス・チャンスにも目を向けていく土台になるだろう。

知財・無形資産ガバナンスガイドライン

二〇二一年のＣＧコード改訂で、知財への投資について、自社の経営戦略・経営課題との整合性を意識しつつ、具体的に情報を開示・提供すべきことに加え、取締役会が、知財への投資の重要性に鑑み、経営資源の配分や、事業ポートフォリオに関する戦略の実行が、企業の持続的な成長に資するよう、実効的に監督を行うべき旨も盛り込まれた。このＣＧコード改訂を受け、企業が知財・無形資産の投資・活用戦略の開示やガバナンスの構築にどう取り組めば、投資家や金融機関から適切に評価されるかを示すため、「知財・無形資産ガバナンスガイドライン」（令和四年一月）が策定され、コンプライアンスの重要課題の一つとしても浮上してきている。

社内から違法コピーを追放する

他社の権利を侵害しないように注意する必要もある。他社の技術を利用する場合には、合理

知的財産権の種類

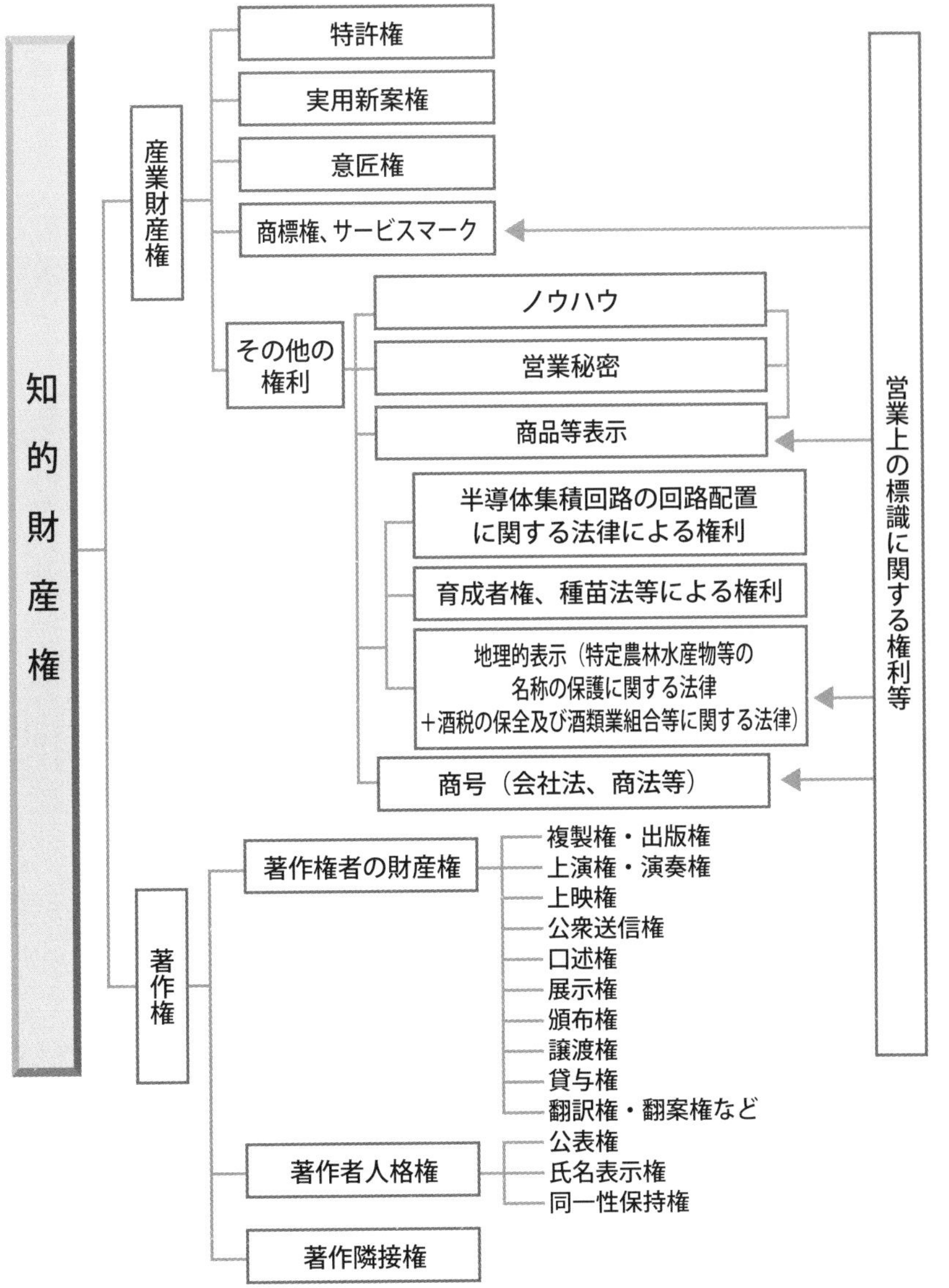
知的財産権
産業財産権
特許権
実用新案権
意匠権
商標権、サービスマーク
その他の権利
ノウハウ
営業秘密
商品等表示
半導体集積回路の回路配置に関する法律による権利
育成者権、種苗法等による権利
地理的表示（特定農林水産物等の名称の保護に関する法律＋酒税の保全及び酒類業組合等に関する法律）
商号（会社法、商法等）
営業上の標識に関する権利等
著作権
著作権者の財産権
複製権・出版権
上演権・演奏権
上映権
公衆送信権
口述権
展示権
頒布権
譲渡権
貸与権
翻訳権・翻案権など
著作者人格権
公表権
氏名表示権
同一性保持権
著作隣接権

知的財産権関係民事事件の新受・既済件数及び平均審理期間（知財高裁控訴審）

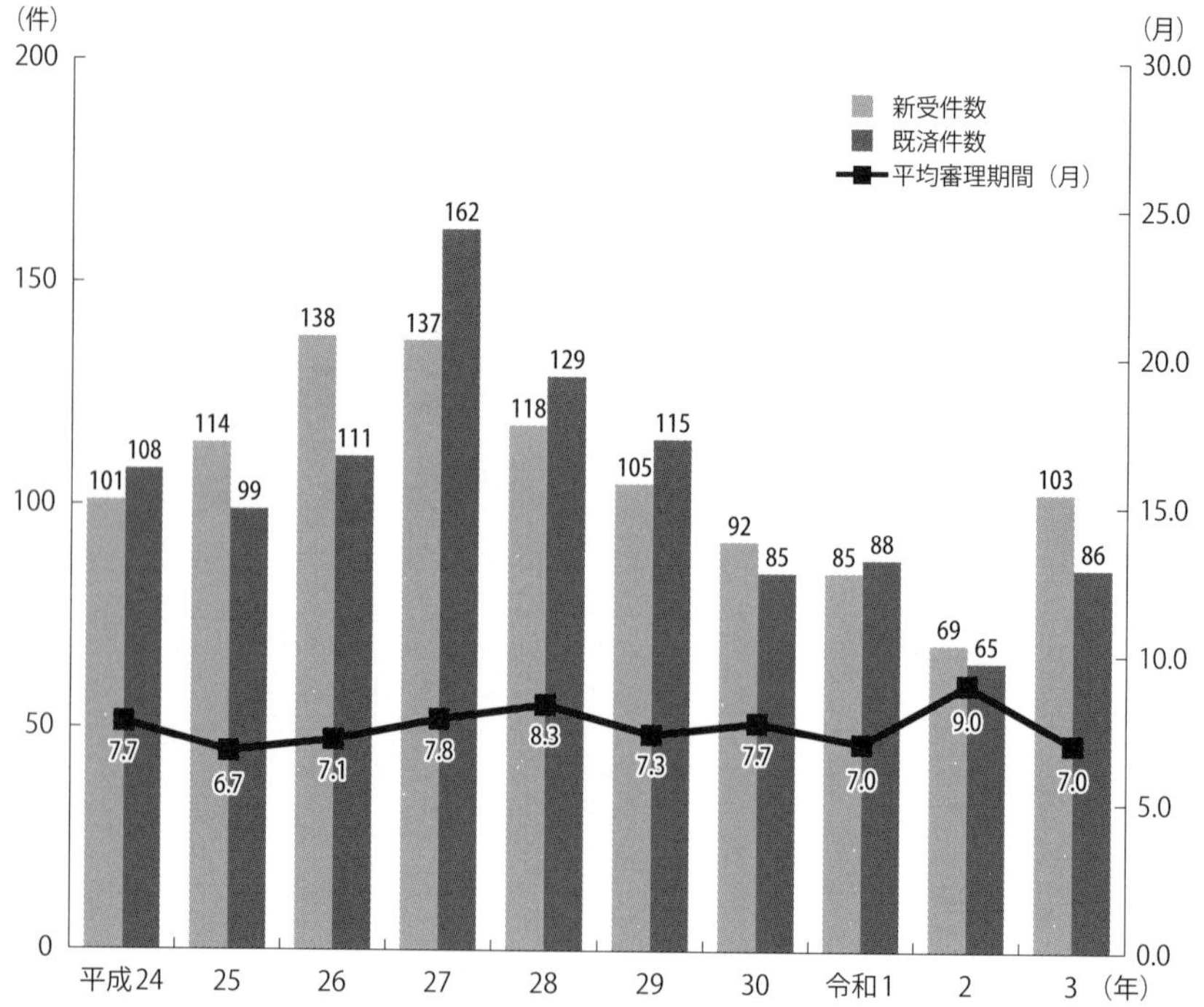

出所：知的財産高等裁判所ウェブサイト（最高裁判所行政局調べ）

的な使用料を払うライセンス契約を結んでおけば、最終的にはコストも少なくてすむ。

特に犯しやすいのが、ソフトウェアの違法コピーの問題だ。会社の中ではさまざまなソフトウェアが使われているが、時として、従業員が個人の所有物を持ち込んだり、会社で一つしか買っていないものを大量にコピーして使うといったことが行われることがある。さらに悪質なケースでは、それを販売するといったこともある。

それらは明らかに著作権侵害だ。日本はややもするとその点における取り締まりが甘く、こうしたことが横行するコピー天国だといった批判さえある。そこで、このような事態に対応するために内部告発を奨励するシ

違法コピーによるトラブル

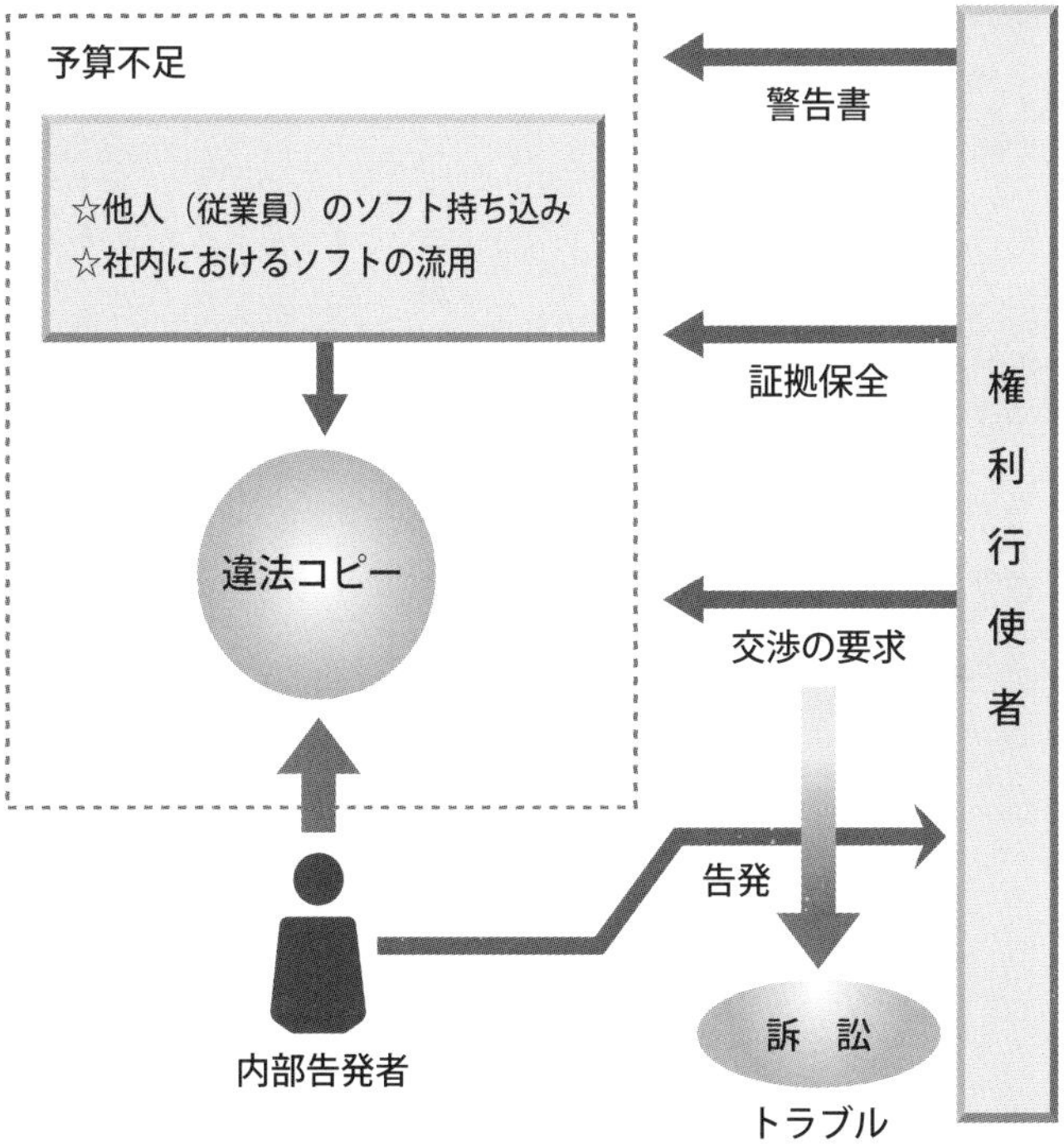

ステムを採用している団体が日本でも現れている。かなり詳しい内部情報が流れ、証拠保全をかけられ、高い和解金を支払わされた企業もある。そこまで追いつめられてしまうのも、ずさんな管理体制に問題があるからだといえるだろう。

今後は、こうした不祥事を避けるために、日常的に必要なソフトウェアであれば、それなりの予算を確保すべきだろう。

知的財産権の監査プログラムも

欧米においては、こうした知的財産権に関するコンプライアンスを確保するために、わざわざ専門家を雇って監査をする企業もある。そこでは、自社の知的財産権がしっかりと登録されているか、ライセンス関係はしっかりと契約されて、使用料の支払いに落ち度はないか、漏れている技術や知的財産権はないかをチェックし、それが新たな技術開発の材料提供のチャンスにもなっている。

51

情報管理と個人情報保護法

経営の透明性を高めつつ、企業秘密もしっかり守る

相対立する二つの要請

企業の情報管理は、相対立するような二つの側面がある。

一つは収集した情報を事業活動に存分に活用しながら、企業情報の適時開示で経営の透明性を高める要請であり、もう一つが情報をしっかりと管理して、営業秘密、企業秘密、顧客のプライバシー等を守らなければならないという要請だ。

特に近時は、個人情報に関する関心が高まり、個人情報保護法やマイナンバー制度等により、顧客の個人情報やプライバシーを尊重する姿勢が強く求められるようになっている。今や、サイバーセキュリティは、経営課題にとどまらず、経営者の義務ないし責任として対応しなければならなくなっている。十分なサイバーセキュリティを確保していない企業は、まともなサイバー保険にも加入できなくなる。情報の利活用と保護に関する法改正等にも注意しつつ、内部統制における情報保存管理体制を整備し、可能な限り情報セキュリティを強化することが必要だ。

特に、データ処理業者等の委託業者、仲介業者、クラウドサービスプロバイダー等に対しては、個人情報保護及びセキュリティ確保のため、適正に管理が行われているかを監査する労をいとってはならない。

自社の管理水準の妥当性をチェックするため、情報セキュリティマネジメントシステム（ISMS）の適合性評価制度やプライバシーマークなどの認証・認定制度を利用して検証することも有意義だ。

情報保護の双方向性

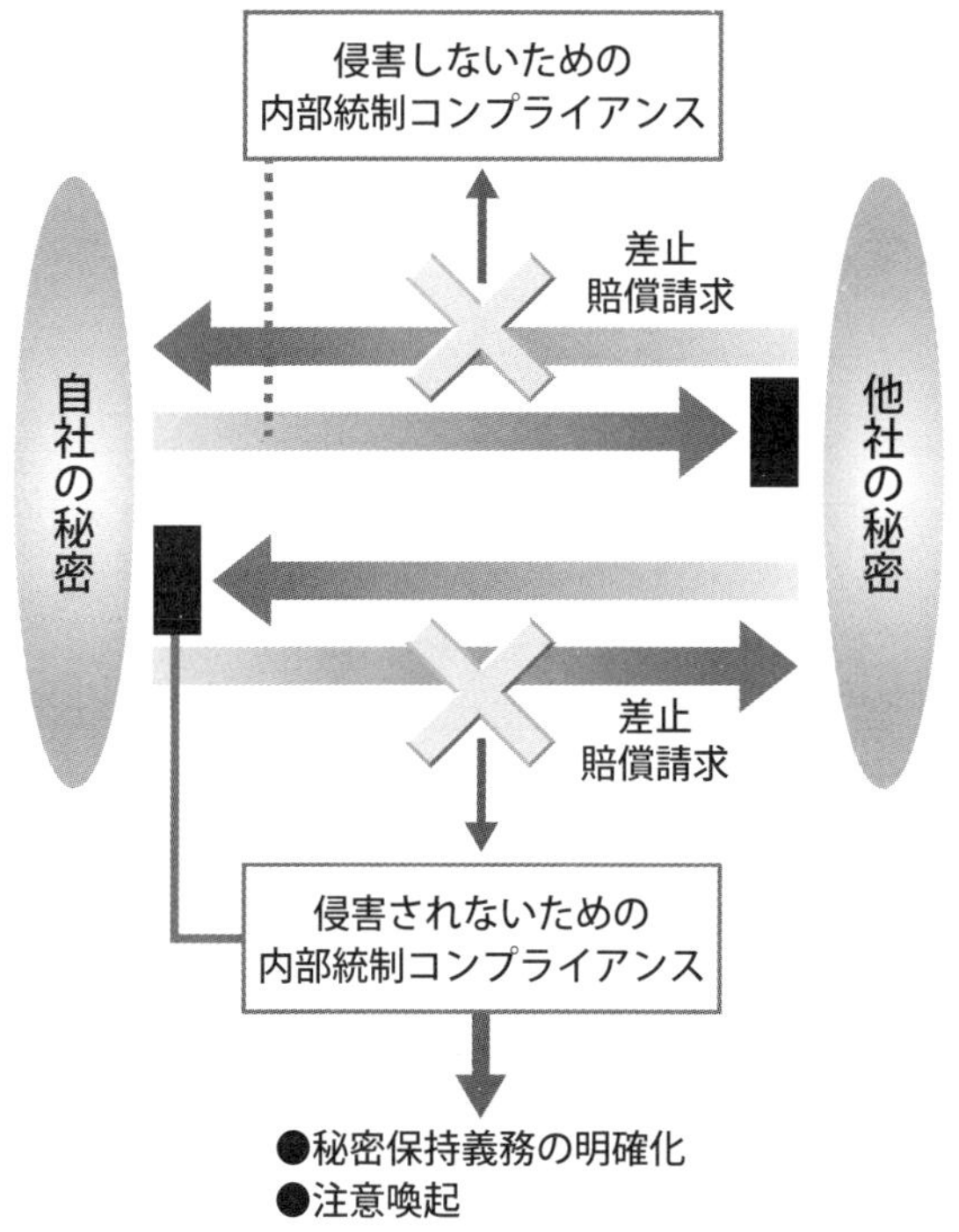

社内ネットワークや会社が管理するPCさえ信用しない**ゼロトラスト**という意識で情報セキュリティ対策を行うのも有意義だ。ゼロトラストとは、性善説の対極にある厳格なネットワーク・セキュリティで、社内外のネットワークやデバイスの全部に脅威が潜んでいることを前提とする。

テレワークの普及とDX推進を背景に、効率性・生産性の向上と併せて、ITシステムやAIの活用によって人間による恣意的な操作を排除していく必要もある。ITを活用することで、定型的業務から解放され、よりリスクの高い領域に注力し、被害の防止にも役立つ。デジタルフォレンジックやリーガルテック等の新たな動向を踏まえて、コンプライアンスの確実性を高めていく必要性も増している。

終身雇用が崩壊して人材の流動化が進んでいる状況では、人材とともに大事な財産的情報が流出してしまうことのないように、重要な財産的情報に接する人材は限定すべきだろう。

営業秘密の管理

不正競争防止法により営業秘密は法的にも保護されるが、「営

狙われている文書・データ情報

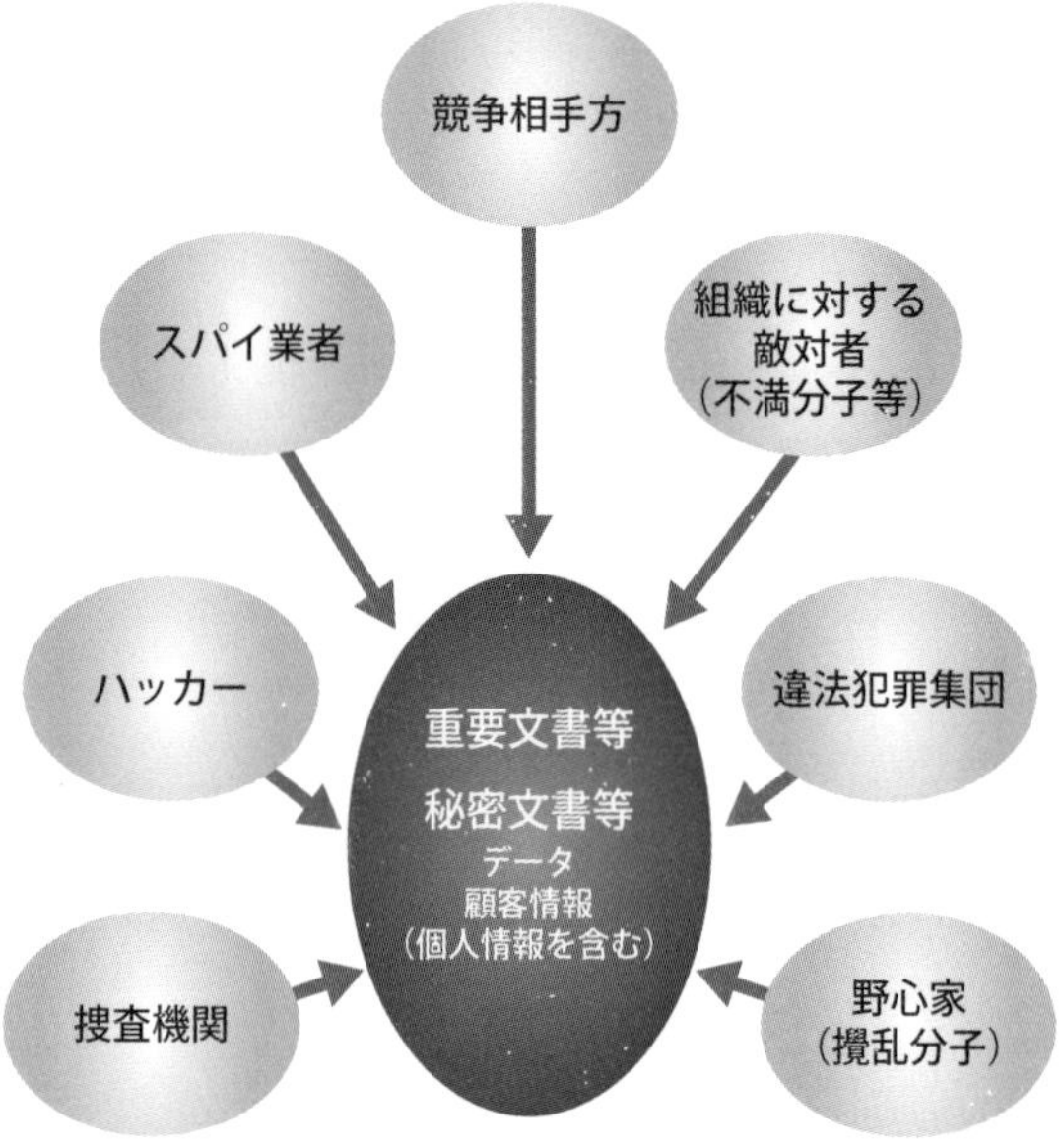

業秘密」とは、秘密として管理されている生産方法、販売方法その他の事業活動に有用な技術上または営業上の情報であって、公然と知られていないものに限られる。そのため、秘密として管理されている必要があり、アクセスできる従業員を限定し、管理するデータ情報を細分化して、アクセス範囲を区分するとか、暗号化やパスワードなどによりセキュリティを図るとともに、委託業者や従業員等の関係者と秘密保持の約定を厳格に管理する必要がある。

　経済産業省「営業秘密管理指針」や個人情報委員会から提供されるガイドライン等が参考になる部分もある。ただ、「営業秘密管理指針」は、「不正競争防止法によって差止め等の法的保護を受けるために必要となる最低限の水準の対策を示すもの」にすぎず、漏洩防止ないし漏洩時に推奨される（高度なものを含めた）包括的なものではない。裁判所に秘密管理性を認めてもらうために秘密管理性を確保するだけではなく、現実的な秘密情報漏洩リスクを可能な限り低くするには、情報の漏洩防止のための対策例も盛り込んだ「秘密情報の保護ハンドブック～企

情報管理のあり方と対策

1 基本方針	基本方針の策定、CIOやCPO等の経営責任の明確化、組織的な管理体制の構築
2 施設管理	秘密指定、アクセス制限・管理、システム管理者の権限管理、利用者の識別・認証
3 物理的管理	入退管理、情報機器や記録媒体の資産管理・持出管理・持込制限
4 技術的管理	パスワード、暗号化等ネットワーク利用のための安全管理、ウイルス対策を含むセキュリティの高度化、重要情報の受渡し保護、情報機器や記録媒体の持出記録
5 記録確保	情報システムのログ・証跡の記録・保存、管理者のログ・証跡の確認
6 人的管理	適正な人員配置。研修教育による内部不正対策の周知徹底、雇用終了時の人事手続、雇用終了及び契約終了による情報資産等の返却
7 法的管理	就業規則等の社内規程の整備、誓約書の徴求、組織外部での重要情報の保護、業務委託時の確認
8 職場環境	公平な人事評価の整備、適正な労働環境、対話の推進、職場環境管理
9 組織管理	内部通報制度の整備・運用、調査検討
10 事後対策	対応専門部署の整備、フォレンジック調査、制裁・処分等の検討、再発防止

業価値向上に向けて〜」（最終改訂令和四年五月版）等を参考に、各企業の実態に応じた効果的かつ効率的な情報管理体制の構築・運用が期待される。

不正アクセスをどう防ぐか

不正アクセス行為の禁止等に関する法律により、コンピュータのアクセスを管理する者は、特定電子計算機を不正アクセス行為から防御するために必要な措置を講ずる努力義務がある。これは会社の情報を適正に管理する見地から、コンプライアンス・プログラムの中に位置づけるべきだろう。

情報漏洩等の不正を防止するため、PCの利用データを保存し、ログを収集する等して、デジタルデータを保存する企業も多い。保全されたデータは本格的なフォレンジック調査（㉘参照）にも利用される。また、退職予定者のパソコンに、データ保全簡易調査を行い、重要なデータへのアクセス履歴等も確認できる。いざという場合は、情報漏洩の原因や流出の範囲を明らかにし、早期に対応策を検討できよう。しかし、せっかくの組織内のPC利用規定が守られないと、内部不正や情報漏洩の要因となる。特に情報の利活用を優先するあまり、面倒な暗号化やパスワード、アラーム機能を外す、省略する等の対応が裏目に出ることもある。アクセス履歴の適宜チェックや私物機器持込禁止も徹底する必要がある。

ハッカーなどによって自社の情報が破壊されないように、最先端の技術を駆使してできる限りの防御策を取っておくことも重要だ。サイバーテロの危険性は、現実には想像を遥かに超えて進んでいる。企業の実態に応じた防御態勢のあり方が検討される必要がある。

個人情報の保護

平成二七年個人情報保護法改正で、従前の個人情報取扱事業者にかかる五千件要件が撤廃され、「要配慮個人情報」「匿名加工情報」等の概念や個人情報データベース等提供罪が導入される等、一部規制が強化された。また、マイナンバー法の個人番号及び特定個人情報の監督機関が個人情報保護委員会となり、基本方針の策定・推進、個人情報に関する広報啓発を行う。

個人情報の利用目的は明確に特定し、その目的外使用が行われないように、個人情報を扱う組織体制や従業員の監督・チェックにも注意を払う必要がある。従業員の秘密保持義務は、就業規則等にも定めておくべきだ。

個人情報保護法は、ネット環境の変化に対応するため改正も多いので、個人情報保護委員会のウェブサイトにおいて、適宜ガイドラインやQ＆Aを利用する等して、疑問点の解消に努める必要がある。近時の改正で、個人情報取扱事業者は、個人データの漏洩、滅失、毀損その他の個人データの安全の確保に係る事態が生じた場合、所定の報告及び被害の拡大防止、影響を受ける可能性のある本人への連絡等、事実関係及び再発防止策

営業秘密の漏えいルートとサイバー攻撃の現状

営業秘密の漏えいルート

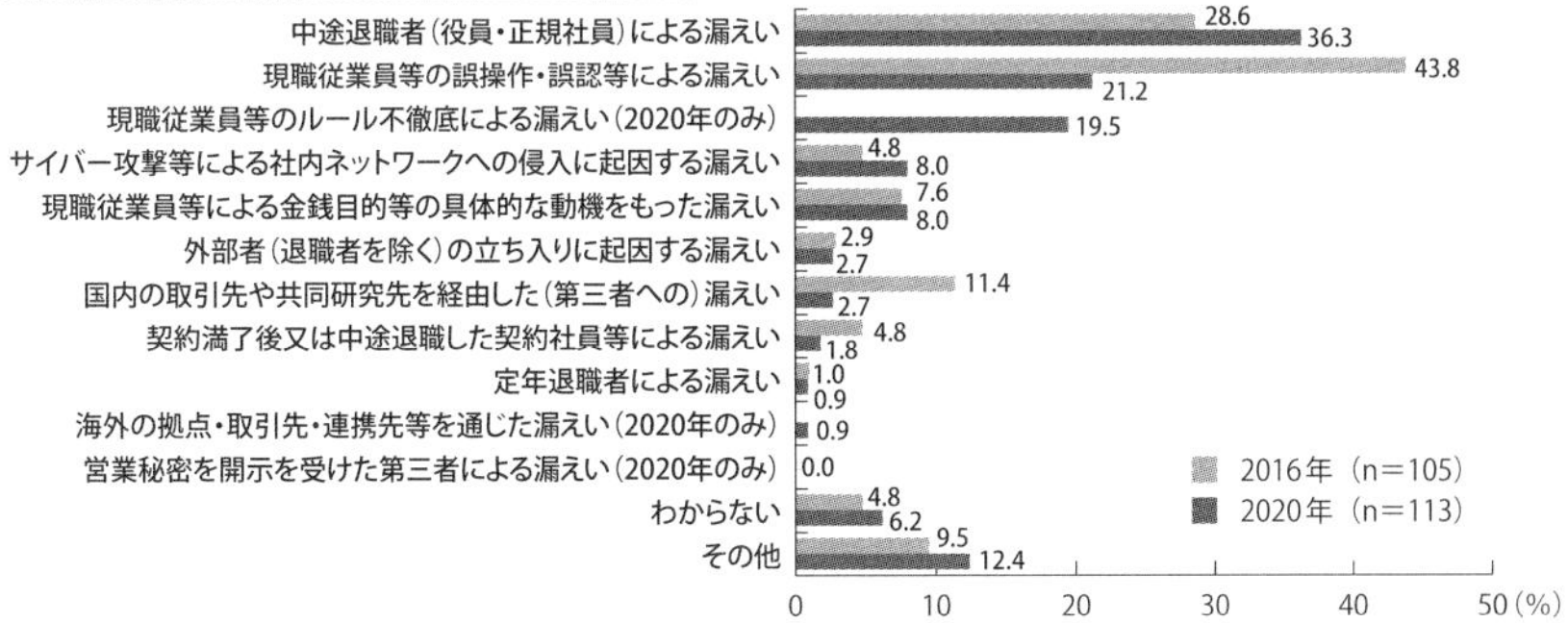

出所：IPA『「企業における営業秘密管理に関する実態調査2020」報告書』

標的型メール攻撃の増加

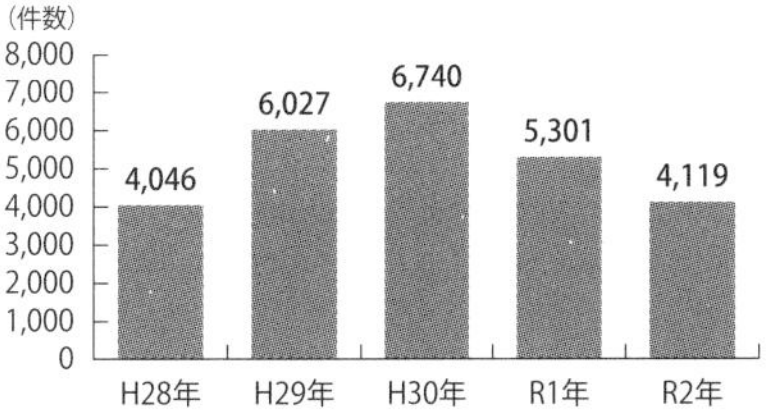

出所：警視庁「サイバー空間をめぐる脅威の情勢について」

ランサムウェア被害の増加

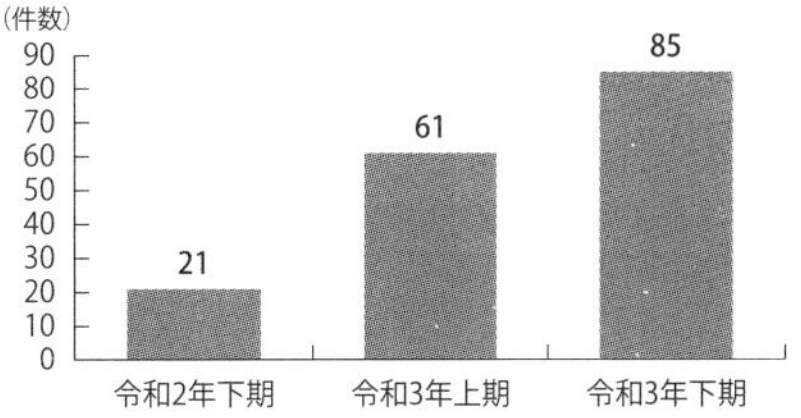

出所：警視庁「令和3年におけるサイバー空間をめぐる脅威の情勢等について（速報版）」

等の公表等の措置が求められ、原則として、当該事態に関する所定の事項を報告する速報に加えて、所定の期間内に個人情報保護委員会に報告する義務もある等の規制強化が図られた（個人情報保護法二六条等参照）。

日本国内だけでなく、海外の個人情報保護法制にも留意する必要がある。特に情報が国境を越える場合、外国の規制の方が厳しいこともある。ＥＵの一般データ保護規則（ＧＤＰＲ）や米国版ＧＤＰＲとも呼ばれる米国データプライバシー保護法（ＡＤＰＰＡ）のほか、アジア諸国でも法整備が進み、中国が外資企業に対して巨額の過料を科した事件も起きている。

企業によっては、ＣＩＯ(Chief Information Officer=最高情

報担当役員）、CISO（Chief Information Security Officer＝最高情報セキュリティ担当役員）またはCSO（Chief Security Officer＝最高セキュリティ責任者）や**CPO（Chief Privacy Officer＝**個人情報保護担当役員）を置き、情報管理体制を推進する役割を担わせ、その責任の所在を明確化させている。

秘密保持契約のポイント

秘密保持契約を結ぶ必要があるのは、従業員だけではない。例えば、取引先の候補会社と正式な契約関係に入る前に、情報交換をして将来のビジネス関係に入るかどうかを検討するため、まずは秘密保持契約を結ぶ必要がある。秘密保持契約を結ぶ場合の主なポイントを挙げてみよう。

第一に、何が秘密として保護されるのかを明確にすること、逆に言えば何が秘密の対象から除外されるのかに注意すべきだ。「秘密」の表示がある書面だけに限る場合もあるが、特に重要なのはデジタル情報だ。書面以外のビジュアルな情報、口頭の情報等もカバーする必要がある。

第二に、どういう情報が機密の取り扱いから除かれるのかも注意したい。一つの秘密保持条項しかない場合には解釈で一定の限定がされる可能性もあるが、秘密保持契約を結ぶのであれば、明確に定めるべきだ。

第三に、秘密保持義務の期間をどうするかは要注意だ。数年たてば陳腐になるという情報だけであれば、秘密保持契約に期間を定めてもいいだろうが、秘密が存続している限り、必ずしも期間で区切る必要はない。いつまでも契約関係が残るのを嫌って、契約の解除や有効期間が定められる場合もあるが、故意または重過失による情報漏洩を防ぐため契約終了後も一定の義務を残すべきだ。

第四に、秘密を知りうる関係者をカバーするため、会社が契約する場合には、その従業員、派遣社員、アルバイト、その他一切の関係者にも完全に遵守させるように連帯責任を負わせ、それを明記する。

契約するだけでは足りない

秘密保持契約書を作るだけではなく、実際の運用でも、コピーの管理など秘密を厳格に管理

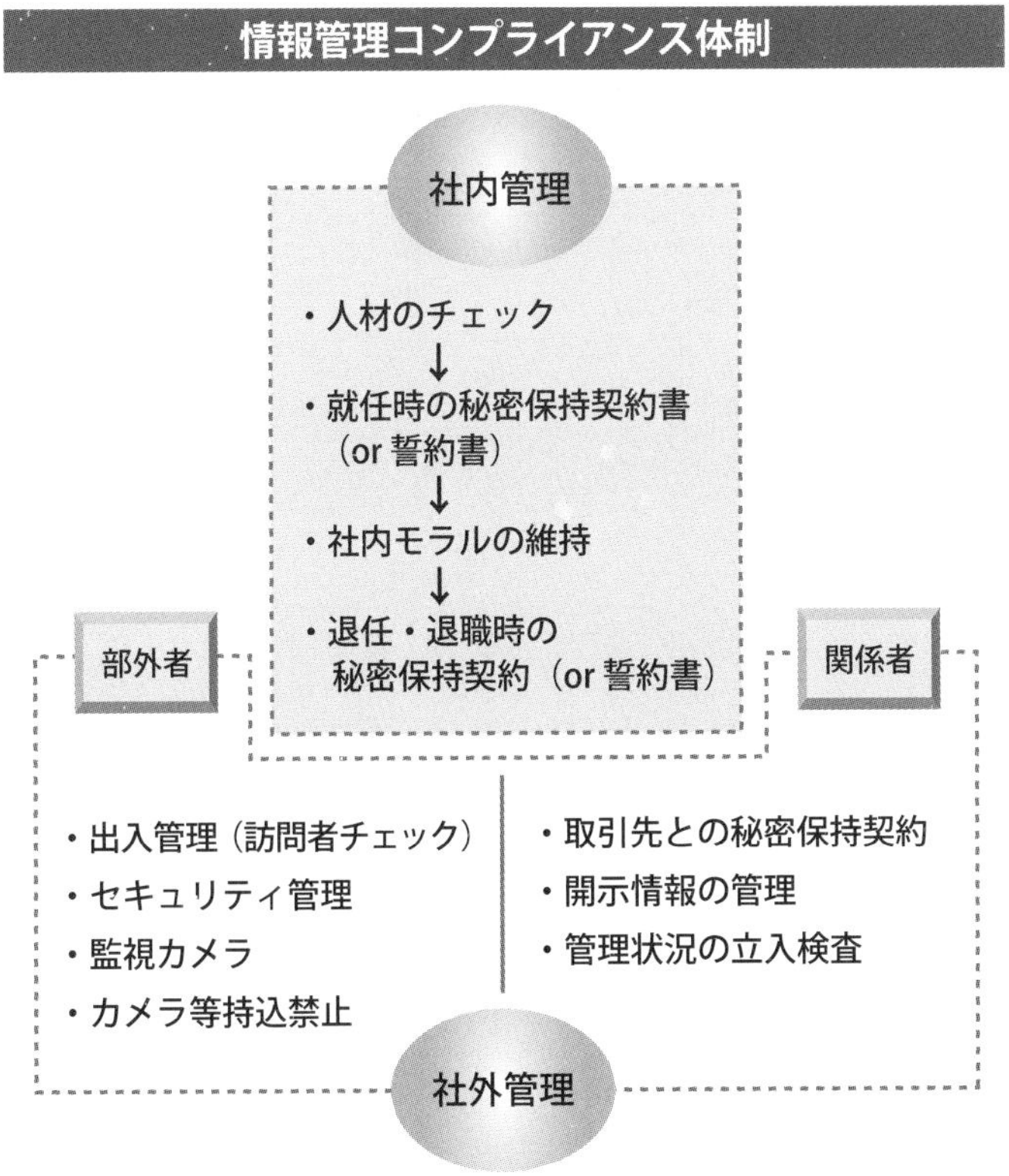

する体制を整えることが重要だ。

従業員による顧客情報の流出などの不祥事に対しては解雇などの厳しい対応も必要で、事前にそのことを周知徹底すべきだ。また、日常的に秘密保護の重要性を責任者が喚起することが効果的だ。一流企業だからといって油断はできず、業務委託先の責任感が低下している危険性もある。重要な秘密については、その都度秘密であることも確認すべきだろう。

顧客プライバシーの重要性

「お客さまのプライバシーに関する確約」といった書面を送るとか、サイトに掲げる等して、顧客に対して義務を負う旨を宣言する業者も多い。こうしたことは、もし守られなければ契約違反になるものだが進んで行われている。個人情報保護法を遵守する観点からの取り組みをクリアした上で、秘密保持を顧客からの信用を高める契機としていくべきだろう。

52

労働法・ハラスメント問題

労働者保護の法令遵守は、有能な人材の確保のためにも重要

生産性向上のために

労働法違反は、末端の従業員のモラルを低下させ、顧客の安全等を危険にさらす恐れがある。企業の社会的責任を自覚し、労働者に尊厳をもって待遇し、公平で公正な報酬を与えれば、生産性も増し、使用者に対する誠実性も高まる。また、就職活動の際に企業の社会、環境、ガバナンス面での実績を考慮する新入社員も増えているから、良質な人材獲得のためにも有意義だ。

一般に、労働問題は直ちに業績に現れなくとも、パート等で働く人たちの口々を通して企業内の実情が噂となり、じわじわと不信が広がることもある。企業が社会的責任を果たすには、コンプライアンスに協力してもらえる労働環境や人々のワークライフバランスの改善が重要だ。

ところが、偽装請負、従業員の長時間労働やサービス残業等を強いるブラック企業が社会問題化した。浅はかな考えで労働者を酷使して労働法違反をしているようでは、企業の持続的な発展も期待できない。

グローバルな基本的原則

労働法分野では、**「労働における基本的原則及び権利に関するILO宣言」**が世界の基本的な考え方を示している。決して日本国内の法律問題にとどまるものではない。

日本でも、男女共同参画社会基本法や男女共同参画政策によって、あらゆる組織レベルでジェンダーバランスを図ることが求められている。今後、上場企業は、女性管理職比率、男性育休取得率、男女間賃金格差の開

過去3年間のハラスメント該当件数の傾向（ハラスメントの種類）

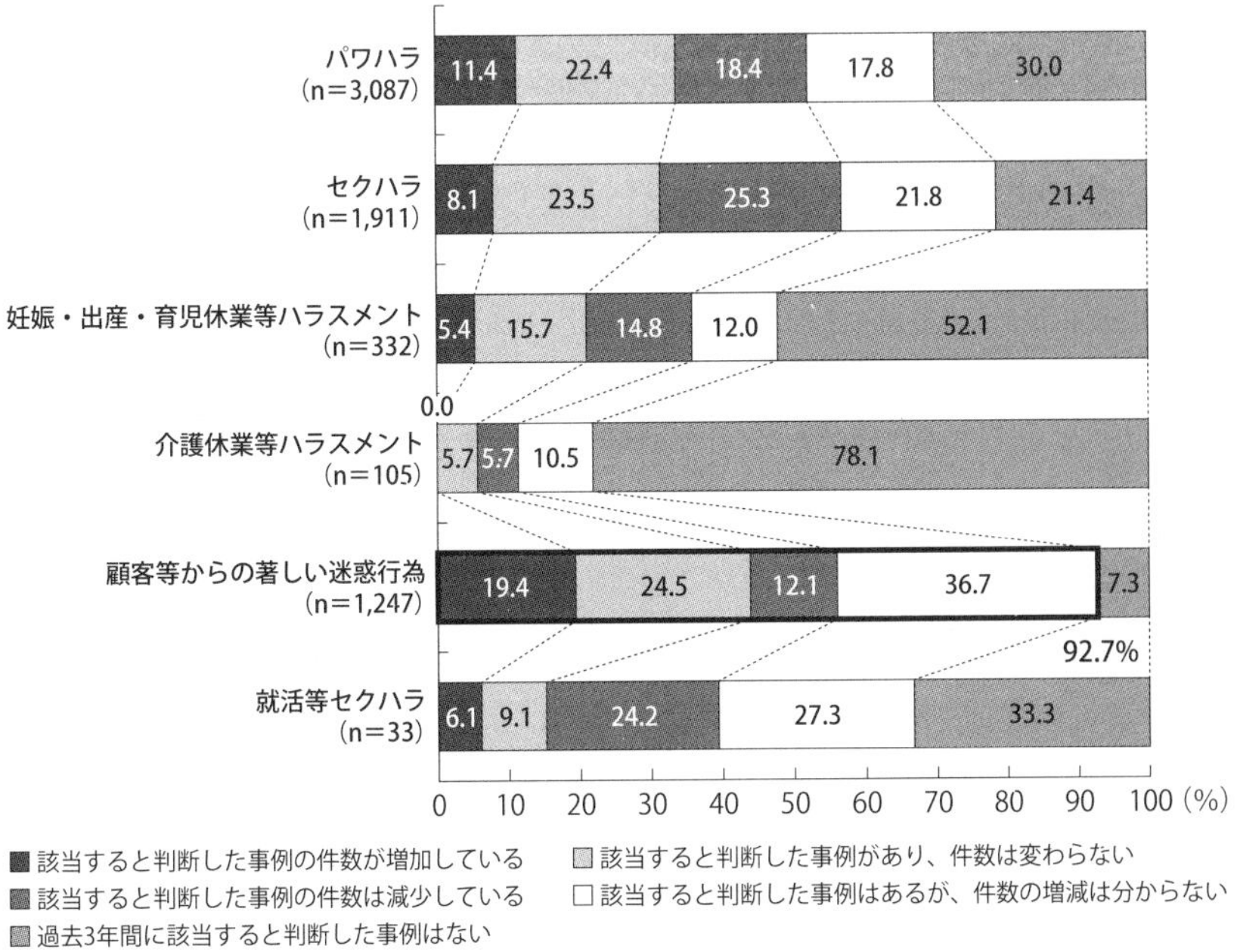

調査対象：全国の従業員30人以上の企業・団体のうち、過去3年間に各ハラスメントに関する相談を取り扱った企業
出所：厚生労働省「職場のハラスメントに関する実態調査」（令和2年度）

示が迫られ、ワークライフバランスや女性の能力開発（ポジティブ・アクション等）への取り組みも必要だ。加えて、**ダイバーシティ（多様性）マネジメント**の観点からも、外国人やさまざまな世代の人々を受け入れ、差別を排し、相互の人格を尊重することが重要だ。

ハラスメント問題

　パワハラ防止対策を義務付けた女性活躍・ハラスメント規制法とも呼ばれる女性活躍推進法、労働施策総合推進法、男女雇用機会均等法、労働者派遣法、育児介護休業法等の改正により、大企業のみならず、中小事業主も二〇二二年四月から、パワハラ防止が義務化された。パワハラやセクハラ、妊娠出産を巡るマタニティー・ハラスメントの相談をした労働者に対する不利益取り扱いは禁止され、女性の登用や昇進に関する行動計画の策定も義務化されている。

これらの対応マニュアルを参考に、研修教育から、相談窓口対応を充実させていくことが必要だ。各種のストレスやメンタルヘルスの問題がハラスメントを誘発していることもあり、企業にとっては生産性向上の観点からも重要課題だ。

「職場のパワーハラスメント」とは、「同じ職場で働く者に対して、職務上の地位や人間関係などの職場内の優位性を背景に、業務の適正な範囲を超えて、精神的・身体的苦痛を与える又は職場環境を悪化させる行為」と定義されている。ここでいう「優位性」とは、上司から部下に行われるものだけでなく、先輩・後輩間や同僚間、さらには部下から上司に対してさまざまな優位性を背景に行われるものも含まれる。

パワーハラスメントの背後には、粉飾などの組織的な不正が隠れているとか、さまざまな不正の温床となっていることもある。だからこそ、パワハラの案件は決して軽視することはできない。

職場の生産性を高めるためにも、パワハラの問題が生じない組織文化を育てる必要がある。上司は、自らがパワハラをしないことはもちろん、部下にもさせてはならない。ただし、必要な指導を適正に行う必要もある。

職場の一人ひとりには、互いの価値観などの違いを認め、互いを受け止め、人格を尊重し合う心掛けが必要であり、互いに理解し協力し合うため、適切にコミュニケーションを行うように努力することが求められる。問題を見過ごさず、パワハラを受けた人を孤立させずに声をかけ合う等、互いに支え合うことが重要だ。より積極的に、コミュニケーション研修による意識向上も有意義だ。

もっとも、従業員の正当な権利を守ることは、従業員が不正を隠したり、従業員の不合理な主張に屈したりするものではない。従業員が人権やプライバシーを主張すれば、そこですべての議論が止まるわけでもない。

企業のコンプライアンスのための正当な理由に基づく事実調査を拒んだりすることまでを許

容するものではない。

ただ、従業員の処遇に当たってのルールや手続もあらかじめできるだけ決めておかないと、問題が起きてから紛糾することになりかねない。

従業員同士の対立は慎重に扱う

ハラスメントの申し立てがされた場合には十分な配慮が求められる。例えば、一方がハラスメントをされたと主張し、他方は全くの言い掛かりだと主張する。もし加害者とされた者にしっかりとした処分をしなければ、会社はハラスメントを放置していたとして雇用主を訴えるかもしれない。逆に、ハラスメントの加害者とされた従業員を懲戒処分にしたら、その従業員がそれを不服として争ってくるかもしれない。結局、両方から訴えられ、両方に対して和解金を支払うはめになった例もある。

そうした泥仕合にならないようにするには、基本的に会社がハラスメント問題を起こさないような態勢を整備することが必要であるし、それが問題とされた時にはしっかりとした事実調査が必要になる。

パワーハラスメントの類型と具体的行為の例示

類型	具体的行為
（1）身体的な攻撃	暴行・傷害
（2）精神的な攻撃	脅迫・名誉毀損・侮辱・ひどい暴言
（3）人間関係からの切り離し	隔離・仲間外し・無視
（4）過大な要求	業務上明らかに不要なことなどを要求
（5）過小な要求	仕事を与えない等
（6）個の侵害	私的なことに過度に立ち入ること

出所：厚生労働省「職場のパワーハラスメントの予防・解決に向けた提言取りまとめ」（平成24年3月）

教育・研修がポイント

旧来型の発想からハラスメントを容認するような管理職の意識としては、あくまでも「会社のため」という大義名分があるのだろうが、実際にはそれがそうでないということを知ってもらわなければ、話は始まらない。

部下を持つ管理職に対しては、定期的に研修プログラムを用意するなどして、労働法全般にわたっての基本的な考え方を理解してもらう必要がある。

労働基準法コンプライアンス

雇用主は単に賃金を払うだけでなく、従業員に対する安全配慮義務等も負っている。その意味でも、労働環境の整備に配慮し、ハラスメント問題などに対してはしっかりとした措置を取る姿勢を示すことが重要だ。

労働基準法は、企業がなるべく守るように努力する労働基準を定めているものではない。使用者にとっては絶対に守らなければならない最低基準を定めているのであって、その遵守は努力義務ではなく、必要的なものだ。ところが、巷にはその通りになっていない企業もあり、一部には誤解もある。

特に、労働基準法は、雇用契約の内容を書面で明確にするようにも義務づけている。定期的に就業規則が遵守されているかどうかを見直すことも重要だ。

内部通報で持ち込まれた問題の対応でも、従業員の権利に関わる問題は、企業の仲間内だからといった甘えは禁物だ。あくまでも法律に照らしてどうかを基準に考えるべきだ。労働基準法違反などのクレームは面倒に思われることもあるかもしれない。しかし、労働基準監督署に持ち込まれるよりはましだ。どのように対処するのか早期に対策を講じることも可能になる。

従業員の不正を防止するためにも、会社がまず従業員に対して、法律に従った待遇をすべきであり、この点をおろそかにすると会社に不満を持った従業員などによる不正の温床となる恐れもある。従業員との労使紛争は増加傾向にあり、労働審判も利用しやすいので、紛争リスクは高まっている。

解雇トラブルが最も深刻

従業員を解雇する場合、法令、

就業規則と雇用関係

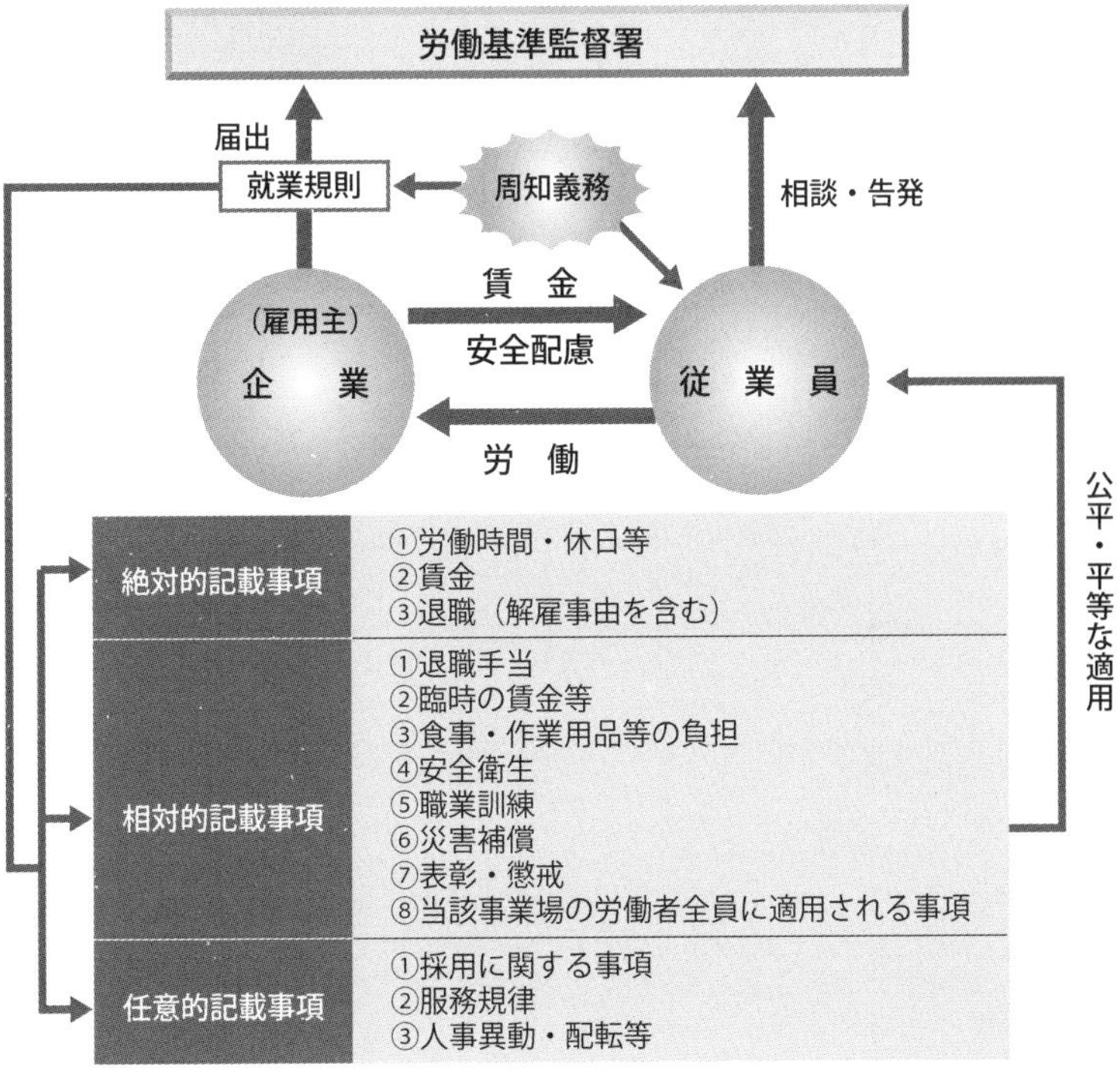

就業規則に準拠して、客観的に合理的な解雇事由を備えているか、解雇基準を満たしているかを慎重に判断すべきだろう。

解雇ルールは労働契約法一六条に定めがあり、客観的に合理的な理由を欠き、社会通念上相当であると認められない解雇は、その権利を濫用したものとして、無効とされている。これは、判例法上の解雇権濫用の法理をそのまま明文化したものだ。

また、人員整理をするための整理解雇では所定の四要素を備える必要がある。差別的解雇、業務上の負傷・疾病・出産の場合の解雇、報復的解雇、不当労働行為となる解雇等は禁止されている。

解雇をめぐってトラブルにならないような合意書を作成し、

解雇権の正しい運用

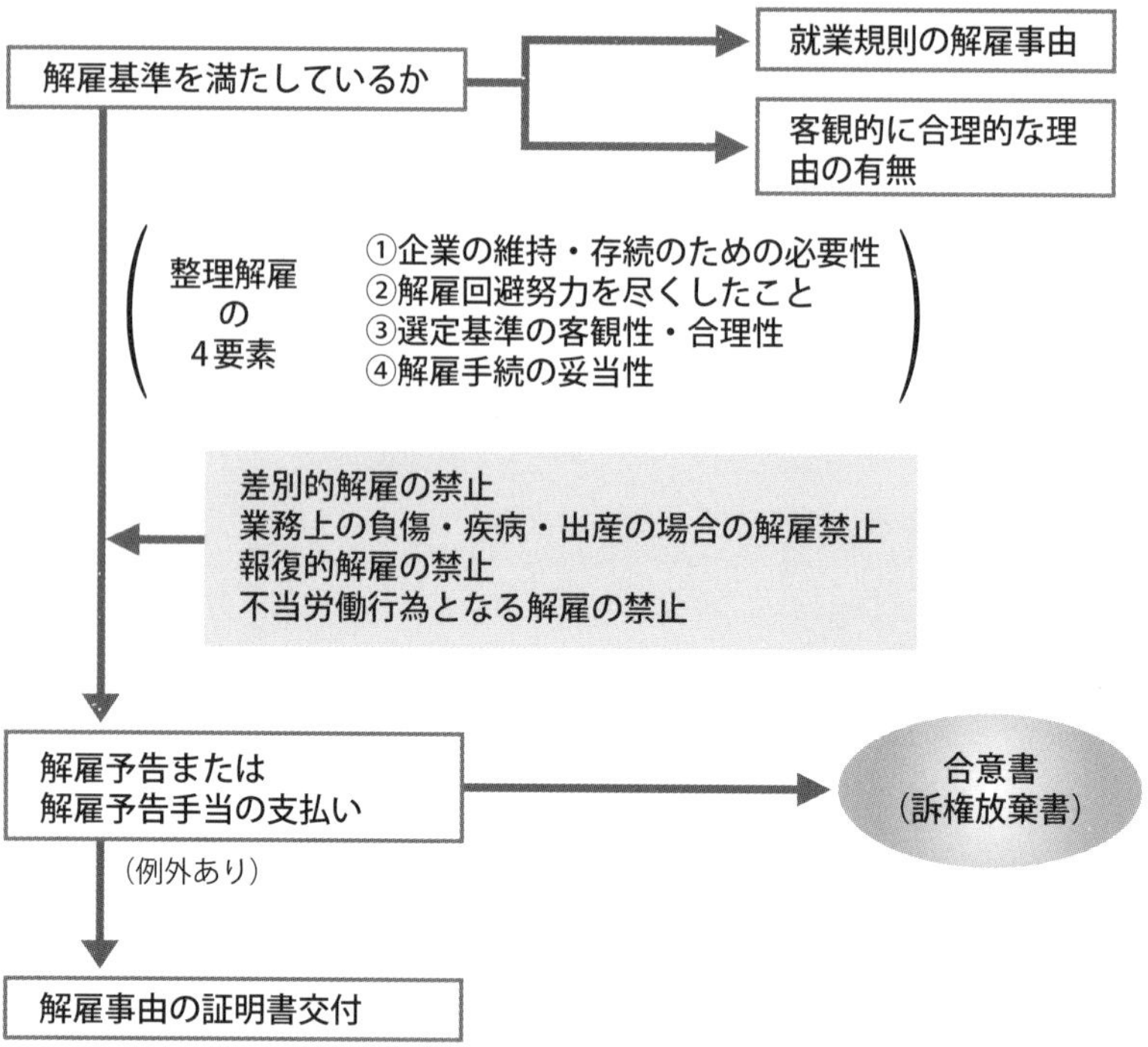

訴える権利を放棄してもらうケースもある。その場合には、その対価として一定の給付をすることも考えるべきだろう。

　強制労働や人身売買、現代の奴隷制、児童労働等の深刻な人権侵害をなくすことはもちろんだが、**ディーセント・ワーク**（Decent Work＝権利が保護され、十分な収入を生み、適切な社会保護が供与された生産的仕事、働きがいのある人間らしい仕事）の考え方も重要になっている。

テレワークの導入・活用

　テレワークは、従来の労務管理のあり方を見直し、生産性の向上にも寄与する働き方改革を推進する観点からも有益だ。ただ、テレワークにも労働基準法をはじめとする一連の労働法令が

労働関係民事通常訴訟事件　新受・既済・未済件数
―地方裁判所―（平成23年～令和2年）

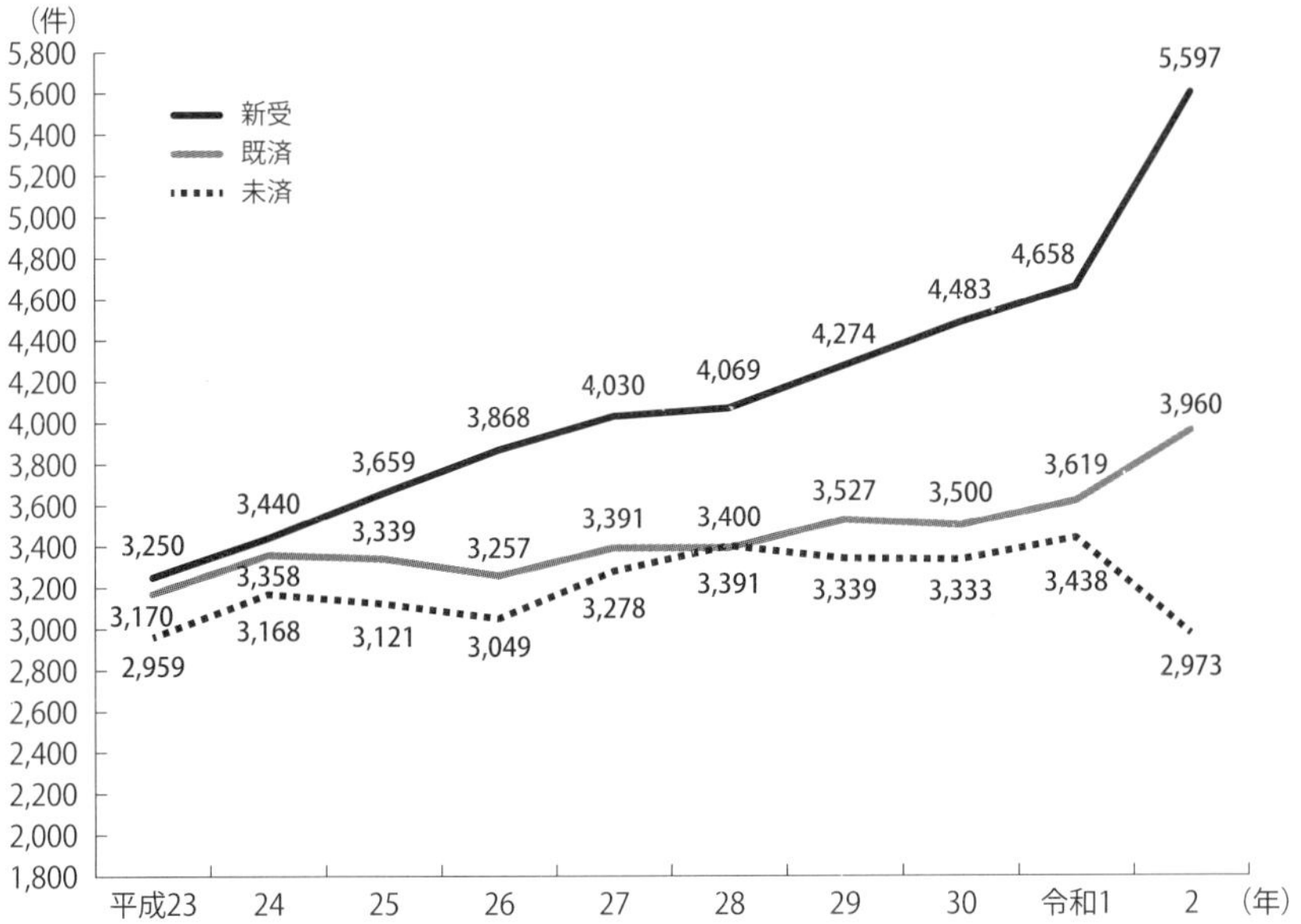

注：1．令和2年の新受・既済件数の数値は、速報値である。
　　2．未済件数及び平成25年までの新受・既済件数の数値は、各庁からの報告を集計した概数であり、所定の修正を行うことがある。
出所：最高裁判所ウェブサイト

適用される。当初の労働条件とは異なる勤務形態になる場合、在宅勤務を導入する際の労働条件を明示し、企業と従業員との間で合意しなおす必要もある。

　また、テレワークでは、ネットワークのセキュリティが比較的弱い傾向があり、外部からの攻撃も懸念され、社員によるルール違反、過失・不正等のリスクもある。それらの問題にも対応するため、厚生労働省の「テレワークの適切な導入及び実施の推進のためのガイドライン」（二〇二一年三月改定版）やテレワーク総合ポータルサイト等で提供されている情報も参考に労使協議を行う等して、労使双方にとって良質なテレワークを定着させることが期待される。

53

税法関連――高い納税意識の必要性

素人考えの「節税」は「脱税」になりやすいので要注意

脱税は発覚しやすい

当局も税収確保に力を入れており、最近の税制改正ではコンプライアンスに向けた制度の整備も進みつつある。国税庁レポートにいうコンプライアンスは、「納税者が高い納税意識を持ち、法律に定められた納税義務を自発的にかつ適正に履行すること」と定義されている。当局は的確な指導や調査を実施して誤りを確実に是正する活動を通してコンプライアンスを維持・向上し、内国税の適正かつ公平な賦課・徴収の実現を図っている。もとより脱税は、最も摘発のされやすい領域であり、コンプライアンスの基本的な重要項目として位置づける必要がある。

各種加算税の税率は左頁の表の通りであり、本来ならば支払う必要のない加算税が課されることになれば、会社にも大きな損失をもたらす。特に、事実を隠蔽し、または仮装して申告または納付等をした場合の過少申告加算税、無申告加算税または不納付加算税に代えて課される重加算税には、最も重いレベルの料率が適用される。

まともな会社ならば、無申告加算税や不納付加算税が課されることはまずないだろうが、各種加算税の対象にならないように、税務処理では常に正当な理由を確認することが必要だ。

脱税や大きな申告漏れは社会的なイメージ・ダウンにもなる。なじみのない取引では税務問題が盲点となることもあるので要注意だ。

脱税と節税の大きな違い

節税と脱税は似ているようで、

全く違う。節税はあくまでも合法・適法であるが、脱税は明らかに違法であり、犯罪でさえある。その違いは、傍から見ていると、紙一重のようだが、実際にはその姿勢に雲泥の差がある。

各種加算税

名称	課税要件	課税割合 （増差本税に対する）	不適用・割合の軽減 要件	不適用・割合の軽減 不適用・軽減割合
過少申告加算税	期限内申告について、修正申告・更正があった場合	10% （期限内申告税額と50万円のいずれか多い金額を超える部分）15%	・正当な理由がある場合 ・更正を予知しない修正申告の場合	不適用
無申告加算税	①期限後申告・決定があった場合 ②期限後申告・決定について、修正申告・更正があった場合	15% ［50万円超の部分］20%	・正当な理由がある場合 ・法定申告期限から1月以内にされた一定の期限後申告の場合	不適用
			更正・決定を予知しない修正申告・期限後申告の場合	5%
不納付加算税	源泉徴収税額について、法定納期限後に納付・納税の告知があった場合	10%	・正当な理由がある場合 ・法定納期限から1月以内にされた一定の期限後の納付の場合	不適用
			納税の告知を予知しない法定納期限後の納付の場合	5%
重加算税	仮装・隠蔽があった場合	（過少申告加算税・不納付加算税に代えて）35% ［無申告加算税に代えて］40%		

というのも、節税の場合には、あくまでも事実には忠実にどのような考え方で取引や会社組織を合理化するかという考え方と結びついて進めるものだが、脱税の場合には、そうした考慮を一切せずに、事実を歪曲したり、不正を働くだけのことだ。また、脱税にも税務専門家が関与するケースがある。そうした場合、その税務専門家の責任も重い。しかし、節税の場合は、専門家の適切な助言・サポートに従って行うので、素人考えによる主観的判断とは全く異なる。

　最終的には、節税の場合には、その説明をすべて公にできるべきなので、経営の透明性とも矛盾しないが、そうでない脱税の場合にはそうはいかない。どうしても事実を隠すか、帳簿・証憑の改竄・隠匿が必要となり、それが余計に不法な経営につながり、健全性を失う。

企業経営は、公正・妥当な会計慣行によることが必要であり、そうであってこそ、会社の正しい姿も明らかになる。そうでないと、不公正・不適切な会計管理がまかり通り、適正な監査・実質的監査はできない。監査を抑え込んで、形骸化した監査をさせることは、何の価値ももたらさない。単に無駄なコストを使って、監査人らを会社の不法に加担した者とし、多くの人々に迷惑を撒き散らすだけになる。

コンプライアンス経営で、税法の遵守にはきわめて重要な意味があり、これができない会社では不適法な処理が蔓延し、健全な企業活動を行うことは不可能とならざるをえない。

近時、国際的なスキームを利用した脱税事件が問題となることが増え、海外への租税回避の問題も注目されている。

タックスヘイブンの利用に際しては、タックスヘイブン対策税制を遵守することは当然のこととして、その利用に対しては今後、倫理的な観点からも検討すべきだろう。

BEPS防止措置

タックスヘイブンは、租税回避や脱税の温床となるだけでなく、マネロンやテロ資金の助長、貪欲な巨額投機マネーの暴走による金融への悪影響をもたらす。**税源浸食と利益移転（Base Erosion and Profit Shifting＝BEPS）**には、いくつかの手法があるが、そうした租税回避が国際社会でも問題視された。ＯＥＣＤは、二〇一四年から立ち上げたＢＥＰＳプロジェクトで一五項目のＢＥＰＳ行動計画を取りまとめ、二〇一五年の最終報告書も踏まえ、二〇一七年にＢＥＰＳ防止措置実施条約が成立した。ＢＥＰＳ防止措置は、①租税条約の濫用等を通じた租税回避行為の防止に関する措置、及び②二重課税の排除等納税者にとっての不確実性排除に関する措置からなる。日本も二〇一八年に受諾書を寄託し、翌年から同条約は発効している。

使途不明金のチェックを

企業経営で一定の使途不明金が生じることはやむをえないという声もあるが、健全な経営に

節税と脱税

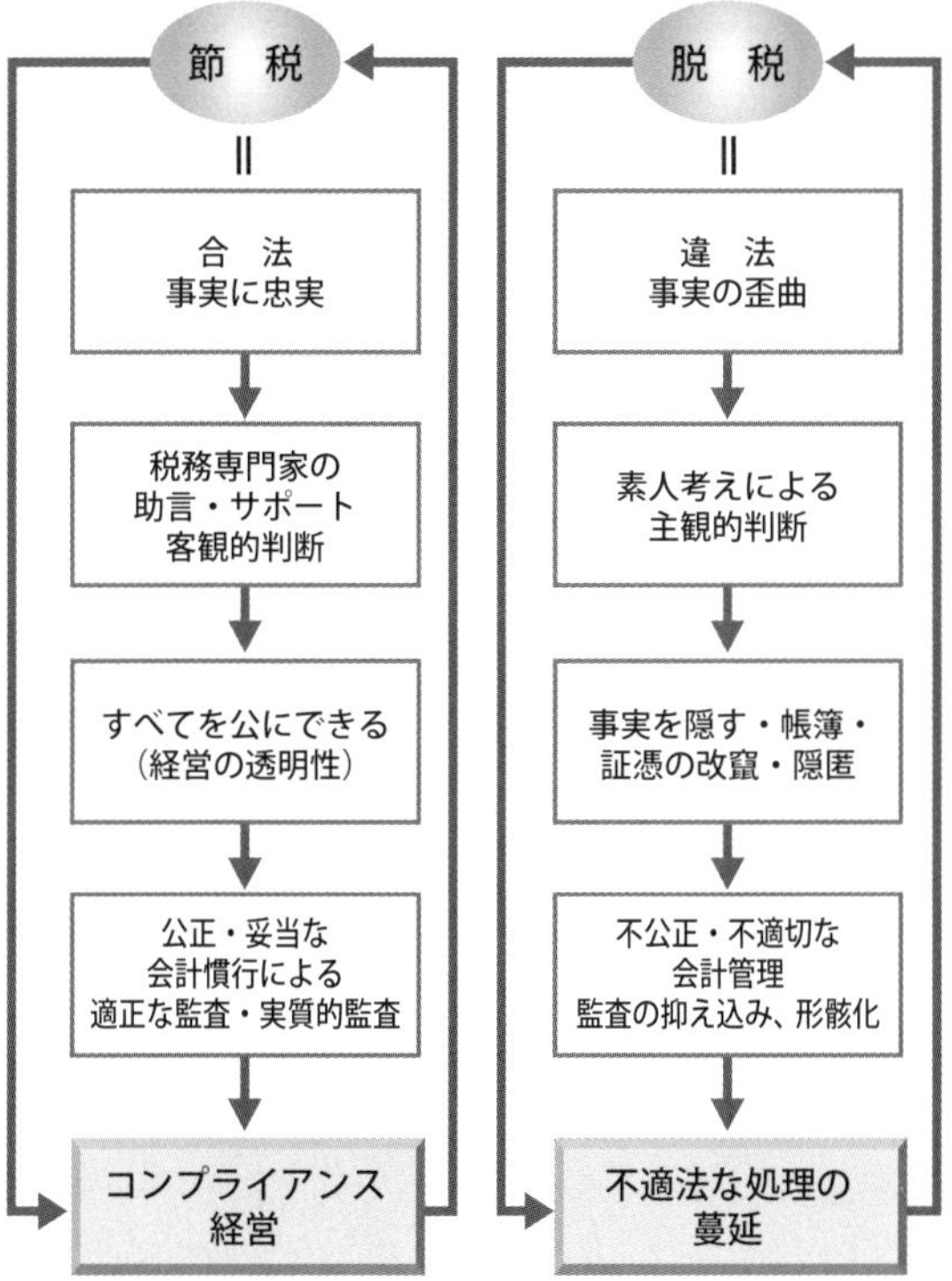

おいて説明できない金額を少なくすべきことは当然だ。使途不明金の多寡は、コンプライアンス経営の度合いを示す客観的なバロメーターにもなりうる。

　使途不明といいながらも、実際にはその使途が分かるというのであれば、そのような使い方や処理について今後どのようにしていくかを検討すべきであるし、また本当に使途が分からないのであれば、どこでなぜそうした使途不明金が発生したのかを解明して再発防止のための対策を講じるべきだ。

「少し怪しいが、〝聞かぬが花〟だから」などといって放置しておくと、深刻な問題が隠れているかもしれない。そうした問題は、後になって「知らなかった」ではすまされない。場合によっては、取締役・経営者等の責任が厳しく問われる恐れがある。

　脱税問題や使途不明金は、その裏にもっと深刻な企業不祥事が潜んでいることもある。元来、内部統制が制度化されたのも、それを会計面からコントロールしようとして始まったこと（❹参照）を思えば、コンプライアンスの原点として、この領域をおろそかにしてはならない。

C O L U M N

六法全書のない米国

コンプライアンス・プログラムを世界に拡散させた米国（❾参照）には、六法全書がない。米国で連邦や州の議会が制定、改正した法律はさまざまな形で整理されているが、六法全書のようなものはない。そのため、ちょっとした問題に出くわした場合、日本ならば手軽に六法全書をめくれば一応のことは容易に分かるが、米国ではそうはいかない。

しかも、米国型の連邦制度では、ある領域は連邦法のみ、またある領域は州法のみということもあるが、多くの領域で連邦法と州法が併存している。そのため、その中身の解釈、両者の関係などについて、多岐にわたって複雑な問題を生じさせる。

この点、弁護士が多いから法制度が複雑なのか、法制度が複雑だから弁護士が多くなったのかは、鶏と卵の関係だが、相互に促進しあっている面がある。

データベースを活用したシステムがなかったら、米国における法律調査はきわめて面倒で、法律、判例がさまざまなところに散らばっており、これを正確に把握するのは容易ではない。今や法律調査にコンピュータやインターネットが大きな力を発揮している。

こうした環境では、どうしても法律も複雑で、法律専門家でなければ各種の問題に対して十分に対応することはできなくなる。しかも、企業がトラブルを起こすと、訴訟に巻き込まれるリスクも高い。そのため、法律を厳密に解釈する現実の必要性が生じ、企業も個人も法律の重要性と厳格性を十分に認識している。

こうした傾向は日本の人々の対応でも同じで、日本の銀行員が日常業務で日本の弁護士に相談する場面はごく限られているのに、米国ではその同じような人々が日ごろの取引で米国の弁護士と頻繁に相談する。こうして、米国では、司法に対して高いコストを払う結果ともなっている。

ただ、そのコストに見合うだけのサービスがあれば、それでいいという評価もできる。そして、こうした厳しい法環境が、事前にトラブルを予防する予防法務、リスクマネジメントといったコンプライアンス経営につながっていると考えることもできる。米国では法令違反に対する刑事制裁も民事上の懲罰的賠償もいずれも厳しいことから、予防法務が進んでいるが、日本でも法務リスクが低いからといって油断していては危ない。

そんなに大変な法律環境の米国でもコンプライアンス経営ができる。日本国内でコンプライアンス経営を行うのは、まだ楽だというべきではなかろうか。

第 6 章

Outline of Compliance Management

それぞれにとってのコンプライアンスの意義

54 経営陣ないし役員個人にとって

強い指導力を発揮して改革を進める長期的展望を持つ

役員の個人責任をコントロール

コンプライアンスの推進は、会社全体にとってだけでなく、役員個人の利害にも直結する。コンプライアンスの成否は経営者次第であり、うまくいって当然で、大きな失敗があると、さまざまな責任を個人的に追及される立場にある。

したがって、経営陣自身は、日頃からも真摯に誠実で、高潔な姿勢を示し、グループ子会社の現場に対してもコンプライアンスを優先させる価値観を繰り返し、直接語りかけ、コンプライアンス重視の意識を浸透させ、健全な組織風土の形成に努める必要がある。

CGSガイドラインは、「会社法上の取締役の善管注意義務に関しても、内部統制システムが有効に機能している場合には、他の役職員がその報告通りに職務を遂行しているものと信頼することが許される（「信頼の原則」「信頼の権利」）」とし、「大規模な組織運営において経営陣が各担当者に業務執行を安心して任せ、「攻め」の経営戦略の策定に集中するための基盤になる」と指摘している。

経営トップの姿勢次第

コンプライアンス経営の成否は、経営者の姿勢次第だ。どのような企業風土や組織体質になるかは、経営者の姿勢によって大きく左右される。倫理的な価値観が組織に根付かないような環境を許すようであれば、経営者の責任は重大だ。トップの姿勢次第で、コンプライアンス体制が十分に機能することもあれば、全く機能不全に陥って、経

コンプライアンス経営の成否は経営者の姿勢次第

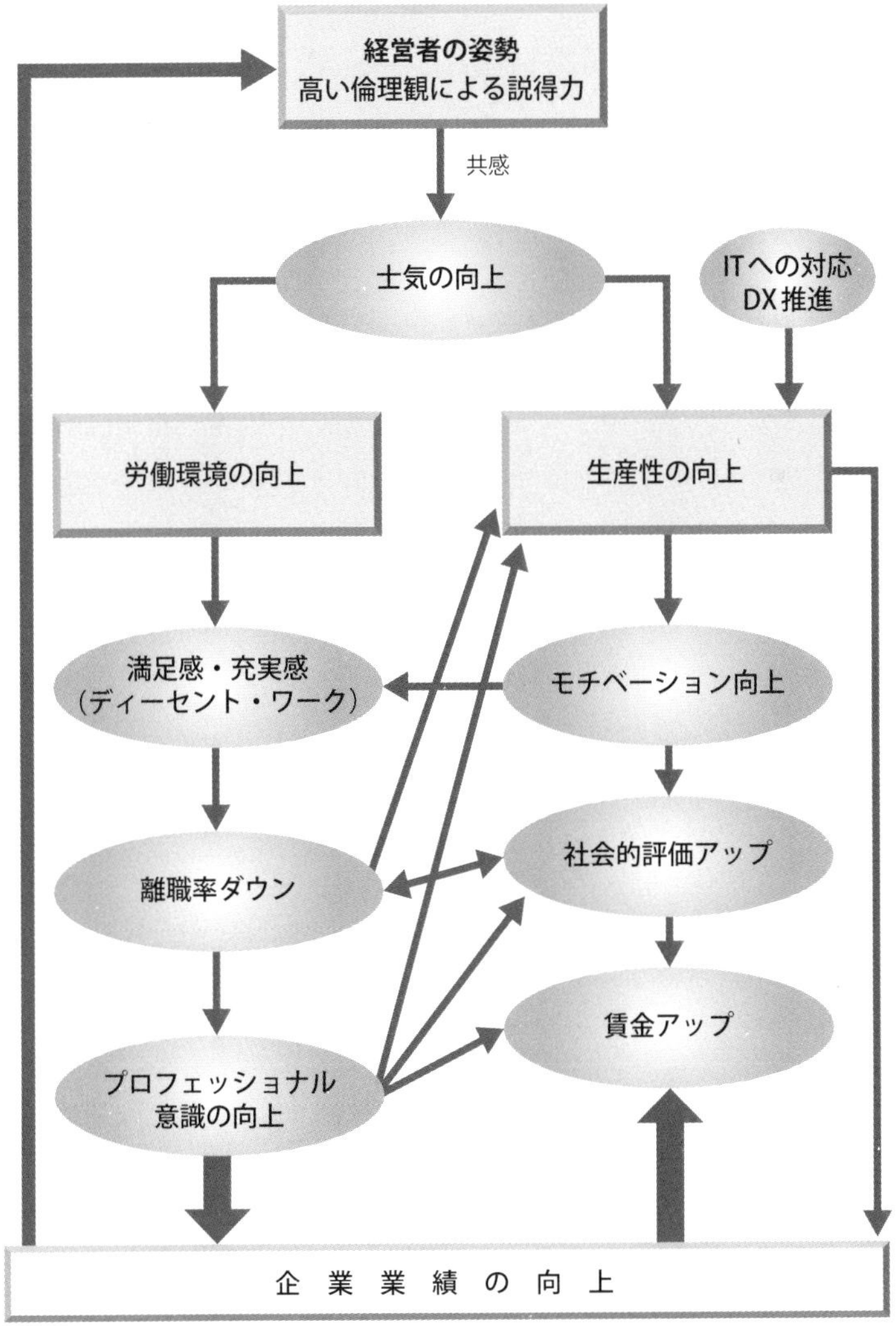

営資源の無駄遣いにしかならないこともある。

法令違反は、最低レベルのモラル違反でもあり、決して軽視することなく、将来に問題になる芽を摘んでおく必要がある。

ただ単に知らぬふりをしている役員や管理職従業員の姿勢を仕方のないものと諦めるだけではダメだ。健全なコンプライアンス態勢を構築できるかは、経営陣が問題の本質を理解して、何をやるべきかを把握し、それを徹底的に実践できるかどうかにかかっている。

リーガル・マインドの重要性

役員は、「前例踏襲」の慣習に陥っては危険だ。あらゆる分野で法律は次々に改正されており、以前は適法な行為であったとか、摘発されなかったからといって、これからも適法であるとか、摘発されないという保証はない。

コンプライアンス・プログラムの基本方針や概要は、社長ないし取締役会が決定しなければならない。こうした取締役の責任の重要性は、会社法でも制度化されており（❹参照）、その任務を怠れば株主代表訴訟や第三者責任訴訟などによっても責任追及される可能性がある。企業の役員には、高い倫理観とリスク感覚やリーガル・マインドが求められている。トップ層の不祥事は特に打撃が大きい。時代の変化からズレた見識が残っているかもしれないので、トップ層の研修は極めて重要だ。

リスク分析は多角的に行う必要がある。その判断過程が、公に説明できるようなものであればいいが、決して最初の判断に執着したり、つまらないメンツにこだわったりしないようにしなければならない。

目先の利益に目がくらんだり、うまい話に溺れたりしないで、堅実なコンプライアンス経営を進めることが重要だ。その意味で、お手盛り的な役得に対しては今後も厳しい目が注がれよう。

役員等の法的義務

そもそも取締役は会社経営全体について権限があるだけでなく、重い責任を負う。取締役は、会社に対し、取締役会に上程された事柄についてだけ監視するにとどまらず、代表取締役の業務執行一般につき、これを監視し、必要があれば、取締役会を自ら招集し、あるいは招集することを求め、取締役会を通じて業務執行が適正に行われるようにする職務を有する（昭和四八年五月二二日最高裁第三小法廷判決）。この場合の取締役の監督

日本企業の取り組みの現状

経営トップのリーダーシップ

①企業倫理の徹底にむけた内部統制強化のために、経営トップが定期的にメッセージを発信しているか。

（有効回答企業数593社）

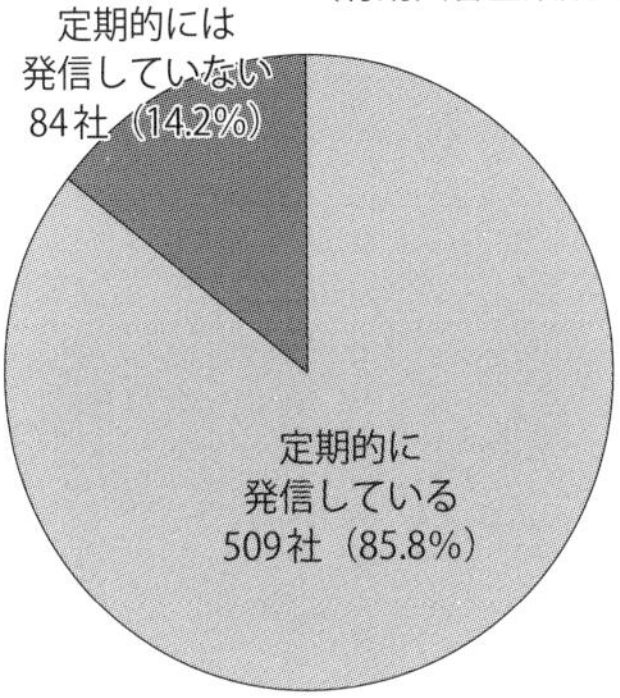

②メッセージの発信頻度は、どのくらいか。

（有効回答企業数509社）

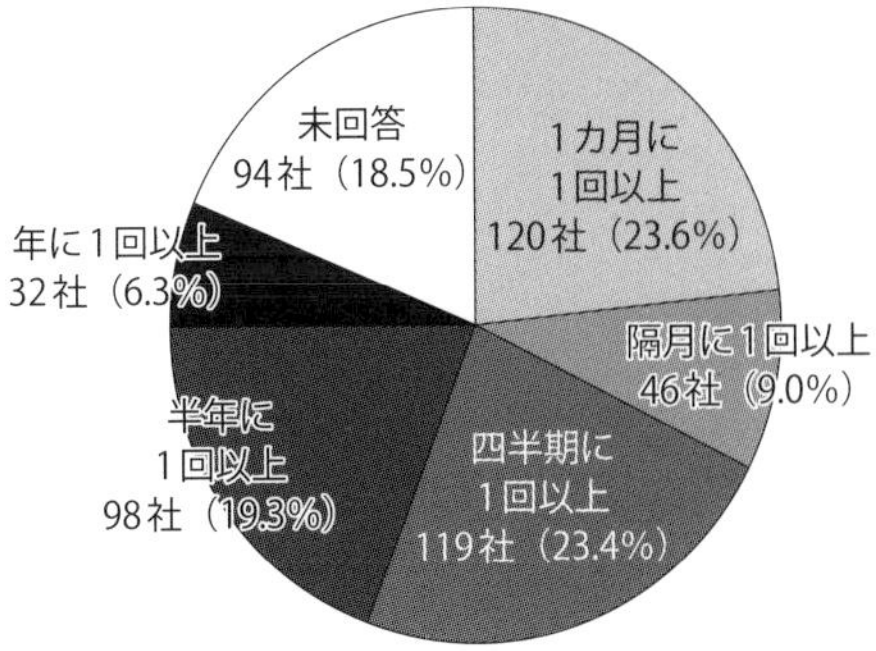

③どのように発信しているか。

（有効回答企業数509社）

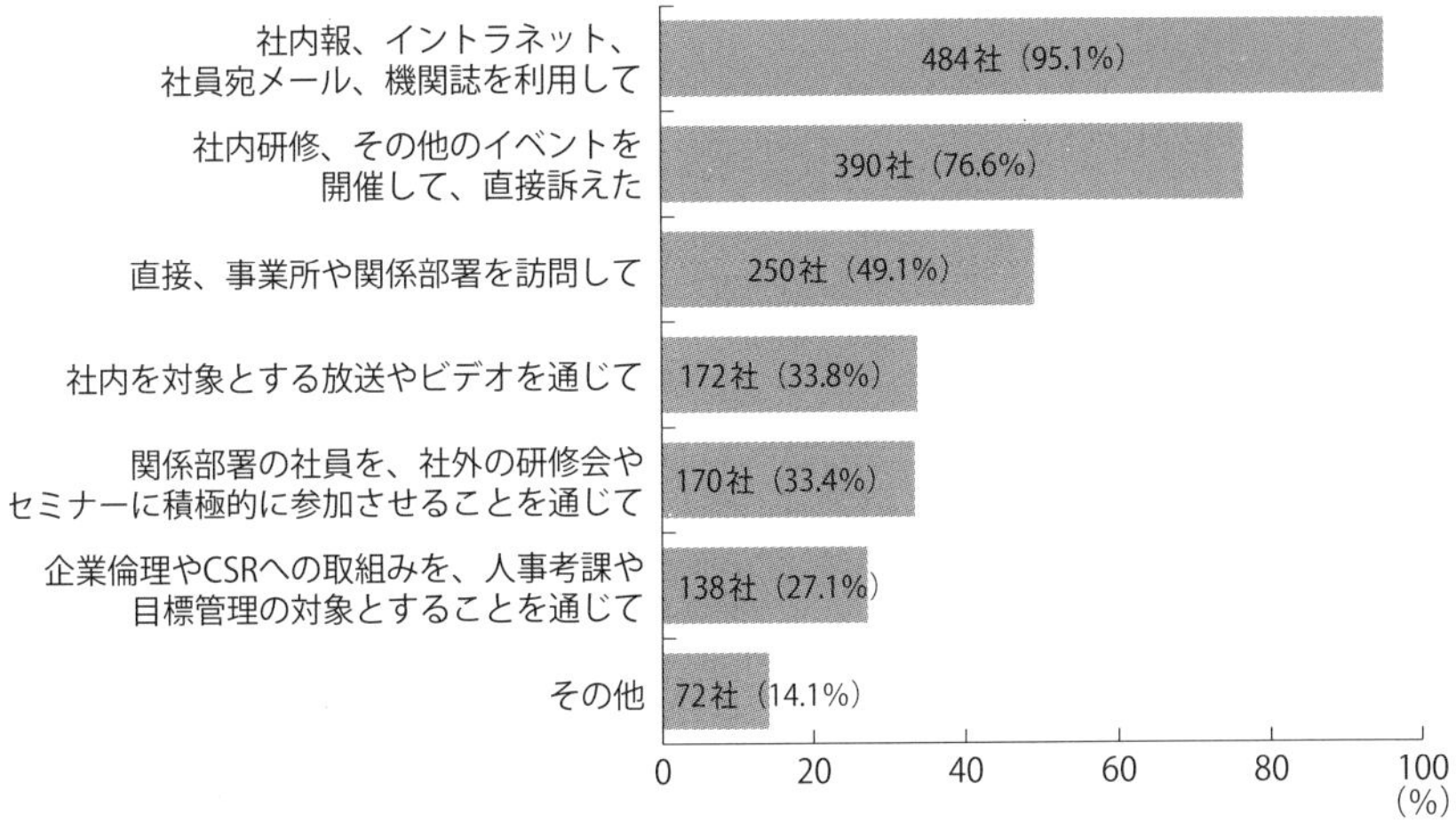

出所：（一社）日本経済団体連合会「企業倫理への取組みに関するアンケート調査結果」（2008年2月）

の視点は、幅広く業務の相当性、適切性に配慮することが求められ、健全な企業活動であるかをチェックすることが重要だ。

例えば、大和銀行株主代表訴訟事件の大阪地裁判決では、取締役会が会社経営の根幹に係わるリスク管理体制の大綱を決め、代表取締役や業務執行取締役は、その大綱を踏まえてリスク管理体制を具体的に決定するべき職務を負っているものとされた。これによれば、取締役はリスク管理体制を構築すべき義務を負い、さらに代表取締役や業務担当取締役はリスク管理体制を構築すべき義務を履行しているか否かを監視する義務を負い、これらが取締役としての善管注意義務や忠実義務の内容だと判示した。これが内部統制の制度化（❹参照）につながった。

合理的な水準とは

経営を担う取締役は、遵法義務・監督義務の一環として、リスク管理体制を構築する義務を負う。そのためにいかなる経営資源を投入するかは、経営者である取締役が判断すべき事項だ。

健全な会社経営を行うには、事業の種類、性質等に応じて生じる各種のリスク、例えば、信用リスク、市場リスク、流動性リスク、事務リスク、システムリスク等の状況を正確に把握し、適切にコントロールすることが必要だ。そこで整備すべきリスク管理体制（いわゆる内部統制システム）の内容は、リスクが現実化して惹起するさまざまな事件・事故の経験の蓄積とリスク管理に関する研究の進展によって充実させていくべきものであるとも指摘されている。

会社法や金商法による内部統制は、いずれも最終的には経営者の責任で、コーポレート・ガバナンスの実効性の確保が狙いだ。これが株主・投資家の利益を保護することにつながる。透明性の向上による市場メカニズムに通じて、経営の合理化・文書化（客観化）・仕組み化を推進することも期待される。

もっとも、保証のレベルは、「合理的」レベルで足り、絶対的なものを要求するものではない。合理的水準を超えれば、経営判断の原則が及ぶ。結局、内部統制の充実はＪＳＯＸ法対応のためだけではない。既にその基礎ができた企業では、その活用・実践か

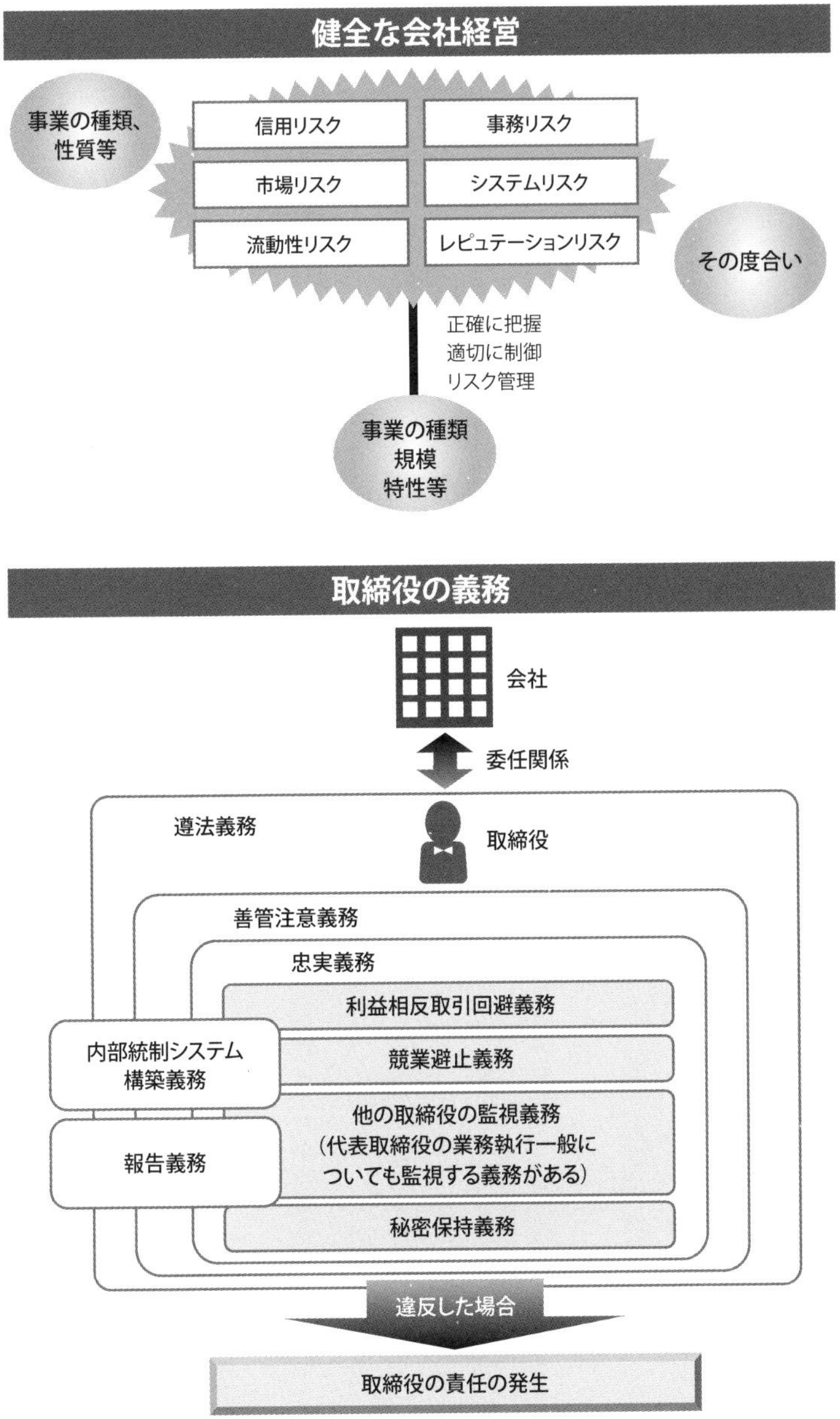

ら定着に向けた努力が重要だ。

取締役が本来の職務を全うすることが、コンプライアンス経営そのものであり、実質的な内部統制システムの構築・運用義務の履行が不祥事予防の基本となる。

55

管理職にとって

管理職の見識がコンプライアンス経営を左右する

プロフェッショナル意識

管理職は、経営者の指揮下にはあるが、企業経営の現場で部下を差配して、日常的なさまざまな事象に対して、きめ細かな対応をすることが求められる。いくら個々のスタッフの能力が高くても、組織としての問題解決能力が低ければ、全体としての方向性を決めることはできない。

そこで、今後ますます重要となるのが、管理職自身のプロフェッショナル意識だ。誰でもできる形式的なチェックなど、機械的な仕事は、ＩＴ革命が進み、ＡＩへの置き換わりが進む中で淘汰されていく方向にあり、人間だからこそ発揮できる能力を、いかに磨くかが問われる。さしあたり、自分の仕事に、できるだけ高い基準を設けて、インテグリティに関する項目を盛り込むべきだ。

インテグリティの重要性

専門的な能力に加えて、真摯・高潔等のインテグリティを備えた人材として、高度な倫理観が求められる。インテグリティは、全体性（wholeness）や完璧性（completeness）、清廉性（purity）を意味するintegritasというラテン語に由来し、英語としては完全性を意味し、企業経営で最も重要な資質、価値観を示すものとされる。これは、難しい状況における判断で必要とされる素養でもある。法令遵守に限らず、幅広く社会的責任の遂行と企業倫理の実践を目指す人材にとっては極めて重要な指針となる。

組織内での序列のような内向きの価値観にとらわれると、自分の担当業務だけの部分最適を追求して職責を果たしたつもりになり、余計な仕事を増やしたくないといったセクショナリズムの考えに陥り、縄張り意識から他の部署との連携もできなくなる。本来の忠実とは組織全体に対するもので、チームプレーの一環だ。好ましくない管理職がいる組織では、その部下が悪影響を受ける。ハラスメント問題等のトラブルを繰り返す問題人物は、処遇を考え直す必要がある。

コンプライアンスの姿勢に関する管理職チェックリスト

①遵法経営ができるかどうかは、とやかく言う必要はなく、もっぱら各従業員の心がけ一つにかかっていると思う。	はい・いいえ
②企業活動においては多少の法律違反があっても、あまり問題になりそうもなければかまわないと思う。	はい・いいえ
③上司が違法行為をやっている場合、従業員がそれを知らぬふりをしていてもやむをえないと思う。	はい・いいえ
④事実関係の調査においては、疑問が残っても仕方がないと思う。	はい・いいえ
⑤企業の意向に沿って、多少の問題があっても合法と断言し、その旨の意見書を書いてくれる弁護士が有能だ。	はい・いいえ
⑥業界全体が法律違反をしていても、当社は法律に違反しない方法で事業をする。	はい・いいえ
⑦違法行為をした従業員は、たとえ会社のためであったとしても、それなりに処分すべきだと思う。	はい・いいえ
⑧営業成績を云々する前に、コンプライアンス経営のために、しっかりとルールを守っていることをチェックしたい。	はい・いいえ
⑨遵法経営をするためには、ある程度のコストを負担する覚悟が必要だと思う。	はい・いいえ
⑩これからは法律違反などは絶対に許さないという強い意思を持つことは当然だと思う。	はい・いいえ

採点方法、①から⑤は、「いいえ」がプラス１点、⑥から⑩は「はい」がプラス１点。

9点から10点　コンプライアンス経営を理解し、実行する姿勢はあります。

7点から8点　疑問点を解消するために、議論をしてみたらいかがでしょうか。

4点から6点　もう１度本書を読み直して、考え方をチェックしてみてください。

0点から3点　本気でそうお考えならば、ビジネスは危険です。

56

研究開発部門にとって

強い競争力を取り戻すために、アキレス腱にも注意

多様性からオープンイノベーションへ

　製品開発や技術改革、研究開発や組織改革等イノベーション促進のため、社外の知識や技術等のリソースを積極的に取り込み、自前主義からの脱却を図るオープンイノベーションが注目されている。また、研究開発のグローバル化も期待されている。

　いずれも、人材の多様性を活用して、異文化、異業種、異分野の見地を取り入れて革新を起こすものであり、国内外を問わず大学と企業の連携等も活発に行われており、大いに推進すべき課題だ。

研究不正や利益相反問題等

　大学の側では、利益相反の懸念や研究不正等の問題を防止する取り組みが進んでいる。特に、産学官が協同する場面では、各大学で教育・研究に対する基本理念と産学官連携の方針を明確にした上で、利益相反ポリシーとマネジメント・システムを構築することが求められる。そこで、例えば、利益相反及び研究教育倫理に関する委員会等を設け、諸問題の事前予防対策、発生時の調査、事後対応等のためのマネジメント体制を整備し、情報等を適宜開示し、啓発活動を行っている。また、関連企業以外との共同研究、受託研究、知的所有権の実施許諾・権利譲渡、技術研修、招聘研究員等の受け入れ、コンソーシアム、研究助成金・寄付金の受け入れ、依頼試験・分析、機器提供の受け入れ等を行う際に備えて、ルール作りや研究室内の情報管理の徹底に取り組む動きもある。

研究不正と利益相反リスク

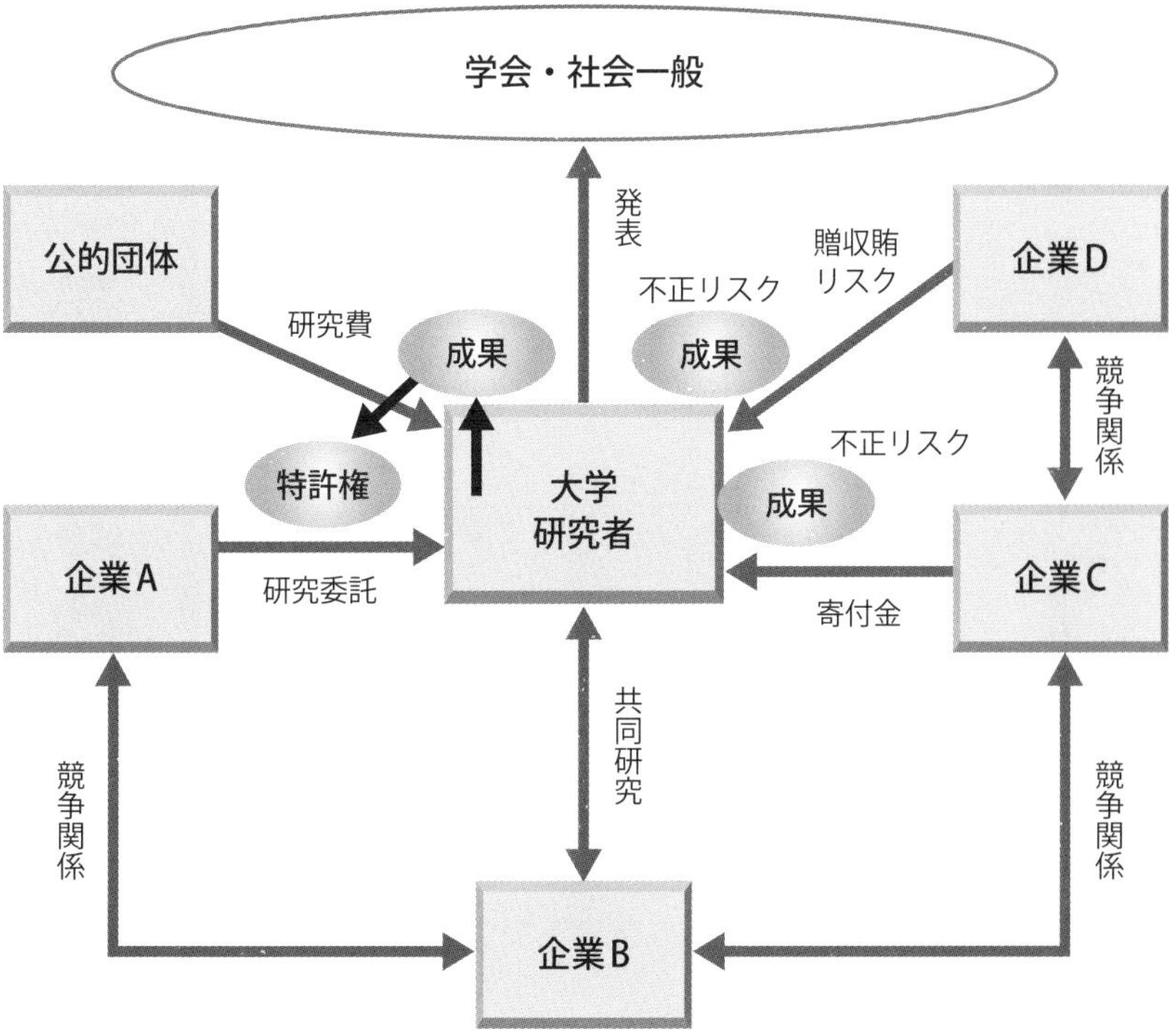

企業の側も、大学側のそうした取り組みを受け止め、定期的な検証や助言等に基づき、不当な利益誘導、研究データの改竄などの不正行為を誘導・助長する行為や、他の企業等との競争上の公正・公平を害する行為等が起きないように積極的に取り組む必要がある。

共同研究の成果の公表や、新たに獲得された知的財産権の取り扱いについても明確に定めておくことが必要である。

万一、事件が起きると、せっかくの産学連携も、大学としての存在意義に抵触し、社会的信頼を損なう結果となってしまう。過去においては、研究不正も絡んだ贈収賄事件なども起きており、性善説に立った油断は禁物である。

57

検査・チェック部門にとって

日本企業が勝ち取ってきた信頼性の維持向上のために

人手不足の解消

　不正やごまかし等がない信頼できる製品・サービスを提供することが日本企業の強みであったはずだ。しかし、近時、検査不正等をめぐる日本の企業の不祥事が相次いで発覚し、信頼を大きく揺るがした。検査不正続出の原因としては、人手不足が背景にあり、現場が消耗し、士気も下がってモラルが低下している等、不正のトライアングルの理論の通り、コンプライアンスの機能不全が見られる。基本的な対応策として、IT等を活用して生産性を上げつつ、**ディーセント・ワーク**の要請（52参照）も踏まえて、十分に余裕のある人員態勢を目指す必要がある。

　また、厳正な検査・チェックを行う意義や重要性を定期的に確認し、その手法の正確性・妥当性もチェックすべきだ。もっとも、かかる内部統制の強化によってビジネスのスピードが遅れるリスクもある。例えば、納期を厳守するために、検査で手を抜く等して帳尻を合わせるといったケースがあった。しかし、本来、検査担当の従業員に求められるのは、業務の品質であり、納期優先ではない。

　検査不正では、しばしば、法令違反や実害等がないといった正当化がされることもあるが、事後の検証では、それが誤りであり、組織が真摯に事案の究明に取り組んでいなかったことが判明し、二次的な不祥事でさらに企業の信用を貶めたケースもある。不正発覚を契機に、徹底して膿を出し切ることが、その後の信用回復のために不可欠であることを忘れてはならない。

検査不正の構造

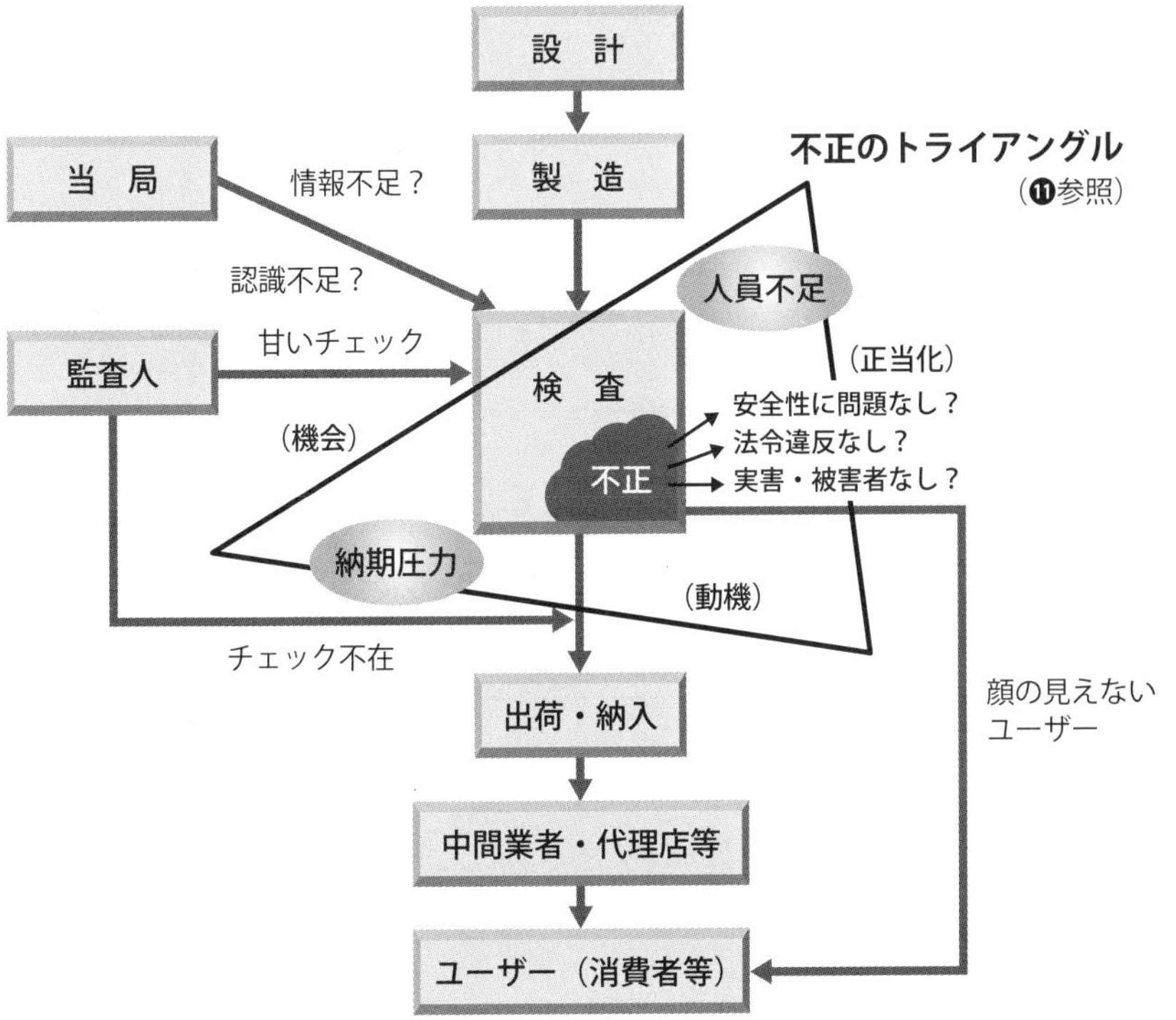

定期的な配置転換と適正な引き継ぎ

長年にわたってモニタリングの機能しないブラックボックスになっている状態では、それが不正の温床となることがある。そこで、定期的な配置転換を行い、転換時においては前任者からの引き継ぎで不正も引き継がれないように、内部監査と併せて業務の適正をチェックする仕組みも考えられる。

前任者の指示や伝達を鵜呑みにするのではなく、ルールに適合しているかを検証し、組織全体として、常に新たな問題提起も含めて業務の改善につなげていく姿勢を重視することで、風通しの良い企業文化を醸成していくことが重要である。

58

一般従業員にとって

個人のリスク制御のためにも有意義なコンプライアンス

個人に負わされる責任のリスク

コンプライアンスは、一般従業員を不正行為や理不尽な命令から守ってくれるものでもある。適正な役割分担や業務記録が取られていれば、妙な濡れ衣を被せられるようなことも回避できる。

また、自分達の仕事に自信と誇りを持つためにも有意義なものだ。逆に、不正がはびこる組織では、不正の片棒を担がされ、自らが犯罪に手を染めるようなことにもなりかねない。

海外の規制違反に対しては、個人の責任が厳しく問われるケースもあるが、外国での刑事手続は日本とは異なる制度の国も多く、不当に過酷な取り扱いをされることもある。かねてから、個人についても場合によっては刑事責任が問われることがありえたが、刑事裁判のハードルはそれなりに高いものがあった。

それに対して、民事の領域は、被害者の意向次第である。消費者の財産的被害の集団的な回復のための民事の裁判手続の特例に関する法律の令和四年改正で、事業者以外の個人についても、悪質商法に関与した事業監督者・被用者を被告にすることもできることになる等の法改正があり、倫理観の欠如した一般従業員個人も、民事的な責任を追及される可能性は高くなる。

コンプライアンスのために融通が利かず、業績低下につながると考える従業員もいる。しかし、本当は、一般従業員にとっても、コンプライアンスの徹底により、ルールを守ることで業務が処理しやすくなり、不当な圧力に対しても対応しやすくなる。

管理職・従業員をとりまく環境の変化

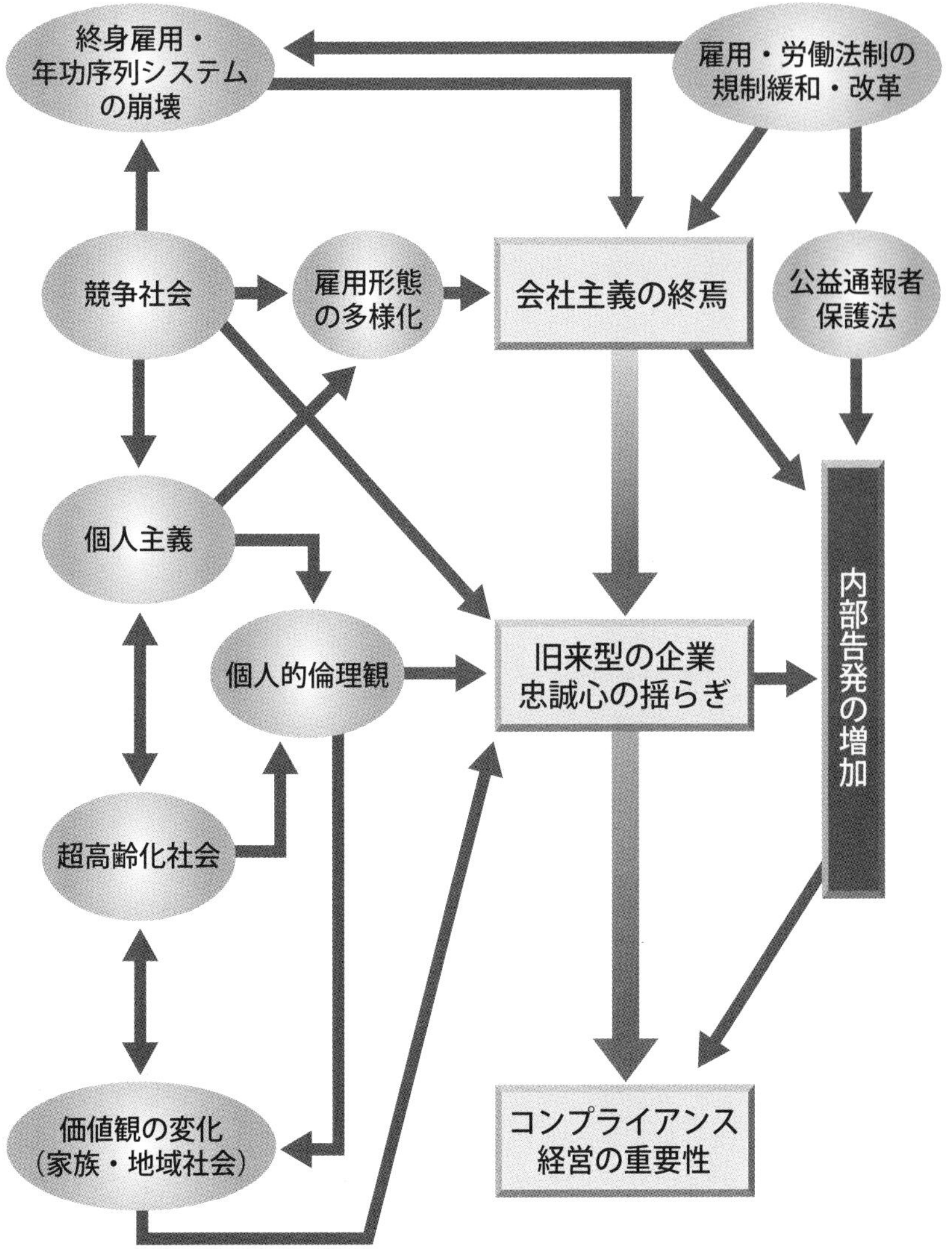

これに対して、コンプライアンスに違反した後の対応のほうが、責任問題や事実調査等、よほど面倒なことに巻き込まれる恐れがあることを肝に銘じるべきだ。

会社の倒産リスク

かつての企業不祥事では、会社の解散、倒産にまで至り、多くの従業員が職を失ったケースもあった（❻参照）。

一見すると、何の責任もない多くの従業員が巻き込まれて気の毒に思われるかもしれないが、それを薄々知っていた周囲の従業員も少なからずいて、組織風土や企業体質に問題のあったケースでは、従業員全体にその報いが襲いかかったと見ることもできるだろう。その意味で、企業のコンプライアンスは、決して他人事ではない。従業員自身の良識が問われる面もある課題として直視すべきなのだ。

一般従業員に協力を求める必要性

コンプライアンスに関わる個々の仕事が何のためであるかを理解せず、腹落ちしていないと、さまざまな正当化・合理化によって、せっかくの社内ルールも遵守されなくなる。ただ面倒な手続としか考えられないのでは、納期その他のプレッシャーに抗することはできない。コンプライアンスの目的だけでなく、その手段も、実態に対して的確に適合している必要があり、それが明確に説明できなければ、一般従業員の協力を求めることは難しい。

働く意義が明確になってモチベーションが向上すれば、士気が上がり、生産性の向上にもつながる。信頼される誠実な仕事を通じて、価値を創造していくためにも、コンプライアンスに向き合う必要があり、組織全体として企業の競争力強化を実現するための取り組みに多くの従業員が参加意識を持てるような企業風土を作っていくことが重要である。風通しの良い企業風土・文化は、職場で働くすべての従業員の意識にかかっている面もある。会社の側も、まじめな従業員を大事にして、社員からのフィードバックを奨励し、率直な批判も歓迎し、同調圧力や忖度が蔓延することなく、個人の倫理観を高く評価するような人事処遇をする必要がある。

59 中小企業にとって

御家騒動対策や円滑な事業承継のためにも重要な意味を持つ

企業価値を左右する内部統制

ある程度の組織のある企業では、コンプライアンス経営が求められる。本書で解説してきた経営環境・背景は、中小企業も等しく取り巻いている。労働基準法やパワハラ防止義務等は中小企業にも適用され、個人情報取扱事業者としての義務も免れなくなり、サイバー攻撃は中小企業も対象となる等、程度の差こそあれ、さまざまなリスク・マネジメントの必要性に変わりはない。

むしろ、予防法務の脆弱な中小企業ほど、不正や不祥事に巻き込まれやすい。中小企業は上場企業ほど注目されないようだが、いったん事件・事故が起きれば、メディアに大きく取り上げられることもある。中小企業のほうが、コンプライアンス違反が倒産や廃業に簡単に直結してしまう。

不祥事が発生しても、ある程度の内部統制システムが構築されていた場合には、役員等の法的責任が問われにくくなることもあるため、内部統制構築が義務づけられない中小企業でも、内部統制を定める会社が増えている。

もとより、内部統制がどれだけ構築され、機能しているかは企業価値の向上にもつながる。内部統制が良い企業は、Ｍ＆Ａの局面でも、ディスカウント要因を抑え、株式評価の向上につながる点は、中小企業にもあてはまる。中小企業庁『事業承継ガイドライン（第3版）』（令和四年改訂版）でも、事業後継者が円滑に事業運営を行えるように「事業承継前に経営体制の総点検を行う必要がある」として、特に、「事業承継に向けた経営改善（磨き上げ）」では、事業承継に向けた具体的な経営改善策として、経営体制の総点検や経営強化に資する内部統制・ガバナンス等に関する取り組みを推奨している。中小企業の大きな課題となっている事業承継を円滑に行うためにもコンプライアンス推進は極めて有意義なのだ。

株式の譲渡制限でも株式譲渡は可能

　オーナー企業でも、少数株主がいる場合には何でも自由になるわけではなく、株主はさまざまな監督是正権を駆使して経営者の責任を追及することができる。長年静かだった株主が、突如豹変することがないとはいえないし、株式が相続等のために新たな株主に移ることもある。

　小規模閉鎖的な株式会社では、株主の個性が重視されているので、会社の承認がなければ株式を自由に譲渡できない定めがあるだろう。しかし、会社法では、会社が譲渡を承認しない場合にも、株式の譲渡を行う手続がある。また、相続等の場合には、譲渡承認がなくても相続人等に株式が移転する。

　これを回避するため、会社その他の第三者が買い取る制度が使える場合もあるが、その株式評価をめぐって争いが生じたり、経営をめぐる争いが表面化したりすることも少なくない。その場合に問題となるのが、コンプライアンスや内部統制の不備に由来する責任問題だ。特に役員報酬や利益相反等に対して疑惑の目が向けられやすいので、要注意だ。

　もとより、大会社かどうか、上場しているかどうかにかかわらず、それぞれの企業の実態に応じて、業務の「適正」を確保するため合理的な方策を実践することは、あらゆる企業にとって大きな課題である。もっとも、その水準や程度は、上場企業とは異なり、リスクの規模に応じた対応で足りる（⑩参照）。

　しかし、それを意味あるものにできるかどうかは、コンプライアンス経営の実態にかかっている。コンプライアンスは企業経営の現実において、単に遵法の心構えを説くとか、不祥事に対して後手に回るような受動的な対応をするだけではすまない。

内部統制が中小企業の企業価値を左右する

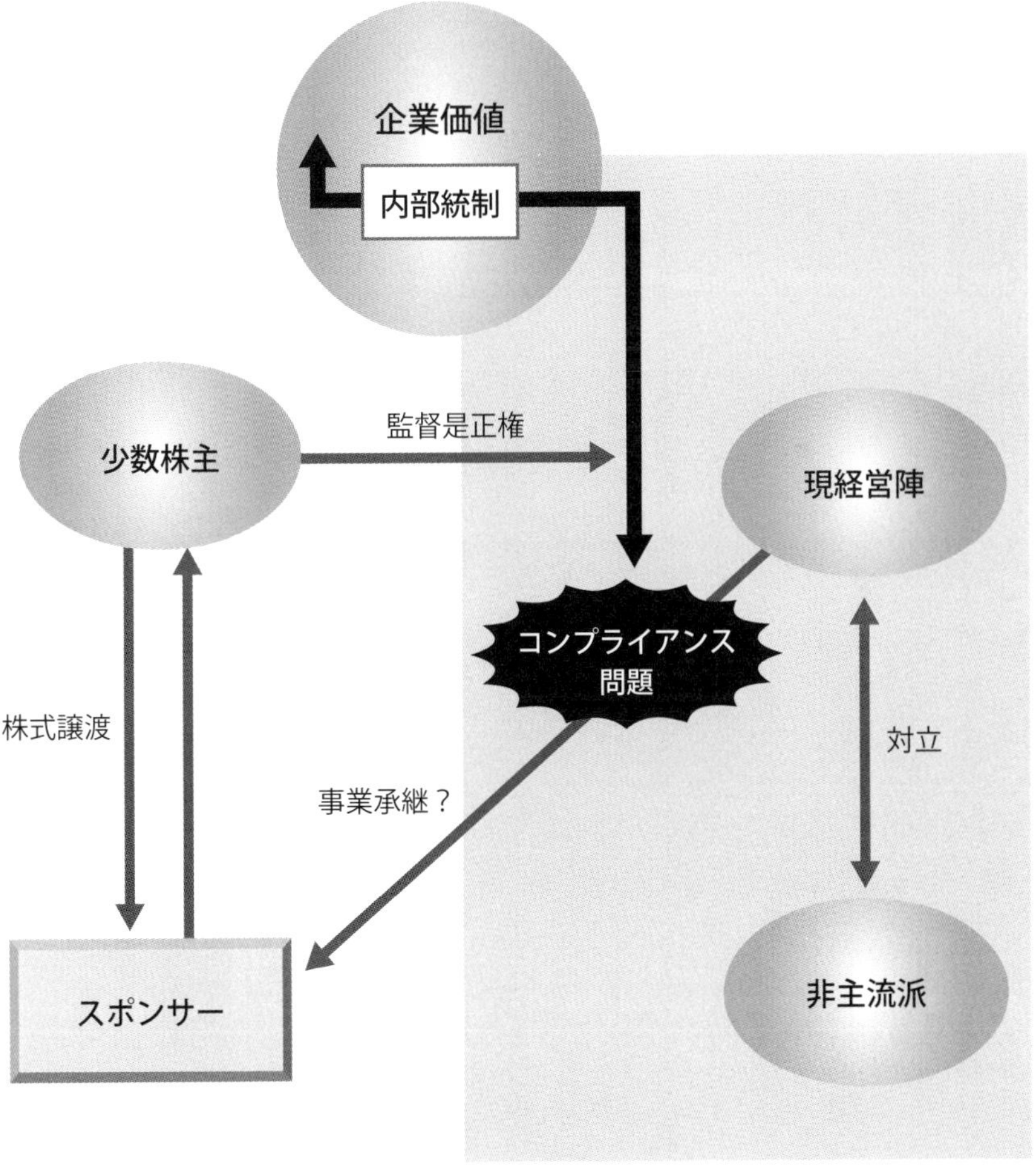

60

企業社会全体にとって

公正で健全な自由主義経済の発展のために

利益重視と矛盾するか

利益至上主義だけの経営では、士気の低下や内部統制の乱れからトラブルが多発するなどして、市場においてもまともな競争はできない。他方、コンプライアンス経営によって士気が向上して内部統制が充実すれば、トラブル処理コストが節約でき、市場における成長が期待できる。

コンプライアンス経営は、いくら体制を整えても、それが実質的に機能していなければ無意味だ。まずは既存の体制をフルに活用しないと、もったいない。一般的水準は常に向上しているから、臨機応変に、時代とともに向上を目指し、何らかの不備があれば、必要に応じて改善を図ることが求められる。

うっかり法令違反を犯したり、不祥事に見舞われたりして厳しい法規制などに追いつめられないように、法律の最新動向などの経営環境を見きわめ、できるだけ早い対策を取ることが重要だ。そういう意味で、単なる利益至上主義では本当に企業の利益を確保することも難しい。

今後、コンプライアンス経営を行う企業がよい取引先や顧客との取引を発展させていく世界と、そうでない世界とは分断と差別化が進む可能性もある。公正な自由競争経済においては、企業も市民も相手を選ぶことができる。そうなれば、信用ある企業に人は集まり、危険な取引先から人々は遠ざかる。

企業経営の透明性の向上

市場化の進んだ環境において、情報公開は経営者の公私混同等を抑制し、経営者の緊張感の上

コンプライアンス経営が良好な取引先を増やす

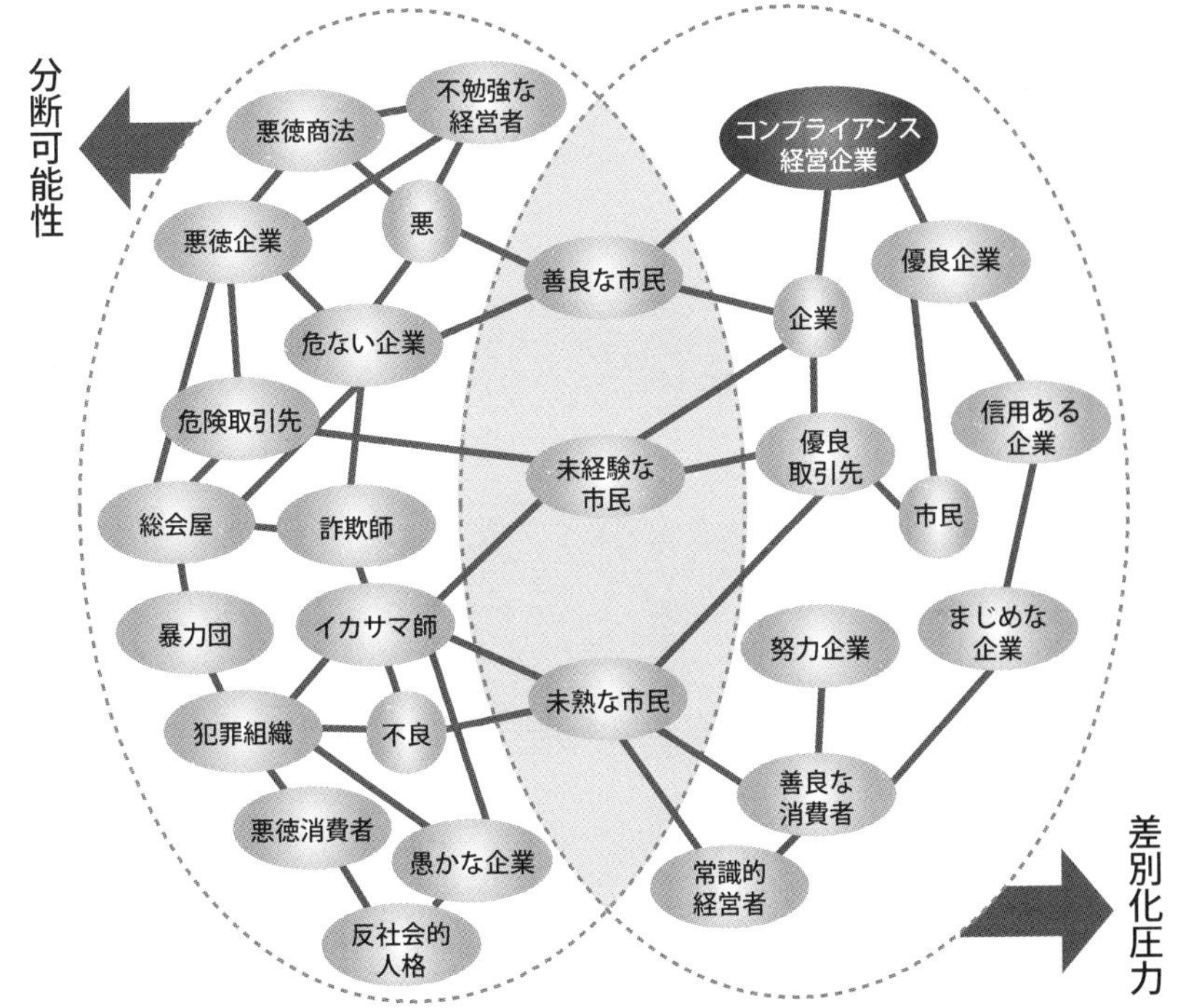

昇を介して、企業パフォーマンスに好影響を与えるだろう。

このような考え方からすると、企業経営の透明性はますます強く要請されていくに違いない。そうなれば、企業が恥ずかしくない経営、すなわちコンプライアンス経営をしっかりと中核におくことが不可欠となる。

高度情報化社会におけるＩＴの飛躍的な進歩は、企業経営の透明性を可能にするとともに、必要不可欠なものともしている。もはや情報開示ができるのに、それをしないことは、隠していると思われても仕方がないくらい、外部の意識は変化している。

コンプライアンス機能が実質的に働けば、不祥事に伴う企業価値の低下の防止だけでなく積極的な企業価値の向上が期待できる。コンプライアンスを確保するための統制環境が整い、業務の改善・合理化ができれば、レピュテーションやブランド価値の向上を通して企業価値の向上にも結びつく。その観点から、コンプライアンスを戦略的に捉えて見直すことが重要になっている。

企業の社会的責任

企業が社会に与える影響力を考えれば、多かれ少なかれ公共的な役割をも果たす必要がある。企業倫理の確立・強化は、健全な企業社会の発展の原動力にもなる。

良好な環境と国民経済の向上に恵まれるためには、健全な企業社会の構築こそが必要なのであり、健全な市民社会・地域社会を保持し、公正・妥当な紛争処理・問題解決をしていく地道な活動が求められる。

法令の改革へ向けた取り組み

すべての法令が適正であるとは限らない。実際には、法規範が全部矛盾なく存在しているとは限らず、中には内容について争いたいようなものもあるかもしれない。通達については、あくまでも行政解釈であって、裁判所の解釈は異なるかもしれない。また、何も規範がなさそうでも学説等が何らかの拠り所となる場合もある。さらに規制緩和もあって、法規範さえ守っていれば足りるというわけではない。

そこで、コンプライアンス経営においては、法規範にもさまざまな疑問や議論すべき問題があることを踏まえるべきだろう。法規範の中でも、ルール内容が適正・妥当なものについては、厳正に守るべきは当然であるが、そうでないルールについても、組織としての対応を決めて、必要に応じて法令の改正に向けた当局への働きかけを積極的に行うことが期待される。

消費者教育をはじめ、健全な市民感覚をどのように育てていくかも問題であり、国民のものの考え方が合理的にならなければならない部分もある。企業社会の一員としては、そうした問題意識から何らかの社会的な活動をすることがあってもいいはずだ。コンプライアンス経営をとりまく周囲の環境や制度について、どのように働きかけることができるのかは、企業市民として今後の課題の一つだろう。

健全な企業社会への道筋

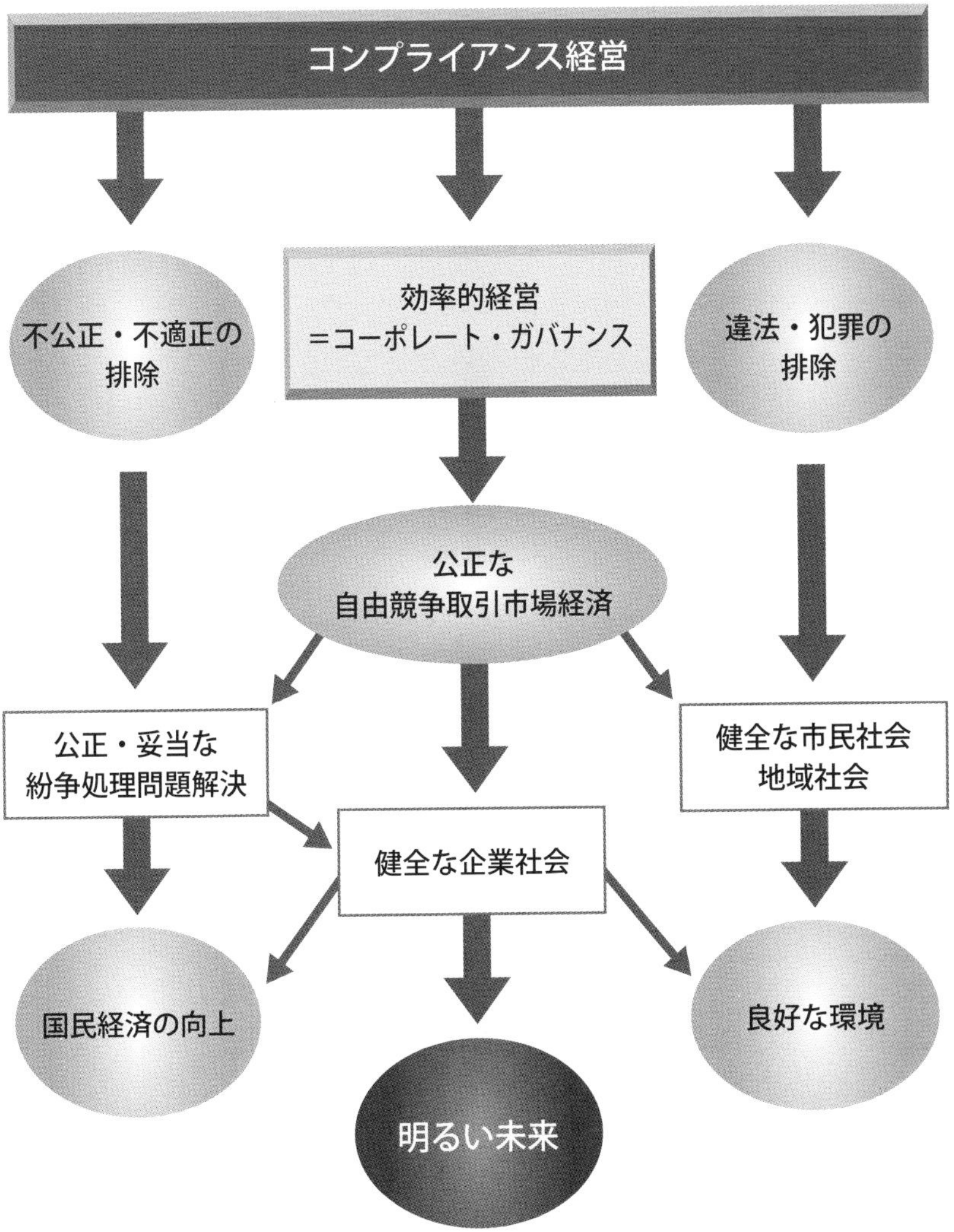

61

国際法秩序の構築に向けて

実質的なコンプライアンスが人類の勝利の要諦

自由民主主義陣営は大丈夫か

　自由民主国家の側も多岐にわたる問題を抱えており、経済制裁の効果は容易に表れず、長期的な病理現象との闘いは避けられない。自由民主主義と資本主義の組み合わせは、法の支配が機能しなければ、たちまち専制国家と同じか、それ以上に難しい問題を惹起するリスクを抱えてしまう弱さをはらんでいる。

　専制国家体制よりも、自由民主主義体制が優れているとすれば、それは法の支配によって公正な社会をもたらすからである。残念ながら、いまだかつて理想的な法の支配が実現したことはない。ただ、国際社会でＣＳＲ、ＥＳＧ、サステナビリティ、ＳＤＧｓ等がこれだけ議論されるようなことは、以前にはなかった。理想的な法の支配に向かって少しずつだが、前進してきた歴史の事実も評価すべきだ。

法の支配のためのコンプライアンス

　そうした歴史観からすると、人類が危機的な状況に直面している今日においては、あらためて法の支配に基づく国際法秩序の構築に向けて、あらゆる立場の人達が協力していくことが重要である。専制国家体制と自由民主主義体制との闘いの帰趨は予断を許さないほど深刻な状況だが、さらなる文明の進歩を目指すのであれば、自由民主主義国家が法の支配の範を示し、経済を発展させていく途以外にはないだろう。もはや、旧来の帝国主義的専制国家主導の体制に戻ることは人類の破滅しかもたらさない。とすれば、この闘いを勝ち抜き、公正な社会を実現

病理的現象との闘い

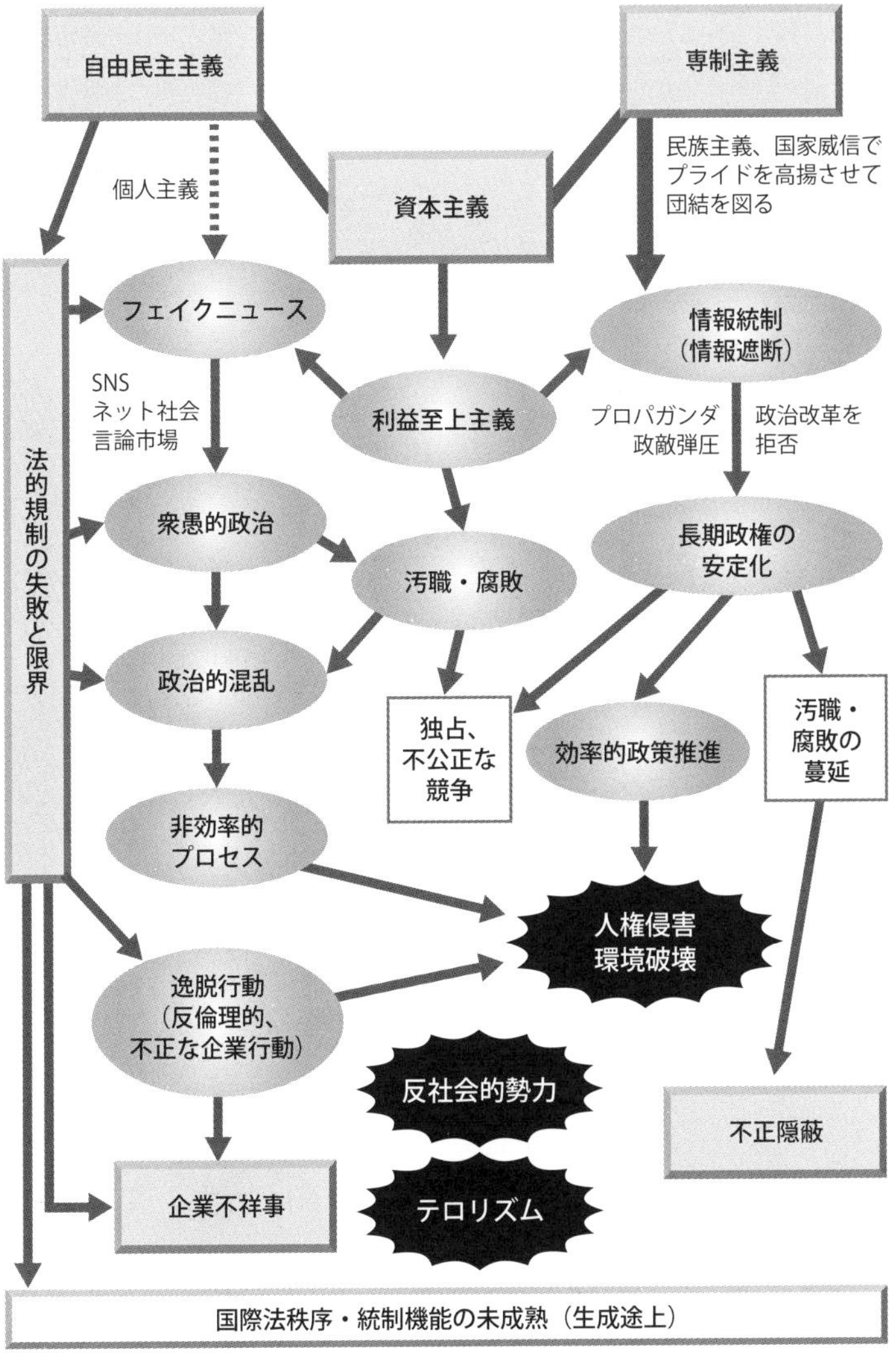

するためには、国家政治レベルでの闘いと歩調を合わせて、企業社会では、コンプライアンスの推進による公正な自由競争の理念を世界中で実現していくことが大きな鍵を握っている。

おわりに

コンプライアンス経営は、現代の企業経営における本質的な課題だ。厳しい競争に晒されている企業組織において、自社にふさわしい真のコンプライアンス・プログラムを構築することができるかどうかは、幅広い視野と柔軟な発想にかかっている。もとより、コンプライアンス経営において取り扱うべき領域は、きわめて広範であり、法制度に関してはまだまだ流動的だ。

本書第5版では、いわば西側・欧米のコンプライアンスの強化等の変化を踏まえて、大幅な改訂を加え、ＣＳＲ、ＥＳＧ、サステナビリティ、ＳＤＧｓ等にも踏み込んで、実質的なコンプライアンスをいかに機能させるかにも注力した。ただ、現実社会においては、まだまだ基本的な考え方さえ十分に浸透しているとは言い難い。今後もコンプライアンスないしＣＳＲや経営倫理をめぐる議論は、さらに進展していくことが予想される。本書の改訂に先立って、東洋経済新報社から刊行された拙著『図解 新会社法のしくみ（第4版）』（二〇二〇年刊）、『経営力アップのための企業法務入門』（二〇一四年刊）、『弁護士が多いと何がよいのか』（二〇一一年刊）等でもコンプライアンス強化に関連するテーマについて解説をしてきた。

また読者の皆様からさらなる疑問、ご要望にできるだけ応える機会があればとも思う。今後の企業社会や司法の動きなどにも目を配りながら、あるべきコンプライアンス経営の姿についてご意見を賜れれば幸いである。

【著者紹介】

浜辺陽一郎（はまべ　よういちろう）

弁護士、青山学院大学法学部教授。1984年司法試験合格、翌年慶應義塾大学法学部卒業。1987年弁護士登録（第二東京弁護士会所属）、1995年米国ニューヨーク州弁護士登録。都内の渉外法律事務所等を経て、弁護士法人早稲田大学リーガル・クリニックにおいて企業法務を中心とした弁護士業務に携わる。日本経営倫理学会、日本ガバナンス研究学会、日米法学会等の役員・委員等も務める。主な著書に『経営力アップのための企業法務入門』『令和元年改正対応 図解 新会社法のしくみ（第4版）』『執行役員制度（第五版）』『スピード解説 民法〈債権法〉改正がわかる本』『弁護士が多いと何がよいのか』（以上、東洋経済新報社）、『現代国際ビジネス法（第2版）』（日本加除出版）、『図解でわかる新民法［債権法］』（清文社）、『会社法はこれでいいのか』（平凡社新書）、『コンプライアンスの考え方』（中公新書）、『「知らない」では済まされない！ コンプライアンスの実践知識』（PHPビジネス新書）などがある。

図解 コンプライアンス経営（第5版）

2023年2月9日発行

著　者——浜辺陽一郎
発行者——田北浩章
発行所——東洋経済新報社
〒103-8345　東京都中央区日本橋本石町 1-2-1
電話＝東洋経済コールセンター　03(6386)1040
https://toyokeizai.net/

装　丁…………山田英春
D T P…………アイランドコレクション
印刷・製本……丸井工文社
編集協力………小林茂樹
編集担当………渡辺智顕

ISBN 978-4-492-09333-7